敗れざる者たちの演劇志

流山児祥✲著
RYUZANJI Show

西堂行人✲編
NISHIDO Kojin

論創社

『天使の爆走』(1976)

『演劇団歌謡ショウvol.1』(1973)

『夢の肉弾三勇士』(1972)

演劇団
秋興行
作・堀浩哉　演出・流山児祥
『夢判断』
傷だらけの天使に
愛の花束を
キンキラキンの夢芝居を、
この生ヌルキ優しさの最前線に
燃え上らせねばならない…
一年ぶり、あの不滅の演劇団が秋十月浮上するッ!
歓びと哀しみが妖しく交錯する
人生の縮図、
ここが噂のサンセット77、
「テレビ夕日」公開スタジオ。

『夢判断』（1977）

『ラスト・アジア』(1986)

『マクベス』(1989)

『ラスト・アジア』(1986)

『血風ロック』(1985)

『ピカレスク・イアーゴ』(1992)

『おんなごろしあぶらの地獄』(1992)

『ツイン・ベッド』(1997)

悩むことはない。
人生に意味はないのだ……。

『悪漢リチャード』(1994)

悪漢リチャード

『悪魔のいるクリスマス』(1994)

『ザ・寺山』(1997)

『ハイライフ』(2006)

『狂人教育』カイロ実験演劇祭（2001）

『マクベス』ソウル公演（1991）

『ハイライフ』台北公演（2009）

『盟三五大切』北京公演（2005）

『花札伝綺』ニューヨーク公演（2012）

『オールド・バンチ完結編』（2011）

楽塾公演『十二夜』（2018）

台湾阮劇団との国際共同製作『マクベス』シビウ公演（2017）

敗れざる者たちの演劇志

目次

III 小劇場演劇の変質 135

第二部

VI 演劇志をいかに継承するか……291

第一部

第二部

まえがき——一所不住（在）の芝居者の私的アングラ小劇場五五年史

流山児 祥

わたしは世阿弥の「初心、忘るべからず」と、一所不住（在）の思想「住するところなきを　まず花と知るべし」を座右の銘にして生きてきた。齢七十を過ぎても、まるで鮪のように絶えず動き続け、老いの花を捜しつづける芝居者でありたいと願っている。近年、問題になっているハラスメント教育やリスペクト・トレーニングなど、老いの花であってもアップデートすべきことは数多くあるんだが。過去の行為を自己批判し、厳しく、自らを律することも自覚している。その自覚をもとに、芝居者は、真摯に芝居を創りあげるという大原則を疎かにしてはならない。わたしたちは、芝居をワガモノとせず、隣のダレカさんと共に、想像力（リスペクト）を介して「社会」という「他者＝観客」に向けて「劇」を創り続けるのが仕事であることを忘れてはならない。

タモリが二〇二二年年末の「徹子の部屋」で、黒柳徹子から「二〇二三年はどんな年になりますかね」と尋ねられ「誰も予測できないですよね。でもなんて言うかな。新しい戦前になるんじゃないですかね」と答えていた。リアルに戦争が日本に露出する二〇二三年である。戦後七八年、日本国憲法の根幹であり、人類普遍の希求ともいうべき戦争放棄を謳った憲法九条は戦後日本の根幹であった。その憲法九条が風前の灯である。何の論議もなく閣議決定で安全保障三文書を破棄・改定し、岸田政権は安全保障政策を大転換、防衛費倍増を手土産にバイデン大統領と会見。忠犬よろしく「新しい戦前」の道を歩み出した。吉田茂・日米安保条約締結、岸信介・六〇年安保改定、安倍晋三・集団的自衛権行使、そして、岸田文雄・敵基地攻撃能力と防衛費倍増で日本は「戦争のできる国」となる。唯一の被爆国・日本にできることは、米中にあくまでも自制を促し、東アジアの国々と連携し平和を構築する外交努力をするしかない。「新しい戦前」を止めるために演劇に何ができるか？　戦争ではなく、今こそ平和を希求するわたしたちの演劇的想像力が問われている。

＊　＊　＊

二〇二三年は一九六七アングラ革命五五年、寺山修司没後四〇年の年である。わたしも次世代へのバトンタッチの時を迎えている。そんな新年、三〇年棲み続けている築五〇年の襤褸ビル（私以外、ほとんどがアジア系の人々）の部屋の更新で不動産屋へ行くと、二年後、ビルを解体するとの告知。青天の霹靂、しばし黙考。ま、これもまた面白き哉、愉しき哉の展開と思うしかない。こうなりゃ、都営住宅に応募しよう。低所得者で後期高齢者の芝居者の冥土への道険し。ま、なるようにしかならないのが人生だ。で、三〇年払っていた「がん保険」解約。「身一つ、なぜか山頭火」のゼロ人生への出発である。

期せずして、一九八三年六月『流山児が征く』（而立書房）出版以来、四〇年ぶりに演劇書を出すことになった。演劇評論家の西堂行人氏を水先案内人に一九六七アングラ革命からコロナ禍の現在までの私的アングラ小劇場五五年史を、演劇団・流山児★事務所の軌跡を軸に、同走・並走・伴走した同時代演劇人の「志操」を語り下す新刊となる。これまた四〇年前の『流山児が征く』同様、全編アジテーションの残滓漂う語りおろしになっていて我ながら呆れかえる。

ことのおこりは三年前にさかのぼる。

COVID—19（新型コロナウイルス感染症）が世界に蔓延しだした二〇二〇年三月『由比正雪』（唐十郎・作）インドネシア三都市公演を、インドネシアの友人たちのサポートで「奇蹟」のように終えて帰国したある日。元演劇団の役者の龍昇と藤井びんがやってきて「流山児さんのアングラ五〇年史を次世代に遺しましょう」という執拗な勧めがあった。「おれの五〇年史なんか遺したって何の意味もないし、誰の役にも立たないよ。芝居者の個人史なんて、断捨離的な記録ではなく誰かの記憶の片隅に遺ればいいんだよ」と、固辞した。

その頃、コロナ禍で公演中止が相次ぎ『血風ロック』以来の映画『ジャパンデミック—13人のイカれる作家たち』（コラボニクス：監督）を撮ろうと、現代演劇を代表する一三人の劇作家に「短編シナリオ」を依頼し、撮影の真っ最中であった。『ジャパンデミック』の大半は、流山児祥のモノドラマで構成されていて台詞憶えで七転八倒していて、出版のはなしどころではなかった。

映画の撮影を終え一段落したある日。また、龍昇と藤井びんがやってきた。「演劇評論家の西堂行人さん相手に何回かトークライブというカタチでやることにしましたから大丈夫です」「西堂さんが流山児さんから、面白いコトを引き出してくれますからやりましょうよ、観客も入れて、絶対、流山児さんやオレタチのやったことを、キチンと若い演劇人に遺したいんですよ」と、漫才コンビよろしく迫る。吃驚亀の子。映画を終え、今度は芥川、漱石、太宰、安吾といった文豪作品のリーディング配信を予定していた。うん?! 文豪よりも、信頼する西堂さんにお任せしてのトークライブもアリか? 客も一〇〜三〇人ぐらい入れて、毎回、その時代、時代のヒット曲でも歌うか、それもオモシロいな、と心変わり、吃驚亀の子の甲羅の上に乗ることにした。わたしは根っからのミーハーでのりやすい体質なのだ。

近年「恩友」と呼ぶべき役者・悪源太義平、若松武史、土井通肇、劇作家・高取英、舞台美術家・島次郎、照明家・ROMI、音響家・松本昭、『面影橋から』の作詞家でホームレス支援の社会活動家・田中伸彦、プロデューサー・綿貫凜、水族館劇場座長・桃山邑といった友人たちが、次から次へと鬼籍に入った。そのうちわたしにもお迎えが来るだろう。死は自然の摂理であるが、それにしても友の死はきつくて、辛く哀しいものである。

「日まはりや　永嘆きして　うとまるる」（中村草田男）

龍さんとびんちゃんの企てに乗って、友たちの「恩愛」に報いるために、彼らの演劇への「生きざま＝志操」を私なりに、私のコトバで伝えようと思い立った。あの熱い「昭和」の時代を共に生きた同時代演劇人の生きざまを語るクロニクル。演劇評論家や演劇記者が記述するアングラ・小劇場演劇の「正史」ではなく、あの時代から現在まで、わたしたちと同走、伴走しながら、時代の流れの中で消えていった有名・無名の演劇人の生きざまを「追憶」し、私の見た劇現場を私のコトバでキチンと「外史」として遺しておくことにした。

演劇は集団の芸術である。演劇の歴史は集団の歴史である。わたし自身五五年間、演劇集団へテロ・演劇団・第二次演劇団・第三次演劇団・流山児★事務所・流山児組・楽塾（シアターRAKU）・パラダイス一座といった演劇集団（劇団）を主宰してきた。そんな、わたしたちの七〇年代・八〇年代から、二〇一〇年代に至るまでのアングラ・小劇場演劇史を「裏面史」も含めて「生のコトバ」で遺すのも吝かではないと思い至った。西堂さんの提案で一九六七年アングラ演劇革命から二〇一一年三・一一東日本大震災までの全六回開催。最終回は三人の演出家を交えて、東日本大震災・戦争・パンデミック・気候変動といった「危機の時代のイマ」も含めて語り合うことを決める。

トークライブ自体は、何も決めず打ち合わせなしで、思いつくままに無秩序・無定形の

「追憶」を即興で語る流山児祥でいく事にする。ところがどっこい、いざやってみると、聞き役でナビゲーターの西堂行人氏に毎回、ご迷惑をかけ、度々お世話になることとなった。老化（ライブの時、七三歳）のせいか、過去も現在の記憶もあやふや、これでは「追憶」もへったくれもない。客席にいる龍さん、びんちゃん、先輩の福井泰司さん、奥津健太郎さんらに何度か助け船をだしてもらった。とりわけ、青山学院大学全共闘の学園闘争の経過については、全共闘議長であった新白石と「青学全共闘の軌跡」を上梓予定の柳本雅久君に校正してもらった。全共闘の仲間たちに感謝。

西堂さんの助言でタイトルは「敗れざる者たちの演劇志」とする。宮本研の「美しきものの伝説」ならぬ、カネにもメイヨにもならないアングラ芝居などというこれまた無秩序・無定形の傾く＝権力に抗う志を持ったヤツらの、けして敗れ去ることのない生きざまを伝えるにはぴったりのタイトル。「昭和」という激動の時代に傾奇者《かぶきもの》＝アングラ演劇を志向した演劇人の心に燃え滾っていた「炎激人の志操」を伝えるトーク。芸能者とは聖と俗が表裏一体になった存在であり、芝居とはニンゲンの生きざまである。歌舞伎とは傾奇者が本来持っている、傾いた生き方そのものを魅せる演劇。昭和の傾奇（アングラ）者にはそんなヤツラがイッパイ「いた」し、「新しい戦前」の令和のイマでも、世間に向けて牙を研いでいる傾奇（パンク）野郎はイッパイ「いる」。新自由主義という市場原理主義が世界を崩壊させグローバル資本主義と戦争が突如登場する不条理な暗い虚無の時代にも「世界」を少しずらしたい「世界」を誤読したいノー天気な芝居者は確実に「いる」。

二〇二〇年八月三〇日@Space早稲田　第一回トーク「演劇修行時代―アングラ四天王との出会い」開催。初めに「ぼくは今まで、乱暴狼藉、悪行三昧の限りを尽くしてきたので、半世紀の年貢を納めるため、西堂さんに、ゴミのようなぼくの人生を纏めてもらうことを決めました」と切りだし「ぼくが見続けてきた半世紀の小劇場演劇人の「演劇への志操」の一端を語ろうと想います。これは私の回顧録であり懺悔録です。この間、理不尽にも多大なご迷惑をおかけした多くの人々に「お詫び」する流山児祥の『舞踏会の手帖』でもあります」と述べた。

その後、トークライブは上野ストアハウス、space早稲田、二〇二一年に入ってシアター新宿スターフィールド、二〇二一年六月座・高円寺阿波おどりホールまで、ほぼ隔月で、約一年間に亘って開催された。西堂さんの勧めで論創社から出版することとなる。

二〇二二年夏、上がってきた初校ゲラを読み直し愕然、暗然。文学的思考、論理的探究、演劇的教養の欠片微塵もなし。「アホの極み」の即興トークライブである。もちろん、出鱈目ではないが、これじゃ「口から出たとこ勝負」のオートマティスム（自動記述）である。ま、わたしの話法は、モノとモノ、概念と概念のつながりが消失していくと無意識下に抑圧された精神（深層心理）が浮上するという類の高尚なものでなく、知性を超えた動物的痴性（カン）で、くっちゃべっているナニモノかである。これは、わたしの演劇観であり演出法の根幹にある生理的な反射神経で、テメエがオモシロきゃ、ヒト（他者）も面白がるだろう、という勝手な「思い込み」のマシンガン話法である。

それでも大きな間違いと、クドイ言い回し以外は、なるべく改稿せずに、加筆修正は最小限にしてライブのノリは残した。皆さんも、想像力の翼を広げて読んでください。なんたって、これが七三歳（トーク時）の偽らざる流山児祥という演劇ジャンキーの《現在》なんだから、御寛恕願うしかない。

では、そろそろ本文に入りましょう。下段に多くの【注】があります。この【注】が、面白くてためになります。【注】が加筆修正の手掛かりになり助かった。それから、あの時代＝昭和のアングラ演劇の有為転変が判るように演劇団、流山児★事務所の舞台写真やチラシの写真も多数入れてみた。小さい写真から「昭和」のアングラ小劇場演劇のイメージをふくらまして頂いたら幸いです。流山児★事務所と演劇団。流山児祥演出作品だけでも三〇〇本、総数四〇〇本近い作品。写真のセレクトは大変でした。

ここに記述されている一九六〇年代後半から九〇年代までの「昭和の演劇の風景」は、若い読者にとって、はるか昔の時代劇に映るかもしれない。嗚呼、こんなヒトタチが「希望」に燃え演劇行為をやってたんだ？　えっ、そんなアルバイトやりながら芝居やってたんだ？と驚くこともあると思います。本書が、あの熱い時代のアングラに思いを馳せる契機となればうれしい限りです。

ここで、二〇年前の体験を書いておきます。ぼくたちは二〇〇〇年八月〜九月、寺山修司・作『狂人教育』を一カ月以上カナダを旅し上演しました。初のフリンジ演劇祭でした。最初の地はエドモントン。ぼくたちは全員ホームステイでした。毎日劇場近くに集合し野外で何時間も稽古していました。少しでもカナダのお客さんに喜んでもらえるモノを創ろうと思ったからです。稽古を終えると、メイクし衣装を着てチラシをまき街頭で宣伝し、劇場入り。即、スタッフワーク（装置・照明・音響）を行い、公演。当然ですが、カナダでぼくたちはまったく無名だったのです。その後、二〇年間で、RYUZANJI COMPANYはトロント、ブライス、モントリオール、エドモントン、バンクーバー、ノースバンクーバー、ビクトリア、ソルトスプリングといった多くの都市の観客に愛される「旅する」シアターカンパニーに成長します。エジンバラでもニューヨークでも、北京でも台北でも、そして世界中でぼくたちは同じように「旅」しています。この体験から、劇団員であった演出家・青木砂織は「仮想定規」という旅する劇団を立ち上げ、矢野裕美は「小心ズ」のパフォーマーとして、世界のフリンジ演劇祭を《旅》しています。

最後に、五〇年以上前の話も。青学劇研時代、ぼくたちはチケット代二〇〇円×五〇枚＝一万円×三人＝三万予算で、学生会館の集会室や大学の体育館の階段の下をベニヤで塞いで劇場に仕上げて公演していました。それが、演劇活動の出発でした。そう、ぼくたちは演劇ゲリラだったのです。もちろん、儲かるはずなんかありません。なんとか三万円で知恵を出し合って創ったものです。ぼくたちは一五〇人の客を集めることに最も精力を傾けていたのです。だから学内を派手な衣装でチンドン屋宜しく練り歩いたものです。

絵描きが絵を描くように、詩人が詩を書くように。演劇人が世界中を旅して演劇する。蕩尽の芸術、プラス・マイナス・ゼロの芸術、ゼロに賭けるのが演劇です。豊かなゼロ！　わたしは一生、このゼロに賭け続けています。そして、このゼロは多くのモノを生み出すのです。昭和も平成も令和も芝居をやっている「若者」は、そんなに変わっていないとおもいます。昼間バイトして、夜稽古して公演する。演劇人は普通のひとの「倍の人生」を愉しんでいるのです。一人や二人ではなく、三人集まれば他者の目線（批評）も生まれ、それで「劇団」は創れます。ヒト（他者）が好きで、稽古が好きで、劇場（どこでもいいのです）が好きなら、観客に会いたいなら、互いにリスペクトしあいながら「芝居やる」それでいいのです。恐れずに、前に進みましょう。ニンゲンにとって最大の財産はヒト（他者）なのですから。

そんな演劇人たちの在りざまを、五五年間観つづけているシアターゴーアー（観客：年間一五〇本をこの三〇年観ている）でもあるわたしの観たコト、感じたことをいっぱい語ります。では、ゼロに賭け続けた「敗れざる者たち」の五五年史、気楽に、読み飛ばしてください。大笑い、五五年の馬鹿騒ぎです！

なお、本書の出版に際しては、龍昇、藤井びんの二人に全面的にお世話になった。こんな無謀な企画を思い立って、三年にも及ぶ君たちの執拗な叱咤激励がなければ本書は誕生しなかったことを付記しておきます。また、素敵な帯文を書いてくれた、半世紀を超える畏友：北村想と敬愛する演劇界の兄：佐藤信のお二人に感謝。演劇団の新白石、福井泰司、奥津健太郎。青学全共闘の柳本雅久、岩政敏明らの仲間、旧友である文筆家の伊藤裕作、音響家の藤田赤目、市来邦比古にも応援してもらった。流山児★事務所の塩野谷正幸、伊藤弘子、栗原茂、上田和弘、小林七緒、イワヲ、甲津拓平といった劇団員全員に様々なカタチで協力してもらった。とりわけ、膨大な写真や資料を整理・協力してくれた劇団の大黒柱：制作の米山恭子と、わたしのパートナーである海外制作の畝部七歩に心より感謝。ありがとう。

＊　＊　＊

また『流山児が征く』出版時の一九八三年三月に生まれた息子の龍馬、娘の麻央には「いつかゆっくり子供たちに、この本読んであげてね」と頼んでおく。

そして、思いつくままに飛んで行く無秩序・無定形のわたしのコトバを明確に捉え直し、整理整頓し言語化してくれたナビゲーター演劇評論家：西堂行人氏に感謝です。出版までの二年間の旅、楽しかった。有難うございました。同様に、長期に亘る本書の編集に熱意をもって取り組んでいただいた論創社の森下雄二郎氏にこころより御礼申し上げます。

最後に、この本に登場する多くの敗れざる友人・芝居者たちと、そして彼らの多様な表現の現場、運動の現場を積極的に支え同走・伴走してくれた観客のみなさんに衷心より感謝申し上げます。これからも、ぜひ、志ある芝居者たちを応援してください。「新しい戦前」のイマ、わたしは「非戦と演劇の自由」の旗を高く掲げ《敗れざる者の旅》を続けます。劇場でお会いしましょう。

二〇二三年四月一日

（りゅうざんじ・しょう）

I

演劇修行時代

アングラ四天王との出会い

第一部

西堂　今回の企画について説明しますと、龍昇★1さんと藤井びん★2さんから流山児祥さんの仕事を集大成する本をつくりたいのだが協力してくれないかという依頼が僕のほうにありました。以前、唐十郎★3さんを近畿大学に招いた時、僕が聞き手になって八回の公開講義を行ない、二〇一七年に『唐十郎 特別講義』（国書刊行会）という本を出したことを龍さんは参考にされて、流山児さんから話を聞きだしてくれるのではないか、というのがこの企画につながりました。

　僕が最初に演劇団を観たのが一九七六年ですから、四四年くらいになります。かなり昔から観ているので、演劇団から流山児★事務所、それからさまざまな活動をフォローしているということが（聞き手に選んだ）理由だと思います。

　流山児さんは、今さら紹介するまでもないのですが、何が一番メインなのか。役者なのか演出家なのかプロデューサーなのか。かつては劇作家もやっていましたが、劇作のほうは早い時期に筆を折られたようです。そこに僕はもう一つ重要なことを付け加えたいと考えました。それは一九七〇年から五〇年間ずっと演劇界を「見てきた人」だということです。それは批評家でもジャーナリストでもなく、現場の人間として演劇界に立ち会ってこられたほとんど唯一の人なのではないか。劇場に行くと、流山児さんほど数多く会う人はいないんです。ということはいろんな劇団の芝居を観ているし、自分が創

＊脚注部の括弧内数字は西暦を表す

★1……龍昇《りゅうしょう》
俳優・プロデューサー。演劇団に入団後、一九八五年に龍昇企画を旗揚げ。

★2……藤井《ふじい》びん
一九四九―。俳優。演劇団を経て劇団「転位・21」の旗揚げに参加。

★3……唐十郎《からじゅうろう》
一九四〇―。劇作家・演出家・俳優。状況劇場を率いて一九六〇年代から紅テントにて野外公演を行う。戯曲『少女仮面』で岸田國士戯曲賞受賞（70）。小説家としても『佐川君からの手紙』で芥川賞を受賞（83）。状況劇場解散後、現在は劇団唐組を主宰している。

り手という立場だけではなく、演劇という世間をずっと眺め続けてきた人なんじゃないか。だから彼には表現者であると同時にウォッチャーとしての類まれなる才能がある。同時にそれは演劇だけでなく、時代に対する観察者としての役割を非常に濃厚に持っている。流山児さんの活動の五〇年史というのは、演劇の歴史だけでなく、もっと大きな歴史を語り得るんじゃないか。

今回、「敗れざる者たちの演劇志」というタイトルを付けましたが、単に演劇史だけでなく、そこでいろいろな人達が闘い、敗れ、死屍累々の山を築きながら、けれど演劇を続けていくという志を流山児さんはずっと見続けてきた。そういう志を残していくということがこの企画のもう一つの大きな主題だと思います。単なる無名の者たちの活動を綴った演劇裏面史だけではなく、もっと深いところで歴史を記述することになればいい。そんなことで今回流山児さんと語り合ってみたいなと思います。よろしくお願いします。

1　父不在の時代

流山児　よろしくお願いします。こういうコロナ禍の時代だからこそやるしかないかなと。ま、ここらで自分の人生を、振り返るのもいいんじゃないか、というわけです。とりわけコロナ禍の時代が炙りだしたのは「世界が壊れて」もうどうしようもないという「現

6才の頃

有明海で兄と

実」です。二酸化炭素の排出量は前近代の二倍近く、地球温暖化、気候変動は現実となった。アントロポセン＝人新世★4のこの危機の時代に演劇は、芸能は、可能か?といった意味では「まったくためにならない」芝居者の軌跡を、歴史を、平易なコトバで遺そうと思います。それからぼくの観た記憶に残っている作品も具体的に記しておこうと思っています。それにしても近年、死屍累々という感じがします。二年前（二〇一八年）死んだ畏友・高取英★5メモリアルとして『寺山修司★6―過激なる疾走―』を二〇二〇年八月、下北沢ザ・スズナリで上演した時、高取演劇をどれだけの人が「理会《りかい》」してるんだろう?と思った。で、一九七〇年代から現在までの敗れざる演劇者の遺志を伝えたいという思いが立ちあがった。高取や俺たちは「面白いこと」やって来たんだなあ、やり続けているんだなあ、そんな軌跡を語るのもいいか?と決めた。だから、備忘録というか自作年譜も書いてみたんだよ。〇歳から二三歳まで一気に三〇枚ぐらい。書いてみたら、ホント「アホな人生」を送ってんだよ。ガキの頃、俺、何を見ていたんだ?で、引っかかったのが「親父」だと気付いた。これが高取の『寺山修司』とオーバーラップする。親父って、何だ? 高取は五歳で父親を亡くしてる。ぼくは一五歳までほとんど親父と会ってない子供なんです。ガキの頃、親父は「日常」にいない存在だった。正月とか盆とか、年に四、五回くらい帰ってくる男だった。ぼくは小学校の高学年になっても母親と一緒に風呂に入ったり、寝たりするというマザコンだった。ところが「この男」が帰ってくると、おふくろはぼくと一緒に寝てくれない。当たり前だよね（笑）。「この男」は一体何者だ?というのが、ぼくのガキの頃の「親父」の存在だった。「父の

★4 **アントロポセン＝人新世**
オゾンホールの研究でノーベル化学賞を受賞したドイツの化学者パウル・クルッツェンによって二〇〇〇年に提唱された新たな地質の時代区分で、人類の時代という意味。人類の活動が地質レベルで地球環境に影響を与えているという警告。

★5 **高取《たかとり》英《えい》**
一九五二―二〇一八。劇作家・演出家・漫画評論家・編集者・マンガ学部教授など多くの顔を持つ。劇団月蝕歌劇団を主宰して多くの作品を発表。代表作『聖ミカエラ学園漂流記』は舞台に留まらず、漫画化、アニメ化もされた。寺山修司の元スタッフでもあり、寺山に関する評論も出版している。

★6 **寺山《てらやま》修司《しゅうじ》**
一九三五―八三。詩人、劇作家、演出家、映画監督。現代短歌の旗手としてデビュー後、一九六七年に演劇実験室◎天井桟敷を結成。『青森県のせむし男』、『毛皮のマリー』など

不在」、そしてそれはこの国の「父の不在」でもある、なんてね。戦後七六年、日本という国家は「父の不在」の時間がずっと続いているんじゃないかな。なんか、よくわからないイントロになっちゃったね。

2

熊本時代

西堂　今回は熊本で生まれて中学生の頃に流山に引っ越し、青山学院大学に一九六五年に入学されて、一九七〇年に演劇団を創る、そのあたりを話してもらおうと思っています。その中で原点になる熊本時代ですね。

流山児　ぼくは昭和二二年、一九四七年一一月二日、熊本県荒尾市生まれ。父親の藤岡三男は大正元年（一九一二年）の生まれ。藤岡家は、大正六年生まれの母愛子、長姉千鶴子はぼくより十歳上、兄賢祐は三歳上、あと五歳年上の養女の姉敏子、そしてぼくの六人家族です。親父は支那事変（日中戦争）の初期に参戦しているが。太平洋戦争末期には戦地に行っていない。もともと貧乏な家の生まれですから、高等小学校卒で、その後、鉱山学校で勉強し応召、陸軍砲兵隊伍長になり戦争に参加、その後、除隊帰国、三池炭鉱に勤務。戦後は、三池の労働組合の職組から九州炭労（日本炭鉱労働組合九州地方本部）、炭労副委員長、総評（日本労働組合総評議会）副議長として半生を労働運動に従事した。子供の頃の記憶としては六歳くらいからほとんど親父と会ってないという感じ。ぼくが

を上演しアンダーグラウンドカルチャーを牽引する。寺山作品はヨーロッパでも上演され高い評価を得た。

荒尾の実家

九歳の時、親父は世界中を回ってるんだよ、二ヵ月間。一九五七年、総評副議長だった父は中国、ソビエト連邦、西ドイツなどをＩＬＯ（国際労働機関）委員として視察する旅をしている。その紀行記のタイトルが『人民の国々を訪れる』、凄いタイトルでしょ。親父が帰国した時、新聞見せられて、「これがお父さんだよ」と言われてもねえ。時々帰ってくる「あの男」が毛沢東[★7]主席とか周恩来[★8]首相、ソ連のフルシチョフ[★9]首相とかエジプトのナセル[★10]大統領と握手している写真を見せられてもねえ。「この男」は一体何者だ?と、九歳の少年は思うしかなかった。

西堂　父親の話が出ましたけど、元総評の副議長という「労働貴族」……

流山児　昔は、そう言われるとむかついたけどね（笑）。実際、貴族じゃなかったし。ビンボーで、実家は半農半漁、冬には家族総出で有明海の海苔をとっていた。国道沿いにある田んぼに早稲を植えていた。ぼく、赤ん坊の頃、田んぼの近くの貯水池でおぼれたことがあるんだよ。おふくろが田の草取りやってた時、かごに入っていたぼくが這い這いして池におちた。おふくろ、ぼくがいなくなっておろおろしてたらしい。横の田んぼで働いていた近所のおばさんが、池に入って助け

★7……………**毛沢東**《もうたくとう》
一八九三―一九七六。中国の政治家。国家主席。中国共産党の創立に参加。日中戦争、国民党との内戦を制して、一九四九年に中華人民共和国を樹立した建国の父。その後の文化大革命では多数の知識人、毛への反対派を弾圧するなど大粛正を巻き起こし国内に多数の犠牲者を生んだ。

★8……………**周恩来**《しゅうおんらい》
一八九八―一九七六。中華人民共和国の政治家で国務院総理（首相）を務めた。一九一七年に日本に留学し、河上肇の著作で初めてマルクス主義を知る。その後、フランスに留学し、中国共産党に入党。文化大革命では毛沢東に従い、粛正に協力した。国連加盟、日中国交正常化に尽力した。

★9**ニキータ・フルシチョフ**
一八九四―一九七一。ソ連の政治家でスターリン亡き後の最高指導者。冷戦時代の宇宙開発競争ではアメリカとしのぎを削り、またキューバ危機では核戦争直前で譲歩し危機を回避した。一九六四年に失脚する。

てくれた。「祥二さん、ここにおらしたよ！」と、ぼくを助けてくれた。

西堂　そうした生活の中で社会主義とか共産主義とかを身近に感じながら生きてきたわけですね。それは後々の流山児さんの演劇活動につながっていくんじゃないかと思う。もう一つは熊本、九州。炭鉱もそうなんだけど、これも表現者としての立地条件としては大きかったんじゃないかと思うんですけど。その辺はどうですか？

流山児　親父、戦時中は、土の中にマルクス★11の『資本論』を埋めていて、戦後、掘り返して読んでたらしい。葬式の時棺に入れたんだけど。『資本論』の中に芸者の写真が挟まってたりしてたけどね（笑）。こういうの人間臭くて大好きなんだよ。熊本県と福岡県の県境に大牟田市がある。大牟田と荒尾に跨って三井三池炭鉱がある。県境には四山《よつやま》神社（虚空蔵《こくんぞ》さん）があって、夏の大祭では蛇踊りがあって物凄い人出だった。その下に炭鉱があった。三池は筑豊と違って、有明海に掘って行くんだよ、この海底炭田を掘る炭鉱夫が「掘進《くっしん》」という仕事、大変な仕事なんだ。父は、高等小学校を卒業し掘進の仕事をやってたが、鉱山学校で勉強して職員になった。山本作兵衛さんの描く筑豊の風景は三池の海底炭田の光景とはかなり違う。

一九六〇年三池闘争で「ホッパー前決戦」という有名な戦いがあった。ホッパーというのは、石炭

母と兄と

★10……ガマール・アブドゥル＝ナセル
一九一八—一九七〇。エジプトの軍人で後に大統領。一九五二年に自由将校団を率いて王政を倒し、エジプト共和国を樹立。その後、スエズ運河の国有化を宣言して、これに反対するイギリス、フランス、イスラエルの侵攻を招く（スエズ戦争）が、ナセルは国際世論を背景にこの危機を切り抜け、アラブの英雄と呼ばれるようになる。

★11……カール・マルクス
一八一八—一八八三。プロイセン王国出身の哲学者、経済学者。イギリスを拠点とする。エンゲルスの協力のもと、資本主義社会と労働者との関係を分析する。高度な資本主義の発展により到来する社会主義・共産主義の必要性を説いた。著書に『共産党宣言』、『資本論』など。

を出荷まで貯めておく貯炭場。警官隊に投石したりうんこ投げたりする労働者の戦いがあそこであった。三池闘争の頃、県境の街に行くとヤクザや警官隊がいた。で、一方には労働者のオヤジたち、全国から全学連の学生さんが闘争の応援にやってきていた。炭住（炭鉱住宅）では婦人行動隊が作られ、おっかさんたちも闘っていた。このスタイルが、後の三里塚闘争にもつながっていく。ホッパーの前でヘルメットかぶって覆面。これは大東亜戦争の名残です。戦争と同じやり方で「軍団」を作るわけです。各地域にいろんな行動隊を組織して闘う。そんな「総労働対総資本の戦い」を見てぼくは少年時代を過ごした。

「闘いの原点」が、世間的には「暴力」と呼ばれるモノが、日常の風景の中に映像的に記憶・蓄積されていった。まるで映画のワンシーンだった。ぼくは、映画と現実を自在に錯綜させる少年になっていった。あれ?これどこかで見た風景だな?といった感じの映画少年。それは日活アクションだったり、黒澤明★12の映画やハリウッド映画の『ベン・ハー』や『十戒』だったり、オーソン・ウェルズ★13の『市民ケーン』、チャップリン★14の『独裁者』、ジャン＝リュック・ゴダール★15の『勝手にしやがれ』に重なってゆく。『勝手にしやがれ』を一二歳で見た衝撃は凄まじかった! マルセイユで自動車を盗んで警官を射殺して逃亡している無軌道の男・ミシェルを演じるジャン＝ポール・ベルモンド★16がラストに、警察に自分を売った恋人のジーン・セバーグ★17に「お前は最低だ」って言うんだよ。すると、ジーン・セバーグが「最低って何?」でFIN。うわー、なんか、意味わからないけど、ベルモンドもセバーグもかっこいい!と思うわけ。撮り方も滅茶苦

★12……**黒澤明**《くろさわあきら》
一九一〇―一九九八。日本の映画監督。一九三六年にP・C・L映画製作所（後の東宝）に入社。山本嘉次郎の助監督を経て、一九四三年に『姿三四郎』でデビュー。代表作に『羅生門』（50）、『七人の侍』（54）、『用心棒』（61）など。

★13……**オーソン・ウェルズ**
一九一五―一九八五。アメリカの俳優・映画監督。代表作は監督・主演した『市民ケーン』（41）、主演を務めた『第三の男』（49）など。

★14……**チャールズ・チャップリン**
一八八九―一九七七。俳優・映画監督・作曲家。山高帽にちょび髭、だぶだぶのズボン、ステッキというスタイルが特徴。代表作に『黄金狂時代』（25）、『モダン・タイムス』（36）、『独裁者』（40）他、多数。

★15……**ジャン＝リュック・ゴダール**
一九三〇―二〇二二。フランスの映

茶。突如、アップもあれば手持ち撮影、隠し撮り、おまけに即興演技、他の映画の引用多数、時間経過無視のローアングルでのジャンプカットなんか、わけがわからない。で、わからないから三回も観る。それでもまったくわからない。高校生になっても大学生になっても『勝手にしやがれ』は観た。ま、映画はこれでいいんだ、映画は「わからないモノ」なんだ、と妙に納得。すると、もっとくだらない映画になぜか痺れだす。『地平線がぎらぎら』（土居通芳[18]監督、ジェリー藤尾[19]主演、一九六一年）の新東宝映画。宝石ギャングの映画で三流映画っていうかB級映画に凝りだす。RKO製作とかハマー・フィルム製作の吸血鬼映画とか。カルトの巨匠・中川信夫[20]の『地獄』にもイカレた。で、痺れたのがサム・ペキンパー[21]の長編劇場映画二作目『昼下りの決斗』。老人が戦う西部劇。ジョエル・マックリー[22]（この映画で引退した）とランドルフ・スコット[23]、いまでも役者の名前スラスラ出て来るし、ジョエル・マックリーの老ガンマンが老眼鏡で契約書を見るシーンもすぐ浮かびあがる。サム・ペキンパーの『ワイルドバンチ』も老人が戦う映画。俺の「原点」は、闘いを止めないニンゲンの姿（アクション）だと思う。

　そういう映画を見たときの衝撃は「映画と自分が繋がっている」んじゃないかと思うんだよね。で、荒尾第一中学の中学生になると当然のように映画サークルを友人たちと作った。岩崎君と宮崎君と三人で当時、岩波新書の岩崎昶[24]の『映画の理論』と白水社のG・サドゥール[25]の『世界映画史』を一生懸命読んだよ。読んで、どうやったらこんな撮影ができるんだろう?と、三人で喧々諤々の映画論を闘わしていた。黒澤明の『七人の侍』で野盗がワーッと突っ込んでくるシーンがあるんだよ。これ、どうやって撮ったん

画監督。映画批評家として活動後、『勝手にしやがれ』(59)で長編監督デビュー。トリュフォー、ロメールらと共にヌーヴェルヴァーグの旗手として活躍する。代表作に『女と男のいる舗道』(62)、『気狂いピエロ』(65)他。

★16 **ジャン＝ポール・ベルモンド** 一九三三―二〇二一。フランスの俳優。ゴダール作品の他、アラン・ドロンと共演した『ボルサリーノ』(70)の出演でも知られる。

★17……**ジーン・セバーグ** 一九三八―一九七九。アメリカ出身の女優。『聖ジャンヌ・ダーク』(57)でデビュー。ゴダール監督の『勝手にしやがれ』(59)の他、『悲しみよこんにちは』(58)の出演で世界的に知られる。

★18……**土居《どい》通芳《みちよし》** 一九二六―一九七五。映画監督・脚本家。一九四八年に新東宝に入社。助監督を経て、『不如帰』(58)で監督デビュー。一九六〇年代以降はテレビ映画の演出家として活動する。

だ？　しかもワンカットで　ぜひ、『七人の侍』観てください、このシーン、オモシロいから。カメラ・アングルに対する興味が湧いて、更に映画の魅力に嵌まっていった。

高校時代、黒澤が戦後すぐの一九四六〜四九年に撮った『わが青春に悔なし』『素晴らしき日曜日』『野良犬』を京橋のフィルムセンターで観て世界一の映画作家だと確信したよ。リズミカルなカメラワークと圧倒的な音楽性、センス、テンポ、カッコいいんだよ。ロベルト・ロッセリーニ★26の『無防備都市』やピエトロ・ジェルミ★27の『鉄道員』、フェデリコ・フェリーニ★28の『道』と肩を並べる世界の名作だと思う。共通する戦後の「焼跡の風景」の中、ギラギラと生きているニンゲンの目。いい貌してるんだよ、みんな。三船敏郎★29も原節子★30も志村喬★31も。ニンゲンが「動物でしかない」ことを思い知らされる。

西堂　流山児さんの中で現実のヤクザや警官がいたり全学連の学生がいたりと、いろんな人たちが入り混じっているのをまるで映画というフィクションを通して見ているようですね。

流山児　そうだね、ぼくが撮ったらこの「世界」はどうなるんだろうと、ワクワクしながら、まるでミフネみたいな眼をして「世界」を見ていたような気がする、中学生の頃は。くだらないことばっかり夢想していた。あとは恋をする、この二つくらいでしょうね（笑）。

★19……**ジェリー藤尾《ふじお》**
一九四〇—二〇二一。歌手・俳優。代表曲『遠くへ行きたい』は多くのアーティストにカバーされている。

★20……**中川信夫《なかがわのぶお》**
一九〇五—一九八四。映画監督。怪談映画の巨匠と呼ばれる。代表作に『東海道四谷怪談』(59)、『地獄』(60)、『怪異談 生きてゐる小平次』(82)など。

★21……**サム・ペキンパー**
一九二五—一九八四。アメリカの映画監督。アクションバイオレンス映画の巨匠、最後の西部劇監督とも呼ばれる。代表作に『ワイルドバンチ』(69)、『昼下りの決斗』(62)、『戦争のはらわた』(77)他。

★22……**ジョエル・マックリー**
一九〇五—一九九〇。アメリカの俳優。代表作に『海外特派員』(40)、『死の谷』(49)、『昼下がりの決斗』(62)など。

3 流山時代

中央が父・三男

西堂　千葉県の流山市に引っ越すのは何歳の時ですか？

流山児　一九六二年一四歳の時。

西堂　熊本から流山に出て来るときにずいぶん環境は変わりますね。

流山児　二七時間かけて「急行霧島」に乗ってやってきた。

西堂　維新派の松本雄吉[★32]さんも同じ熊本で、雄吉さんは天草ですが、

流山児　雄吉さんはぼくの一歳上。熊本から東京に出ていくというのは大変なことだった。長姉は結婚、兄貴は県立玉名高校という進学校に入って下宿していた。養女の姉も高校から幼稚園の先生を目指して短大に進んでいたので、熊本に留まった。ぼくとおふくろは二七時間かけ

★23……**ランドルフ・スコット**　一八九八―一九八七。アメリカの俳優。『砂漠の遺産』（32）で初主演。代表作に、『七人の無頼漢』（56）、『昼下がりの決斗』（62）など。

★24……**岩崎昶**《いわさきあきら》　一九〇三―一九八一。映画評論家、プロデューサー、ドイツ文学者。著書に『映画の理論』、『ヒトラーと映画』など。

★25　**ジョルジュ・サドゥール**　一九〇四―一九六七。フランスの映画史家、映画評論家。「カイエ・デュ・シネマ」などに執筆。著書に『世界映画史』、『チャップリン：その映画とその時代』など。

★26　**ロベルト・ロッセリーニ**　一九〇六―一九七七。イタリアの映画監督。ネオレアリスモの旗手。代表作に『無防備都市』（45）、『ドイツ零年』（48）、『火刑台上のジャンヌ・ダルク』（54）など。

てきたから、てっきり東京の近くだと思っていた。そしたら東京じゃなくて上野から常磐線に乗って、南柏という駅で降りた。そこに松ケ丘団地があった。田中角栄[33]の日本電建が建てた一戸建て三〇〇万円の建売住宅。

西堂　それが流山児祥の流山。

流山児　そうです。流山の祥二くん。ぼく、本名藤岡祥二っていうんです（笑）。みんなで芸名を考えたんだよ、「演劇団」の前身の演劇集団へテロを創った時。及川恒平[34]は、毎日鎮痛剤やら睡眠薬飲んでるから、こいつは明日薬（あしたくすり）にしようぜ（笑）。北村寿子は静岡の焼津の出身だから北村魚[35]と書いてトト。悪源太義平[36]は本名は関谷義平と言うんだけど武将の源義平に憧れていたから、悪源太義平。この四人でヘテロを立ち上げた。演劇団解散した時、流山児祥を新宿祥二という名前に改名しようかという話もあったんだよ（笑）。

西堂　それは寺山修司の『あゝ、荒野』に出てきそうですね（笑）。兄と姉を熊本に残したまま、母親と二人で流山にたどり着いたとき、お父さんは東京にいたわけですか？

流山児　親父は、三井鉱山をやめて東京労働金庫（現在は中央労働金庫）の参事になっていた。

★27……**ピエトロ・ジェルミ**
一九一四—一九七四。イタリアの映画監督・俳優。監督・主演した『鉄道員』（56）で国際的に評価される。『わらの男』（58）、『イタリア式離婚狂想曲』（61）、『蜜がいっぱい』（66）などでも知られる。

★28 **フェデリコ・フェリーニ**
一九二〇—一九九三。イタリアの映画監督。「映像の魔術師」と呼ばれる。代表作に『道』（54）、『甘い生活』（60）、『8 1/2』（63）など。

★29……**三船敏郎《みふねとしろう》**
一九二〇—一九九七。俳優・プロデューサー。黒澤明監督の作品で数々の野性味あふれる主人公を演じ世界的にその名が知られる。後に外国映画にも多く出演した。

★30……**原節子《はらせつこ》**
一九二〇—二〇一五。女優。小津安二郎監督の『晩春』（49）、『東京物語』（53）などの出演で知られる。黒澤明作品では『わが青春に悔なし』（46）、『白痴』（51）に出演している。

そういう意味では、労働貴族だったかも（笑）。

西堂　中学生を卒業してから東葛飾高校に入って、青山学院に進学するまでずっとそこに住んでたわけですか？

流山児　そう。当時は千葉県東葛飾郡流山町松ケ丘。松ケ丘の近くに東部中学校が建設中で、ぼくは柏で東武野田線に乗り換えて江戸川台まで行かなきゃならない。そこに北部中学校があった。ぼくは、なぜか転校した翌日にトイレに呼び出されてボコボコにやられた。生意気だって！　何が生意気なのかよく分からないけど（笑）。十人くらいにボコボコにされた。翌日から一人ずつ呼び出して、殴っておとしまえつけた（笑）。それで、あっという間にリーダーになった。その手の喧嘩には、荒尾で慣れていたから。

西堂　九州男児だから。

流山児　ガキの頃、喧嘩はそれこそ日常茶飯事だった。鈴木清順[★37]監督の『けんかえれじい』を観るとわかるよ、あれに近い感覚。でも決して、徹底した暴力行為には至らない。あの時代の喧嘩にはある種の仁義というかルールがあった。弱いものイジメや卑怯な事をしちゃダメ、正当な喧嘩相手に対してはきちんとリスペクトするという暗黙の了解＝倫理があった。そんな、奇妙な交流があの時代にはあった。ぼくの住んでいた（熊本の）南荒尾の集落にもいろんな人がいた。被差別部落や朝鮮人部落の友人との「喧嘩の果ての交流＝友情」の顛末のドラマはいくつもある。右の太腿には中学一年の時、不良にジャックナイフで刺された傷がいまも残っている、頭には北部中で林君に殴られて机にぶっつけた傷が残っている、でもその後、林君とは、無二の親友になった。いまでも五

★31……志村《しむら》喬《たかし》
一九〇五―一九八二。俳優。黒澤明のデビュー作『姿三四郎』（43）から『影武者』（80）まで21本に出演し、三船と並んで黒澤映画に欠かせない俳優。他にも『ゴジラ』（54）、『日本のいちばん長い日』（67）などに出演。

★32……松本雄吉《まつもとゆうきち》
一九四六―二〇一六。演出家。一九七〇年に、大阪教育大学出身者で劇団日本維新派を結成。八七年に維新派に改名。野外に巨大なセットを組み、5拍子や7拍子の変拍子に乗せて単語を発するヂャンヂャン☆オペラの演出で知られる。

★33……田中角栄《たなかかくえい》
一九一八―一九九三。日本の政治家で元内閣総理大臣。高速道路、新幹線網を整備して地方分散を主張した日本列島改造論を掲げて、一九七二年の自民党総裁選挙に勝利し内閣総理大臣に就任。その後ロッキード事件で逮捕されるものの、日本の政治に影響力を持ち続けた。

年に一度の北部中同窓会で最後まで呑むのはそんな悪友たち。「決して差別をしちゃいかん」「自分に正直に生きろ」と、藤岡家の四人の子供は徹底して親父に家訓として叩きこまれた。さっきの話に戻すと、親父は大東亜戦争で中国の人々に対して侵略行為を行なった自覚があるから、「戦争の贖罪」のために労金勤務を終えて定年（六〇歳）になったら日中友好の仕事をやると決めていた。でも、五七歳で死んじゃう。親父の遺志を継いで、ぼくなりに中国演劇人との交流を続けているつもりなんだ。アジアの人たちに対する「戦争の贖罪」は終わってない。

　長崎に一九四五年八月九日に原爆が落ちた日の話をよくおふくろから八月九日になると聞かされた。「長崎の方向にピンクの雲がボーンと上がったんよ、あの雲の下で七万人の人が殺されたんよ。それを、絶対忘れちゃいけんとよ」と。ぼくたちの時代は日教組が滅茶苦茶強い時代で、日教組のストで授業がなかったりデモに行ったり労働運動と日教組の運動がパラレルにつながる中でぼくらは育った。戦後民主主義の子供。民主主義とは何かを徹底して小学校の時に教えられた。日米安保条約のことも子供ながらも勉強した。

4　戦後民主主義の申し子

西堂　戦後史の凝縮したところに投げ出された感じですね。

★34　及川恒平《おいかわこうへい》　一九四八―。フォークシンガー。一九七〇年に小室等率いる六文銭に参加。『面影橋から』がヒット曲となる。グループ解散後、ファーストアルバム『忘れたお話』（72）発表。

★35　北村魚《きたむらとと》　一九四七―。女優・イラストレーター。流山児祥らと演劇団を旗揚げ。

★36　悪源太義平《あくげんたよしひら》　俳優。演劇団の中心的存在として活躍。二〇一八年死去。

★37　鈴木清順《すずきせいじゅん》　一九二三―二〇一七。日活専属の映画監督。独自の色彩美、大胆なカメラワークで知られる。代表作に『肉体の門』（64）、『けんかえれじい』（66）、『ツィゴイネルワイゼン』（80）など。

流山児　荒尾には「戦後史」が確に存在していた。朝鮮の人達が戦時中に連れてこられて働いていた。炭鉱住宅には多くの朝鮮の人たちが住んでいた。友達もいました。二〇一〇年、鄭義信[★38]脚本の映画『信さん・炭坑町のセレナーデ』（平山秀幸[★39]監督）、あるいは芝居の『パーマ屋スミレ』が、ぼくたちの少年時代の風景。あれが三池闘争の状況ですね。炭鉱労働者が捨てられて棄民化されていく。労組員の半分が三池新労（第二組合）に加わり、ストから離脱する。三池労組との内ゲバが始まってゆく。伯父さんや従兄弟や親戚同士が仲違いしたりして悲劇が次々と起こってゆく、そんな炭鉱町の「終わりのはじまり」を見て、ぼくは一九六二年に流山に引っ越した。一九六三年には三井三池三川鉱で炭塵爆発が起きる。そういう時代だった。

西堂　戦後民主主義の子供が流山に引っ越してからどういう風に成長していったんですか？

流山児　成長したのかな（笑）。バカな事ばっかりやっていたよ。

西堂　その頃から映画により没頭していくわけですね。

流山児　中学から「新聞部」で映画評を書き始めていたけど、東葛飾高校に入学すると、社会部に入部し、そこで「映画班」というのを作って映画新聞を発行する。銀座の日劇の地下にあった日劇文化、ATG（日本アート・シアター・ギルド）の芸術映画友の会の会員になって滅茶苦茶名画を観まくった。で、高校生の時、最初にやったヤバい行動は、柏に自衛隊のナイキ・ホーク基地ができると新聞でみてね、こりゃヤバい！と思って、その翌日に「柏ナイキ・ホーク基地反対！」のビラを田中と水野の悪友三人で作っ

流山北部中

て柏の街中に何百枚も貼った。それが大問題になった。校長に「何をやってるんだ、藤岡」って言われたので、「どこがいけないんですか、だって基地が計画されてるのは事実じゃないですか、多くの市民の皆さんに知らせるのは当然でしょう。基地について、みんなで討論すればいいじゃないですか」と突っぱねた。これで停学処分になった。次はビートルズ・コンテストに悪友たちとバンド作って参加した。僕はハーモニカでボーカル。曲は《ラヴ・ミー・ドゥー》もちろん、予選落ち。

で、次は『白日夢』（六四）、『黒い雪』（六五）という武智鉄二★40監督作品のメチャエロい成人映画評を映画新聞に書いた。そしたら一八禁の映画の批評を一六歳が書いちゃいけないだろうと（笑）。「は？　どうしていけないんです？　一応、東葛高校の襟章（学年で色が違う）外して富士館（映画館の名前）に入ったんですけど、ダメすか？」とか言って、それがまた大問題になった（笑）。でもって、三里塚に国際空港がどうやらできるらしい？という情報が聞こえてきた。で、行って取材して文化祭で発表、砂川闘争に行って、『黒い雪』のロケ現場（犯された少女が全裸で横田基地を疾走するシーン）をみた。あのオンリーたちの街＝基地ってこうなんだ。デモってこうなんだ。もう一つの「ニッポンの現実」を見た。三池と同じじゃないか！　そんな幼い映画批評を書きながら、いつか「ルポルタージュ」を書こうなんて牧歌的なこと考えていた。表現なんて自分が生きていて引っかかった事をルポするようなもんだし。

西堂　しかもそれが政治闘争と性の闘争に重なるわけですね。そこが非常に斬新です。高校生にしては目覚めが早いですね。

★38 **鄭《チョン》義《ウィ》信《シン》**
一九五七―。劇作家・演出家。一九八七年に劇団新宿梁山泊を結成。九四年に『ザ・寺山』で岸田國士戯曲賞受賞。映画『月はどっちに出ている』（93）、舞台『焼肉ドラゴン』（08）などの脚本でも知られる。

★39 **平《ひら》山《やま》秀《ひで》幸《ゆき》**
一九五〇―。映画監督・脚本家。『学校の怪談』シリーズ、『愛を乞うひと』（98）、『必死剣 鳥刺し』（10）などで知られる。

★40 **武《たけ》智《ち》鉄《てつ》二《じ》**
一九一二―一九八八。演劇評論家、演出家、映画監督。劇評家として活動しながら、戦時中に断絃会を発足させ、私財を投じて伝統芸能の保護に尽力する。戦後は膨大な知識と理論を背景に自ら歌舞伎の演出、前衛劇の創作を行なう。一九六〇年代からはポルノ映画監督としても活動。

流山児 性の目覚めはめちゃ早い。小六の時初恋。某企業の支社長の娘の工藤哲子さん。工藤さんの家はピアノもあればゴルフもやってる。これまた『けんかえれじい』に出てくる性の疼き（ペニスでピアノの鍵盤をたたくシーン）に似ている。喧嘩と政治と性への目覚め（北一輝に出会い、二・二六事件の東京へと旅立つラストシーン）。そこに自分をオーバーラップさせていた。ピアノ、ゴルフ、コーラ、寿司。寿司なんか食べたことない、コーラなんか飲んだこともない。お嬢さんの家に呼ばれてコーラを飲む、クリスマスには教会へ行って聖歌隊で街を廻ったりした。突然、彼女が引っ越しちゃう。みんなは駅で見送りするんだけど、ぼくだけ四つ先の踏切の離れたところで一人で「さよなら」した。そんな、ませたガキだった。二回目の恋は中学三年の時、もちろんお嬢様。高校受験なんかアホらしくなって大阪で働こう！　二人で生活しよう！と思った。単純。それで「駆け落ち」しよう！と柏駅で待ち合わせをした。もちろん、彼女は来なかった（笑）。これが初の失恋。なぜか、お嬢様ばかりに惚れるんだよね。中学、高校、大学生でもって早稲田小劇場の研究生まで。お嬢様に弱い（笑）。

西堂 そうか、貧しい青年と深窓のご令嬢の恋愛を自分に重ねて。

流山児 そうそう、自分を主役にして。これ、映画にしたいという思いがあった。これ撮ったらと、シナリオも何本か書いてみたけど、こりゃ駄目だ！と破いて捨てた。

西堂 現場まで行って、ルポルタージュを書くジャーナリストみたいなことをやっていたと言われましたが、高校時代は批評は書いてるけど実際に映画は撮らなかった？

流山児 八ミリカメラ買う金なんかあるはずがない。

東葛高校

西堂　中学生や高校生の映画好きには一つの傾向があると思うんです。文学や詩でなくて、なんで映画に向かうかっていうと、早く大人になりたかったからじゃないか。文化不良の青年ってだいたい映画に行くんですよ。

流山児　『ニュー・シネマ・パラダイス』に似た体験。性への憧れ。ラブシーンとかキスシーンとか映画でしか見ないじゃない。どんな子供でも衝撃を受ける。そうじゃない？

西堂　もう一つ外国映画に憧れたりするわけでしょ。ゴダールとか。

流山児　それはかっこつけて言ってるだけだよ（笑）。

西堂　中学生頃になると、例えばヘルマン・ヘッセ★41読んだり、ゲーテ★42の『若きウェルテルの悩み』なんか読んだりとか、そうやって外国のことを知ろうという正統的な文学青年のタイプがある。

流山児　俺は、ガキの頃からほとんど文学作品を読んでいない。読もうとも思わなかった。皆が文学のコトあれこれ言うから、一応斜めに飛ばし読みして姑息に「概略」だけはおさえて置いたけどね。ゲーテの『ファウスト』★43なんか二〇一六年ルーマニアのシビウ国際演劇祭でシルヴィウ・プルカレーテ演出観てから、真面目に、飛ばし読みしたよ。それよりも新聞五紙、喫茶店とか図書館で片っ端から、読んでた。高校時代からの習慣。今はやってないよ。新聞の中の「世界」を「批評」を読むんだ。読書欄の新刊レビュー（批評）で読んだ気になってたりしてね。大島渚★44の『新宿泥棒日記』★47で紀伊國屋書店でジュネ★45の『泥棒日記』やバタイユ★46の本を万引きする横尾忠則のシーンを観て、万引きしようかな、という誘惑には駆られたが、勇気がなくて結局、万引きできなかった。ただ、

★41……**ヘルマン・ヘッセ**　一八七七―一九六二。作家、詩人。少年の内面を描いた繊細な作品で知られる。代表作に『車輪の下』、『デミアン』など。

★42……**ゲーテ**　一七四九―一八三二。ドイツを代表する詩人、劇作家。小説『若きウェルテルの悩み』や詩劇『ファウスト』などで世界中に知られる。

★43……**シルヴィウ・プルカレーテ**　一九五〇―。ルーマニアの舞台演出家。シビウ演劇祭での『ファウスト』は廃工場を利用した一五〇名の出演者による壮大なスペクタクルで知られる。

★44……**大島渚**《おおしまなぎさ》　一九三二―二〇一三。映画監督。松竹ヌーヴェルヴァーグの旗手として活躍。社会性と政治性が強い作風で知られる他、本職の俳優以外の人材も数多く出演者に登用した。代表作に『青春残酷物語』（60）、『新宿泥

本屋ではあちこちのコーナーを廻って二時間は片っ端から立ち読みしていた。いまでも一時間以上本屋で「立ち読み」の習慣は続いている。

西堂　それは流山児祥という人の一つの生き方の選び方だね。後に大学で全共闘運動と関わっていく時に、青山学院大学出身の評論家の高野庸一[★48]さんが書いてるんだけど、マルクスとかレーニンとかを読んで活動してるんじゃなくて、なんも知らずにいきなりやってるという。

流山児　そう、それが青学全共闘、高野庸一の言うとおり（笑）。

西堂　そこが闘争の在り方の選び方ですね。東大闘争と日大闘争の違いがあって、日大闘争のほうを選んでる。

流山児　ぼくはこれから大学受験という高三の時、演劇部に入るんだよ。普通そんなことしないよ。当時、東葛高校は東大に一〇人以上合格するような受験校だから、普通に勉強していれば、千葉大くらい入れる。ぼくは落第すれすれの劣等生だったけどね。高三で受験勉強しないで演劇部に入るとは何事だ?と、みんなから言われるわけ。すると、担任の八幡栄太郎先生は「藤岡は偉い、三年になってもこいつは自分の好きなことをやってる」と擁護してくれた。いい先生だった。卒業式の後、田中と水野といった悪友たちと一緒に朝まで呑んでくれた豪快な先生だった。年も五歳ぐらいしか違わなかったしね。演劇始めたほんとの理由は部長の美人の後輩に惚れて入ったんだけどね（笑）。これが三回目の恋。大学なんか行かなくてもいい、受験勉強よりもその子とどうしても共演したかった。それで稽古もしたよ。ところが、急性盲腸炎になって舞台に出られなかった

棒日記』（69）、『愛のコリーダ』（76）、『戦場のメリークリスマス』（83）他、多数。

★45……**ジャン・ジュネ**
一九一〇—一九八六。フランスの詩人、小説家、劇作家。放浪、獄中の暮らしを経て作家となる。代表作に戯曲『女中たち』、自伝的小説『泥棒日記』など。

★46……**ジョルジュ・バタイユ**
一八九七—一九六二。フランスの哲学者、作家。無神論の立場から死とエロスを描き、後の思想家に影響を与えた。代表作に『眼球譚』、『エロティシズム』など。

★47……**横尾忠則**《よこおただのり》
一九三六—。画家、グラフィックデザイナー。大胆な構図と色彩でアングラ演劇のポスターも多く手掛けている。大島渚監督『新宿泥棒日記』では主演を務めた。

（笑）。

西堂　そのときは何の作品をやろうとしてたの？

流山児　真面目なやつ（笑）。民話劇で『夕鶴』みたいなヤツだった。思いだせないなあ。だって初めて芝居をやるもんだから、台詞をどうやって覚えるのかもわかんない。ただ、恋する部長を近くで見られるという「不純な動機」で、ぼくは、演劇をはじめたんだよ（笑）。

5　青山学院時代

西堂　それで一九六五年青山学院大学の経済学部に入学します。

流山児　明治大学と早稲田大学二文と青山学院大学経済学部を受験した。明治と青学に受かったから早稲田の二文は受けなかった。その頃、兄貴が俳優座の養成所一六期生で中央大学経済学部の学生で中大劇研もやってた。親父は、兄貴が大学で演劇やってるんだから弟には演劇なんかやらせたくない。とにかく青学受けろ、経済学部にしろ。それで渋々、青学に入った。ホントは明治に行きたかったんだけどね。

西堂　明治は文学部？

流山児　文学部演劇専攻。

西堂　あーそれはまずいよね（笑）。

★48……高野庸一《たかのよういち》
一九四八―。青山学院大学卒業。『文学時標』の編集者として知られる。著書に『戦後転向論』、『インドへ――わが魂のさすらい』など。

高校演劇部

流山児　いやいや、入ってたら面白かったかもよ。龍昇の先輩だし。ちょうど赤軍派も生まれる時代だし。で、青学に入って一年の時は超マジメで、成績は、ほぼオール優。授業も全部受けていた。

西堂　そういう話は聞きたくない（笑）。

流山児　でも、授業の初日で頭にきたんだよ！　大教室に学生が入りきれなくて。それで、学生部に文句言いに行った。「こんなにいっぱい入ってるじゃないですか、どうするんですか、明日からの授業」って言ったら、「いやそのうちに減りますから」って言われて。もうブツっと切れて、「あんた、何言ってんだよ、あんたら学生部でしょう、学生部長呼んで来いよ！」と怒鳴った。ま、これが一年後の青学の学生運動に繋がっていくんだ。大学というもののウソさ加減。大学はもうちょっとまともかと思うじゃない。それで、クラス委員長に立候補して、じゃあ、みんなで討論しようぜって提案したが、誰も付き合ってくれなかった。結局そういうこと。一年後には「食堂料金値上げ阻止闘争」が始まる、阻止といっても食堂ボイコット、パンなどの自主販売ぐらい。劇研の連中と大学の正門前でハンストやら抗議の自己流の舞踏パフォーマンスをやったりした。「ロシア革命一九一七年～二〇年の三年間に怒涛のように開花した二〇代の若者たちによるロシア・アヴァンギャルドへ、シルレアリスム運動へと通底する闘いを！」なんて、赤い薔薇をくわえて自動筆記のようなアジテーションしてた。なんか、高校時代とまったく同じ展開になってゆく。

西堂　青年の義憤だね。

流山児　いやなものはいやだ！という性格はガキの頃から変わらない。三つ子の魂、百までだね。沸騰するエネルギーの持つ運動性、異空間と異時間そしてダイナミズム、そういった全共闘運動そのものが持つ本質性と出会うことになる。

西堂　青学の闘争って大学の不祥事みたいなことが発端ですか？

流山児　三公示撤廃闘争。三公示っていうのは、六〇年安保闘争のときにつくられたんです。①自治会設立は認めない、②一切の政治的活動は学内外で禁止、③これに違反した学生は退学等処分対象とする、というもの。のちに、この三公示は撤廃されるが、その骨子である政治的社会的活動は禁止（処分対象とする）する体制はしっかりと残るんだけどね。これっておかしいだろ？　大学生がなんで「政治運動」やっちゃいけないんだ。学生の自治権獲得を目指して始まる。それが三公示撤廃闘争。その前に食堂料金値上げ反対闘争があった。青学の場合、面白いのはそれまで「政治党派」なんてものがほぼなかった。だから赤ヘルだろうと白ヘルだろうと青ヘルだろうと革マルだろうとML派だろうと、みんな仲良かった。哀しい事だが、それから五年後には内ゲバになっていくんだけど。とにかく大学の言っている「三公示」っておかしいというところから学園闘争がはじまった。全学闘争委員会が組織され、のちに全学共闘会議に進化してゆく。その後、「演劇団」の制作になる歴研の新白石★49が全共闘議長で俺が副議長。どこから始まったかというと、先の「食堂料金値上げ阻止闘争」を闘った文連というのがあってね、学生会館四階に文化系の部室があった。文化団体連合会。演劇研究部、社会科学研究部、映画研究部、放送研究部、歴史研究部、国際関係研究部、フランス文化研究部といった

★49　新白石《しんはくせき》
青山学院大学の元全共闘議長。俳優。演劇団で活動。

文化系サークルがあって文連の連中が闘争を組織しだす。劇研、社研、映研、法研、歴研などが中心になる。

西堂　その中で演劇研究部に入られた。

流山児　そうです、二年、三年生の時、劇研が全共闘の中核になるんだけど、一年の時は真面目で、演劇部に入ったら、劇団四季の先輩がいっぱいいた。アーサー・ミラー[★50]の『橋からのながめ』が初舞台で、次がアーノルド・ウェスカー[★51]の『大麦入りのチキンスープ』だったかな。これのちょい役でスタッフもやってた。同期に宇津宮雅代[★52]という美人女優がいたんですけど、彼女はすぐ翌年には文学座研究所に行って、『パンとあこがれ』というTBSドラマの主役になる。亀有に住んでいて、よく泊りに行った。無二の親友だった。気骨のある真っ直ぐな女優でしたね。演劇部ではレパ選だとか、作品分析だとか、貫通行動とか、スタニスラフスキー・システムだとか言ってたね。

西堂　要するに一九六五年の大学演劇の実情って結局新劇系なんですね。

流山児　そうです。それを壊したのが早稲田の劇団木霊《こだま》の東由多加[★53]さんだったと思う。ぼくは六七年に寺山修司作『血は立ったまま眠っている』を大隈講堂で観てる。何が何だかよく分からなかったけど、ねずみがバーッと走ったり、朝鮮楽団の生バンドが出たりとか、セットは、たぶん、横尾さんだと思うんだけど、女の人の大股びらきみたいになっていた。状況劇場のマークのあれ、これは面白いなあ、こういう演劇は観たことない。そのとき、東由多加はぼくと三つしか違わないのかと、ある種の焦りを覚えた。

西堂　ある意味新しい演劇を最初に観たのが東由多加。それが六七年。

★50……**アーサー・ミラー**
一九一五—二〇〇五。アメリカの劇作家。アメリカ社会を鋭く切り取った作風で知られる。また私生活ではマリリン・モンローと結婚したことでも話題になった。代表作に『セールスマンの死』、『るつぼ』、『橋からのながめ』など。

★51……**アーノルド・ウェスカー**
一九三二—二〇一六。イギリスの劇作家。『大麦入りのチキンスープ』(58)、『根っこ』(59)、『僕はエルサレムのことを話しているのだ』(60)の作者として知られる。反体制派の作家として当時の若者の支持を得た。

★52……**宇津宮雅代《うつのみやまさよ》**
一九四八—。女優。文学座付属演劇研究所を経て文学座に入団。『パンとあこがれ』(69)で脚光を浴び、その後TBS時代劇『大岡越前』シリーズでは大岡越前の妻を演じ人気を集める。

流山児　他にもこの時代、次々と衝撃を受ける芝居に出くわす。いまでも記憶に残る六〇年代後半、アングラ演劇の名作（先端シーン）を観ていた。状況劇場の『腰巻お仙』、『ジョン・シルバー』シリーズ。早稲田小劇場の『マッチ売りの少女』『主役主役道者《してしてどうじゃ》～歌舞伎十八番「鳴神」より～』、演劇企画集団66の『象』、発見の会研究生公演『此処か、彼方処、はたまた何処か』、現代人劇場『真情あふるる軽薄さ』、六月劇場『海賊』、天井桟敷『青森県のせむし男』、すまけい[★54]とその仲間『原作・ゴドーを待ちながら』、新宿アート・ビレッジでやっていた暗黒舞踏とか、まさにアングラ百花繚乱、毎日のように芝居を観ていた。で、目から鱗の日々が続いた。学生演劇の合同公演『真田風雲録』、それから兄貴の中大劇研のやった『メカニズム作戦』『明治の柩』『炎の人』といった新劇の名作。その後、兄貴は劇団新人会に入る。それで新人会の『オッペケペ』かな、あの頃、福田善之[★55]とか宮本研[★56]とか三好十郎[★57]とかの作品を観て、新劇の面白さも同時に知る。新人会の稽古場にも通ったよ。でも、アニキ達の新劇は実に嘘くさいんだよ。これじゃない！　俺が捜しているのは⁉って目を皿にしていろんな芝居観まくっていたね。そのために青学の横のレストランでアルバイト。ナポリタン作ってたよ。純粋な観劇なんかじゃなかった。台詞のひとつひとつ、役者の一挙手一投足を見守るじゃなく、劇現場という特別な空間に身を置くこと、巻き込まれていくこと、自ら参加すること、が目的だった。一九六六年大学二年の時、劇団青俳にいた先輩の中川邦彦[★58]演出で、フェルナンド・アラバール[★59]の『戦場のピクニック』に出演する。共演のゼボ役は先輩の福井泰司[★60]、ぼくはザボ、メイクは緑と黄色のペイント。青山祭（学園祭）公演で一日六回上演の強

★53……**東由多加**《ひがしゆたか》
一九四五—二〇〇〇。劇作家・演出家。一九六七年に寺山修司らと天井桟敷旗揚げ。その後、東京キッドブラザースを結成し、海外でもミュージカル公演を行った。

★54……**すまけい**
一九三五—二〇一三。俳優。一九六六年、太田豊治とすまけいとその仲間を結成。『贋作・ゴドーを待ちながら』などを上演。新宿のジャズ喫茶などを拠点に活動し、アングラ演劇の一翼を担ったが七二年に解散した。その後はテレビ、映画などでも活躍した。

★55……**福田善之**《ふくだよしゆき》
一九三一—。劇作家・演出家・俳優。東京大学在学中にふじたあさやとの合作『富士山麓』を執筆。一九六〇年代に劇団青年芸術劇場（青芸）の劇作家として活躍、その後大河ドラマの脚本なども手掛ける。代表作に『長い墓標の列』、『真田風雲録』、『袴垂れはどこだ』など。

行軍。青学の記念館の階段の下をベニヤで塞いで、花の絵をばーっとピンク色で描いてフラワー・チルドレン（ヒッピー）風の劇場をつくった。これが、ぼくたちのアングラ劇場だった。砂利がゴロゴロあるんですけど、そこが花道で舞台エリア。照明は写真撮影用のライト。ストロボライトも使ったな。三〇分から四〇分の芝居、それがメチャ面白かった。ただ走りっぱなしでセリフを言う。邦彦さんの演出も凄かった。人間を人間と思わないような演出だった（笑）。作品分析なんて屁でもない。とにかく、やれ！だもん。これって体育＝運動のような演劇。

西堂　体育会系演劇。

流山児　そう！　圧倒的な体育会系演劇でパンク！　公演終わったら構内を衣裳のまんまチンドン屋やってお客さん呼んできて一〇〇円取って見せる。タダじゃないんです。一〇〇円とる！　学園祭に来ている観客からの投げ銭芝居。長田弘さんなんて有名詩人もやってきたりして大興奮。うわ、あ、あの、長田弘★61かよとか思うわけよ（笑）。演劇やるのってけっこう面白いなと思ったのは『戦場のピクニック』からだね。

西堂　長田弘は新進の詩人で、六月劇場にも関わっていますね。その前後に全共闘運動をやっているわけですね。

流山児　大学三年になる一九六七年頃から。この時期はあらゆることがオーバーラップしながら次に進んでいる。六七、六八年は一番面白い時代だった。そんな時代に状況劇場＝紅テントに入る。

西堂　その直前にヘテロという劇団を作って初演出していますね。

★56……**宮本研**《みやもとけん》
一九二六—一九八八。職場演劇出身の劇作家。『日本人民共和国』、『メカニズム作戦』で岸田國士戯曲賞を受賞。その他の代表作に『反応工程』、『明治の柩』、『美しきものの伝説』などがある。

★57……**三好十郎**《みよしじゅうろう》
一九〇二—一九五八。劇作家。新築地劇団、文化座、劇団民藝などで作品が上演された。代表作に『斬られの仙太』、『胎内』、『炎の人』など。現代でも再演される機会が多い劇作家の一人。

★58……**中川邦彦**《なかがわくにひこ》
一九四三—二〇一七。映像作家、理論家。東京造形大学名誉教授。著書に『難解物語映画—アラン・ロブ＝グリエ・フィルムスタディー』、『散文—映画の授業』など。

★59 **フェルナンド・アラバール**
一九三二—。スペインの劇作家・演出家。不条理劇の作者として知られる。代表作に『戦場のピクニック』、『建築家とアッシリア皇帝』など。

流山児　青学劇研を解体し、明治大学学生会館でヘテロという演劇集団の旗揚げ公演をやった。

西堂　そこでは何を上演したのですか？

流山児　別役実[★62]さんの『門』。最初、演出は及川恒平がやる予定だったんだけど。恒平は一歳下の釧路出身で文学部で日本文学を専攻していた。一九四八年八月一四日生まれで、恒久平和からとって恒平って名づけられた。いつもギターを弾いていて、自作の詩を歌っていた。ホントに、透明な声した色白の美少年だったよ。ひょんなことから及川恒平が六文銭というフォークグループに入っちゃった、小室等[★63]さんの。ボーカルで作詞・作曲もやっていた。あっという間に有名になっちゃやって稽古場に来られなくなったんだよ。で、どうするんだよ？ってなって、じゃあ、ぼくが演出するよと言って始まった。演出なんてどうすりゃいいのか、まったく知らなかった。だって、役者リーダーで行こうと思ってたんだから。ということで、演劇集団ヘテロの旗揚げ公演は、流山児祥・悪源太義平・北村魚出演、流山児祥演出で始まった。

西堂　演劇集団ヘテロの結成が一九六七年。二〇歳の時につくられて、別役実の『門』が初演出。これが実際の演劇のデビューということになります。ここまでが、流山児さんの演劇前史です。

★60……福井《ふくい》泰司《たいじ》
演出家・俳優。龍昇企画などで演出家としても活動。

★61……長田《おさだ》弘《ひろし》
一九三九―二〇一五。日本の詩人、文芸評論、随筆家。一九六五年、詩集『われら新鮮な旅人』でデビュー。親しみやすく柔らかい言葉で現代社会を描いた。

★62……別役《べつやく》実《みのる》
一九三七―二〇二〇。劇作家。早稲田大学在学中に学生劇団「自由舞台」に参加。その後鈴木忠志らと「早稲田小劇場」を結成。アングラ・小劇場演劇を代表する作家の一人であり、「不条理劇」で知られる。代表作に『マッチ売りの少女』、『象』、『赤い鳥の居る風景』など。

★63……小室《こむろ》等《ひとし》
一九四三―。フォークシンガー。六文銭のリーダーとしても知られる。舞台、映画の音楽制作も行う。

戦場のピクニック

6　アングラ四天王との出会い

西堂　これから話をしてもらうのは、唐十郎、鈴木忠志★64、佐藤信★65、寺山修司といった、いわゆる「アングラ四天王」との出会いです。

流山児　一九六七年夏、新宿花園神社で唐十郎作『腰巻お仙〜義理人情いろはにほへと篇〜』を観た大衝撃が、ぼくの人生を変えた。それで、別役さんの芝居を観て、また変わった。劇的衝撃を与えてくれたのがこの二人。そして『あたしのビートルズ』の佐藤信との出会い。二〇歳で三人の演劇の巨人たちと出会うという体験。これには感謝しています。別役さん唯一の演出作品『カンガルー』（演劇企画集団66）の新宿ピット・インでの創造現場も観ていた。いろんなアングラの創造現場を体験したのは今、考えれば「貴重な財産」です。

西堂　一九六七年の二〇歳での演劇との出会いが非常に大きかったわけですね。確認すると、ヘテロという集団は、北村魚、及川恒平、悪源太義平、流山児さんの四人で作ったわけですね。

★64　**鈴木《すず》忠志《ただし》**
一九三九―。演出家。早稲田大学在学中に学生劇団「自由舞台」に参加。卒業後、別役実、小野碩らと「早稲田小劇場」を結成。一九七六年に活動拠点を富山県利賀村に移す。下半身を重視した独自の俳優訓練法「スズキ・トレーニング・メソッド」は海外からも注目を集める。

★65　**佐藤《さとう》信《まこと》**
一九四三―。劇作家・演出家。劇団俳優座付属養成所卒業後、串田和美、斎藤憐らと自由劇場を結成。六本木に自前の劇場を作る。「演劇センター68」から「68／71黒テント」の活動において中心的な役割を担う。代表作に『鼠小僧治郎吉』、『喜劇昭和

流山児　そうです。もちろん、サポートしてくれた先輩たちもいた。田中伸彦★66というぼくの同期の演出家で劇作家、演劇団の三作目は『おおしおへいはちろう〜面影橋雪乱〜』ここから「面影橋から」という及川恒平（六文銭）の大ヒット曲が生まれた。田中伸彦は今でもアナキズム運動をやっているオモシロい男で、吉祥寺の井の頭公園でホームレスの人たちの支援活動をやっている、一生付き合える戦友です。安部公房★67の『制服』を自由劇場で演出した時、おれ「朝鮮人」の役だったんだけど、伸彦が「本物の石を持ってきて、それ持って芝居して」というわけ。何十キロもある石を、どーんと舞台に置くところからはじまって、時折、また石持って台詞を言わせる。こいつも面白いなと妙に納得、「体力を使わなきゃ芝居は面白くない」なんてことを憶えた。状況劇場に入ったら、唐さんもそうだった。で、忠《チュウ》（鈴木忠志）さんからもっと「根源的な言葉と身体」を学び、信《マコト》（佐藤信）さんからは「身軽さとスピード」を学んだ。とりあえず、三人の演出家のイイところを全部とっちゃえばいい、イイトコ取りでいいじゃないか、全部イミテーションでいいんだ！と、この頃勝手に思い込んだ。時代のネガ（陰画）を重ね焼きすればそこからオモシロいモノが生まれる。記憶の底の集合的無意識、何でもアリの肉体を夢想していた。

西堂　肉体の発見ということですね。

流山児　そうですね。唐さんの「特権的肉体論」というのは中原中也★68論から始まる、文学からの唐さん流の攻め方です。でも、ぼくたちとはちょっとズレてるなというのがずーっとあった。その頃はまだ政治に対する、世の中に対する「いらだち」があったからスト

の世界・三部作』、『あたしのビートルズ』など。

★66……田中伸彦《たなかのぶひこ》
六文銭の「面影橋から」の作詞を手掛けたことで知られる。東京・三鷹市の「ぴよんどねっと」で生活困窮者・路上生活者への寄り添い、支援を行っている。二〇二二年一〇月死去。

★67……安部公房《あべこうぼう》
一九二四—一九九三。小説家・劇作家・演出家。日本の戦後文学を代表する作家の一人で実験精神あふれる作品を次々と発表した。『壁—S・カルマ氏の犯罪』で芥川賞。劇作家・演出家としても活動し「安部公房スタジオ」を立ち上げて俳優の養成にも取り組んだ。代表作に『砂の女』、『友達』など。

★68……中原中也《なかはらちゅうや》
一九〇七—一九三七。詩人・歌人。作品に『山羊の歌』、『在りし日の歌』他。三〇歳で夭折した。

レートに演劇のほうには行きたくなかった。だから、考えることよりカラダで感じることから始めようと決めた。アングラを体感するために状況劇場に入団したのが一九六八年の一月です。

西堂　六七年というのは「アングラ」という言葉が起こった年でもあります。きっかけとなったのはフォーク・クルセダーズ[★69]の『帰って来たヨッパライ』と言われています。つまり「アングラ・フォーク」の誕生です。その年に別役さんは岸田戯曲賞作『マッチ売りの少女』、『赤い鳥の居る風景』を書き、翌年受賞している。唐さんが紅テントを初めて建てたのがこの年の八月、寺山修司が演劇実験室◎天井桟敷をつくるのも六七年。

流山児　一九六七年ってすごい年だね。

西堂　だから「アングラ元年」と言われている。そこで流山児さんもいろいろな洗礼を一挙に受けてしまった（笑）。具体的に動き出すのは六七年から六八年にかけてですね。

流山児　ぼくはアングラ元年に演劇修行を始めたアングラの申し子だね。演劇というものにまともに付き合い始めたのがこの年からだ。一九六七年一〇月八日には佐藤[★70]首相訪ベトナム阻止羽田闘争で京大生山崎博昭[★71]の死という衝撃的な事件が起こる。ぼくは一〇・八には彼女といて羽田に行かなかった悔恨から一一・一二佐藤訪米阻止羽田闘争から政治運動の渦中に積極的に身を投じた。苛烈な時代の始まりを予感しながらも六八年一月に紅テントの門を叩いたんだ。

★69……**ザ・フォーク・クルセダーズ**
もともと加藤和彦、北山修を中心とした京都のアマチュア音楽グループだったが、自主制作した『帰って来たヨッパライ』がラジオで火が付き一九六七年にメジャーデビュー。『イムジン河』、『悲しくてやりきれない』などの代表曲がある。

★70……**佐藤栄作《さとうえいさく》**
一九〇一―一九七五。政治家、元内閣総理大臣。鉄道官僚を経て政治家の道に進む。一九六四年、池田勇人の後継として内閣総理大臣に就任。一九七四年、非核三原則の評価によりノーベル平和賞受賞。兄は同じく総理大臣を務めた岸信介。

★71……**山崎博昭《やまざきひろあき》**
一九四八―一九六七。学生運動家。京都大学文学部在籍中に中核派に参加。佐藤栄作首相の南ベトナム訪問阻止闘争に加わり、機動隊と衝突した際に死亡した。

状況劇場の研究生に

西堂　一九六八年一月に状況劇場の研究生になる。でも在籍したのはたかだか四ヵ月です。

流山児　そうです。たかが四ヵ月だけど、されど四ヵ月の濃密な劇的体験に感謝してます。なぜ辞めたかというと三月三一日の三里塚闘争で悪源太義平が逮捕され、四八日間拘留されたから。まだ高校生の、彼のケアをしなくちゃいけない。でも唐さんがそんな話を聞いてくれるわけないじゃないですか（笑）。だからこれは、もう辞めるしかねえ、と四月に退団した。王子野戦病院阻止闘争に参加して怪我した左足を引きずって稽古場に来たぼくに向かって唐さんは、「藤岡、稽古場ではアルチザンになれ」とずっと言い続けた。唐さんが言うのはわかるが、デモに行くことはやめなかった。状況劇場の稽古場は、もの凄く熱かった。『由比正雪』は熱い革命討論劇です。ところが、好意的な評価がほとんどなかった。「映画評論」や「日本読書新聞」の劇評も酷評だった。だから『由比正雪』は失敗作として唐さんはその後、封印した。でも、ぼくは『由比正雪』こそが真っ向から状況を切り裂く青春革命劇だと思っている。唐十郎のもう一つの側面、煽動的でアナーキーな、それでいてブルトン[★72]風「状況劇」の傑作。上演から五〇年経っても何も変わらない「分断と格差社会」を描いた先見的なテキストだと思う。さっきの「特権的肉体論」がブンガク＝中原中也論になっちゃうのは彼の格好つけであって、そ

★72……**アンドレ・ブルトン**　一八九六―一九六六。フランスの詩人、文学者。シュルレアリスム運動の父。著書に『シュルレアリスム宣言』、『ナジャ』他。

の根底にあるのは違う。何年か前に、唐さんの明大実験劇場時代の処女作のシナリオと小説が出てきましたよね。アレ読むと唐さんの政治コンプレックスがよくわかる。二一～二二歳の頃、先輩から「お前は政治意識が低い」と徹底的に批判される唐十郎（大鶴義英）。そう言われて、唐さんは地方の青年団に行って一緒に芝居をつくったりしている。そういう唐さんの「政治に対する怨念」みたいなものが、政治の季節＝一九六八年に『由比正雪』を書かせた。エロスとテロルそしてペルソナ。唐さんは若松孝二★73監督の『犯された白衣』（脚本・主演＝唐十郎）に出ていて、ぼくの入団試験は麿★74（赤児）さんと（大久保）鷹★75さんがやった。『由比正雪』の稽古場の感じは役者同士の喧々諤々の討論で出来上っているという「役者集団」の現場だった。唐さんの「特権的肉体論」のごとく、パリっとした役者体がいれば演劇なんかできるんだ！という劇的精神が屹立していた。それこそ、学生運動の現場に似ていた。だって、みんな大学出たばかりの芸術青年なんだから当たり前だよ。同世代の不破万作★76、同期の研究生には幾代恵路がいた。彼女は荒木経惟★77の写真のモデルで、演劇団の旗揚げにも参加し、大駱駝艦の創立にも参加して、その後パリに行った。役者は李礼仙★78、藤原マキ★79、吉澤健★80、谷川俊之★81、天竺五郎★82と曲者揃いだった。そのリーダーが大久保鷹。大久保さんはあの頃に「シチュアシオン」という新聞を作るんです。彼は制作であって編集者でもあった。大久保鷹がある種状況劇場の政治的リーダーだった。同時に麿赤児という肉体の極北を示す才能が存在していた。不破万作は有能な番頭だった。おまけに池田満寿夫★83、富岡多恵子★84なんかが阿佐ヶ谷の稽古場にやって来るわけですよ、稽古場は八畳一間しかないのに、おれなんか壁に

★73……若松孝二《わかまつこうじ》
一九三六—二〇一二。映画監督・プロデューサー。ピンク映画『甘い罠』（63）で映画監督としてデビュー。代表作に『壁の中の秘事』（65）、『実録・連合赤軍 あさま山荘への道程』（08）、『キャタピラー』（10）など。

★74……麿赤児《まろあかじ》（兒）
一九四三—。現・麿赤兒。俳優、舞踏家。大駱駝艦主宰。「ぶどうの会」退団後、唐十郎の状況劇場に参加。その後舞踏集団・大駱駝艦を立ち上げ、海外にも活動の輪を広げている。

★75……大久保鷹《おおくぼたか》
一九四三—。俳優。状況劇場の活動初期から参加。劇団「新宿梁山泊」など唐十郎作品を上演する劇団の公演にも出演。

★76……不破万作《ふわまんさく》
一九四六—。俳優。麿、大久保らと共に状況劇場の初期から参加。退団後は映画、テレビドラマなどでも活躍。

立ったままへばりついて、ほとんどミーハー状態で超有名人の皆さんの話に耳をそばだてていましたね。外に、小さいピンクの掘立小屋をつくって唐さんはそこで朝から執筆していた。

ぼくは汲み取り式のトイレを掃除して劇団員に元気に「おはようございます！」と挨拶して稽古開始を待つわけです。で、夕方四時頃、稽古が終わる。この頃、状況劇場は昼稽古していた。天井桟敷もこの頃は昼稽古。天井桟敷メンバーの多くは、早朝から築地の魚河岸で働いていて、昼稽古して終わりといった稽古の仕方をしていたと思う。ぼくも東京スポーツの配送の早朝バイトをしていた。貧乏だったけど精神的には豊かだった。『由比正雪』花園神社の本番の日に唐さんから「藤岡、最終試験だ、赤い鼻緒のゲタを一〇個集めろ」と言い渡された。ラブホテル街の近くだから、あそこならゲタがあると思って集めました。当時は、ラブホも普通の旅館のようなものだったから。で、集めてきたら、「じゃあ、お前にも芝居やらせてやる」。というわけで、急遽白塗りさせられて、髭も剃って、赤い長襦袢きて夜鷹の役で、「首はいらんかねえ」という台詞を言った。これがぼくのプロとしての初舞台。

チケット代は五〇〇円。やっぱりプロは五〇〇円も取るんだなと。ぼくらは二〇〇円でやってたから。ノルマが何枚かあって、辞めるときにはちゃんと取り立てがある。ノルマちゃんと払いにいきましたよ。払わないと何されるかわからない（笑）。そういった意味では唐さんのところで「プロとは何なのか」を教わった。初期の紅テントは一五〇人も入ったらパンパン。ちなみに六本木自由劇場はここ（Space 早稲田）とまった

★77……荒木《あらき》経惟《のぶよし》
一九四〇―。写真家。愛称はアラーキー。電通入社後、写真集「さっちん」で、デビュー。人物、風景など作品の対象は多岐に渡る。

★78……李礼仙《イ・イエソン》
一九四二―二〇二一。女優。現芸名は李麗仙。舞台芸術学院出身。劇団状況劇場の看板女優として活動する。一九六七年に唐と結婚し、息子・大鶴義丹をもうける。その後テレビドラマや映画でも活躍。

★79……藤原《ふじわら》マキ
一九四一―一九九九。女優、絵本作家。関西芸術座で活動後、上京して状況劇団に参加。その後、漫画家・つげ義春と結婚する。

★80……吉澤健《よしざわけん》
一九四六―。俳優。状況劇場に参加後、映画・テレビでも活躍する。

★81……谷川俊之《たにがわしゅんじ》
俳優。若松プロ作品などで活動。大駱駝艦創立メンバー。

く同じなんです、地下にあって。早稲田小劇場もこれくらい。小劇場ってキャパこれくらいが最大でお客さんに見せていた。バイトをやって好きなことをするということが、ぼくらがアングラで覚えたこと。あ、これで芝居はできるんだ、単純に五〇〇円で六〇〇人が来たら三〇万円。六〇〇人呼べれば芝居が一本打てることを学んだ。ぼくらは最初、総予算三万円でやった。二〇〇円で一五〇人集めて大学の集会室で上演した。だから自分たちが使った分楽しんで次へ行ける。そういう論理をぼくたちは編み出した。
　佐藤信作『あたしのビートルズ』のチラシを渋谷の街の電柱にちょっと貼ると滅茶苦茶客が来て追加公演までやった。きっと、ビートルズ[★85]が出てきて、なんか面白い芝居なんだろうと（笑）。内容は小松川女子高生殺人事件なんだけどね。ビートルズで客が来る時代だった。

西堂　照明とかも電球を使ってアルミ缶をくり抜いて使っていたとか。

流山児　そう、アルミ缶。唐さんのところは、五〇〇ワットの照明の灯体は二、三台しかなかった。あの頃の、ゼラ（カラーフィルター）は緑と赤で真ん中を割ってるんです。だからアングラの照明って簡単なんですよ。こっち側が赤、こっち側が緑（笑）。

西堂　そういうシンプルさが非常に豊かでもあった。一〇〇円で三〇〇人集めればいいとか単純な論法ですよね。いまはそういうことは出来なくなった？

流山児　最後にやったのは生田萬[★86]のブリキの自発団、三〇万円予算で芝居をやった。スズナリだったらできる。ほぼ劇場代しか払えないんだけど。何も金をかけないで。おまけに、ブリキの連中、夜中スズナリに忍び込んで仕込みやって見つかった。大昔の話ですよ

★82　**天竺五郎《てんじくごろう》**
状況劇場の俳優として活躍。

★83　**池田満寿夫《いけだますお》**
一九三四―一九九七。画家、版画家、小説家、エッセイスト。独学で版画の技法を習得し国内外で活動。小説『エーゲ海に捧ぐ』（77）で芥川賞受賞。

★84　**富岡多恵子《とみおかたえこ》**
一九三五―。詩人、小説家。詩集『返禮』（57）でH氏賞、小説『冥途の家族』（74）で女流文学賞、『ひべるにあ島紀行』（97）で野間文芸賞など受賞歴多数。

★85　**ザ・ビートルズ**
一九六〇年代に活動したイギリスの四人組ロックバンド。20世紀において最も成功した音楽グループの一つ。

★86　**生田萬《いくたよろず》**
一九四九―。劇作家、演出家。妻で女優の銀粉蝶と共に劇団「ブリキの自発団」を結成。劇団は片桐はいりらを輩出したことでも知られる。

（笑）。

西堂　そういう演劇の戦法を編み出したのがこの時代なのかな。

流山児　その最たるものが唐十郎の状況劇場＝紅テントです。何にもなくてもいい。唐さんの舞台って「すごく狭い」でしょ。狭いところでワーってやってる。でかいところだとあの猥雑さは難しい。今でも同じですね。奥行二間しかないんだから。最後だけ、テントの奥をばーんと開けて新宿の街を見せる。あれで、皆さん納得！　カタルシス！　うまく考えたと思います。母の子宮でもある八角形の紅テントこそが唐さんの大発明！

（笑）

西堂　ほんとに貧しさを逆手にとったのがアングラの出発ですね。

流山児　そうですね。みんなバイトやってもそんなに大変じゃなかった。まだ二〇歳そこそこだから家庭もないし、カネ要らないし、テメエの好きなことをやっているどうしようもない集団だったから。

西堂　六〇年代って時代が背中を押したということもあるのかな。

流山児　そうですね。いい加減でも生きられた時代だった。モラトリアムの時代。唐さんらと出会って、アングラは面白いと思った。「アルチザンになれ」と言われたけど、なれなかった。二一歳のぼくにはやっぱり闘争の方が面白い。それで一年以上、学園闘争の世界に戻る。全共闘運動にね。ぼくらにとって同じなんですよ、演劇やることと学園闘争することって。みんなも同じだった。ぼくは、今ここにいるんだ。ぼくたちはここにいる！というのを必死に確認しようとしていた。そして、ぼくじゃなくてぼくたち。それが演劇に近かったんじゃないかな。唐さんたちはすでに大人だから、演劇プロパーがかっこいいと思ったんでしょうね。でも、ぼくらは演劇やるよりも石投げるほうがかっこいいと思った（笑）。

西堂　そこにフィクションがあるかないかという違いが大きいですね。

流山児　そうですね。今やっていることを、具体的に、身体と言葉をなんとかつなげようとして「学生運動の最後」の瞬間に必死にあがいて立ち会っていた。六八年はそんな年だった。アングラ元年＝一九六七年はブンガクなんだよ。世界がまだ「ブンガク」に溢れていた。六八年にはある種の「リアル」がやってきたんじゃないかという気がする。そこで「青春」が終わっていく。六八年のほうが「世界のリアル」を表わしている。

ぼくは、二〇一九年六月流山児★事務所公演『由比正雪』を、パリ五月革命五〇周年に呼応する海外版作品として、意識的に創った。唐さんの『由比正雪』は、明らかにパリ五月革命に抗した作品。それは大島渚監督の『新宿泥棒日記』という映画を観ると分かる。つまり「世界」と呼応している演劇を唐十郎とその一党はやっていたんです。それを映像に焼き付けたのが大島渚。同時代性、世界とつながる映像と演劇があった。小さい新宿なんだけど、それが「世界」とつながっている。『新宿泥棒日記』を見るとパリ何時、サイゴン何時って出るよね。そういうダイナミズムを、唐十郎とその一党を使いながら大島渚という男がやった。一九六八年、寺山さんも動き始める。見世物芝居だった天井桟敷が「世界」を目指して冒険を始める。川上音二郎[★87]一座以来百何年ぶりに日本の現代演劇がヨーロッパへ行った。七三年ポーランド演劇祭参加。

★87……川上《かわかみ》音《おと》二郎《じろう》
一八六四―一九一一。自由民権運動を詩に盛り込んだ「オッペケペー節」で人気を博す。書生芝居を上演して後の新派劇の基礎を作ったほか、一座を率いてヨーロッパ公演を行うなど興行師としても優れた側面を見せた。

★88……四谷《よつや》シモン
一九四四―。俳優・人形作家。状況劇場に参加後、人形作家として活動する。人形学校「エコール・ド・シモン」主宰。

西堂　そのとき流山児さんは『由比正雪』に出ていて、麿赤児のゲタを支えたという。

流山児　そうサイコーだろ！（笑）。麿赤児番だったんだよ、嬉しかった。麿さんが花道から、下駄のでっかいのを履いて登場する。後ろから、麿さんを竹刀でぶっ叩くんだよ、出る前に。そうすると麿さんニュっと変わるんです。まるで、巨大な蛸入道が出たようなイメージ。「麿さん、いきますよ」と言ってバシっと叩く。麿さんのアパートは同じ阿佐ヶ谷。麿さんをお迎えに行くんだよ、「あの麿さん、そろそろ稽古場に」。麿さんはぼくの師匠。とにかく麿さんという人はバケモノ（笑）。この人はいったい何考えて舞台に出てるんだ。鷹さんと麿さんは勝手に芝居をやるんですね。誰のいうことも聞いてませんからね。ただ相手役と遊ぼう、観客と遊ぼう。四谷シモン★88さんもそうですね。あの頃の状況劇場の役者たちは観客と「遊んでる」んです。ぼくは、そこがある意味、政治につながる。ぼくは、これだったら政治闘争でもいけるんじゃないかな、って思った。そうだ、全共闘運動でやればいい。誰もが演じられる全共闘芝居（笑）。

西堂　それで状況劇場の研究生をやめた。そのあとくらいですか、国際反戦デーは。

8　再び、運動の中へ

流山児　そうですね。皆さんが聞いてワクワクするのか分からないけど、ぼくが最もワクワクした闘争の話をしましょう。六八年六月二一日にアスパック闘争というのがあっ

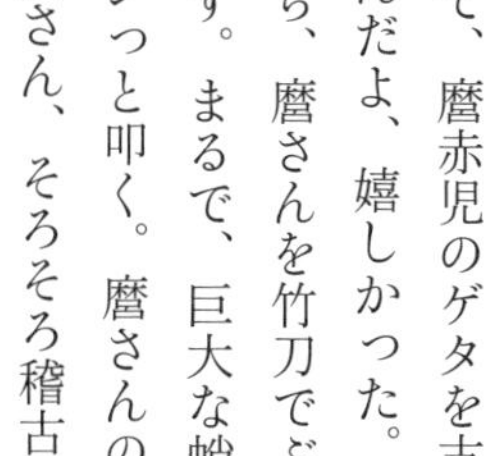

青学　自治会準備大会

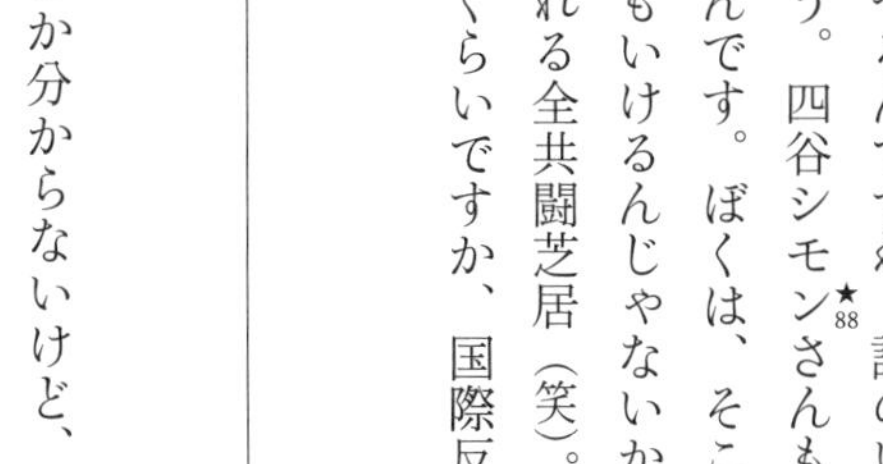

青学全共闘

た。「神田をカルチエ・ラタンに」と叫んで。藤本敏夫[★89]反帝全学連委員長が青学にオルグで来ていた。関西ブントのリーダーで同志社の学生、加藤登紀子[★90]さんの旦那さんになる人です。ぼくらは彼のボディガードだった。この人の夢想する革命論は魅力的だった。キューバ革命のチェ・ゲバラ[★91]の話、医師となりキューバに渡り革命を成功させ、後にボリビアのゲリラのリーダーになる話を関西弁でまるで落語や漫才みたいに話してくれた。ゲバラのように、山谷、釜ヶ崎の労働者と一緒に神田の学生街を根拠地にしてゲリラ戦を起こし権力に攻め上る、といった独創的な話を聞いてワクワクした。教わるのは、鉄砲の撃ち方（といっても、ゲームセンターでやるんだよ）と、あとは山谷に行って労働者を集めてくること。新宿のフーテンも加わって神田で騒乱をおこす。パリの学生街の解放区を神田に創出させる。それで「神田をカルチエ・ラタンに！」です。まるで昭和の由比正雪の乱。社学同の反帝全学連がやっちゃうんですけど、結局七〇〇人ぐらいしか集まらなくて。ぼく、ここで往来妨害罪・公務執行妨害容疑で捕まっちゃうんだけどね（笑）。青学からは一九七五年まで演劇団の音楽家でもあった柳本雅久、共産同叛旗派リーダーになる柳喜之ら五人が逮捕された。おふくろに泣かれたけど、留置場の体験も含めて面白かったな。「神田をカルチエ・ラタンに！」というバカさ加減。ほとんどの党派にバカにされるんです、赤ヘルは。この後、赤軍派が産まれていく。初期の赤軍派は不謹慎に言えば、「過激なるミーハー」だったと思う。「世界」に対してミーハーとしてメッセージを送る。政治という枠を越えてそこに身体性を持たせる。その最たるものが「よど号ハイジャック事件」だった。ぼくたちは「世界」に革命を持っていきたいん

★89……**藤本敏夫**《ふじもととしお》
一九四四―二〇〇二。学生運動指導者。妻は歌手の加藤登紀子。カルチエ・ラタン闘争などにより逮捕。収監後は農業に関心を寄せ、後に有機農産物および無添加食品を販売する会社を立ち上げるなどした。

★90……**加藤登紀子**《かとうときこ》
一九四三―。シンガーソングライター。代表曲に「知床旅情」、「百万本のバラ」、「この空を飛べたら」など。

★91……**チェ・ゲバラ**
一九二八―一九六七。アルゼンチン生まれの革命家。フィデル・カストロと共にキューバ革命を成し遂げたことで知られる。

★92……**三島由紀夫**《みしまゆきお》
一九二五―一九七〇。小説家・劇作家。日本の戦後文学を代表する作家であり、海外にも広く翻訳されている。代表作に『仮面の告白』、『金閣寺』、『豊饒の海』、『サド侯爵夫人』、『近代能楽集』など多数。一九七〇年、自衛隊市ケ谷駐屯地にて割腹自殺。

だ。世界革命戦争を！　ぼくたちは「あしたのジョー」である！と、高らかに赤軍派は宣言した。その行動に三島[★92]さんも寺山さんも衝撃を受けた。

西堂　「あしたのジョー」の力石徹が死んだのとよど号事件があったのは、一九七〇年三月ですね。

流山児　少し戻して、六八年一〇・二一の国際反戦デー騒乱罪の話もしましょう。青学の社学同（ブント）は六本木の防衛庁に丸太で突っ込んでいく（笑）。六本木で丸太だよ！　後に、赤軍派になるリーダーの花園紀男[★93]さん、丸太の上にぴょんと飛び乗って、防衛庁の玄関のところに飛び移って、「じゃあちょっと、行ってくるからよ」と言って手を振って、パッと飛び降りちゃった。かっこいい!!

それで、新宿に移動して、今度は新宿で石投げるんだけど。そこに、佐藤信がいた。寺山さんも唐さんも別役さんも新宿の街にいた。ほぼ同時代の演劇人が「あの日」新宿にいたと思います。忠さん以外は（笑）。演劇人にもっとも衝撃を与えた事件が一〇・二一騒乱罪の適用。騒乱罪というワクワクするものを遂に引っ張りだしたわけだよ、学生・市民の戦いで。新宿の街が文字通り「解放区」になった！　これ、演劇よりも面白いな！と、ぼくは思った。

西堂　街を演劇化するみたいな。

流山児　そうです。だから寺山さんのいう「市街劇」の最たるものが、六八年一〇・二一新宿騒乱だった。

西堂　そのあと流山児さんは青学全共闘で最後の活動をするわけですね。

一〇・二一防衛庁闘争

流山児　さっき言った三公示撤廃闘争。最後の戦いはあっけなく終わっていくんです。というのは一九六九年一月一八日、東大安田講堂陥落の日。この日に青山学院大学は大衆団交をやっていた。二〇〇〇人近くの学生が集まって三公示は完全撤廃され、全共闘は闘争に勝利した。大学当局は学生の要求をすべて呑んだんです。一〇〇〇人ほどで闘争勝利の渋谷デモを行なうんです。でもほとんどの連中が東大に向かわない。鉄パイプ持ってる三〇〇人くらいで渋谷を制圧する。でも機動隊なんか来ませんよ。みんな東大へ行ってるんだから。東大へ向かったのはわずか一五〇人。結局、全共闘運動は日本帝国主義打倒、七〇年安保粉砕闘争の勝利にはつながらなかった。それでみんな、元の時間に戻っていく。青学の全共闘運動の敗北はすぐ始まった。どんどん右傾化されて、ぼくは大学を辞めちゃう。もういいや、これまでやったんだから。で、もう一回演劇やろうかなと思うのがこの後。

ちょっと、一年前に戻りますね。一九六八年の青学の全共闘運動の話。大学中枢・大学本部がある八号館バリケード封鎖を「初めて」やった、一八人で。朝になって登校してきた一般学生たちは「何やってるんだ、お前ら出て来い」と、八号館を取り囲んだ。ぼくはベランダに飛び降りて、学生相手に何時間も、何故八号館を封鎖したか、自分のつたないコトバでずーっと説明し続けた。そして、ベランダから飛び降りて構内デモを呼びかけた。一五〇人くらいのデモ隊が出来たんだよ。一八人の戦いから一五〇人デモ、ここから青学の学園闘争が始まった。その時、あ、おれのコトバで、芝居より客を呼べるんだと思ったよ、ホント（笑）。その後、教室で『マッチ売りの少女』（及川恒平演出）

★93……花園《はなぞの》紀男《のりお》
一九四六―。早大ブント。雄弁会に所属。元赤軍派幹部。

★94……河内《かわうち》喜《き》一朗《いちろう》
一九四九―二〇一四。文学座付属演劇研究所、演劇集団円を経て、一九八五年に男優だけで構成される劇団Studio Lifeを旗揚げ。

★95……石原《いしはら》信一《しんいち》
一九四八―。作詞家。一般社団法人日本作詩家協会会長。森昌子の「越冬つばめ」で日本作詩大賞優秀作品賞を受賞。

★96……夏目《なつめ》房之助《ふさのすけ》
一九五〇―。イラストレーター、漫画家、漫画コラムニスト。父は音楽家の夏目純一、祖父は小説家の夏目漱石。著書に『手塚治虫はどこにいる』、『手塚治虫の冒険―戦後マンガの神々』など。

★97……ねじめ正一《しょういち》
一九四八―。小説家、詩人、エッセイスト。『高円寺純情商店街』で直をやるんだよ。なぜか、意味なくヘルメットでセットを作るんです。見ている観客も最後には全員ヘルメットかぶる。で、最後には一〇人くらいで、突然、フラッシュモブみたいに学内デモをやる。つまり「演劇」をそのまま「全共闘運動」に使っちゃった。そんなことがやれた時代だった。

一九六八年に全学ストライキバリケード闘争の時は、毎日のように武闘訓練もやった。ほぼガキの頃に戻って、喧嘩の実践訓練やってたね。それから、学生会館の窓や青学正門前の赤レンガに「首都制圧　首相官邸占拠」のステッカーを「四・二八」の文字でかたどって、青山通りを通行する人々にミーハー的にアピールしたりしていたよ。まるで全共闘プロデューサーだね。

青学全共闘にはオモシロいヤツがいっぱいいた。演劇団の過激ユニット・維新演芸隊を主宰した後輩の足立渉、まわりには岸田正敏、岩政敏明といった活きのいいヤツラがいた。後輩にはスタジオライフの河内喜一朗[★94]もいる。劇団青山小劇場を主宰していた作詞家の石原信一[★95]、漫画評論家の夏目房之助[★96]、詩人で作家のねじめ正一[★97]、評論家の高野庸一、落語家の三遊亭円楽[★98]と多士済々だった。とくに忘れられないのが山本寛。文連委員長で中核派。ねじめ、高野らと詩誌「阿礼」を発行・主宰していた、演劇団の初期にはチョイ役で役者もやったし、「演劇戦線」という演劇団の理論機関誌を足立渉と共同編集し、ぼくの戯曲集『夢の肉弾三勇士』、『浅草カルメン』を出版してくれた。一貫して全共闘の最先頭で闘いつづけた肉体派だった。風貌がチェ・ゲバラに似ていたので、だれともなく「ゲバラ」の愛称で呼ばれた。ゲバラは七〇年代も一貫して中核派で戦いを

木賞受賞。他に『荒地の恋』、『商人（あきんど）』など。

★98……三遊亭円楽《さんゆうていえんらく》
一九五〇—二〇二二。落語家。青山学院大学在学中、五代目三遊亭圓楽に弟子入りし、楽太郎を長く名乗る。二〇一〇年に六代目円楽を襲名。演芸番組『笑点』のレギュラーを務めたことでも知られる。

青学全学スト

つづけた。そして、一九八五年一一月、国電同時多発ゲリラ事件、いわゆる浅草橋駅放火事件で全国指名手配となった（二〇一九年時効成立）。その後、長ーい間、交番や銭湯などで若いゲバラの「指名手配写真」を視つづけることになる。ゲバラが、その後どうなったか？　誰も知らない。ゲバラ＝山本寛こそ「敗れざる志」を持った漢《オトコ》だね。もうひとり近藤の事も忘れられない、柳本雅久と一緒に一貫して青学全共闘運動を闘い、柳本、山本、近藤は私の指揮する青学全共闘突撃隊の三羽烏、三人とも二枚目だったしね。近藤は自分の子供の名前も舞紅《まいく》と名付けるほどのオトコだった。その後、離婚、滅茶苦茶のアル中になる。新宿西口にあった安酒屋でコップ酒をあおっていた。なんども酒を止めようとしたが、四〇代でアパートで孤独死した。

西堂　六九年に東大安田講堂陥落の前に京大闘争に行ってますね。

流山児　そうです。京都のパチンコ屋で一ヵ月アルバイトして京大の偽学生になってクラス討論やったりして真面目に学生運動やっていた。六九年の正月、新白石と先輩の奥津健太郎さんらが京大に来て、三人で、正月元旦の日に、京大闘争があった。このとき京大の時計台に火をつけて捕まってくれと言われた（笑）。やべーなこれどうすると言って、三人で「しょーがねえな、放火だよ、五年位は懲役食らうんじゃねえか」って。そのとき指揮していたのが後の赤軍派の望月上史[★99]さん。「とにかく捕まるしかねえか」と思ってたんだけど、早朝になったら、突然外に出てデモやる事になった。熊野神社辺りで機動隊に火炎瓶ぶん投げて路上燃やして、府立医大から祇園のほうに逃げた。そしたら朝の六時ごろかな、「おはようさん」って町の人たちが挨拶している。それを見てて急に

★99 **望月《もちづき》上史**
?—一九六九。同志社大学の学生運動家。ブントが関西派（赤軍）と関東派で内ゲバを繰り返す中で、関東派に拘束され、脱出を図ったところ転落して後に死亡した。これが内ゲバによる初めての死者となる。

★100 **つかこうへい**
一九四八—二〇一〇。劇作家、演出家、小説家。アングラ第二世代の旗手として一九七〇年代後半から八〇年代にかけて、つかブームを起こした。一九七四年、『熱海殺人事件』で岸田國士戯曲賞を当時の最年少で受賞。代表作『蒲田行進曲』は後に小説化、映画化された。「口立て」という独特の演出法で知られる。

★101 **井《い》出《で》情《じょう》児《じ》**
一九四八—。写真家。劇団状況劇場に入団し、俳優として活動。その後アングラ演劇やロックミュージシャンの写真、映像を撮り続ける。

「俺、アホじゃないか」と思って、「東京へ帰ろうぜ！」って。京都駅で初乗りの三〇円切符買って、鈍行に乗った。で、焼津に北村魚がお正月で帰省していることを思い出した。焼津駅のホームの端からこっそり抜け出し、魚の家で正月のお雑煮を食べさせてもらった。テレビを見ると、京都大学で学生たちが暴れている。そこに青学の旗が映るわけ。その頃必ず、青学の旗をテレビカメラの前に出せ！と、ぼくは演出していた。つかこうへい[★100]に似てるでしょう（笑）。だって、オレタチ大衆運動やってるんだから。そしたらお父さんが「青学にもこんな馬鹿なやつがいるのか？」、「いるみたいですねえ」って（笑）。ＴＶに映った自分たちを見ながらお餅を飲み込んだ。

魚からお金を借りて無事、大学の学生会館に帰る。帰ると、写真家の井出情児[★101]から電話がかかってきて、状況劇場が一月三日に新宿西口公園で『腰巻お仙〜振袖火事の巻〜』を強行上演するからその防衛隊にきてくれないかと。大学では、正月でも全学バリケード封鎖やってた。それで三〇人の青学全共闘の連中で防衛隊に行くんです。一月三日は朝から曇り空で寒かった。機動隊三〇〇人に囲まれて『腰巻お仙〜振袖火事の巻〜』は最後まで上演された。怒号と警察の中止命令のスピーカーの声が鳴り響く中で。終わって、警察は唐さんを逮捕しようとした。ぼくたち青学全共闘は唐さんの周りを最後までガードする。でも唐さんが「もういいよ」って言って捕まっていく。演劇ってこんなこともできるんだ。機動隊が三〇〇人くらいいて中には二〇〇人くらいの観客がいる。でも最後まで誰一人逃げなかった。演劇ってスゲエなあと思った。あそこにいる異様な高揚、興奮はなかった。日本演劇史上初めて機動隊に潰されるかもしれないという

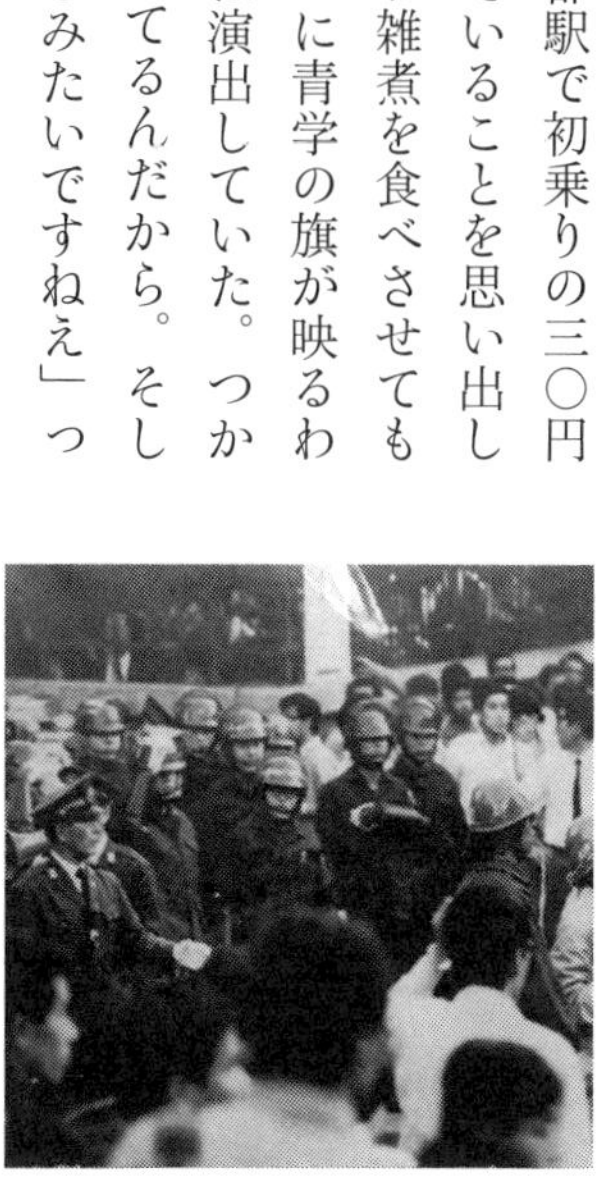
青学闘争

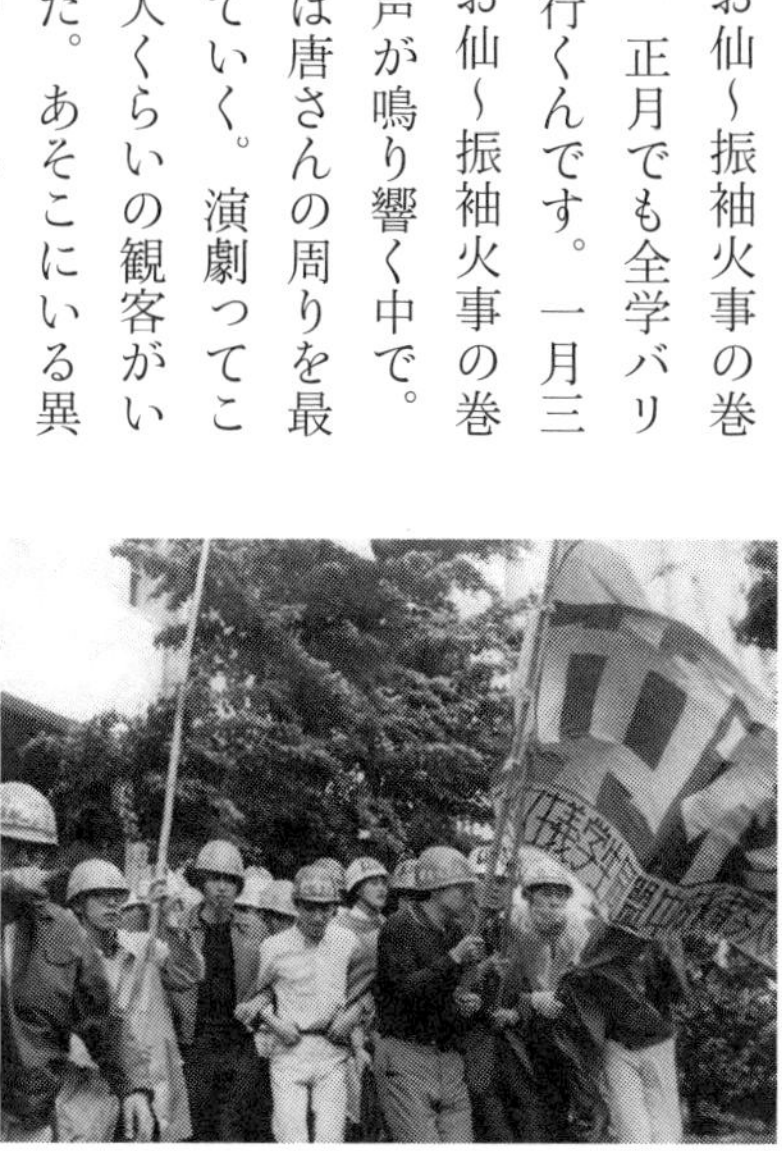
青学闘争

中で上演された歴史的な事件だった。

西堂　有名な新宿西口事件ですね。今は中央公園になっている。

流山児　紅テントに青学全共闘がいたのは「歴史的めぐりあわせ」だと思ってる。あの体験で芝居も捨てたもんじゃない、もう一度マジメにやってみようと決めた。この事件後、悪源太義平は状況劇場に研究生として入団。『腰巻お仙～振袖火事の巻～』は新宿西口の三光パークという駐車場を借りてトラックの上に紅テントを張って四月末まで上演し続けた。悪源太はその夏の日本列島南下興行に参加予定であったが三里塚闘争で四十八日間拘留という政治犯だったので沖縄に行くコトができず、退団した。

9　別役実と鈴木忠志の早稲田小劇場

西堂　このあとに早稲田小劇場の研究生になるんですね。

流山児　そうです、何、考えてたんだろうね（笑）。一月三日に状況劇場西口公園事件があって、三月に早稲田小劇場に入って七〇年一月まで「真面目に」研究生をやりました。これは、私にとってはすごいことです（笑）。

西堂　この時は別役さんが目当てみたいな？

流山児　そりゃそうだよ。青学で『門』も『マッチ売りの少女』もやったし、研究生試験を受けたのは別役さんの『マッチ売りの少女』を鈴木忠志演出で観たことがきっかけで

★102……**テネシー・ウィリアムズ**　一九一一―一九八三。現代アメリカを代表する劇作家の一人。大学卒業後、様々な職に就きながら執筆活動を続ける。代表作に『ガラスの動物園』、『欲望という名の電車』、『やけたトタン屋根の上の猫』など。

★103……**鶴屋南北《つるやなんぼく》（四代目）**　一七五五―一八二九。江戸時代後期の歌舞伎狂言作者。桜田治助、並木五瓶に師事して劇作を学ぶ。「悪」を巧みに描いたことで知られる。代表作に『東海道四谷怪談』、『桜姫東文章』など。

★104……**ガストン・バシュラール**　一八八四―一九六二。フランスの科学哲学者。科学的知識の獲得の方法についての考察や、詩的想像力の研究を行う。著書に『新しい科学的精神』など。

★105……**メルロ・ポンティ**　一九〇八―一九六一。フランスの哲学者。フッサールの現象学の影響を

す。別役さんの世界を知りたかった。ところが入ったら別役さん辞めちゃった。で、鈴木忠志という男がいた。これがまた、このヒト何者?と思うぐらい、みたことない演出家だったんです（笑）。忠さんは、頭が切れすぎて、最初は一体何をいっているのか凡クラの私にはほとんどわからなかった。唐さんはテネシー・ウィリアムズ[★102]はこうだよとか、鶴屋南北[★103]はこうだとかすごくわかりやすい。ところが忠さんは、ガストン・バシュラール[★104]を読め、メルロ・ポンティ[★105]読め、市川浩[★106]を読めときた。郡司正勝[★107]、広末保[★108]、中村雄二郎[★109]ぐらいは何とかわかるけど、精神病理学とか、カルテとか、面白い発想で演劇を語る人がいるんだ!と吃驚仰天。日々、脳内イメージが攪拌されていったよ。こんな演出家もいるんだと目から鱗、少し「真面目に」勉強した時代ですね。「演劇=批評」という視点を持った稀有の巨人、それが鈴木忠志だった。稽古場は怖いんですよ。今でいうパワハラ、セクハラ、モラハラなんてもんじゃない、ほとんど人格否定（笑）。やってる役者もほとんど狂気じみてる。ぼくより一期上で白石加代子[★110]さんがいた。加代子さんの実家は麻布一ノ橋で焼き鳥屋をやっていて、よく食わしてもらった。加代子さんは港区役所で働いていた。この当時はみんな働いているから、稽古が夜七時から一一時まで。この頃はコラージュをやっていて結果的に五〇分くらいの作品しか創れない、別役実がいなくなったから。昼は研究生の時間。研究生担当は関口瑛《えい》さんと深尾誼《よしみ》さん。関口さんがいろんな構成（台本）をして、テネシー・ウィリアムズとか、鶴屋南北とかのエチュードをやっていた。この頃が一番、鶴屋南北を読んだ時代。病理学の本も読んで、うん? これで一つの作品を作れないかなんて考え始めた。忠さんは役者の「深層

受け、身体が自発的に機能する身体的実存の構造を描いた。著書に『知覚の現象学』ほか。

★106 …… 市川浩《いちかわひろし》
一九三一—二〇〇二。哲学者・身体論者。物心二元論から離れ人間の身体を身（み）として論じた。著書に『精神としての身体』、『〈身〉の構造』ほか。

★107 …… 郡司正勝《ぐんじまさかつ》
一九一三—一九九八。歌舞伎研究者・演劇評論家。早稲田大学名誉教授。歌舞伎研究に民俗学の視点を導入する。著書に『かぶきの美学』、『かぶきの発想』、『おどりの美学』ほか多数。

★108 …… 広末保《ひろすえたもつ》
一九一九—一九九三。文学研究者、演劇評論家。芝居小屋や遊廓などの悪場所を文化として捉え直した『悪場所の発想』で知られる。

★109 …… 中村雄二郎《なかむらゆうじろう》
一九二五—二〇一七。哲学者。明治大学名誉教授。「演劇的知」をもって「近代知の解体」を目指す『魔女ランダ考』で知られる。

心理」を浮かび上がらせたいんだ、とぼくなりにだんだん理解してきた。そうなったら、俄然、稽古場が楽しくなった。実は、唐さんの稽古場と同じで早稲田小劇場も「役者体」がキッチリ存在しなきゃダメな役者集団なんだ。

ただし、ここは鈴木忠志という「天皇」が支配している劇団という違いはあったけどね（笑）。とにかく忠さんは役者を徹底的にいじめ抜くわけだよ。（笑）。「お前はだから××屋の息子なんだよ」とか平気で差別的言語を吐く。これが「ちゃんと自己批判してないじゃないか、ちゃんと挫折してないだろ」って、つかこうへいの『熱海殺人事件』の木村伝兵衛部長刑事の台詞に見事につながってゆく。つかは忠さんの演出の「人間のいじましいまでの過剰なこだわり」という特徴をデフォルメして書いている。つかは、屈折したニヒリズムの天才的劇作家です。確かに、日ごろ「運動」だ「革命」だって言ってるやつが、実際は「ヒモ」だったりパチンコや競馬やってるどーしようもない遊び人だったりするわけよ。つかは実際にそういう活動家や演劇人を身近に見ていて、いつかこいつらの姿を絶対書こうと決めてたんだろうね。つかが在籍した慶応大学仮面舞台が自由劇場でやった芝居は過激で直截的だった。

西堂　この頃、自由劇場は若手を輩出する場所だったようですね。

流山児　みんなが六本木自由劇場でクロスしてる。最大のスタアが芥正彦★111だった。つかや芥が蝟集したガラス屋さんの地下劇場、六本木自由劇場は若手劇団の梁山泊だった。六本木・自由劇場と早稲田小劇場がぼくらの自由の砦でした。あとは代々木変身スタジオ。無名の劇団にも貸してくれた。

★110……… **白石加代子《しらいしかよこ》**
一九四一—。女優。高校卒業後、区役所勤務を経て鈴木忠志らの「早稲田小劇場」（後のSCOT）に参加。『劇的なるものをめぐってⅡ』における鬼気迫る演技でマスコミから「狂気女優」と称されるようになる。退団後は蜷川作品や一人舞台「百物語」シリーズなどに出演。映画・テレビドラマなどでも活躍している。

★111……… **芥正彦《あくたまさひこ》**
一九四六—。演出家。劇団ホモフィクタス主宰。東京大学在学中から全共闘で活動し三島由紀夫と公開討論を交わしたことでも知られる。寺山修司と『地下演劇』誌を発行。

西堂　早稲田小劇場の話に戻すと、流山児さんが演劇団作るときにヒントになったものは何かありましたか？

流山児　なんたって、忠さんがぼくの処女作（研究生公演）『マシンガン・ジョー・不知火心中』の照明やってくれたんだから（笑）。そして同期の天才・手塚俊一★112がいた。三九歳で夭折した天才舞台美術家です。たきのえいじ★113という作詞家もいた。自分と違う感性に出会った事かな。手塚は『劇的なるものをめぐって』Ⅰ、Ⅱの舞台美術をやる。彼の美術が鈴木忠志の劇表現に与えた影響はものすごく大きかった。例えばろうそくがグーっと空中に回って加代子さんの前でバチっと止まるとか。モノとニンゲンの在り様、デペイズマンの手法。タクアン、能面、包丁、が踊る？　でもって、忠さんのデザインする照明もすごい。顔のここにだけ当たるとか、そういうものを発明していくんです。忠さんの照明でやると役者がクリアに見えてくる。役者体のための演出。唐さんの場合はもう少し空間が広いんだけど、忠さんはフォーカスをシャープに決め「惨めな人間」を浮かび上がらせる。その美意識、ぞっとするような人間存在を曝け出す忠さんのほうが演出家としては上だと「真面目に」勉強したよ。

　加代子さんが『劇的Ⅱ』の本番中、アクシデントである日、手を切って血をダラダラ流しながら芝居をした。みんな止めようと思ったが、加代子さんは芝居をやめないで最後までやり切った。その現場を見ていて、これは一体何なんだ！と震えが止まらなかった。それから、小野碩《ひろし》と加代子さんが『藤十郎の恋』で犬の首輪で結ばれて演じるＳＭのようなシーン。背筋が凍るような戦慄のあとの興奮があった。そんな稽古を見て、本

★112……**手塚俊一**《てづかしゅんいち》
一九四四―一九八四。舞台美術家。舞台美術を志し、早稲田小劇場に研究生として入団し、高田一郎に師事。「劇的なるものをめぐってⅡ―白石加代子抄」などの舞台美術を手掛ける。

★113……**たきのえいじ**
一九四九―。作詞家、作曲家。代表曲に「とまり木」（小林幸子）や「ふりむけばヨコハマ」（マルシア）など。

番も観られる現場で多くのことを学んだ。早稲田小劇場は『劇的―』シリーズのあと『少女仮面』を初演。唐さんの手書きの戯曲を、見せてもらって読んだんですよ。豆粒みたいな字で、びっちり書かれた台本を読んで、これは凄い戯曲ですね！と、忠さんに言ったよ。唐さんの忠さんに対する挑戦状のような戯曲。加代子さんは見事なまでに狂気の春日野八千代を演じた。吉行和子★114も可愛いかったな。唐さんは『少女仮面』で一九七〇年岸田國士戯曲賞を受賞する。

西堂　集団としてある種の高揚状態の中で作品を創っていくことに魅せられたということですか？

流山児　結局、人間なんてものはみじめでぶざまでどうしようもない存在なんだ。それを教えてくれたのが忠さん。カッコわるくてカッコいい表出に「集団」として拘《こだわ》り続けたんですよ、忠さんは。つかは忠さんから人間存在の闇を学び換骨奪胎して「時代」と寝ながら七〇年代～八〇年代を軽やかに疾走する。つかもまた「劇団暫《しばらく》」から「つかこうへい事務所」という集団に拘って歩みを続ける。忠さんは自らの演劇理念を確かなものにするため、鈴木メソッドという俳優の訓練方法を生み出す。鈴木メソッドは、別に演技がうまくなるための訓練じゃなくて、役者が自分の身体の欠点を自分の体感で発見・自覚して客観化させるための訓練として始まった。鈴木メソッドをつくるときには悪源太と新白石も参加させてもらった。貴重な体験だった。そんな一九七二年頃かな、つかが早稲田大学六号館屋上にあった劇団「暫」のアトリエで『郵便屋さんちょっと』『戦争で死ねなかったお父さんのために』をやって、忠さんがつかを気に入って一時期、弟

★114 …………**吉行和子《よしゆきかずこ》**
一九三五―。女優。中学生の時に劇団民藝の舞台を観劇し、その後劇団民藝付属水品演劇研究所で女優人生を始める。一九五七年『アンネの日記』の主人公アンネ・フランク役で初舞台を踏む。退団後も映画・テレビドラマ・CMで活躍。

子みたいなことやってた時代だよ。一年半ぐらいは忠さんと交流してたな。この時代、「つかこうへい新作『熱海殺人事件』早稲田小劇場上演（予定）」なんてポスターも貼られたりした。で、つかと忠さんの間でなんか齟齬があったらしく、『熱海殺人事件』はその後、文学座アトリエで上演され、つかは岸田戯曲賞を受賞する。思えば、つかこうへいは虐げるニンゲンと虐げられるニンゲンを描き続け、「いつかこうへいになる時代」を夢みてたのかもしれない。

鈴木メソッドの試行錯誤は面白かった。蹲踞《そんきょ》だとか六方《ろっぽう》だとか、膝の上に人をのせて歌ったり。緊張と弛緩。脚立をもっての六方。「足の文法」を作り上げたのが、『劇的―』の先の鈴木メソッドの誕生だった。根本にあるのは、足から体に伝わっていく肉体の在り方みたいなのを鈴木忠志は徹底して追求してた。「足に始まり、足に終わる、これが私の俳優訓練のすべてといってよいかもしれない」（鈴木忠志）七〇年代〜八〇年代を通じて演劇団も一貫してやっていたね。身体の根本を揺らさない、他者をちゃんと見る。忠さんが教えてくれた。

10 佐藤信と黒テント

西堂　自由劇場がひとつの梁山泊になっていたということだけど、その時に佐藤信さんと出会っているわけですか？

流山児　四人の中で、信さんが一番最初に会った演出家です。信さんもミーハーなんだよ。なんたって『あたしのビートルズ』ですから。『イスメネ・地下鉄』は暗いけど。『あたしのビートルズ』は小松川女子高生殺人事件とか朝鮮人の話とか物語は暗いけど、突き抜けた音楽と歌があった。だから『あたしのビートルズ』にぼくらの世代がビビッドに反応したんじゃないのかな。そのあと『おんなごろしあぶらの地獄』そして『鼠小僧次郎吉』シリーズ五連作、『喜劇昭和の世界・三部作』の「運動の演劇」はかっこよかった。「革命の演劇」の原点は、ウエスカー68だったりして、けっこうアカデミックなんだけどね。68／71演劇センターは「演劇を運動体としてやりたいんだ」と宣言した壮大なる演劇革命綱領だった。でも、ぼくたちには「古い演劇革命」に映った。まず新劇を否定する。新劇とは別の機構、別の集団の組み方と観客との別の関わり方を探るというまどろっこしい言い方にイライラしたんだ。もうそんな時代じゃなかった。そんなことはどうでもよかった。でも信さんたちは、今までの演劇をちゃんと死なせてあげようとかさ、親切な人たちじゃないですか（笑）。インテリの要らんお世話なんだがね。でも、耳触りがよくてかっこいい。信さんたちとやった勉強会は「近現代史」だった。日本人の思考の系譜を探るために右翼の歴史を、ファシズムの起源を学習した。青学のバリケードの中の現代史研究会。政治思想史家の橋川文三★115さんの本をみんなで読んで、その中で血盟団事件、二・二六事件、井上日召★116、大川周明★117、北一輝★118とかを読み解き討論した。左翼でなくて右翼の歴史。それが天皇制に繋がる昭和史。歴史と権力、戦争と民衆、個というエロス的存在。それがぼくたちの『夢の肉弾三勇士』につながっていく。信さん

★115……**橋川文三《はしかわぶんぞう》**
一九二二—一九八三。政治学研究者、政治思想史研究者。著書に『日本浪曼派批判序説』、『ナショナリズム—その神話と論理』など。

★116……**井上日召《いのうえにっしょう》**
一八八六—一九六七。宗教家、政治運動家。医師の家に生まれ、後に日蓮宗に帰依する。その後、国家改造を掲げ、右翼団体・血盟団を結成。戦後は護国団を創立した。

★117……**大川周明《おおかわしゅうめい》**
一八八六—一九五七。思想家、ファシスト。大学でインド哲学を専攻。ファシズム運動を目指し猶存社を結成。軍部のクーデター計画に関与する。戦後、民間人として唯一A級戦犯になるも精神異常を理由に釈放。コーランの翻訳なども行った。

★118……**北一輝《きたいっき》**
一八八三—一九三七。思想家。国家社会主義を掲げ、当時の青年将校らに影響を与える。二・二六事件の理論的指導者として逮捕される。軍法

の昭和史＝「喜劇昭和の世界・三部作」は、その後結実してゆく。信さんは兄貴と年が一緒だからアニキの感覚なんだよ。だから昔から、取り巻き連中のように、ぼくには信さんを「崇め奉る感覚」が全然ないんだよ（笑）。

西堂　もともと黒テント自体は俳優座養成所出身という、新劇の根っこがあった。だからこそ新劇を埋葬しなくちゃいけない。そういう意味では津野海太郎★119が新劇の埋葬を定義したと思う。

流山児　津野さんの『門の向うの劇場』と佐伯隆幸★120さんの『現代演劇の起源―60年代演劇的精神史』は名著です。佐伯さんは、高取英の盟友だった。エッチでミーハー。唐ゼミを浅草で観た帰り二人で夜遅くまで少女、エロ、革命の蘊蓄を聞かされた。フランス演劇の、ある種の知性の強さを思い知らされる。でも、あの頃ガキだったから、そんなアングラの知的エリートに対してむかついてたんだね。二〇歳そこそこだったから。あの時代、何も知らなくても、いつの間にかヘルメットかぶってるしゲバ棒持ってるし、むかつくから無論理、無節操にあたりかまわず喧嘩してた。間違ってるなんてちっとも思わなかったんだよ。で、そんな己れ＝己れたちの衝動に忠実だったのが赤軍派だったと思う。

11　当時の思想潮流

西堂　六〇年代にヤクザ映画やB級映画を支持する評論が多かったですね。

会議で死刑判決を受けて銃殺された。

★119　**津《つ》野《の》海《かい》太《た》郎《ろう》**　一九三八―。評論家・編集者。六月劇場に参加し演劇センター68に合流し理論面で劇団を支えながら演出も手掛ける。著書に『門の向うの劇場』『同時代演劇論』、『ペストと劇場』など。

★120　**佐《さ》伯《えき》隆《りゅう》幸《こう》**　一九四一―二〇一七。評論家・フランス文学者。学習院大学名誉教授。演劇センターに参加し制作を担当。劇団を理論面で支え、その後は評論家として活動。主な著書に『異化する時間―演劇論集』、『「20世紀演劇」の精神史―収容所のチェーホフ』など。

流山児　平岡正明[★121]さん、太田竜[★122]さん、松田政男[★123]さんの三バカトリオですね。あ、そうだ谷川雁[★124]さんが九州から東京にやってくるんですよ。そこで、東急の資本でラボ（東京イングリッシュセンター）を始めて、ぼくはアルバイトとしてテックという会社で働きだす。で、労働争議が勃発して、そこの闘争の最中に重役である雁さんに会う。そのとき、雁さんに「藤岡さん（父親）はあんなに偉かったのに、お前は何でこんなバカな闘争をやってるんだ」と言われて、「うるせー、ばかやろー」ってゴーマンに応えていたよ（笑）。ぼくの目の前で平岡さんが雁さんに蹴り入れようとしたんだけど一発で倒された。バシンとね。平岡さん、空手やってても雁さんには敵わないんだよ（笑）。その時、俺、雁さんと忠さんがどこかでオーバーラップした。たぶん、二人とも肚の座り方が大人なんだな、と妙に納得。雁さんの大正行動隊時代の詩はいまでも時々読み返している。元気が出るんだよ。それからテック闘争の時、吉本隆明[★125]さんを呼んで講演会を渋谷の東京山手教会でやった。講演聴くのは二度目だった。判りやすい言葉で「今」を語れる思想の巨人。ぼくは吉本さんの防衛隊だった。講演聴いて、吉本さんも雁さん同様、凄い大人だなと感じた。でも、多くの演劇人たちがこの時期、吉本さんにかぶれたからアカンかった（笑）。ほとんどの演出家が吉本教信者になった、この時代。山崎哲[★126]も竹内銃一郎[★127]も北村想[★128]もそう。巨大な自立オバケが演劇界に徘徊跋扈した。何だろうね、吉本さんが演劇に与えた影響はものすごく大きい。高取は吉本隆明より吉本興行だよ、とギャグにしてたけど（笑）。中村座観ていると、大変だったよ。

西堂　金杉忠男[★129]さんですね。

★121 **平岡正明**《ひらおかまさあき》
一九四一—二〇〇九。評論家。早稲田大学在籍中に政治結社・犯罪者同盟を結成。犯罪、革命、音楽、落語などジャンルを跨いだ評論を行った。著書に『山口百恵は菩薩である』、『ジャズ宣言』ほか。

★122 **太田竜**《おおたりゅう》
一九三〇—二〇〇九。翻訳者、新左翼の理論的指導者、エコロジスト。日本革命的共産主義者同盟（第四インターナショナル日本支部）委員長。著書に『アイヌ革命論』、『UFO原理と宇宙文明』、『西郷隆盛とイルミナティの秘密戦争』ほか。

★123 **松田政男**《まつだまさお》
一九三三—二〇二〇。映画評論家、社会運動家。未來社、現代思潮社などの編集者を経て、第二次『映画批評』を創刊。著書に『テロルの回路』、『不可能性のメディア』など。

★124 **谷川雁**《たにがわがん》
一九二三—一九九五。詩人、評論家。著書『原点が存在する』、『工作者宣

流山児　そう。金杉さんの吉本さんへの過剰なる愛の弊害（笑）。『共同幻想論』『自立の思想的拠点』に行き着いてバーンっとぶっ壊れていく。俺、金杉さん尊敬していたんだよ、あの突撃板から原っぱへ、が。「追憶の魔神」（吉本隆明）なんて褒められてから、金杉さんも変質していく。生活という名の等身大の八〇～九〇年代に。アングラ演劇が、半分くらいに縮んでいった（笑）。

西堂　流山児さんの世代が一番影響受けていますね。

流山児　ぼくはほとんど影響受けてないアホだから（笑）。でも演劇人に与えた影響は大きい。

西堂　『言語にとって美とはなにか』。

流山児　でも、俺、言語じゃないから（笑）。

西堂　あと「自立の思想」ですね。海外の理論を持ってくるのでなく自前で論理をつくっていくというところにアングラの世代は惹かれていったんじゃないかな。

流山児　それはあったと思う。自立というか、関係の共同性、大衆の原像。ま、やりたいことやればいいじゃないかって思ってた。これから劇団つくっていくわけだけど、とにかく好きなことをやろう。どこまで続くかわからねえけどやろうぜっていうのはあって、それが「演劇団」という集団につながっていく。忠さんが教えてくれた肉体のあり方。唐さんが教えてくれた興行のやり方。信さんが教えてくれたある種の運動。それと、寺山さんが教えてくれた世界演劇への向き合い方。寺山さんは、当然、ヨーロッパなんだけどね（笑）。

言』は新左翼思想に大きな影響を与えたとされる。大正炭鉱を巡る争議で「大正行動隊」をとして活動。

★125 **吉本隆明**《よしもとたかあき》 一九二四―二〇一二。詩人、評論家。戦後思想界最大の巨人と呼ばれる。六〇年安保闘争では全学連主流派を支持し、谷川雁らと雑誌「試行」を創刊。著書に『共同幻想論』、『言語にとって美とはなにか』、『マス・イメージ論』他。

★126 **山崎哲**《やまざきてつ》 一九四六―。劇作家・演出家。広島大学を中退し状況劇場に参加。退団後、一九七〇年代に劇団「つんぼさじき」にて自作の発表を行う。一九八〇年に「転位・21」を結成。『うお傳説』（80）、『漂流家族』（81）で岸田國士戯曲賞受賞。八〇年代より社会事件を基にした犯罪フィールドノートシリーズを展開する。

流山児　沢木耕太郎★130さんが書いてるんだけど、この時代の演劇は、怨みの劇って書くんですよ。怨みしかなかった。藤圭子★131の歌にあるじゃないですか、「一五、一六、一七と……」(『圭子の夢は夜ひらく』)って。あれだよね。あの怨み節。つまりこれから真面目になって社会に戻っていかないといけないんだけど、嫌だな嫌だなというのがあったんじゃないかな。

西堂　怨念とか情念という言葉もよく使われていました。

流山児　そうだね。五木寛之★132が怨歌、って言ってたけど。ぼくたちは「世界」に対してもう一度「怨み」を軸にして、闘えないか？　運動の火が消えていく黄昏に運動の火を灯しつづけようとしていた。

西堂　でも寺山さんって運動に関しては割と抜けてるんじゃないですか。

流山児　ほお、言いますね(笑)。

西堂　一気にアヴァンギャルドな世界に行くでしょ。

流山児　そうですね。

西堂　それと東北の怨みとがどこかでシンクロするけど、アヴァンギャルドとか前衛とかで寺山に惹かれるというのもあったんじゃない？

流山児　そんなに惹かれるという事はなかった。寺山さんに会う前までは唐さんや忠さんや

★127……竹内銃一郎《たけうちじゅういちろう》
一九四七—。劇作家、演出家。七〇年代より劇団斜光社、秘法零番館などを結成して活動する。代表作に、『少年巨人』、『あの大鴉、さえも』、『月ノ光』など。

★128……北村想《きたむらそう》
一九五二—。劇作家、演出家。七〇年代末から劇団TPO師★団を旗揚げして活動。プロジェクト・ナビ主宰。代表作に『寿歌』、『想稿・銀河鉄道の夜』、『グッドバイ』など。名古屋を拠点としている。

★129……金杉忠男《かなすぎただお》
一九四〇—一九九七。劇作家、演出家。劇団中村座、金杉忠男アソシエーツで活動。代表作に『胸騒ぎの放課後』、『花の寺』、『プールサイド』など。

★130……沢木耕太郎《さわきこうたろう》
一九四七—。ノンフィクション作家、エッセイスト。著書に『防人のブルース』、『テロルの決算』、『深夜特急』他。

信さんのほうが前衛だと思ってた。それから、一九七一年に『邪宗門』という「劇を壊す劇」を寺山さんがやる。あの公演にぼくらが突っ込んできたと書かれてたりしてますが、あれ嘘です。ぼくらは突っ込んでいません。だって、そのときぼくら公演中で渋谷公会堂に行けるはずがない。

『邪宗門』は劇をぶっ潰す芝居。劇を解体＝破壊する演劇。すべてが《中断》する。《中断こそ革命》という劇。革命の演劇ではなく演劇の革命ですね。ぼくは一九八〇年、ニューヨークのラ・ママ実験劇場『奴婢訓』公演を観て衝撃を受け、寺山さんに新作を書いてくれとお願いしたんだよ、そしたら、「流山児がやるんだったら『邪宗門』がいい！」と寺山さんが言い出して、八〇年代の『邪宗門』を書こうというコトになった。それが八三年の『新邪宗門』につながるんです。あ、そうだ、実際に渋谷公会堂に潰しにいったのは演劇集団日本の三原四郎★133さんたちです。高取（英）に聞いたんだけど、寺山さんはあのときドスを持っていて、来たら刺せと。シーザー★134には音楽を絶やすなと。そのくらいの緊張感の中での劇を創る人、劇を潰す人、そういうものをもってヨーロッパに行った。

そんな一九七一年の暮れ、寺山さんから電話がかかってきた。「寺山修司です」と。「は、どなたですか」、「寺山と申します」、「お前、冗談言ってんのか」って。そしたら本物（笑）。ぜひ会いたいと。渋谷の喫茶店で待ち合わせた。女ものの毛皮のコートを着ていた。ヨーロッパ行った時に買ってきたやつ。寺山シューズを履いてて、背が高い、大きな鼻の巨人だった。実際はぼくと同じ一七三センチしかないんだけど。J・A・

★131……**藤圭子**《ふじけいこ》
一九五一―二〇一三。歌手。代表曲に「新宿の女」、「女のブルース」、「圭子の夢は夜ひらく」。実娘は歌手の宇多田ヒカル。

★132……**五木寛之**《いつきひろゆき》
一九三二―。小説家、エッセイスト。『蒼ざめた馬を見よ』（66）で直木賞受賞。他に『青春の門』、『大河の一滴』など著書多数。

★133……**三原四郎**《みはらしろう》
一九三九―二〇〇四。演出家。劇団青年芸術劇場を経て、演劇集団日本を結成。劇団タニ―三原塾主宰。

★134……**J・A・シーザー**
一九四八―。ミュージシャン、演出家。寺山修司の天井桟敷に入団し音楽と演出を手掛ける。寺山の死後は演劇実験室◎万有引力を主宰する。

シーザーが背が高いので負けたくないと、一〇センチも高く見せるポックリをはいてたんだ。「君は演劇で革命ができると思うか」。「出来ると思います、革命の演劇は可能だと思います」と答えた。「ところで君、結婚してるのか」「結婚してます。来年には子供も生まれます」「僕今日、離婚したんだよね」。寂しかったんだろうね（笑）。それまでは寺山さんのことそんなに好きじゃなかった。唐さんのファンだったから。このあと、滅茶苦茶好きになっていく。実際会ってみると滅茶苦茶面白い人だった。印象的な言葉は、「ぼくは言葉の達人だから、言葉ではだれにも負けない」。そうだと思った。「言葉を使うことよりももっと面白いことを流山児祥はやれる！」と煽られた。「世界が面白い」と、ぼくらに思わせてくれたのは寺山さんと太田省吾さんだった。

西堂　今回は、アングラの巨人たちとの出会いを中心に語ってもらいました。いわば、流山児祥にとっての「演劇修行時代」だったと思います。次回はいよいよ具体的にどう展開していくかについて語っていただきます。

七〇年代小劇場の同走者たち

第一部

1　九州の劇作家たち

西堂　それではこれから二回目を始めたいと思います。前回は、流山児さんの原風景ともいうべき、幼少時代から中学・高校時代、それから大学時代までの話を伺いました。その一時の演劇の修行時代ということで話をしてもらったんですけど、今日はいよいよ本格的な表現活動の時期に入っていきます。

　その前に、いくつか語り残したことがあるのではないかと思い返しまして、まずそこから始めてみたいと思います。それは何かというと、流山児さんは熊本出身なんですけど、熊本も含めて九州という地方は非常に演劇にとって豊かな人材を輩出したところじゃないかと思うんですね。木下順二★1、田中千禾夫★2、三好十郎、あるいは宮本研と近代の演劇を縁取る錚々たる劇作家たちが出ています。その後、流山児さん世代でもつかこうへいや山崎哲、松本雄吉、それ以降でも野田秀樹★3、松尾スズキ★4、松田正隆★5、東憲司★6ら続々と出てきているんです。こういう人たちがなぜ九州という土地でかくも大量に輩出されたのか、そのことと流山児さんの演劇人生とはどこか重なってくるんじゃないか。

★1……**木下順二**《きのしたじゅんじ》
一九一四―二〇〇六。戦後を代表する劇作家の一人。山本安英らとぶどうの会を設立し、また劇団民藝などにも作品を提供した。代表作に『夕鶴』、『オットーと呼ばれる日本人』、『子午線の祀り』など。

★2……**田中千禾夫**《たなかちかお》
一九〇五―一九九五。劇作家・演出家。岸田國士に師事し戯曲「おふくろ」でデビュー。代表作に『雲の涯』、『マリアの首』。演劇評論『劇的文体論序説』など。

★3……**野田秀樹**《のだひでき》
一九五五―。劇作家・演出家・俳優。小劇場第三世代を代表する人物の一人。東京大学在学中に「劇団夢の遊眠社」結成。『野獣降臨』(82)にて岸田國士戯曲賞受賞。劇団解散後はNODA・MAPにて自作の上演を行うほか、新作歌舞伎脚本なども手掛ける。

★4……**松尾**《まつお》**スズキ**
一九六二―。劇作家・演出家・俳優。一九八八年に劇団「大人計画」を結

そこら辺から、九州演劇の大きな流れを振り返ってみたいと思うんですけど、いかがですか？

流山児 すごいこと言うね（笑）。急に振られても大変だな。

西堂 それと前回出てきたいろいろな運動の問題がありましたね。石牟礼道子★7さんの水俣病、森崎和江★8さんの従軍慰安婦問題、それから谷川雁という存在。こういう人たちも演劇の流れとは分かちがたいところにあると思いますので、そこら辺を語っていただければと思います。

流山児 子供の頃、三池闘争があったし、あの時代には森崎和江、谷川雁、上野英信★9、石牟礼道子さんといった文学者であり「工作者」（この言葉がぴったり）の大先輩たちが闘っていた。やがて、一九五〇年代に水俣病の反公害闘争が起こる。日本の近代化の中で、九州は戦っていたんだ。一八七七（明治一〇）年には一万三〇〇〇人が死んだ国内最後の内戦＝西南戦争が起こった。その西南戦争の銃弾の跡が、家の大黒柱に残っていた。でもって、「田原坂の戦い」を代々ずーと聞かされてきた。♪雨は降る降る　陣羽は濡れる　越すに越されぬ田原坂　右手《めて》に血刀　左手《ゆんで》に手綱　馬上豊かな美少年……だよ。それから、荒尾には、近代アジアの夜明けに情熱を傾けた宮崎八郎★10・寅蔵（滔天）★11の四兄弟と中国革命の父・孫文★12との交流の歴史を伝える「宮崎兄弟資料館」がある。子供の頃から偉人・滔天さんの名前は聞かされるわけだよ。荒尾からは革命家が生まれたんだと。親父が労働運動家で「世界」を飛び回っていたので、大きくなったら「革命家になる！」なんて、中学生の頃には夢想したもんだよ。革命家ってなんかカッコいい

成。宮藤官九郎、阿部サダヲ、荒川良々、皆川猿時らを芸能界に輩出するほか、自身もテレビドラマや映画などで俳優としての活動も多い。

★5……**松田正隆《まつだまさたか》** 一九六二―。劇作家・演出家。一九九〇年、劇団「時空劇場」を結成。『紙屋悦子の青春』、『坂の上の家』、『海と日傘』などで評価を得る。二〇〇三年、演劇カンパニー「マレビトの会」を結成。

★6……**東《ひがし》 憲司《けんじ》** 一九六四―。劇作家・演出家。木冬社在籍後、劇団桟敷童子を旗揚げ。劇団では自身で舞台美術も手掛ける。炭鉱町や山間の集落を舞台にした作品を多く手掛けている。

★7……**石牟礼道子《いしむれみちこ》** 一九二七―二〇一八。熊本県天草郡河浦町（現・天草市）出身の詩人、小説家、環境活動家。水俣町で育つ。一九五八年、谷川雁のサークル村に参加。六九年『苦海浄土 わが水俣病』を発表。

な、って思った。その深層心理が三池闘争までつながっている。滔天さんの伝説と「革命の演劇」が、どうつながっていくのかまだよくわからないんだけどね。宮本研さんの『夢・桃中軒牛右衛門の』なんて戯曲を読むと、生理的にわかる。革命家で、浪曲師っていうのがカッコいい。革命と芸能がエロティックに交錯する。それと、鈴木清順監督の『けんかえれじい』の北一輝の登場シーンのあの感触だよ。研さんの芝居を高校時代二本観ている。足尾鉱山の鉱毒事件の田中正造★13や幸徳秋水★14らを骨太に描いた『明治の柩』、安保闘争後の労働組合運動に掛けるチャランポランなロカビリー青年たちを描く『メカニズム作戦』。硬軟の二作。これ、目から鱗だった。兄貴がちょうど中央大学劇研にいてこの二作品をやったんだよ。その頃、ぼくは、まだ演劇やってなかった。今でいう「ダサかっこよさ」があったね。五〇年経って『メカニズム作戦』をSpace早稲田で上演したけど、愉しかった。あの作品は日本ミュージカルの萌芽だね。それから、『反応工程』という研さんの初期戯曲。あれ、田舎の三井三池化学の軍需工場の一九四五年八月の話。広島、長崎の原爆投下後、戦争下の大人たちの実態を体験し、挫折していく青年の物語。あの軍需工場跡でよく兄貴たちと野球の試合をした。この前、文化座や俳優座が上演したのを観た時、あ、空気感がまったく違う！と思った（笑）。研さんは「戦争」に対して根性が座ってるというか、肝が座っている劇作家だなと思った、高校生の時。その肝の坐り方が文化座や俳優座の「新劇」にはない、嘘っぽいんだよ。

　これと同じようにぼくの「原風景」に似た芝居だと想ったのが三好十郎の『炎の人』。ゴッホの生涯を描いた「新劇」なんだけど、炭鉱という最底辺で蠢くニンゲンを生理的

★8……森崎和江《もりさきかずえ》
一九二七―二〇二二。詩人、ノンフィクション作家。一九五八年に筑豊の炭坑町に移転し谷川雁、上野英信らとサークル村を結成。著書に『まっくら―女坑夫からの聞き書き』、『非所有の所有 性と階級覚え書』など。

★9……上野英信《うえのえいしん》
一九二三―一九八七。記録文学作家。谷川雁・森崎和江とサークル村を結成。『追われゆく坑夫たち』、『地の底の笑い話』、『出ニッポン記』などで炭鉱夫の姿を描いた。

★10……宮崎八郎《みやざきはちろう》
一八五一―一八七七。自由民権運動家。中江兆民に学び九州のルソーと呼ばれた。西南戦争で薩摩軍に合流しその後戦死する。

★11……宮崎滔天《みやざきとうてん》
一八七一―一九二二。革命家、浪曲師。徳富蘇峰が主宰していた私塾でキリスト教や自由主義思想を学ぶ。その後、孫文に出会い辛亥革

に書いている劇作家だよね三好十郎は。『斬られの仙太』『炎の人』も中央大学劇研の芝居で高校時代に観ている。骨太のヒューマニズム。最近、三好さんが終戦直後に書いた『殺意　ストリップショウ』（栗山民也[15]演出）を観たあと、アーサー・ミラーの『オール・マイ・サンズ』（詩森ろば[16]演出）を見て、日米で同時代に「戦争のリアル」を描いた劇作家がいたんだ、芝居も捨てたもんじゃないな、と妙に得心した。高校生の頃、工作者・谷川雁さんの詩を読んでも同様の衝撃を覚えた。「東京に行くな！」と叫ぶ詩人。その詩人に二二、三歳の時、実際、会った。でも、その時、ぼくはテック闘争というのをやっていて、雁さんは経営者で「敵」だった。

ぼくは青年時代に宮本研、三好十郎、田中千禾夫の劇を観て、身体性を備えた劇の凄さを覚えた。長崎の被爆体験を忘れようとする人々、記憶を風化させまいとする人々を女性二人を軸に、実に詩的に、哲学的に描いた田中千禾夫さんの名作『マリアの首』を、渡辺美佐子[17]さん主演で観ている。あ、ぼくは「新劇少年」だったんだ！（笑）

西堂さんに急に九州の演劇人って振られて一瞬困ったけど、あれ、俺、ガキの頃に観てるじゃないか。木下順二さんの『オットーと呼ばれる日本人』や西南戦争で西郷軍に身を投じる青年たちを描く『風浪』や、一九五〇年の冷戦を描いた『蛙昇天』も高校生の時読んだ。高校の演劇部で民話劇の古典の『夕鶴』とか『三年寝太郎』も稽古でやっている。この四人の新劇の巨人は、全部九州。この四人に共通するのは「歴史劇」。歴史の中の庶民の姿を人間のありさまをナマの言葉で描いている。劇をやる決意を、この九州の作家たちは持っていた。九州を舞台に、九州弁で書かれた『マリアの首』『反応

命を支援する。また浪曲師としては桃中軒牛右衛門の名で活動。半生記『三十三年の夢』などがある。

★12……………孫文《そんぶん》
一八六六—一九二五。中華民国の政治家、革命家。辛亥革命を成し遂げた中国革命の父。

★13……………田中正造《たなかしょうぞう》
一八四一—一九一三。政治家。衆議院議員に当選後、国会で足尾銅山の鉱毒問題を取り上げる。議員辞職後も明治天皇に直訴するなど公害問題に生涯奔走した。

★14……………幸徳秋水《こうとくしゅうすい》
一八七一—一九一一。思想家、社会主義者。大阪で中江兆民に学ぶ。萬朝報に入社し、反政府寄りの文筆活動を行う。日露戦争開戦時に平民社を結成して、反戦を唱える。大逆事件に連座したとして逮捕。明治天皇暗殺計画の首謀者として処刑された。

工程』はその最たるものだね。

2

日本の社会史の劇化

西堂　僕が考える歴史劇って、日本の近代史なんですね。木下順二だと『風浪』だとか『冬の時代』『オットーと呼ばれる日本人』とか。歴史というか近代史を作家たちは書いていた。宮本研もそれにつながって、大逆事件だとか、青鞜社の『ブルーストッキングの女たち』。ああいう作品をなぜか彼らは執拗に書いている。三好十郎もそうだと思うんだけど。何かそういう系譜に九州の劇作家特有のものがあるんじゃないでしょうか。

流山児　それって「戦争の本質を描く」ってことじゃないかな。

西堂　明治からの戦争を含めて、原爆の問題もそうなんですけど、非常に色濃く九州に近代史が投影されている感じがする。それから六〇年のことですが、東京だと六〇年安保を連想しますが、九州は三池闘争が非常に意識されますね。それが九州独自の文化圏として成立していたことに僕は興味があります。四人の巨匠は新劇の世代なんだけど、流山児さん以降の世代にはどういう風につながっているのかを検証してみたらどうかなと思う。

流山児　岡部[★18]（耕大）さんや山崎哲にしたって、ぼくらのちょっと下の世代、野田秀樹にしてもまず根底に長崎の原爆の風景があってそこから戦争、天皇制の物語を時空を飛ばし

★15　栗山民也《くりやまたみや》
一九五三―。演出家。小沢昭一に師事。その後木村光一の演出助手を経た後、『GHETTO／ゲットー』、『エヴァ・帰りのない旅』ほか数々の舞台の演出を手掛ける。

★16　詩森《しもり》ろば
一九六三―。劇作家・演出家・脚本家。一九九三年、風琴工房旗揚げ。二〇一八年にserial numberに改名。代表作に『葬送の教室』、『insider』など。映画『新聞記者』（19）で日本アカデミー賞優秀脚本賞受賞。

★17　渡辺《わたなべ》美《み》佐《さ》子《こ》
一九三二―。女優。俳優座養成所を経て劇団新人会に所属。『ひめゆりの塔』（53）で映画デビュー。映画、テレビ、舞台で活躍する。井上ひさし作『化粧』はライフワークとして多くの公演回数を重ねた。

★18　岡部《おかべ》耕大《こうだい》
一九四五―。劇作家、演出家。長崎県松浦市出身。劇団三十人会を経て、劇団空間演技を結成。『肥前松浦兄

て描いている。九州の演劇人の持ってる権力におもねらない姿勢「まつろわぬ民」の一所不住の思想だと思う。九州玄洋社の頭山満★19、宮崎滔天、孫文、梅屋庄吉★20がアジアを駆け廻っていた時の自由への渇望＝滾る血が九州の演劇人のカラダのどこかで蠢いてるんだよ。それが沖縄や台湾、朝鮮半島につながる「まつろわぬ民」の系譜だね。在日韓国人二世のつかこうへいにもそんな九州の血が流れていたと思う。そして、つかはぼくら世代のトップバッターだった。宮本研さんと同じ天草が生んだ天才、松本雄吉もそうだったし、そういう体質がぼくらの中にあるんじゃないかな。ぼくらはみんな東京に出てくるわけよ。劇作家も演出家も東京出て行かないと何もできないというのがあった。

西堂　反権力的な反骨精神、それが肉体と化していく。それが独特の文化圏を持っている。山崎さんは宮崎、岡部さんが長崎の松浦。長崎だと岩松さん★21や松田正隆。松尾スズキ、いのうえひでのり★22、中島かずき★23、東憲司は福岡。

流山児　演劇人の宝庫だよね、九州は。

西堂　一番若手で中津留章仁★24。

流山児　彼は大分。中津留には寺山さんの『無頼漢』を「現在の視点」で書いてもらったし、東憲司には『さらば、豚』という作品で、筑豊炭鉱を舞台にしたヤクザ達のハードボイルドをお願いした。東くんには師匠の清水邦夫★25ゆずりの激しくも、虐げられるヒトへの優しい視線と共同体への郷愁（ロマン）がある。故郷筑豊の最下層の庶民への偏愛は凄い。「流山児さん、うちのおじいちゃんからこう教わったんです」が口ぐせ。炭鉱といっても三池と筑豊はまったく違うしね。

妹心中』（78）で岸田國士戯曲賞受賞。他に、『精霊流し』、『亜也子』など。

★19……………頭山《とうやま》満《みつる》
一八五五―一九四四。思想家、大アジア主義者。福岡藩士の子として生まれる。不平士族の乱に加わり投獄の後、自由民権運動で活動。その後玄洋社を組織し、孫文の革命を支援する。対アジアでは強硬論を主張。右翼の草分け的存在として大きな影響力を持った。

★20……………梅屋《うめや》庄吉《しょうきち》
一八六九―一九三四。実業家。日活創業者の一人。一〇代で大陸に渡り貿易商として成功する。香港で孫文と出会い資金援助を行う。帰国後、M・パテー商会を設立し、映画製作を開始。後にM・パテー商会含む四社が合併して日本活動写真株式会社（日活）となる。

★21……………岩松《いわまつ》了《りょう》
一九五二―。劇作家、演出家、俳優。長崎県川棚町出身。自由劇場から劇団東京乾電池を経て活動する。『蒲団と達磨』（88）で岸田国士戯曲賞受賞。

西堂　岡部さんにしても、東さんにしても、原風景を持ってるでしょ。原風景を持ってる力って、東京育ちの作家にはないもので、それが日本の近代史と重なってくる。そこが独特で、流山児さんもそういうところが演出家としてあるのかなと。

流山児　ぼくは、宮本研を五〇年も経って改めて読み直すという、「遅れてきた演劇青年」だから。あらためて「原風景」と言われても、うーん。九州弁と言うのはちょっと面白いしゃべり方で、劇作家が九州弁を書くときちょっと身体が違うんだよね。研さんの『メカニズム作戦』にも九州のタフな女の子が出てきて東京の労働運動を嗤い飛ばす！　あれがイイ！　九州の女は本当に強い！　『反応工程』に出てくるどうしようもないダメーな少年たちも好きなんだ。近代史の流れから零れ落ちた人々、みじめで、どうしようもなさが好きなんだよ。研さんは天草出身で、滔天さんと共通する「要するにバカなのである、粗野で粗暴に見えるけど実は繊細でシャイなんだ」って言ってるよ。日本から自由でありたいと思っても日本に縛られている感覚。と言いながら、研さんも偉くなって、微妙に変化してゆく。『美しきものの伝説』とか、格調高くなってゆく（笑）。つかも九州という原風景の中で、ニッポンという国家に対して爪を研いで育ったと想う。彼の場合も肝の坐り方＝歴史と国家への怒りが半端なかった。カッコいい漢《オトコ》だと思う。ぼくは足元にも及ばない。哲ちゃんに地域性とか九州の土着性があるかな？と考えたけど、どうなんだろう。

西堂　山崎さんはどちらかというとそれを隠しているところあるでしょ。

流山児　どうなんですか、びんちゃん？（笑）

★22……**いのうえひでのり**
一九六〇―。演出家。福岡県出身。大阪芸術大学在学中に劇団☆新感線を結成。派手な照明や大音量を駆使した演出を得意とし、シェイクスピアの翻案や、いのうえ歌舞伎などを手掛ける。

★23……**中島《なかしま》かずき**
一九五九―。劇作家、小説家、脚本家、編集者。福岡県田川市出身。劇団☆新感線の座付き作家として知られる他、アニメ『天元突破グレンラガン』、特撮番組『仮面ライダーフォーゼ』の脚本や劇場版『クレヨンしんちゃん』のプロデュースも手掛ける。

★24……**中津留章仁《なかつるあきひと》**
一九七三―。劇作家・演出家。トラッシュマスターズ主宰。代表作に『黄色い叫び』、『そぞろの民』など。

★25……**清水邦夫《しみずくにお》**
一九三六―二〇二一。劇作家・演出家・小説家。早稲田大学卒業後、岩波映画に就職しながら戯曲を執筆。

藤井びん （客席から）そうですね。言われてみると土着性とかがちょうど抜けてるんじゃないかな。

西堂 うん、彼はそういう感じがする。

流山児 それは唐さんや別役さんの影響じゃないのかな？

西堂 東京で唐さんに憧れたり、別役さんに近づいたりするのはある意味で自分の土着性を消してるんじゃないかな。岡部さんなんかほんとに擬音がものすごく多いじゃないですか。東憲司にしても言葉の音みたいなものが劇作にとって大きい。どちらかというと山崎さんは人工語みたいなのを転位・21になって作り始め、土着性を払拭したんだと思う。

流山児 それ、当たってるかも。小津安二郎[★26]と別役実の合体としての山崎哲（笑）。

3

演劇団ができるまで

西堂 それでは一九七〇年に演劇団が始まるところから流山児さんに語っていただきたいんですけど。青山学院大学で演劇部、かな？

流山児 演劇部です。演劇研究会じゃない。当時の演劇部の卒業生の優等生は劇団四季とか文学座養成所に行くわけです。アーノルド・ウェスカーだとかジャン・アヌイ[★27]とかジャン・ジロドゥ[★28]をやっていた。演劇部に入って初めて読まされたのがアヌイの『ひばり』。

一九六八年、蜷川幸雄らと現代人劇場を結成し座付き作家として活動。『真情あふるる軽薄さ』で注目を浴びる。劇団解散後は木冬社を結成し自作の演出も手掛ける。

★26……**小津安二郎《おづやすじろう》** 一九〇三―一九六三。映画監督。ローポジションから撮影された独自の映像美学が特徴。女優・原節子とのコンビでも知られる。代表作に『麦秋』（51）、『東京物語』（53）、『小早川家の秋』（61）など。

★27……**ジャン・アヌイ** 一九一〇―一九八七。フランスの劇作家。歴史劇や心理劇など題材は多岐に渡り多くの作品を残した。代表作に『アンチゴーヌ』、『ひばり』など。

★28……**ジャン・ジロドゥ** 一八八二―一九四四。フランスの外交官・小説家・劇作家。代表作に『オンディーヌ』、『トロイ戦争は起こらない』など。反写実主義の劇作家とされる。

西堂　初期四季の原型みたいなものをやられていたわけですね。

流山児　そうです。まだ、母音法まではいってなかったけどね。でも劇団四季にいる先輩とかが稽古に付き合ったりするわけですよ。前にも言ったけど、まるっきり「新劇」だね。

西堂　そういうメインのオーソリティ的なものがあったわけですね。そういう中で、及川恒平さん、悪源太義平さん、北村魚さんと流山児さんの四人が核となって立ち上がったのが……

流山児　演劇集団へテロ。演劇団の作家だった田中伸彦はひねくれていたから人間集団ヘテロって名乗っていたけどね。伸彦は生粋のアナーキストだったから。

西堂　ヘテロは演劇部の中でどういう存在だったのですか。

流山児　ヘテロは青山学院大学の学園闘争と密接に繋がっていた。ヘテロは演劇部の異端という意味。一年先輩の福井泰司さん、奥津健太郎さんが、異端のぼくたちの活動をサポートしてくれた。とにかく、なんかやりたい！　みたいなのがすごくありましたね。デモの時は、黒いヘルメットに「叛」と書いてた。アングラの流行りの頃です。

西堂　そこから状況劇場の研究生、早稲田小劇場の研究生を経て、そこを少し膨らました形で演劇団が立ち上がっていく。

流山児　一九六九年初頭までに、ほぼ学園闘争が終息して、「劇団創ろうぜ。そのためまずは一年間武者修行にいこう！」と決めた。ぼくは、早稲田小劇場研究生に、悪源太義平は状況劇場研究生になる。そして、北村魚は土方巽[★29]さんの目黒アスベスト館に行く。そこで暗黒舞踏を学んで、キャバレー回りをやっていた。及川恒平は六文銭というフォー

★29……**土方《ひじかた》巽《たつみ》**
一九二八—一九八六。暗黒舞踏の創始者。江口隆哉にノイエタンツを学び、大野一雄からも影響を受ける。一九五〇年代末に三島由紀夫の『禁色』を踊って注目を集める。その後『バラ色ダンス』、『肉体の叛乱』など短足・ガニ股などの日本人的な特性を前面に押し出した作品を発表。著書に『病める舞姫』、『美貌の青空』などがある。

★30……**竹邑類《たけむらるい》**
一九四二—二〇一三。演出家、振付

クグループに参加する。ジャンルの違うトコロで武者修行した四人が中心になって一九七〇年二月に「演劇団」を創った。演劇団の旗揚げメンバーは、早稲田小劇場から秋山賢一とぼく、状況劇場から幾代恵路、加えて青学のヘテロのメンバー、二作目から文学座研究所を卒業したROMIが参加する。音楽は及川恒平と柳本雅久。舞台美術は手塚俊一、振付は竹邑類。[★30] 二つのアングラ劇団の研究生たちと学生演劇が集まって創った劇団だから演技の質も芝居もチャンポンで愉しかったよ。今でいうコラボだね。四月の旗揚げ公演『花びら雫』（流山児祥作・演出）、九月には『地獄草紙』と自由劇場で連続上演した。

あ、そうだ「演劇団」の旗揚げ前の一九六九年一二月に早稲田小劇場研究生番外公演で、処女作『マシンガンジョー〜不知火心中編〜』を上演した。あの頃はいろんな作品をコラージュして芝居創っていた。稽古場はまるで「集団創作」の様相を呈しワイワイガヤガヤ、愉しかったよ。当時はエチュードといってたけどワークショップに近かった。相互交流が基本。歌舞伎台本、精神分裂症のカルテなんかもテキストにしていた。戯曲の解体の先にある俳優による「もう一つの物語」の誕生と言っていい。「演劇の革命の現場にオレタチはいる」ってワクワク感があった。そんな熱い劇現場からぼくの処女作『マシンガン・ジョー〜不知火心中編〜』は生まれた。一九六九年サルジオ学園高校で起こった高校生の首切り事件をモチーフに、新聞記事、週刊誌の記事、三池炭鉱の炭塵爆発や兄妹の近親相姦や古事記、黒田喜夫[★31]の詩、ビートルズのレボルーションとかカム・トゥゲザーやシカゴ[★32]やピンクフロイド[★33]、でもって都はるみ[★34]の歌謡曲なんかもコラー

家。オリジナルミュージカル上演集団「ザ・スーパー・カムパニイ」主宰。舞台演出や宝塚公演の振り付けなども手掛けた。

★31……**黒田喜夫**《くろだきお》
一九二六—一九八四。詩人。『不安と遊撃』(59)でH氏賞を受賞。評論集に『死にいたる飢餓』などがある。

★32……**シカゴ**
一九六七年に結成されたアメリカのロックバンド。ロックにブラスセクションを取り入れた。

★33……**ピンクフロイド**
一九六〇年代より活動するイギリスのロックバンド。プログレッシブ・ロックの先駆者。アルバム『狂気』、『ザ・ウォール』は世界的に知られる。

★34……**都**《みやこ》**はるみ**
一九四八—。演歌歌手。一九六四年「困るのことヨ」でデビュー。「アンコ椿は恋の花」、「北の宿から」、「大阪しぐれ」など多くのヒット曲で知られる。

ジュして、歌い踊る文字通りのアジテーション劇〈狂示録〉を「好き放題」に研究生たちと集団創作した。妄想の演劇。主役にはモチロン、東葛飾高校の天才少年、悪源太義平を呼んだ。いま考えると、このコラージュ演劇が「演劇団」の方向性を決定した。忠さんの「劇的なるものをめぐって」シリーズの前にそんなコラージュ劇をやっていた。ぼくらのほうが「より過激だった」と思う。で、いつのまにか、早稲田小劇場研究生のリーダーっぽくなっていった。同期の研究生中川ひろ子と一九七〇年に結婚して七二年には娘の麻央が誕生する。

西堂　そうすると戯曲を上演するような発想では……

流山児　まったくなかった！　演劇団では、コラージュの方法がもっと錯綜し、加えて集団アジテーションに音楽劇の要素も加わって、どこにもない「演劇のようなもの」が生まれていった。そんなことを一〇年間、集団で試行錯誤しながらやったのが演劇団だった。それでも、お客さんは劇場に来るんです。つまり作家を観に来るんじゃない、役者を観に来る、集団を観に来る。ぼくは劇作家ではなかった。「集団」で何をやりたいのか、「集団のコトバ」を一貫して捜していた。芝居は稽古場で毎日変わっていったし、役者たちはいろいろなものを稽古場に持ち込んで「演劇のようなもの」を集団創作した。

『花びら雫』（一九七〇）

『花びら雫』（一九七〇）

流山児　集団の共同性に拘る方法、何に似てるんだろう？と思ったら、似てるところがあった。発見の会です。好きなことをしゃべりたい、やりたい！　客の前で。それでお金取ってやろう。すごくシンプルな発想です。

西堂　『象』にしても、別役さんは文学的に完成させたいというところでやろうと思ったら、忠さんと別役さんの方法論の違い、で二人は決別してゆく。もう君はいらないよというような感じで出ざるを得なかったというのはありますね。鈴木忠志は役者をメインに据えて「劇的なるもの」のシリーズを始めていく。そういう意味で鈴木さんの創り方にかなり影響を受けた？

流山児　滅茶苦茶影響受けたよ。でも、前にも言ったけど「劇的なるもの」の作品創りは、ぼくたちのほうが先じゃないか（笑）と思っている。早稲田小劇場研究生時代はアナーキーで不定形のエネルギーに溢れてたんだよ。だって二十歳そこそこのガキだったしね。で、もちろん、ぼくらには時代に対するノーテンキな軽さがあった。まるでロックバンドのノリ。それでいて、忠さんの足の文法と集中する身体論という演劇的知性も学びたいという欲求も持っていた。無名のぼくたちは滅茶苦茶「いい加減」だったんだよ。

西堂　「いい加減さ」は流山児さん特有のものなんじゃないかな。鈴木さんはそこは……

流山児　そこがダメなんだよ！　忠さんの本質は、インテリで、社会運動家で世直しの革命家！　だから一生、偉そうに生きなきゃならない。大変だと思うよ。ニンゲンなんてデタラメで、いい加減で、無意味で、テキトーでいいのに。

西堂　「偉そうに生きなきゃならない」というのは当たってますね。そのデタラメなやり

『花びら雫』（一九七〇）

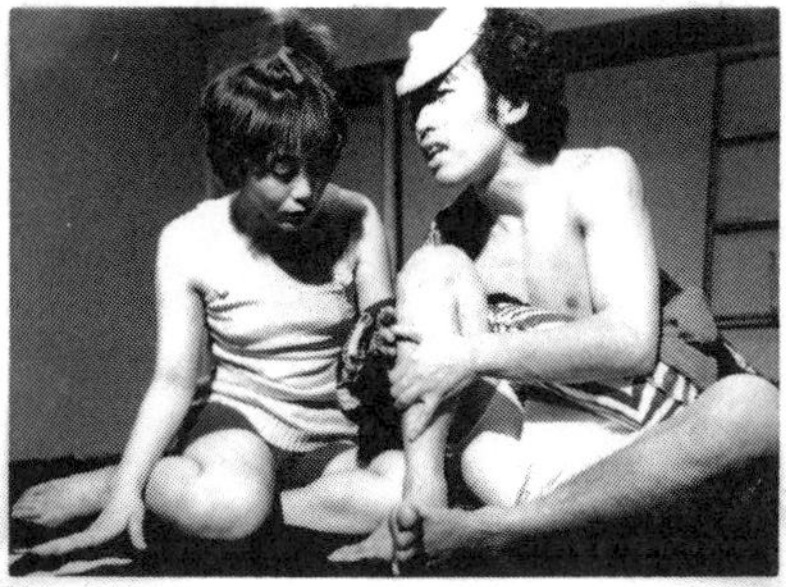
『地獄草紙』（一九七〇）

方を「関係の雑劇」と言っていました。流山児さんや第二世代のテイストですね。

流山児　ぼくらはまさに、デタラメの自由さを「関係の雑劇」にして絶叫していた。『夢の肉弾三勇士』は「戯曲」と呼べる代物じゃない。ただのアジビラ。だって、全編、ダッシュ！　ダッシュ！　ダッシュ！　でアジテーションをするだけ。アホの極み。

西堂　原作は上野英信ですね。やっぱり九州出身です。

流山児　そうです。上野英信さんが、一九七一年に『天皇陛下萬歳―爆弾三勇士序説』を出版した。それにインスパイアされて一気に作り上げた。ただ、わめいている。役者がわーっと走って、それで一時間半、一幕はほとんどアジッてるだけ。例えば、三勇士の一人が愛国少年と別れる講談にもなっている「血染めのハンカチ」のシーンとかはそれなりにやるんだが、ほぼ「対話」はない。喚いて歌って踊ってる。二幕で、やっと、傷痍軍人の三人が殴り合いながら会話する。何じゃこりゃ?!です。オマケに二〇曲も歌う。インド映画じゃあるまいし。歌って、踊ってプロレス的コミュニケーション。ここまで来ると、今、演っても面白い、シュールだと思うよ。こんな「いい加減」な芝居はない。「とにかくわからない」「わかられてたまるか」という感じの怒りのテキストだね。

『夢の肉弾三勇士』は一九七二年、初めて日本各地を巡演し演劇団の初期代表作と呼ばれる思い出深い作品となった。関東大震災の朝鮮人虐殺、肉弾三勇士伝説、二・二六事件、シージャック、永山則夫★35事件などさまざまな「最下層の人々のモノガタリ」をテキストに「演劇団レビュー（音楽劇）」としてコラージュしたぼくの「二十歳の原点」です。それでも日本社会に対する怨念、異議申し立て。自虐＝被虐の「他者」との過剰

★35……永山則夫《ながやまのりお》
一九四九―一九九七。元死刑囚・小説家。盗んだ拳銃で四件の連続殺人事件を起こし、最高裁で死刑確定。獄中で『無知の涙』（71）を執筆。その後、小説『木橋』（83）で新日本文学賞を受賞。九七年に死刑執行された。

★36……鹿目由紀《かのめゆき》
一九七六―。劇作家・演出家。一九九八年に劇団あおきりみかんを結成。

★37……上杉清文《うえすぎせいぶん》
一九四六―。僧侶、劇作家。一九六七年に瓜生良介主宰のアングラ劇団「発見の会」に参加。以後、脚本を担当する。

『夢の肉弾三勇士』チラシ（一九七二）

な交流・接触が繰り返される「芝居者の根拠を探す」アジテーション演劇という「新しい地平」を切り拓いたと評価してくれる人までできた。

二〇二二年の秋、『夢の肉弾三勇士』を鹿目由紀[★36]脚本で名古屋の七ッ寺共同スタジオ開場五十周年記念公演で高校生たちが上演する。読み直してみたら、あの時代の断片を己れ＝己れらのモノガタリとして役者たちが劇場で、観客の息も吸い込んで汗まみれで生み出した「支離滅裂のコント台本」だと再認識した。歌って踊って無意味に汗かいて、劇場の闇から出た時に「他者」の輪郭が見えてくることを渇望しながらもがいているオレタチがいた！

そんなオレタチと同じようなことを発見の会が新人公演でやった。四谷の千日谷会堂という葬式会場の駐車場の野外を走り回って公演した上杉清文[★37]の『此処か、何処か、はたまた何処か』。実に自由奔放の野外芝居だった。また、劇団駒場の芥正彦さんがやった『空間都市—第五砂漠のホモルーデンス』という芝居というかオペラは凄かった。千駄ヶ谷の東京都体育館で上演した。なぜか、信さんと一緒にスタッフもやってた。ルーフィングを床に敷いてたな。バイクが走るから。フェリーニの『8½』が上映されたり、ヤギがいたり、ダンスをしてる人がいたり、さまざまなパフォーマンスをまるで縁日の見世物みたいに見るわけよ。一〇〇〇人以上のお客さんがいたと思う。何でもアリの治外法権の劇空間。

同世代のヤツラがいろんな実験をあの時代にやっていた。何やってもいいんだ。デペイズマン（人を異なった環境に置くこと）という言葉がシュルレアリスムにあるけど、そ

『夢の肉弾三勇士』チラシ（一九七二）

れやっていたんだよ。いろんな人間がいる。いろんな顔とカラダを持っている。お客さんにもいろんな顔がある。そこに向かって演《や》ればいい。シンプル。お、客来るじゃんと思ったのが『夢の肉弾三勇士』。一〇〇〇人を超えるお客さんが自由劇場と早稲田小劇場に入りきれないくらい観に来た。それで、調子こいて浅草木馬館でやったら一日三〇人しか来なかった。おまけに、お客さんは、酒は飲むは、喧嘩はするは……三時間の芝居で、ほとんど帰っちゃった。残ってたのは数人。その中に女の子が一人。「北海道大学から出てきました、入れて下さい」って、それが赤星エミ。すぐ、魚と並ぶヒロインになった。エミと会っただけで良かったと思った。でも、このままじゃ悔しいから、その翌年から、浅草の千束という昔の遊郭、トルコ（ソープランド）街の工場の二階の襤褸アパートに事務所を移して、ぼく、棲んだんだよ。イロイロあって離婚して、龍昇に手伝ってもらって布団ひとつで自由が丘から引っ越した。両隣はパンマさん、所謂、性的サービスもするマッサージ嬢。街に這いつくばって「蟻の目線」で街の人々をきっちり見てみよう、と決めた。吉原も山谷も南千住のヒトタチもいい貌してんだよ。荒尾のヒトタチとどこか似ていた。山の手の学生芝居じゃなくて浅草のレビュー芝居を！　なんて感じで、毎日のように浅草六区でストリップをモーニング割引で観ていた。浅草の芸人さん達や吉村平吉[★38]さんといった風俗評論家というか「元祖エロ事師」とも知り合った。バイトで井上ひさし[★39]さんの下で取材記者をやってたのもこの頃。エノケン[★40]の劇団の話とか聞いてレビューの歴史とその自由さを知った。野坂昭如[★41]さんの行きつけの店にも通った。正直ビヤホール、甘粕酒場、染太郎。喰うために南千住の部品工場で働いたし、

★38……吉村平吉《よしむらへいきち》
一九二〇—二〇〇五。作家、風俗ライター。著書に『実録・エロ事師たち』、『吉原酔狂ぐらし』がある。

★39……井上《いのうえ》ひさし
一九三四—二〇一〇。小説家・劇作家・放送作家。NHK人形劇『ひょっこりひょうたん島』を手掛ける。『手鎖心中』で直木賞。劇作家としてこまつ座で自作を上演した。『吉里吉里人』、『父と暮せば』他代表作多数。

★40……エノケン
一九〇四—一九七〇。俳優・コメディアンの榎本健一の愛称。日本の喜劇王とも呼ばれ、舞台・映画で活躍した。

★41……野坂昭如《のさかあきゆき》
一九三〇—二〇一五。小説家。一九六七年、『火垂るの墓』、『アメリカひじき』で直木賞受賞。作詞家、タレントとしても活動する他、参議院選挙に立候補するなど政治活動も行った。

建築現場でネコって言うんだけど一輪車でコンクリート運んで、アンカーボルト（部材を固定するねじ）を打っていた。新橋駅前の高層ビルを建てたT建設の労働者として長く働いたんだよ。そんな、七〇年代初頭、演劇団は「闘争の時代」を迎えてゆく。

西堂　他者を巻き込んでの闘争という感じですね。

流山児　そうだね。七〇年代初頭、肉体労働で鍛えたカラダでアタマ（才能）しかない演劇インテリたちと、やらなくてもいいさまざまな消耗戦（内ゲバ）をやってしまった。俳優座劇場での菅孝行[★42]の『はんらん狂想曲』上演粉砕闘争とか、黒テントとのぶつかりあい。この頃、ぼくたちは中央権力闘争なんて言ってた。何がなんでも「革命の演劇」で中央突破していかなきゃいけない、なんてね。当時の共産主義者同盟（ブント）がアジっていたコトバをそのまま「演劇」で言ってる。恥ずかしげもなく語っていた。ほんとイカレテた。ぼくたちのメッセージは「我らの所業終わり候ところ、汝ら眼を開きて看よ！」（大塩平八郎[★43]）だった。演劇評論家の大笹吉雄[★44]さんが書いてるのがわかりやすい。ぼくらは「それを信じて集まっている集団」だった。学園闘争も演劇も何もかもぐっちゃぐちゃにしたかったんだ。それもイミテーションだったりするんだから。唐さんや信さんの芝居を「ほぼ、そのまんま舞台」に出しちゃったりする。それを恥ずかしいとも何とも思ってなかった。剽窃、模倣、イミテーションしながら夢の連鎖の中で壊してるから。オリジナルを解体＝再構築する楽しさ。果たしてオリジナルってなんだ。オリジナルと呼ばれ記述される歴史が果たして正しいのか。演劇はそういうものじゃないんじゃないか。一人の生きざま、あるいは「集団の生きざま」を見せる事じゃないか。新

★42……**菅孝行**《かんたかゆき》
一九三九―。演劇評論家・劇作家。演劇論、天皇制に関する多数の著作がある。戦後新劇をいち早く批判した『死せる「芸術」＝「新劇」に寄す』他、『解体する演劇』、『続 解体する演劇』などで知られる。

★43……**大塩平八郎**《おおしおへいはちろう》
一七九三―一八三七。江戸時代後期の儒学者。大坂町奉行与力。自宅に私塾・洗心洞を開く。天保の大飢饉に対し、米を独占する豪商や幕府の無策に耐えかねて決起。乱は制圧され自刃した。

★44……**大笹吉雄**《おおざさよしお》
一九四一―。演劇評論家。『正統なる頽廃』、『同時代演劇と劇作家たち』ほか、大著『日本現代演劇史』などがある。

しく同じであることで変わってゆく！ことじゃないか。
新白石は本名は白石正。俺は、新しく生まれ変わるんだ、で、「新白石《しんはくせき》」で演劇を始めた。彼の場合は、青学の全共闘議長をやめて三多摩で政治運動やっていたんだけど、行き詰って「演劇団」に参加した。白石は「自分が変わらなければ世の中は変わらない」ということを芝居をして初めて実感した！と、よくいっていた。「演劇団」初期メンバーは全員、全共闘運動の経験者だった。そんなヤツラが、飯は食えないわ、それでも、恋をして結婚して子供できちゃう。それでも、何とか生きていこうと模索しながら日本中駆けまわったりするんだよ、一〇年間も。

5　同時代の戦友たち

西堂　演劇の方法としては発見の会ともつながるところがあるとおっしゃられましたけど、この頃よく「レビュー」と言っていましたね。レビューというのはなんでもぶちこめる。言いたいこと、メッセージ、お芝居、寸劇も入れられるし、歌も踊りもすべて入れられる大きな受け皿としてレビューを使われたんですか。

流山児　そうですね。演劇団の旗揚げ公演から竹邑類という業界トップの振付師、音楽は及川恒平、柳本雅久も加わってオリジナルの音楽劇を一貫して上演した。歌って踊ってお客さんを楽しませることを大前提にした。そこも「発見の会」と似ている。ぼくたちの

★45 **瓜生《うりゅう》良介《りょうすけ》**
一九三五―二〇一二。演出家。舞台芸術学院、舞芸座を経て、一九六四年、牧口元美らと「発見の会」を結成。『新版（うらおもて）四谷怪談』にて旗揚げ。「演劇センター66」に加わるもその後離脱。快医学を掲げて、治療院を開くなどの活動も行った。著書に『小劇場運動全史―記録・発見の会』、『いのちの法則 快療法』など。

★46 **山元清多《やまもときよかず》**
一九三九―二〇一〇。劇作家・演出家。六月劇場に参加し「演劇センター68」に合流。黒テントの座付き作家の一人。『比置野（ピノッキオ）ジャンバラヤ』（83）で岸田國士戯曲賞を受賞。テレビドラマの脚本も多く手掛け『ムー一族』（78）、『はいすくーる落書』（89）などがある。

エンターテインメントがあった。大衆演劇なんです。ぼくと瓜生良介[★45]さんと山元清多[★46]さんに共通してるのはこの一点。演劇は「大衆のもの」である。大衆と一緒に「世界を変えていく」んだということの一点だと思いますね。元《げん》さんとどこか共通するものが宮本研さんにもあるじゃない。あれだよ、目指すのは。ダサかっこよさ。演劇的に回収される、知的な回路ではなく「世界を壊す」ための表現はどうしたらいいのか。レビューというのがオレタチの壊すやり方だった。今でもそうだけど。「歌って踊って恋をする」というのが演劇の原点だとぼくは思っている。子供の時に最初に観た、姉がやった白塗りをした、『勧進帳』。五歳くらいのときに観たそれにわくわくしたんですよ、なんだかお化け屋敷に入ったみたいで。歌舞伎には歌も踊りもあるじゃないですか。それで、ぼくらなりの歌舞伎を作れないか、なんて考えていた。そのときはまだ「海外に行く」という発想がなかったから、とにかく日本中テント張って廻ろうぜ、演劇群走狗から曼荼羅テント借りりゃいい、なんて安易に考え、「出会い」を求めて旅をした。七〇年代後半くらいまでは、ほぼ毎年のように旅をやっている。

西堂　七〇年まではほんとに劇場も少なくて、自由劇場とか早稲小のアトリエ、あとは代々木小劇場くらい。その辺に、小劇団が集まってやってた。そのあとに天井桟敷館が開く。

流山児　そうそう。渋谷の天井桟敷館は山﨑哲のつんぼさじきや魔呵魔呵が拠点劇場にしてた。

　ぼくたちは自由劇場。青山学院大学から出発してるから。青学と自由劇場はすごく仲

『女剣劇』（一九七四）

が良かった。自由劇場の初期の芝居を観てるし、なんとなく斎藤憐[★47]さんとか佐藤信さんとか串田[★48]さんとかとのつながりは学生の時からあった。

西堂　天井桟敷館が拠点になっていろんな人たちが集まってくるけど。「地下演劇」という雑誌があって、一九七二年に座談会を組んでいます。「小劇場の原理と実際」という座談会で、当時の同世代の人たちがばーっと集まっている。名前を挙げてみると、江連卓[★49]（幻想劇場）、外波山文明[★50]（はみだし劇場）、岡本秋象[★51]（劇団魔呵魔呵）、

流山児　岡本君のあと、主宰者が生田萬に変わるんですね。

西堂　川喜多清正[★52]（黒旗劇場）、戸田孝治（デラシネ）、橋本勝（劇団ＭＭ）。池田正一[★53]（円劇場）、優麗姿（天幕劇場イエロー）。あと、山崎哲と流山児さん。当時二〇代の演出家を寺山さんが集めたわけですね。そこで侃々諤々と話した。

流山児　これいま読むと訳わかんないですね。みんな、テメエの過激さを競い合うわけです。ぼくもそうなんですけど。大声を出せる人が勝つという（笑）。いまで言う、パワハラ。「てめーうるせえな！　なんだ、このやろう」。まるで、チンピラの怒鳴り合い。でも、喧嘩しながら、どこか熱く交流したい、演劇というより、社会を、世界をぶっ壊したい！という一点でつながりたいというモノがあった。だから、それじゃダメだろ！みたいな感じで喧々諤々。「オマエ、演劇の話すんなよ！」「革命の方法だろ！」とかね。つまり、演劇の話に来たのに、「演劇の話なんかやってんのかコラア！」とか、もうムチャクチャ。いま読み直すと凄いね。これまた、心優しき阿呆の群れ。熱を帯びたカラダが放出するコトバ。でも、こんなヤツラを集めた寺山さんのコーディネート力は凄い

★47　**斎藤《さいとう》憐《れん》**
一九四〇―二〇一一。劇作家・演出家。劇団俳優座付属養成所卒業後、佐藤信らの自由劇場に参加し、「演劇センター68」の結成に関わる。黒テント離脱後、『上海バンスキング』（79）で岸田國士戯曲賞受賞。その他の代表作に『カナリア』、『春、忍び難きを』など。

★48　**串田《くしだ》和美《かずよし》**
一九四二―。演出家・俳優。劇団俳優座付属養成所卒業後、文学座を経て、自由劇場に参加。黒テント離脱後はオンシアター自由劇場にて『上海バンスキング』、『クスコ』などの作品を演出。シアターコクーン、まつもと市民芸術館で芸術監督を務める。

★49　**江連《えづれ》卓《たかし》**
一九四一―。脚本家。実験劇場を立ち上げ自作を上演する。テレビ番組の脚本を多く手掛け、『噂の刑事トミーとマツ』（79）、『仮面ライダー（スカイライダー）』（79～80）、『仮面ライダーＢＬＡＣＫ ＲＸ』（88～

よね。天井桟敷館は七〇年代若手アングラ演劇人の梁山泊だった。でも、このシンポを契機にお互いの芝居をよく見たよ。お互いの創造現場も。イマ思えば、牧歌的な時代だった。でも、参加した演劇人で今なお「現役」なのはぼくと外波山文明の二人だけという事実に驚愕。

西堂　ちょっと思い出したけど、七〇年代って、「芝居やってる」とか「演劇やってる」とか言わなかったですね。演劇を自己目的化することを恥じてたみたいな。

流山児　恥じてたかもね。演劇を語る事は、自己ではなく社会を、世界を語る事だった。

西堂　含羞があってか、あまりそういうこと言わなかった。それは演劇として見られてもいいけど、もっと違うことやってたんだとね。演劇イコール新劇みたいな枠組みがあったから、そういう枠組みから外れたことを自分たちはやってたんだ、それは演劇と名付けようもないものだということが前提としてあったんじゃないか。

流山児　その頃は「とりあえず演劇」とか「たかが演劇」とか言ってたね。七〇年代の半ばくらいまでは、そう言い続けることで自分たちがやってたことを探してたんじゃないかな。それが「何が何でも演劇」という形になってくるのは、七三年以降だね。つまり世界がどんどん小さくなっていく。そこには連合赤軍事件という大きな出来事があった。同志殺しみたいなのをなぜやったんだろうという総括。

オレタチが、この時代に「演劇党派闘争」という名の演劇内ゲバをやったのは、実はシンプルな事から始まった。悪源太義平はぼくの四歳下で高校の後輩です。彼が、一九七一年七月、『はんらん狂想曲』上演委員会攻撃闘争を言い出したのは、「あいつ

89）などに参加する。

★50……………**外波山文明**《とばやまぶんめい》
一九四七—。俳優、演出家。演劇集団「変身」入団後、一九七一年「はみだし劇場」旗揚げ。その後は椿組主宰。

★51……………**岡本秋象**《おかもとしゅうぞう》
一九四九—。劇団「魔呵魔呵」の座付作者、演出家、俳優として知られる。

★52……………**川喜多清正**《かわきたきよまさ》
寺山修司の元で助監督を務める。

★53……………**池田正一**《いけだまさかず》
一九四三—。一九六八年「円劇場」を創設。「東海道バスシアター」、「無人島演劇」などを展開する。

ら『反新劇』と言いながら俳優座のヤツラとやってんじゃねえかよ。それも俳優座劇場で、何が叛乱だ」。それと同じで「黒テントはテントと言いながら紀伊國屋ホールでやってんじゃねえか」と。「冗談じゃねえぞ、何考えてんだ、ちょっと文句言いに行こうぜ！」で始まった。で、行ったら機動隊は出るわ、逮捕者は出るわ。でも一八歳の悪源太には、別に悪いことをやっている意識なんて微塵もない。一番若い悪源太が言うということで演劇団は、ほいほい一緒に行っちゃう。一〇代の少年から「ちょっとみなさん行きませんか？」と、言われたら行っちゃうんだよ。理論も何もあったもんじゃない。そういう「劇団」があってもいいじゃないか。演劇団がその当時持っていた時代認識と身体感覚はそれだった。俺たちは「いま・ここ」にいるんだ。「いま・ここ」にイライラしてるんだよ。そのイライラしてるのをだまって見過ごすわけにはいかない。それで捕まろうが何だろうがやるしかない。だから一九七一年七月、渋谷Spaceラボ・ヘアで『異形マリア譚詞』を上演していた山崎哲に「一緒に、菅さんに文句言いに行こうぜ」と誘いにいった、哲ちゃんは「菅さんにはつんぼさじきの旗揚げのチラシに原稿書いてもらってるし、福田さんにも書いてもらってる。そういう手前、俺、行くわけにはいかないよ」って。「じゃあ、俺たちやるから、次は一緒にやろうぜ」。で、俳優座攻撃闘争は単独でやった。一九七三年七月、黒テント紀伊國屋ホール突入闘争はつんぼさじきと一緒にやった。

俳優座攻撃闘争、紀伊國屋突入闘争……うーん、半世紀経った今は、本当に「悪いことをした」と思います。なんで、あの時代に菅さんを敵にしたんだろ？　なんで、黒テ

黒テント三鷹闘争

黒テント三鷹闘争

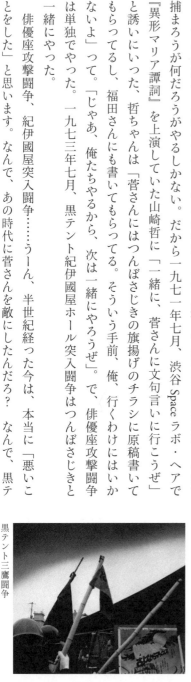

ントを敵にしたんだろ?ってね。内ゲバは決して許されるモノではない。心から自己批判したい。「当時」は、いろんな齟齬があった。例えばオルグの問題とか。ぼくらはみんな地方(公演)もやっていくんです。その地方のオルグに関しては菅さんも、黒テントもやってる。そこでいろんな問題が起こる。ショバ争いに近い違和感。運動って自らをどの地平に置くかという身体感覚だった。

6 演劇運動とは?

流山児 七〇年代初頭の演劇運動ってなんだろう。あの時代は運動の温度がどんどん下がってきて、個人の物語を作れるヤツだけが生き残っていく。演劇も映画も。ある種の才能だけが生き残っていく。でも、それっておかしいんじゃねえの?というのが、一兵卒の無名戦士であるぼくらにはあった。そのイラ立ちで、七九年くらいまで集団を共同性を軸にして悪戦を闘いぬいていた。

西堂 今の話を少し整理するとイライラしている若者たち。肉体のうずきみたいなものが前面に出て表現したい。その受け皿としてレビューという方法があった。それだけだともたないですよね、表現としては。そこで僕は二つに分かれて行ったと思うんです。それこそ「才能帝国主義」なんて言葉がこの頃出てきたでしょう。関口瑛さんなんかは「才能帝国主義」という言葉を使って批判を書く。例えば鈴木忠志の舞台では才能のあ

紀伊國屋攻撃闘争

る者だけが残っていく。でも自分たちはそうでない者、一兵卒が何ができるかということのほうが重要なんだということを関口さんは語っていたと思うんですね。

流山児　そう、当時は才能なんてもんは知的な特権意識が近代を近代たらしめている癌細胞というか闇だと思っていた。

西堂　流山児さんもある意味、一兵卒で行こうということでしょう。アングラの中でも才能のある者が突出して成功し始めていく。唐さんなんかもそうですよね。作家としてどんどん充実していく。そのことで一兵卒であり下降し続けようという人たちの一群の中に、たぶん流山児さんとか発見の会があった。発見の会なんかはアングラの世代の中で唯一上昇しなかった人たちですからね。

流山児　発見の会を尊敬しようね。

西堂　そこがすごいところです。発見の会ほど下降に賭けていた集団は、他にないと思います。名前も変えなかった。一貫してますね。でも瓜生良介さんは実は演劇青年だったと思うんですよ。シェイクスピア★54とかやらせると超一流の腕前を持ってるけど、あえてそちらに行かないでぐちゃぐちゃにしてしまう。

流山児　あの兄弟（正美★55、良介）に共通するのはシェイクスピア。

西堂　しかも土方与志★56を大変尊敬していた。築地小劇場の頃のアヴァンギャルドの精神というのが一旦戦前、戦中で切れつつ、でも戦後になって引き継いでいるのは発見の会ですよ。そういう意味で瓜生（良介）さんがアヴァンギャルドの精神を現在形で見せ続けてきたんじゃないか。

★54……**ウィリアム・シェイクスピア**
一五六四—一六一六。イギリスの劇作家。当初は俳優として出発し、その後劇作家に転じた。『ハムレット』、『オセロー』、『リア王』、『マクベス』は四大悲劇として知られる。

★55……**瓜生正美《うりゅうまさみ》**
一九二四—二〇二一。劇作家・演出家。かもめ座、舞芸座を経て、一九六四年「秋田雨雀・土方与志記念　青年劇場」を結成。長年代表を務める。

★56……**土方与志《ひじかたよし》**
一八九八—一九五九。演出家。土佐藩士・土方久元の孫。小山内薫に師事し演劇を学ぶ。ドイツ留学中に関東大震災が発生。帰国後、私財を投じて築地小劇場を建設。小山内と共に演出家として活動した。戦後は後進の育成にも力を注いだ。

★57……**内田栄一《うちだえいいち》**
一九三〇—一九九四。小説家・脚本

流山児　内田栄一★[57]さんが『夢の肉弾三勇士』の劇評を「映画評論」に書いたとき、「遊炎《ゆうえん》血《ち》」って書いてくれた。内田さんが最初にぼくたちを評価してくれた。ああ、こういう先輩もいるんだと。何やってもいい、絶対遊び続けろよ、遊炎血で！と、いうエールをしっかり受け取った。同じように、ぼくらの演劇を最初に評価したのが一般紙ではなくスポーツ新聞の同世代の若い文化担当の記者たちだった。木村隆★[58]さん、花井伸夫★[59]さんというスポニチの新聞記者、あるいは石崎勝久★[60]さんという髭のオジサン。石崎さんはレビューの有名な評論家で、亡くなられるまで、よく呑みに連れてってもらって大衆芸能の真髄を教えてくれて感謝しています。あと、東京新聞の森秀男★[61]さん。朝日新聞の扇田昭彦★[62]さんが最初に「新しい地平からくるもの」というタイトルで、「ニューミュージック・マガジン」という音楽雑誌で、演劇団と東京キッドブラザーズを評価してくれた。早稲田小劇場研究生公演の時、記事にしたいと言われて、「ブル新なんかに書かれたくねえよ！」と突っ撥ねた。ブル新ってブルジョワ新聞、朝日新聞記者だから。扇田さんは現代演劇をキチンと社会化＝批評できてる人だと思っていた。本音では嬉しいんだけど、わざとケンカ売ってたりしてたんだよ。まだ、二一歳の過激派だったしね。アングラ演劇草創期を正確に伝えてくれた扇田さんには大感謝しかないです。

　ある日、沢木耕太郎という横浜国大卒のルポライターの青年が演劇団の稽古場にやってきて長い期間取材していた。その後、雑誌『展望』に書いてくれたんですね。「地の漂流者たち」というタイトルで、文春文庫で出版されてるけど。その時、ぼくらは大学廻りということをやっていた。つまり劇場がないなら都内の大学を廻ればいいじゃない

家・劇作家。安部公房に師事。瓜生良介らの「発見の会」に『ゴキブリの作りかた』の台本提供したほか、自らも劇団東京ザットマンを主宰する。映画『きらい・じゃないよ』(91)では監督・プロデューサーを兼務。

★58 **木村 隆**《きむらたかし》
演劇評論家。一九六三年、スポーツニッポン新聞東京本社入社。主な著書に『歌舞伎やじ馬ばなし』、『泣いて、笑って、恋をして。』、『演劇人の本音』など。

★59 **花井伸夫**《はないのぶお》
一九四六―。演芸評論家。スポーツニッポン新聞東京本社編集局文化社会部編集委員。編著書に『はばたけ宝塚　輝ける瞬間』など。

★60 **石崎勝久**《いしざきかつひさ》
一九三〇―一九九四。演劇評論家。文化庁芸術祭の審査員を務めた。著書に『裸の女神たち　日劇ミュージックホール物語』など。

かと。まだ学生気分が抜けてなかったから、大学で見せればいいじゃないか、学生に三〇〇円で見せようぜと。普通は五〇〇円なんだけど。この方法を取って全国に展開しよう。数多くの大学キャンパスを廻りましたね。

7　大学が拠点だった時代

西堂　自由劇場や早稲田小劇場に行ったのと同時に学生寮を回ってますね。

流山児　一九七三年中央大学代々木寮で、『紅の翼』をテント公演しました。堀浩哉★63という現代美術家が初めて書いたんです。演劇に現代美術家が参加する。この辺からぼくは変わっていく。つまり自分が書かなくてもいいからいろんな若手に書いてもらう。美術家共闘会議の堀浩哉の加入は演劇団の大きな変わり目だと思います。外の風が演劇団に入って来た。中央大代々木寮はぴんちゃんのアパートの隣ですから、よく泊ってたんだけど、町内会から石投げられたりしたんだよ（笑）。「出てけー」って。機動隊が導入されて寮の捜索とかやるわけですよ。同じように東京外国語大学の日新寮で曲馬舘の諸君もやるんですけど。大学生と共闘していくというがあった。

西堂　中央大の寮ってどこにあったんですか。

流山児　東北沢。後に、更地になります。

西堂　外語大の日新寮って拠点になってましたね。

★61　**森秀男**《もりひでお》　一九二五—二〇〇二。演劇評論家。日本読書新聞編集部を経て、東京新聞文化部の演劇担当となる。著書に『劇場へ—森秀男劇評集』、『現代演劇まるかじり—芝居小屋の18人』など。

★62　**扇田昭彦**《せんだあきひこ》　一九四〇—二〇一五。演劇評論家。朝日新聞に入社し演劇担当として活動。著書に『開かれた劇場』、『日本の現代演劇』など。

★63　**堀浩哉**《ほりこうさい》　一九四七—。画家。多摩美術大学名誉教授。学生運動家として学生組織「美術家共闘会議（美共闘）」を立ち上げ、議長を務めたことでも知られる。

流山児　過激派の拠点が大学寮だった。ぼくたちの大学廻り公演は学生運動が盛んだった東外大、青山学院、女子美、明治大学だった。山﨑哲のつんぼさじきは明治大学和泉校舎でやってましたね。ある種、学生たちや大学の先生たちとの共闘だった。

西堂　八〇年代の末、昭和の最後くらいまでで残ったのは法政大学ですね。あそこは中核の拠点だったから。維新派を呼んでたりとか。

流山児　維新派もそうだし、天井桟敷もそう、ぼくらも、法政大学学生会館ホールの柿落し公演で呼ばれて『女剣劇！三銃士』を上演した。その後、学館にセットを無断で置いていた。もちろん、その後、全部なくなりましたけど（笑）。大きなセットが置けるのが法政大学の学生会館だったり、東大駒場寮だったり、明大和泉学生会館だった。学生たちと八〇年代末まで付き合えてた。劇団員に法政や明治の劇研出身の連中が多いということもあったしね。

西堂　自治会で演劇を呼べるという大学がどんどん減っていって、今ではほとんどなくなった。

流山児　学生運動の残り香があったのは七〇年代後半までだね。『夢の肉弾三勇士』ツアーは、名工大の連中が呼んでくれた大須の七ッ寺共同スタジオ開場公演だった。で、千穐楽にはヘルメットかぶって、「せ、せ、せ戦士諸君！」とか何人か立っちゃって、アジ演説を始めたから役者たちが、ボコボコに殴ってしまった（笑）。ほんとは、彼らは「連帯のあいさつ」をしたかったんだけど、でもラストシーンだもん、そりゃ、ボコボコにされるよ（笑）。京都は京大新聞会が呼んでくれた。京大西部講堂前の野外公演だった

『紅の翼』（一九七三）

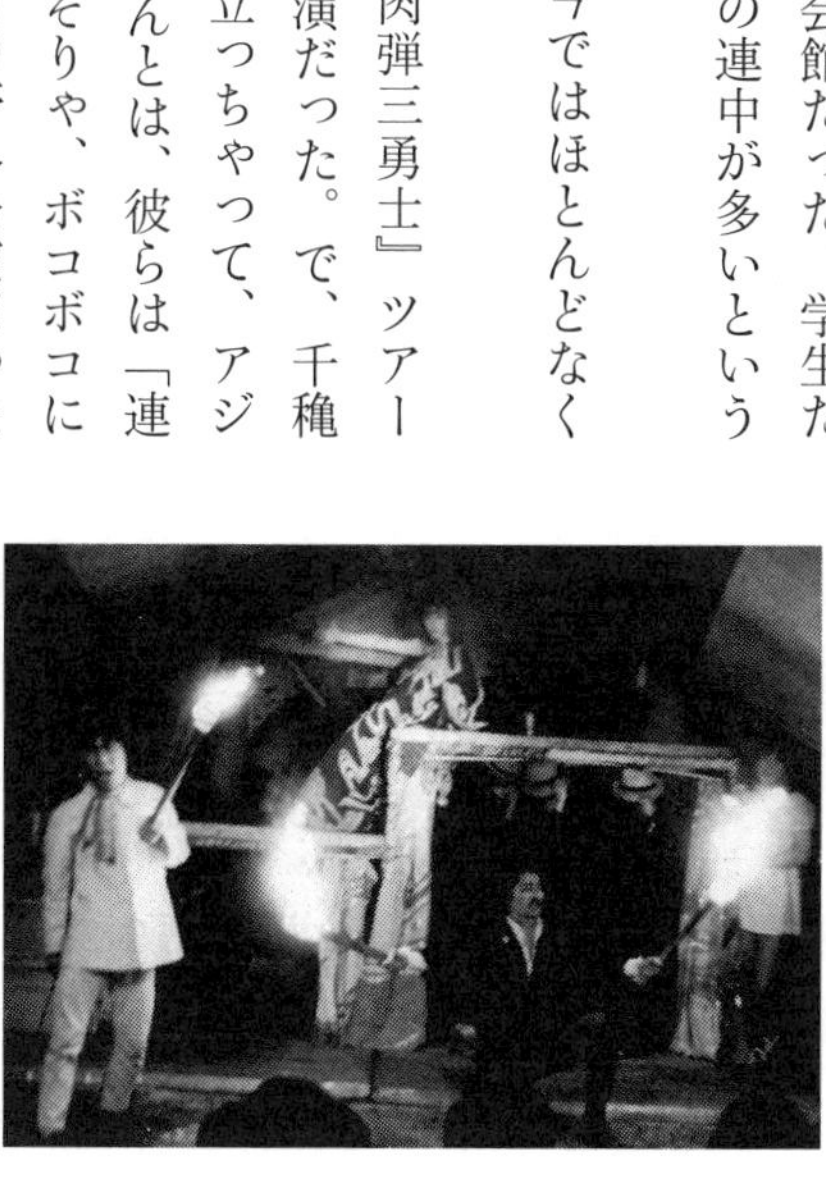
『紅の翼』（一九七三）

んだけど、今度は、日本維新派を創ったばかりの松本雄吉さんに「お前、俺にあいさつがないじゃねえか、仁義通せよ」と喫茶店に呼び出された。で、神戸大学でも小競り合い。最終的には広島大学。騒ぎがなかったのは広島だけだった。全国の大学生が呼んでくれる、これは状況劇場も同じ。その中で大学生や卒業生がぼくたちのオルグになってくれるというのが七〇年代ずっと続く。

西堂　そういう学生運動やってた人たちが地元で喫茶店やったり、新しくライブの場所を作りながら呼んでくる。その流れがどこまで続いたのか。

流山児　『修羅と薔薇』で富山大学に行った。テントを学内に張ろうとしたが、機動隊が出てきて、公演場所を変えさせられた。それが一九七八年。それが最後。その後も、曲馬舘はずっと戦い続ける。そのあと演劇団は解散していきますから。七〇年代は、大学生とまだ一緒に共闘できる時代だった。

8　運動のあり方

西堂　旅の受け皿として、学生が有力だったというのは、逆に言えば労演に頼らなかったということでしょう。新劇は労演という社会党・共産党の下部組織を頼りにしてたわけだけど。それとは違うルートを開拓したというのが紅テント、黒テント。

流山児　労演を変えていこう、というのが演劇センター六八／六九のひとつの運動論だった。

『女剣劇！三銃士』（一九七四）

だから新劇の中の「改良闘争」でしかなかった。黒テントとは、いつかぶつかるんじゃないかという予感はありました。いまは、ただただ、ごめんなさい！としか言いようがないけど（笑）。

西堂　いま「改良」という言葉が出てきたけど。改良闘争か根絶してまで戦うのか。その二つの選択肢の中で、みんな新しいものを開拓しようとしたわけですね。新しい人材、新しい活動家を口はばったい言い方をすれば「育てる」。自分たちの作品、ブツをもっていくことで。

流山児　七〇年代の真ん中を越したら自分たちの生活の問題とか同時に起こってくるから、その文脈で、西堂さんの言う才能とか劇作家との出会いとかがある。そこまでは自分たちの言葉で、自分たちのイラダチで、自分たちのカラダで、なんとか「世界」を変えたいと思っていた。だけど、変えるのは難しい。ちょっとズラそうぜというのを考え出したのは連合赤軍事件以降だね。社会が変わっていって、どんどん高度消費社会になって、「世界」が変わりつつある。

『夢の肉弾三勇士』では、「差別の問題」が、当然出てくる。京都や大阪や神戸ではその問題が、常に噴出していた。そういう問題を討論しあいながら演劇活動やっていくしかなかった。

西堂　七二、三年くらいで、いわゆる連赤以降ですね。

流山児　そうですね。つんぼさじきが「つんぼさじき」の名前を京都では使えなくなる。劇団名も言えない時代があの頃、始まる。そういう中で旅するのは大変だった。世界が少

『修羅と薔薇』チラシ（一九七八）

しずつ変わりつつあるのが皮膚感覚で分かってくる。唐さんはそんな時代にバーンとバングラデシュやパレスチナに行っちゃう。かっこいいなと思う。ぼくたちそんなハッタリなんかできない。寺山さんには「お前の芝居は海外のほうが面白がってくれる、海外へ行け！」と、何度も言われたけど。いま思うと、七〇年代後半に行けば良かった。

西堂　結局、アングラというやり方自体が一種の頭打ちになっていくということでもあるのかな。

流山児　ぼくらはレビューという方法をもっていたからちょっと違うと思うけど。普通、劇作家や演出家が主宰でいて、ある種の天皇制でやっていく方法と、演劇団のように共同性を求めた無名の者たちの方法は違っていたと思う。

　現場で役者はどんどん育っていった。悪源太、魚という演劇団の「花と龍」を筆頭に、新白石、藤井びん、龍昇、木之内頼仁★64、福井泰司、小林達雄、田根楽子★65、赤星エミ、樋口輝雄、風吹独、大月煌、新人の塩野谷正幸★66、佐藤久子、野瀬千冬、宇津宮智恵、といった綺羅星のような役者陣が「演劇団」の舞台で暴れ回っていた。演劇団は役者の宝庫だった。みんな、素敵に自立した役者たちなんだから七九年まで全力疾走できた。役者たちはお互い喧嘩はしても面白いことしかやらなかった。だって、演劇団の舞台は治外法権、くだらないことやれるんだもん。その原則を保持しつつ一〇年間全力疾走したと思う。状況劇場もすごかった。根津甚八★67、小林薫★68と素敵な役者さんがいっぱいいた。

★64……………**木之内頼仁**《きのうちよりひと》
一九五一―。演劇団創立メンバー。後に「転位・21」の旗揚げに参加。テレビドラマ、映画などで活躍。

★65……………**田根楽子**《たねらくこ》
一九四六―。女優。劇団七曜日の舞台に参加した他、テレビのサスペンスドラマなどに出演。

★66……………**塩野谷正幸**《しおのやまさゆき》
一九五三―。俳優。一九七六年、演劇団に参加。流山児★事務所所属の看板俳優として活躍。

★67……………**根津甚八**《ねづじんぱち》
一九四七―二〇一六。俳優。一九六九年に状況劇場に入団。『唐版 風の又三郎』（74）で主役を務め、状況劇場の看板俳優の一人として活躍。テレビドラマ、映画でも活躍する。

★68……………**小林**《こばやし》 **薫**《かおる》
一九五一―。俳優。一九七一年に状況劇場に参加。退団後、映画、テレビドラマで幅広く活躍。

同走者たち

流山児　同走者ね。兄貴（藤岡賢祐）は、あの時代、俺と一緒にいたから、悲惨と言うか、面白い体験をしてるんです。俳優座養成所の最後の一六期生で、中央大学の劇研で宮本研をやり、劇団新人会に入る。その新人会が解散する時、渡辺美佐子さんという大女優の退団届を劇団に出しにいったと聞いた。で、兄貴たちは演劇行動反を旗揚げする。で、美佐子さんや和田周[★69]さんらは演劇組織兆を作る。すごいね、ハンとチョウに分かれるんだよ、ヤクザかよ？（笑）。そのあと、一九七二年、兄貴は関口瑛さんら「早稲田小劇場見切り派」と名乗り演劇群・走狗を旗揚げする。演劇群・走狗は『劇的なるものをめぐって』で、白石加代子という圧倒的な才能を得たことによって演技の規範となり、若手が自分たちの表現を打ち出すためには劇団早稲田小劇場を「見切る」しかなかった。メンバーは高橋美智子[★70]、三浦清枝、土井通肇[★71]、倉澤周平[★72]、伊深宣[★73]、桜井昭子[★74]ら九人。そして藤岡賢祐、岡田潔[★75]、小林達雄、島次郎[★76]らが参加して旗揚げした。その後、『白鯨』『空賊』『地上より永遠に』『いのちよくもていつくしめ』といった作品を小劇場、テントで上演した。旗揚げアピールも凄いよ。読んでみるね。「忘れてないか！　つっぱる幻野を、時代は今、あからさまにその退廃のツケを我々にまわして来ている。だからこそ、我々は沈黙から当然に旅立つ。みよ!!我らが猛突っ張りと引き落しの力技!!」凄いでしょ？

その走狗が一九七七年に解散して藤岡賢祐は演劇を辞める。『夢の肉弾三勇士』には、

★69……**和田周**《わだしゅう》
一九三八—二〇二〇。俳優・劇作家・演出家。俳優座養成所を経て劇団「新人会」、「兆」に参加。その後、演劇組織「夜の樹」を結成する。アニメ脚本家・虚淵玄の父でもある。

★70……**高橋美智子**《たかはしみちこ》
元・早稲田小劇場の女優。ギャラリー悠玄のオーナーを務める。

演劇団（一九七七）

主演役者で出てもらったこともある。兄貴は、一九八〇年代に自分の生活の拠点として、松戸市大金平に「りべるて2」という自家焙煎珈琲の店で週末にはジャズのライブハウスを作る。りべるて2はいまでも地域の文化の拠点になっているよ。ぼくは、八〇年代はずーっとアルバイトしていた。兄貴には足を向けて眠れない愚弟です。

西堂　就職しないで、オルタナティブな生き方を開拓している若者たちがいたんですね。それで演劇もやれた。その生き方がすごいですね。

流山児　七〇年代は、好きなプロレスの記事が一番早く読めるからという理由で「東京スポーツ」の印刷所でバイトしていた。一番最初の旅公演の時なんてすごいよ。写真家のアラーキーこと荒木経惟さんにお世話になった。当時、荒木さんは電通で働いていて旗揚げ公演の時のチラシも荒木さんに作ってもらった。もちろん、女優・幾代恵路や北村魚のヌードも撮ってたけどね。「今からツアーに行くんですけど、お金ないんです、なんとかならないですか?」とお願いしたら、荒木さんがエメロンシャンプーイエローのCMの仕事を斡旋してくれた。それで三〇万円もらえた。その三〇万で二トントラック借りて旅に出かけた。そういう時代でした。アニメの「グレート・マジンガー」とか「UFOロボ　グレンダイザー」の着ぐるみに入って一ヵ月あまり、劇団員全員で今治の唐子浜でショウやったりして生活していた。

西堂　七〇年代の末まではそういう生き方が成り立っていたし、みんな貧しいが故に自由で豊かな活動ができた。そこら辺のギリギリのところで第一次演劇団の幕を閉じるということですね。

★71…… **土《ど》井《い》通肇《みちとし》**
元・早稲田小劇場の俳優、演出家。一九八六年に森下眞理と「元祖演劇乃素いき座」を旗揚げ。

★72…… **倉澤《くらさわ》周平《しゅうへい》**
元・早稲田小劇場の俳優。劇作家・演出家。劇団「ぼっかめろん」主宰。

★73…… **伊《い》深《ぶか》宣《せん》**
元・早稲田小劇場の俳優。その後未有事社に所属。

★74…… **桜《さくら》井《い》昭子《あきこ》**
元・早稲田小劇場の女優。その後、遊園地再生事業団の公演などに参加。

★75…… **岡田《おかだ》潔《きよし》**
一九四六―。演劇プロデューサー。トム・プロジェクト代表。大学卒業後、演劇群「走狗」にて演劇活動を行う。一九九二年にトム・プロジェクト有限会社設立。

★76…… **島《しま》次郎《じろう》**
一九四六―二〇一九。舞台美術家。武蔵野美術大学卒業。小劇場からオ

『修羅と薔薇』チラシ（1978）

ペラまで手掛け、紀伊國屋演劇賞個人賞、伊藤熹朔賞、読売演劇大賞最優秀スタッフ賞を受賞するなど多くの作品で高い評価を得る。

10

第二部

先輩たち

西堂　第二部は同走者たち、流山児さんと一緒に走っていた役者も含めて、いろんな劇団、多彩な人たちのことをお話いただこうかと思います。

流山児　演劇団は絶対役者がスタッフをやらなきゃいけないんですよ。スタッフ専従はいなかった。塩野谷は、ほんとはつかこうへい事務所に入りたかったんだよ。試験の時、つかさんが国鉄のストで来られなくてダメになった。で、演劇団も受けたけどスタッフ希望だった。VAN99ホールへつかの芝居観に行った時に会って、「お前、美術スタッフで演劇団に入れ！」と強引に入団させた。で、役者もやらせた。役者＝集団は「演劇団」のポリシーだったしね。新白石は最初制作で入ってきたけど、制作と役者をやらせた。役者って生き物が芝居の根本なんだということを徹底した。とにかく「舞台」に立つ。状況劇場もそうだよね。

西堂　状況劇場の場合、役者がスタッフやらなくてはいけなかった。ある意味でコミュニズム（共同作業）の徹底じゃないかなと思うんですけど。

流山児　蜷川幸雄★77さんたち櫻社のメンバーが演劇団の芝居観に来たことがあるんだよ、浅草

★77 **蜷川幸雄《にながわゆきお》**
一九三五—二〇一六。演出家。劇団青俳で俳優としてキャリアをスタートする。青俳退団後、一九六七年に蟹江敬三、石橋蓮司らと「現代人劇場」（後に櫻社）を結成。清水邦夫とのコンビで作品を発表する。櫻社解散後は商業演劇界に進出。シアターコクーン、さいたま芸術劇場などで芸術監督を務め、日本を代表する舞台演出家となる。

★78 **市来邦比古《いちきくにひこ》**
一九四九—。舞台音響家。株式会社ステージオフィス代表取締役会長。

木馬館に。その時、音響トラブルが起きちゃって音が出なくなった。出なくなったから、一時、芝居止まっちゃった。いまじゃ、そんなことで芝居止めるなんて恥ずかしくてできないけど、まだ、いい加減だったから「暫し、お待ちあれ！」と中断した。で、客から、「なんかやれ！」ということで、みんなでギター持って歌ったり踊ったり、悪源太はストリップまでやりだした。「お前ら、それしかやれないのか！」と罵声も飛んだ。当たり前だよね。その中に市来[★78]（邦比古）とか藤村民雄がいた。「これ、音響の電気のコードが切れているだけじゃないか」。で、直してもらって、芝居を再開した（笑）、芝居が終わって「じゃあ、お前、音響で劇団入ってよ」。で、藤村に劇団に入ってもらった。その後、北村魚と夫婦になった。市来にもちょっと手伝えよと頼み込んだ。市来ちゃんは元電通大全共闘で学園闘争からの付き合い、櫻社の劇団員だった。まだ、演劇団にはプロのスタッフがいなかったから、そんなアクシデントが起きたんだよ。役者が芝居やりながらテープ回したり、照明操作したり。俺、音響の編集もやっていた。でも、この時初めて音響のプロが入団した。

西堂　ある時期から分業制が始まるんですね。八〇年代くらいになると、小劇場も外部に装置を発注するようになる。その手前のところで小集団って成り立っていたように思うし、後に島次郎さんとか手塚俊一さんという舞台美術家が関わってきたときにも役者たちが全部舞台セットを作っていた。そういうところで一種の共同作業が徹底されていったんじゃないかな。

流山児　島次郎は下手な役者だったよ（笑）。犬の役だった。島が舞台美術で初めてギャラ

『ぷらねたりよむ・あむうる』演劇団（一九七八）

もらったのは演劇団だったと書いてた。ぼくは、忘れてたけどね（笑）。

西堂　彼も演劇群走狗から始まったけど、そういう形でスタッフ、役者が協力し合いながら個々に分業化しないで演劇を作っていた。分業化すれば作品のクオリティはたぶん上がっていくけど、それを目指さないところに何か賭けてたんじゃないかと思う。

流山児　誰か、稽古場で、ぼーっといられてると、俺、イラ立つんだよね。稽古場では、全員が集中してくれないと困る。日々付き合っていくわけだし。

あの時代には現場を動かすとりあえずの手掛かりとしての台本があれば良かった。中、村座の金杉さんの芝居も台本って感じでみていた。一九七五年の大崎中村座でみた『説教強盗』なんか、役者が勝手にやってる、役者のための金杉さんの指示台本でほぼアドリブでやってると思った。実際は、金杉さんの緻密な演出だったんだけどね。金杉さんは戯曲的には唐さん、演技的には忠さんの影響を受けていたが、その模倣から抜け出し、その後「突撃板と原っぱ」という独自の表現スタイルを確立してゆく。

それから偉大なる役者すまけいさんもいたね。すまさんの奥さんの石堂洋子★79は第二次演劇団のスターだった。すまさんは決して遠い存在でなくて、いい先輩だった。「眼玉の松ちゃん」を思わせる圧倒的なオーラを放つすまけい。ゴドーを見ても、コントみたいに解体しながら演るんだよ、太田豊治さんとね。二人は、チャップリンとキートン★80だった。「すまけいとその仲間」。ああいう不条理劇を見て育った。それにしても、あの時代の先輩たちは猫も杓子も「ゴドー待ち」で、とどのつまり、何もわからないのにサルトル★81（実存主義）まで行っちゃったんだろうね。

★79……**石堂洋子**《いしどうようこ》
一九四五―。女優。七〇年代から八〇年代にかけて団鬼六原作のロマンポルノ映画などに出演。

★80……**バスター・キートン**
一八九五―一九六六。喜劇俳優。チャールズ・チャップリン、ハロルド・ロイドと並ぶ世界の三大喜劇王と呼ばれる。体を張った派手なアクションと笑いを得意とした。

★81……**ジャン＝ポール・サルトル**
一九〇五―一九八〇。フランスの哲学者・小説家・劇作家。実存主義の哲学者として知られる。主な著作に小説『嘔吐』、哲学書『存在と無』、戯曲『蝿』など。

でも、中村座にはそんなヨーロッパ近代と一線を画した不逞の暴力性があった。「肚の座り方」があったよ。金杉さんの劇には「庶民の抵抗」を感じて観続けた。無意識にある抑圧や疎外感があの突撃板と肉体演技です。原っぱはブンガクじゃなかった。それでいて、いわゆる、演劇的知性に対するコンプレックスが透けて見えた。そんなものもたなくてもいいのに。だから、晩年、といっても五〇歳ぐらいだったんだけど、愛する葛飾が生んだ知の巨人吉本隆明にかぶれて金杉さん、どんどん「吉本教」信者になっていった。吉本隆明だよね、小劇場演劇運動を良くも悪くもした人。あの時代、よくみんな言ってたな。『自立の思想的拠点』『言語にとって美とはなにか』『共同幻想論』から『ハイ・イメージ論』まで、吉本を「どう読むか」で、先輩たちも同期の桜もホント大変だったんだから（笑）。知らんぷりすればいいじゃねえか、「あんなテレビばかり見ているジイサン」と俺なんか思ってたけど。でもかっこいいんだよね、吉本隆明って。「じゃあ、お前、生活ってなんだ」と言われちゃうと、ぐうの根もでないガキだったから。「真面目に読みすぎるんじゃないですか、金杉さん」って、俺、よく言ってたな。金杉さんは「原っぱ」という誰も真似できない演劇を編み出した。これは凄い！　原っぱってなんだ。で、突撃板を発明する。厚いベニヤ板に、ばーんっとぶつかって台詞を言うわけね。これは面白かったですよ。誰もがナマモノになるからね、ぶつかった瞬間。あの発明には敵わない、ホント、すごいと思った。

二〇〇一年に金杉さんの『花の寺』を上演した時、突撃板をやってみた。（甲津）拓平のあばらにヒビが入ったよ。でも、一回、やってみればいいんだよ。ヒビ入れないほ

悪源太プロマイド

『おおしおへいはちろう・面影橋雪乱』（一九七一）

うがいいけどね。原っぱに出現する鰐三郎の言葉、「意識に目覚め始めた存在は偶然を師とする。偶然とは街であり原っぱだ。それは常に変幻し、書物や知識よりも単純なものだ!」。夕日の中、幻影としての吉本隆明が原っぱで佇んでいる。そこに庶民の生理から出た言葉がある。突撃板から生まれる身体言語、金杉さんは震えるほど愉しかったんだろうね。前のめりのマゾヒズムの演劇的知性だったかもしれない。これ、初めて言うけど、つかこうへいと金杉忠男さん、まったく違う芝居なんだがどこかで俺のカラダの中では今でも通奏低音のようにクロスしてるんだよ。

11 天才役者・悪源太義平

西堂 僕も大崎の中村座のアトリエの突撃板は見てます。確かに役者が苦しんで台詞がうまくできないときに、一旦ぶつかって何か開眼したことで、それが残ったみたいですね。

流山児 あの時代、ぼくらも同じだった。一九七一年渋谷PARCO〈Part1〉建設予定地での紅・黒テントの鞘当て興行『嗚呼鼠小僧次郎吉』に客演していた悪源太義平が、トラックのボンネットから突然、前転して飛び降りた、口に赤いハイヒールを咥えてね。で、見栄を切った。この命懸けの軽業師の役者に対して満員の観客は「悪源太!」と呼ばないで、「よっ! 演劇団!」って歓声を上げた。いやあ、痺れたよ。それは決意みたいなもんじゃないかな。かっこよかった、俺なんか絶対できない。一九歳の天才役者

★82……三《み》田《た》村《むら》周《しゅう》三《ぞう》
一九四四―。俳優。舞台芸術学院卒業後、金杉忠男の劇団中村座に参加。劇団三田村組主宰。

★83……大《おお》江《え》健《けん》三《ざぶ》郎《ろう》
一九三五―二〇二三。小説家。実存主義の影響を受けた戦後作家として登場し『飼育』(58)で芥川賞受賞。ほかに『個人的な体験』、『沖縄ノート』など。一九九四年にノーベル文学賞受賞。

★84……ポール・ヴェルレーヌ
一八四四―一八九六。フランスの詩人。代表作に『無言の恋歌』、『叡智』など。また詩論『呪われた詩人たち』では当時無名のランボーの詩業も紹介した。

だった。彼は、いつも命を懸けていた。あんな役者は、二度と生まれないと思うね。
　演劇団をやめて明大前のキッド・アイラック・ホールで悪源太組の公演をやった時も、ぼく、背筋が凍ったんです。五メートル近い天井の鉄パイプをサーカスの綱渡りみたいにして登場した。もちろん、命綱なんてつけてない。落ちたらどうすんだ、お前この野郎と。でも、それに懸けている俳優には勝てないよね。彼が見せたいものはそういうことだった。五〇代の後半になるとアル中になって、完全にぐでんぐでんでもやりましたけどね。中村座の三田村周三[★82]さんと二人芝居やった時、ただ日本酒飲んでただ酔っぱらってずっと東スポ読むだけなんだ（笑）。でも、面白かったよ。それで二〇〇〇円とか三〇〇〇円取るんだから、ちょっとお前！と言ったけどね。俺はね、演劇ってこれもありなんだとその時思いましたね。

西堂　演劇って行為ですね。それ自体に意味がある。役者がその場で何をするかっていうことに本当に全身全霊を懸けている。

流山児　でも、そこに独特の知性と感性があったんだよ、悪源太には。それが透けて見えてくる。アイツがぼくの前に一六歳で現れた時、大江健三郎[★83]の『セヴンティーン』や『ランボー詩集』やヴェルレーヌ[★84]の『悪の華』を差し出して、「藤岡さん、コレどう思いますか」と。さまざまな本を渉猟し、歴史と人間存在を考察する求道少年だった。コトバを自分のカラダに落とし込んで、その七転八倒を魅せていく。舞踏とセノグラフィ。それでいて、エノケンのような道化だった。一九歳の時結婚し娘が生まれた、それでも、ずーっと悪源太に芝居をやらせてくれた我孫子の市会議員だった奥さんと一緒に、市

悪源太プロマイド

『亜細亜の激情』（一九七二）

民の皆さんと美術展やらリーディングやらずーっと開催していた。馬に乗るのが好きで、死ぬ前によく、金をためては、モンゴルの草原を馬に乗って疾駆していた。新疆ウイグル自治区のアルタイ山脈にある禾木郷（神の残した楽園＝中国一美しい村）まで行ってトゥバ族の生活を体験したりしている、凄いやつだよ。映画やメディアの仕事もやろうと思ったらできたのに一切やらなかった。喰うためにタクシーの運転手やって、人間観察していた。晩年は、文字通り好きな酒と心中した。二〇一八年一月二三日、アルコール性肝障害で永眠。六六年の破天荒の人生を一気に駆け抜けて彼岸に逝っちまった。ホントにふざけた奴で、許せなかったね。棺桶から引きずりだしてぶん殴ってやろうと思ったよ。

葬式で悪源太の愛唱歌「ワークソング」を元演劇団メンバーで熱唱した。♪神様、俺らの犯したあの罪、貧しさとひもじさが全て理由さ、ちょっとそこどけ、ぶち割るぜ！でっかい、その岩、どけ、どけ、まだ娑婆にゃ帰れねえ……。新潟で生まれ、赤ん坊の時に、養子になって南千住で育って、流山に。四歳下の東葛高校の後輩。もう一度、生まれ変わっても悪源太義平と一緒に芝居やりたいと思う。俺は、下手な役者だから一から「演技」の何たるかをあいつに教えてもらってね。悪源太のほうが「演出」とは何かを知っていた。だって、あいつを慕う教え子たちが今でもいっぱいいるもん。悪源太義平は四つ年下だけど、ぼくをずっと「演劇の世界」につなぎとめてくれた永遠の友であり同走者ですね。半世紀の間、ずーっと俺のケツをぶっ叩いてくれた、と本当に感謝している。

『修羅と薔薇』（一九七三）

今も現役で日本中で歌っている及川恒平、井の頭公園でホームレス支援をして芝居をやっている田中伸彦、そして北村魚、新白石、福井泰司、奥津健太郎、学生時代からみんな何にも変わってない。凄いヤツラです。悪源太はまだ、死んだ感じがしないのはなんでかな？　アイツこそ「敗れざる志」を持った漢《おとこ》だね。一生、無名なものの熱い生きざまを貫いて果てた。

西堂　役者の知性ってそういうことですね。別に自分で言葉を書くわけじゃない。でも身体の中に言葉がある。それをどうやって観客に感じとらせるか。そのことに行為で懸けていた気がするんです。決して演出家に操られた俳優じゃなくて。演出家の手から自由になったときに、はじめて俳優の自立というか、観客と真向かうことができる。唐十郎の『特権的肉体論』も基本的にそういうこと書こうとしてたんじゃないかなと思うんですけどね。

流山児　そうだったと思いますよ。ただスターになっていく過程で、唐さんは文学性に向かっていった。でも、有名になると損ですよね（笑）。

話を金杉さんに戻すと、俺たちのような「いい加減さ」の反対の極北に、中村座の乱暴狼藉に見えて、実は禁欲的な肉体芝居が屹立していた。血を流し、骨を折り、塵のようなイジケタ虚の人生を魅せ付けてくれた。一九六七年金杉忠男、篠崎祥司、中村直太郎[★85]さんらは演劇集団「その他の人々」を結成し、一九七一年中村座と改称、『一本刀土俵入—御存知葛飾篇』『説教強盗・玉の井余譚』といった金杉作品を上演し、七〇年代を疾走し、八〇年代中期にその温度を急速に低下させ、一九九〇年解散する。九〇年代

★85……**中村直太郎《なかむらなおたろう》**
一九四四—二〇一六。歌舞伎俳優・松本染升の子として生まれ、幼少の頃より劇団前進座に所属していた。その後、金杉忠男の中村座、金杉忠男アソシエーツに参加し看板俳優として活躍する。

に金杉さんはバンと変わって、平田オリザ★86と意識的に協働作業をやっていく。生活とか社会が変わっていく過程で劇団をどう持続させるかという方法論を、金杉さんは平田の演劇と出会うことで全面的に変えるんだよ。一九九〇年、五〇歳にして金杉忠男アソシエーツを旗揚げして最後の戦いを始める。実生活より強い虚構（フィクション）を生きるんだ！という中村座の芝居から虚構の強度の度合いが一気に落ちて凄みを失くしていく。ワルだった不良中年がいきなりしがないサラリーマンの悲哀をまるで別役さんの世界のように演じ始める。一九九三〜一九九四年『POOL SIDE』『POOL SIDE 2』では、いわゆる三人称の「静かな演劇」の装いをまといだす。日常的なスケッチ、小津的劇世界に変化してゆく。ぼくは金杉さんの芝居を観て違和感を感じた。中村座の凄い役者たちのファンだったぼくはショックだったね。一九七九年の演劇団解散を思いだしていたよ。中村座二五年の歴史を終えて、「違う事をやりたい」というシンプルなことなんだけどね。

12　集団の持続性

西堂　中村座の役者たちってほんとに一人一人粒だってましたね。今から見ても本当にすごい役者たちが揃っていたし、「実生活より強い虚構を生きる」というのは最大の賛辞ですね。さっき流山児さんも言われたけど、七九年の演劇団の役者たちの並び方もすご

★86……**平田《ひらた》オリザ**
一九六二―。劇作家・演出家。劇団「青年団」を主宰。『東京ノート』で岸田國士戯曲賞受賞。その他の作品に『ソウル市民』、小説『幕が上がる』など。現代口語演劇で知られる。

かった。しかしそうやってすごかった役者たちがどうしてもう一つ先へ行けなかったのか、集団として、何故持続できなかったのだろうと。

流山児　西堂さん、恐ろしいことを聞きますね。もうひとつ先ですか？

西堂　黒テントも七六年から七九年にかけて、「喜劇昭和の世界・三部作」で俳優たちがものすごく揃っていた。しかし八〇年代になると、退団者が相次いで、その勢いが消えていった感じがある。これなんなのかなあと思った。単に商品化に向かったということだけでは解決できないと思うんです。今から思うと、七九年の演劇団の役者たちの並び方をもう一歩持続させることはどうして出来なかったのかなと。

流山児　それは、びんちゃんに聞いてください（笑）。

藤井びん　（客席から）僕も七九年に演劇団辞めて、それから演劇団もなくなりましたけど。なぜ持続できなかったかというと、別に飽きたわけじゃないんです。もう少し違うことができるんじゃないかと考えて。最初辞めた時は芝居は辞めようと思ったんです。それで一年後くらいに山崎哲さんから連絡が来て、「転位・21」を二人で立ち上げて始まるんだけど。そのとき一年くらいはまったくブランクがあるんですよ。

流山児　シンプルに言えば、山崎哲は「等身大の演劇」を創りたいということ。流山児は「非等身大の過剰な演劇」を追い求め続ける。三〇歳越してもまだ、芸能者として夢の長征を見続けていた。カッコよく言えばだよ。そんなもんちっともかっこよくないんだ、現実世界では。八〇年代アングラ演劇は凄いスピードで変容する、社会から相対化され解体されつつあった。哲なりの陣地戦が等身大、あるいは縮んで微細な演劇になった。

『さらば浅草グレン隊』（一九七六）

俺のように現実よりも虚構を生きたいノーテンキな芸能者にとってやりづらい時代が始まったな、と思ったね。でも、俺はそんな時代こそ愉しめる性格だから大丈夫だった。

　北村想が七九年に『寿歌』という作品を書くんです。あの、あっけらかんの「明るい虚無」に、俺、愕然としたわけね。野田の『ぷらねたりよむ・あむーる』も、山崎哲の『犬の町』という犯罪シリーズ第一作も衝撃だった。だが、北村の『寿歌』のほうに俺、参ったんだよ。だから、一九八一年第二次演劇団旗揚げに新作を頼んだ。いままで、まったくやったことないぶっ飛んだ作品を作ろうと決めたんだ。とにかく前へ進むために。

　で、山崎哲は己の原点へ帰っていった。椎名麟三[★87]だと思うんだけど。そこに戻っただけだと俺は捉えている。哲が『うお傳説』で島尾敏雄[★88]の世界を別役文体で書いているのは意識的ですね。劇作法は何も変わっていない。原点にある椎名麟三にきちっと立ち向かう、それもかなり偏執狂的に。椎名の実存主義とドストエフスキー[★89]世界、敬愛する夏目漱石[★90]、小津安二郎をミックスさせた転位・21＝山崎哲の劇世界の確立へ向けて突き進みだす。俺は、まったく違って、「自分の世界」なんてないと思ってる。もうちょっと面白いことがないかと「世界」をみてみようと考える。いろんなものがあるんじゃないか？　別に演劇なんてところに戻らなくてもいい。だからもっともっとレビュー化していく。もっと音楽劇を作るという方向に向かうのと、台詞劇、家庭劇に向かう方向。家庭なんて崩壊してて、当たり前じゃねえか、とあの時思ってたからさ。そこに向かうんじゃなくて、もうちょっと「世界」を開きたい。そこの違いなんじゃないかな。

★87……**椎名麟三**《しいなりんぞう》　一九一一—一九七三。小説家。実存主義の作家として登場し後にキリスト教に入信。代表作に『深夜の酒宴』、『愛と死の谷間』、『自由の彼方で』など。

★88……**島尾敏雄**《しまおとしお》　一九一七—一九八六。代表作『死の棘』は後に映画化もされた。他に、『夢の中での日常』、『出発は遂に訪れず』など多数の著作がある。

★89……**ドストエフスキー**　一八二一—一八八一。ロシアの小説家。トルストイ、ツルゲーネフと並ぶ一九世紀後半のロシア小説を代表する文豪。代表作に『罪と罰』、『白痴』、『悪霊』、『カラマーゾフの兄弟』など。

★90……**夏目漱石**《なつめそうせき》　一八六七—一九一六。小説家。近代日本文学の文豪の一人。余裕派・反自然主義文学の作家。代表作に『吾輩は猫である』、『坊っちゃん』、『三四郎』、『それから』、『こゝろ』、『明暗』など。

西堂　山崎さんについていえば、彼はもともと文学青年だったし、もし演劇に出会わなければ、日本文学全集をずっと読んで一〇〇〇枚くらいの卒論を書いたんじゃないかと言ってましたけどね。

流山児　書けるんじゃないかな。

西堂　そういうことが彼には向いていて、研究者的なところがあった。本当ならそういう方向に行くはずだったのに、たまたま状況劇場を観て、広島大学を中退して東京にふらふらと出てきちゃった。人生をまったく変えた。でもそこでもう一度唐さんから離れて別役さんに出会う時に、文学青年に回帰した。島尾敏雄の『死の棘』なんかをベースにしながら。それが時代にビシっと合ったんだと思う。

流山児　そうだと思います。犯罪というものがぶわっと浮上してきて、犯罪でしか「世界」を語れないような時代がやってきて、別役さんのように、彼も「犯罪評論家」としてちゃんと生きていけるということで「大衆的」になっていく。でも、オウム真理教事件でぶっ壊されるわけですけど。やっぱり山崎哲の生き方って、ものすごく面白い。

次は一緒にやろうぜというのが哲と北村にはある。『寿歌』という作品で次の時代は「ここにある」と思った。『寿歌』は演劇団が呼んだんです、浅草木馬館に。あんな素敵な作品を「演劇団が東京に呼べた」というのは、演劇団が旅した一〇年間の財産だった。あの企画は名古屋のプレイガイドジャーナルの編集長でプロデューサーの小堀純★91の存在が大きかった。小堀純はその後、大阪のプガジャの編集長になり、今でも関西の演劇を支え続けている大黒柱だね。

★91　**小堀純《こぼりじゅん》**　一九五三―。演劇プロデューサー、編集者。プレイガイドジャーナル名古屋の演劇担当者の時代に北村想を取り上げる。その後は関西小劇場界に深く関わり「OMS戯曲賞」、「精華演劇祭」などに携わる。

藤井びんプロマイド

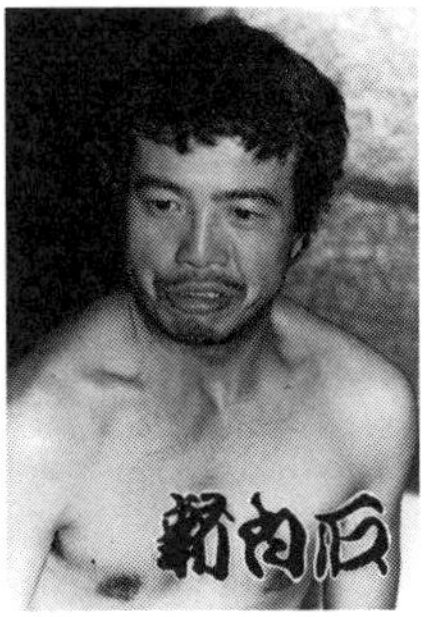

新白石プロマイド

西堂　木馬館での『寿歌』は僕も観ています。東京の芝居と違った、独特の軽妙さがありました。北村想もそうなんですけど、山崎さんもある意味、演劇に回帰していく。演劇の本質に向かっていく気がするんですね。流山児さんは演劇を拡散させていく、そちらのほうで何かに賭けてたような気がする。で、役者たちに自由に飛び跳ねさせる。だけど山崎さんの場合は非常に拘束しながら演劇の本質に向かってグイグイ突き進んでいく。そちら側に演劇の価値を向かわせていったんじゃないかな。

流山児　真面目だよね？　でもそれって、やばくねえ？（笑）。やがて、哲は「吉本自立教」へと行く。「嗚呼、君は文学へ生活へ攀《よ》じてゆくのか？」と言ったのはランボー★92だけど、哲は「知らぬ愛の戦《おのの》きをいつ覚えた　未だ言葉も識らないのにどうやって伝える？　さりげない物語が　異様なおまえの重さを運んでいつたどり着くのか　ひとりの少女のところへ！」（『エリアンの手記』）だね。

西堂　ある意味演劇の自立ということなのかな。

流山児　そうだね。

西堂　北村想も作品が自立している感じだと思うんです。集団が作っていくというよりは、北村想という才能が直感的なインスピレーションで生み出してしまったものに強度があった。それは野田秀樹なんかでもそうだし。八〇年代に入ると演劇の成熟の先に何を見るのかにだんだん演劇の軸足が移っていった気がするんです。そのような中で流山児さんのように「関係の雑劇」というところがやはり保たなくなってきたんじゃないか。

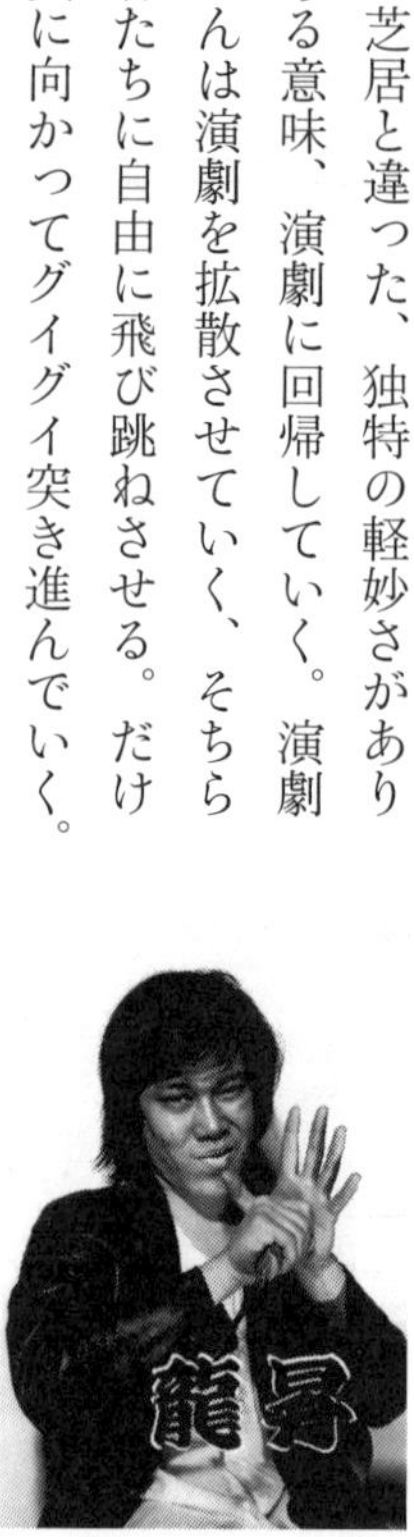

龍昇プロマイド

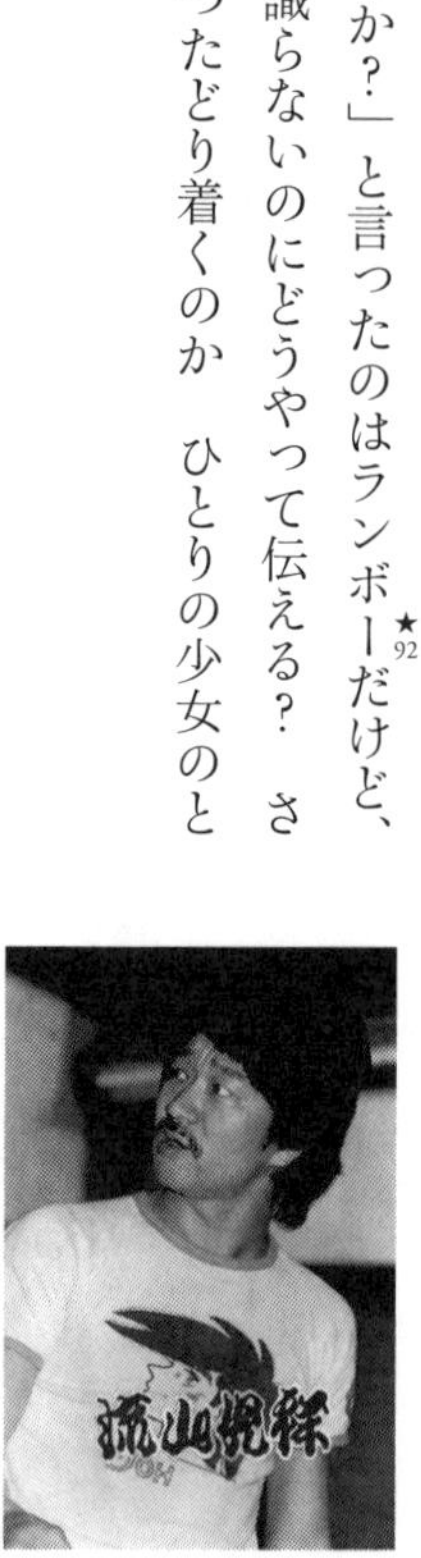

流山児プロマイド

★92 **アルチュール・ランボー**　一八五四—一八九一。詩人。散文詩集『地獄の季節』で知られる。

個の向こうにある集団

流山児　で、寺山修司に会いにいくわけね、「解散」する時に。哲と二人で会いに行った。結局演劇というのは集団だって言いながら、言葉の達人である寺山さんは言葉でも書けるんだよね。俺は書けない。書こうとも思わない。俺は集団がどこに向かうのかに賭けたい。そこで、演劇団と転位・21に分かれるわけだけど。塩野谷たちより下の世代の連中、無名の若者たちがまた第二次演劇団を担うことになる。つまり、転位・21は演劇団のロートルだよ、三〇越してるから（笑）。演劇的評価が高いのは当たり前。みんな芝居上手いんだもん、いい役者で、いい作家なんだから。第二次演劇団はまったく無名だけど、でも、北村想という面白い劇作家を今度は手に入れる。高取英もそう。高取英、北村想という、もうちょっと遊べる漢《おとこ》との再出発。最初の話に戻るけど、オレタチの演劇は「遊炎血だ」といった内田栄一の命名が原点だと思う。遊ぶ血、血が遊ぶ、薬にも毒にもならない芝居をやってどうすんだ？というのが俺の中にはあって、もう一度「遊炎血」と言い続けることで八〇年代をなんとか乗り切ってみるか！というのがあった。そんな時、息子の龍馬が産まれてくるんだけど。八〇年代を自分が生活者としてありとあらゆる手を使ってでも生き延びていこうと。俺はプロレス評論だとか、映画評論だとか。毎月、一〇万ちょっとの金をエロ雑誌から原稿料を稼ぎ、兄貴の喫茶店でバイトしながら生活と芝居をやっていく。につかつロマンポルノに出演したりだとか、自分で体をさらして自分をプロデュースする。ストリップ劇場でストリップの演出したりとかこの頃から始まるのね。そこで見てみたら、全然違うものが見えてきた。そこの根性の据え方が、要するに演劇人はまったくダメだとあの時代、思い知ったわけだよ。

西堂　例えば北村想は「新しく同じことをする」という言い方をしますね。形が変わっても実は持続をしているんだ、と。流山児さんも同じだと思うんですよ。形を変えて今度は作家を据えていく中で、「無名の役者たち」をどう羽ばたかせていくか。これは唐十郎だって同じだと思うんですよ。状況劇場から唐組に移行するとき、まったくリセットして、親子ほど離れた役者たちと始めていく。これってなかなか普通はできない。そんなことしなくたって、プロデュース公演すればいくらでも活動はできるのに、あえて火中の栗を拾うようなところで始めていったところとすごく似ている気がするんです。流山児さんも唐さんも第二次のときは、どこまでやれるかを賭けてるから初心を貫いてると思う。他の人たちはそこをもっと効率よくやり始めた。その違いじゃないかと思うんですけど。

流山児　え、つまり、どういうこと。

西堂　アホなんじゃないかと（笑）。

流山児　西堂さん、流石、明晰。俺、正真正銘のアホです（笑）。ずーっとアホでやっていこうと決めている。唐組も初期の頃は大変だなあ、と見てて思った。何が大変かって、とりあえず突っ走れる足の力と腕力みたいなものは確実にあったというのは自負している。それは高取英という男と会ったことが相当大きい。あと北村想だろうね。俺に娘が産まれる時に、産まれそうだよ、どうしたらいいんだよ？　アタフタしてたら、お前、足引っ張れとか頭引っ張れとか電話越しに言ってくれるんだよ。四つ下なんだけど、この男は高取に似てて俺の兄貴みたいな部分があるんだよね。なんかあれば俺は北村のところに電話するんですよ、今でも二ヵ月に一度くらい。

最初会った時に、「俺、うつ病でさ」と言われた。二五歳からうつ病ですからね、四十何年うつ病のプロ。そのうつ病のプロが社会を見た時にどんな風に見えてんだって。『寿歌』を見た時に、あちゃあ、すごい奴がいるんだなと。野田君もそうだけど、『二万七千光年の旅』を東大の構内にある学生食堂＝駒場小劇場で観た時にびっくりして、すぐ、酒二本を持っていって、「とにかく演劇団に書いてくれよ」と誘った。それから二年後に書いてくれるんですけど。同じですね。寺山さんにも八〇年にニューヨークで、とにかく書いてくださいと。「劇場ぶっ潰す芝居」をやりましょうって。本多劇場の三本の開場公演があって、その劇場壊しましょうよということで、寺山さんが面白いなと、演劇団のために、三年後『新邪宗門』を書くことになる。そういった意味では、漫画とかエロ劇画とかプロレスとかストリップとか映画とか違うところから攻めてみるか?という意識が、あの頃ふつふつ湧いていたんだろうね。演劇の世界はどうでもいいやと。それを寺山さんが教えてくれたんだと思う。演劇の内部が変わらないなら外からぶっ壊せばいいじゃないかと。お前、パリに行け！と、最初言われたのね。金もないし子供も産まれたばかりだから無理ですよって寺山さんに言ったんだけど。寺山さんがずっと言っていたのは「流山児、一緒に市街劇をやろう！」だった。やれたら面白かったと思うけどね。

西堂　八〇年代の話になっちゃうんだけど、サブカルチャーというものが徐々に生まれてくる頃ですよね。それまではカウンターカルチャーって言っていたんだけど。

流山児　サブカルがボンと出てきたのは面白い。俺はサブカルチャー派だから。最初から生粋のサブカル・ミーハーだった。

　だからコントだって言ってるんだ。漫画だっていい。演劇を「演劇」というものに狭めている。それは本当に面白いのか、と。シュルレアリスムのデペイズマンの話をしたけど、いろんなものがいろんなものとぶつかりあって新しいものを作る。一九二〇年代のメイエルホリド★93とかシュルレアリスムとかやりたいというのは、ガキの頃からの自分の中の欲望として変わってないんだ。異物をバンバン並べてみようと。方法論はほぼ確立しつつあった。レビュー、ミュージカル、音楽劇。それは、首尾一貫してるから誰にも負けないと思ってる。

14　小劇場第二世代

西堂　今日は七九年までということで、八〇年代以降の話は次回にとっておいて、第一次演劇団の終息というところまでで話を一応区切ろうと思います。この時代、つかこうへ

★93……**メイエルホリド**　一八七四—一九四〇。ロシアの演出家・俳優。モスクワ芸術座に俳優として参加。その後、演出家として前衛的な方向に舵を切り、身体訓練法「ビオメハニカ」を唱えて演劇の革新を追求した。スターリンにより粛清される。

★94……**渡辺保**《わたなべたもつ》　一九三六—。歌舞伎研究者・批評家。東宝に入社後、演劇部に所属。歌舞伎だけでなく現代演劇批評も多く執筆している。著書に『黙阿弥の明治維新』、『明治演劇史』他、多数あり。

いもそうですけど、いわゆる小劇場第二世代のくくりの中で、他に気になる人とかどうですか。

流山児　七〇年代後半になると竹内銃一郎の斜光社が出てくる。同世代という意味では外波山文明、江連卓さん。江連さんの芝居はものすごく面白かった。彼は北村魚と同じ三治荘という池袋のアパートに住んでいた。アパートの主的存在で、よく一緒に朝まで酒飲んだよ。演劇評論家の渡辺保[★94]さんと同じ東宝演劇部に勤めていた。実は、江連さんが保さんを一九六八年一一月、早稲田小劇場公演『どん底における民俗学的分析』に連れてきて、保さんと鈴木忠志を引き合わせたんだよ。ちょっと脱線するね。六〇年代後半のこの時期、忠さんは現代人劇場の『真情あふるる軽薄さ』の蜷川演出を高く評価して、唐さんを連れてったりしている。また、転形劇場・中村座・早稲田小劇場は兄弟劇団みたいに交流していた。この時代多くのアングラ劇団は積極的に相互批評＝切磋琢磨していた時代だったんだ。で、江連さんの芝居は文字通りの無頼物で『犯罪少年病院』『青年の死にゆく道』『昭和零年無頼劇　嵐の龍・東京流民』なんてタイトル通りの芝居だった。江連さんは中国武術もやっていて、演劇集団日本の三原四郎さんとダブるイメージの武闘派だった。イイアニキ分だった。あと、気になったところはどこだろう。びんちゃんどっかある？

藤井びん　気になったわけじゃないけど同世代的なのは魔呵魔呵とかね。

流山児　そう。魔呵魔呵は生田萬が主宰になる前のね。銀粉蝶[★95]と一緒に青山学院の構内で野外劇やってたんだよ。岡本秋象の『摩天楼の鷹』を外語大日新寮で上演したり、生田の

★95 **銀粉蝶**《ぎんぷんちょう》
一九五二―。女優。一九八一年に夫の劇作家・演出家の生田萬と共に「ブリキの自発団」を結成。

『家なき児・都会篇』を天井桟敷館で上演していたな。シンポでは岡本君がアパート一軒借り切ってやってるんですっていうから、寺山さんの真似かよ?と（笑）。寺山さんの映画『書を捨てよ町へ出よう』にも魔呵魔呵は出演している。早稲田と言えば岸田理生[★96]さんたちももう「哥以劇場」を始めてたんじゃないかな。あと曲馬舘だね。テント劇団がまだ力をもって動いていた。そこでの共闘まではいかないんだけど、お互いに横目で見ながら切磋琢磨して動いてた時代なんじゃないかな。関西は、ほぼまだアングラが生まれてないから。

西堂　七〇年に日本維新派が出来て、満開座とか出てきますよね。

流山児　仁王門大五郎[★97]の満開座、闇黒光[★98]の未知座小劇場、宇口徳治[★99]の演劇集団翔、あと武田一度[★100]の犯罪友の会、この四劇団があった。宇口徳治（有行端）の演劇集団翔とは長い付き合いだった。宇口とは、人形劇団ひとみ座の『ピーターパン』で、ぬいぐるみのアルバイトで一緒になって意気投合し、初めてツアーをやった演劇団『夢の肉弾三勇士』大阪公演の制作もやってもらった。八〇年代には京橋のアルバトロス・スタジオを開場し、『さらば映画の女よ』という龍昇×塩野谷正幸の二人芝居で開場公演もやった。桜山優[★101]、藤田佳昭[★102]、関秀人[★103]というゴリゴリした三羽烏の役者が揃っていたな。ぬいぐるみショウで生計を立てながら、まるで「漂流家族」のようにアングラ演劇を続けていたね。岸和田生まれの根っからのお祭り好き。井筒和幸[★104]の名作『ガキ帝国』の着物きた不良高校生役はピカイチだった。そんな宇口も数年前に亡くなった。敗れざる者という言葉がぴったりの無頼人生だったよ。

★96……岸田理生《きしだりお》
一九四六—二〇〇三。劇作家、演出家。劇団天井桟敷に参加し、寺山修司と共作で、戯曲『身毒丸』などを手掛ける。『糸地獄』（84）で岸田國士戯曲賞受賞。

★97……仁王門大五郎《におうもんだいごろう》
劇作家、演出家、俳優。一九七五年に「満開座」を旗揚げ。

★98……闇黒光《やみくろみつ》
一九四九—。劇作家、演出家。一九七二年に「未知座小劇場」を旗揚げ。

★99……宇口徳治《うぐちとくじ》
一九六九年に演劇集団「翔」を設立。七三年に劇団「アルバトロス」結成。

★100……武田一度《たけだいちど》
一九五〇—。劇作家、演出家。一九七六年に「劇団犯罪友の会」を旗揚げ。野外劇を手掛ける。

★101……桜山優《さくらやまゆう》
一九五八—。俳優。大阪の小劇団

七〇年代前・中期の大阪のアングラ劇団は野外劇指向で、みんな暴れん坊。挨拶代わりの喧嘩があったりして愉しかったね。島之内小劇場や天王寺野外音楽堂という自由に使える「場」があって、そこで大阪の連中はアングラをやっていた。あとは京大西部講堂でも京都の連中がいろんなことをやっていた。アングラ黎明期だった。最前衛が日本維新派だった。

松本さんと麿さんはあっという間に盟友になった。あれはたしか一九七五年五月の大駱駝艦関西初公演『蘭鋳神戯』@西部講堂だ、ぼくも観てるんですよ。舞台の中央にはなぜか、巨大な福引のガラガラがあって、それを廻すと赤とか黄色の玉が落っこちて来るんだけど、それを舞踏手がやるんだよ。人間がガラガラどっしゃーんと飛び出す。吃驚したなあ。人間がモノでしかない麿さんの世界。講堂全部を使ったスペクタクルでエンターテインメント。雄吉さんも身体を徹底していじめるけど、あの体験がのちの維新派につながっていったんだと思うね。あ、それからイスラエル空港乱射事件の象徴だったオリオンの三ツ星が、京大西部講堂の屋根に赤く星が描かれる。あれは、ぼくらが行った一九七二年秋に描かれたんだよ。あの屋根に、立ち上がって「おれたちはオリオンの三ツ星になるんだ！」って叫んでいた。「レッツゴー三匹をぶっ飛ばせ！」なんてトラックの横に大書して街宣していた。吉本新喜劇や松竹新喜劇に対抗するような演劇をやりたいから、人気絶頂の「レッツゴー三匹をぶっ飛ばせ！」。ほんと、馬鹿だよね。毎日、芝居やって、街頭に出てちんどん屋やって、面白い旅だったな。二〇〇六年に飛田演劇賞最優秀前衛賞を麿さん、大田省吾★105さんに続いて受賞した時は、嬉しかった。ま

「演劇群翔」に所属していた。

★102……藤田佳昭《ふじたよしあき》
俳優。大阪の小劇団「演劇群翔」に所属していた。映画『鬼火』(97)、『極道の妻たち　死んで貰います』(99)などに出演。

★103……関秀人《せきひでと》
一九六一―。劇作家・演出家・俳優。「演劇群翔」を退団後に劇団立身出世劇場を主宰する。

★104……井筒和幸《いづつかずゆき》
一九五二―。映画監督。代表作に『ガキ帝国』(81)、『岸和田少年愚連隊』(96)、『のど自慢』(99)、『パッチギ！』(05)など。テレビのコメンテーターとしても知られる。

さか大阪の演劇人と半世紀も交流するなんて夢にも思っていなかった。でも、大阪の野外劇の連中はほんと元気だよね。

西堂　初期の頃、小劇場から大学回り、そこから全国展開していくときに、名古屋と大阪と京都はかなり重要な交流のポイントになりますね。

流山児　名古屋と大阪と京都、これは絶対外せない。名古屋は一九七二年に七ツ寺共同スタジオが開場し、演劇★師団という北村想たちの劇団が始まるんですよね。名古屋の新しいアングラ、あそこもつまり美術系の連中がいるじゃないですか。ゼロ次元とか。美術の人たち、演劇の人たち、あとライブハウスがものすごく強いんですよね。鈴蘭南座とか出てきたのが、八〇年代。名古屋の新しい文化とつながっていく。ぼくらのあとにつかの劇団 暫《しばらく》が行って、つんぼさじきも行く。ほぼ東京のアングラは全部七ツ寺を通過しているよ。京都は京大西部講堂。大阪は天王寺野外音楽堂でテントを建てる。

ぼくらは演劇群走狗のテントを借りて旅したんだけど、テントは面白いツールだった。テントの中は、ある種、治外法権の解放区だった。若い連中が集まって喧嘩してコミュニケーションをとっていく。浜松もそう。最初の浜松の鴨江観音公演の時は、テントもなかった。ワゴン車にパネルや幕のセットを積んで移動した。野外を適当に囲って照明機材も六台ぐらいで、芝居やっていた。東京では一〇〇〇人呼べても地方では演劇団なんて誰も知らない。ちんどん屋やって繁華街で宣伝しても五〇人ぐらいしか客来なかった。それでもガソリン代ぐらいにはなる、最低の飯は喰えた。そんなこんなで次の街にたどり着く。一ヵ月やって家に帰るとみんな栄養失調になっていた。でも、また行こう

★105　**太田省吾**《おおたしょうご》　一九三九―二〇〇七。劇作家・演出家。転形劇場を主宰し、一九八〇年代には『水の駅』などの「沈黙劇」を生み出す。著書に『裸形の劇場』、『なにもかもなくしてみる』など。転形劇場解散後は近畿大学、京都造形芸術大学などで学生の指導にも取り組んだ。

★106　**藤田敏八**《ふじたとしや》　一九三二―一九九七。映画監督・脚本家・俳優。『妹』（74）、『赤ちょうちん』（74）以外の作品に『帰らざる日々』（78）、『スローなブギにしてくれ』（81）など。

★107　**中上健次**《なかがみけんじ》　一九四六―一九九二。小説家。紀伊半島を舞台にした独自の小説を書く。一九七六年『岬』で芥川賞受賞。代表作に『枯木灘』、『千年の愉楽』など。

ぜ！と、性懲りもなく次の年も旅公演やった。

西堂　外波山さんもどこか民家を借り切って……

流山児　あの時代、外波ちゃんの「はみだし劇場」のやったことは半端ないよ（笑）。一九七一年、二トンの幌付きトラックで東北大船渡へ。細浦という小さな港町に一軒家を借り六人で共同生活をしながら、路上に出て街頭劇『混乱出血鬼』（内田栄一脚本）を上演。福島では外波山文明城を作ってそこで一ヵ月やったりしていた。手伝いにきてたのが秋吉久美子。東京までついてきて、藤田敏八[★106]監督の映画『妹』（内田栄一脚本）とか『赤ちょうちん』（中島丈博脚本）の主役になる。外波ちゃんはすごいよ。多摩川なんかでやった芝居では、河川を管理する建設省（現・国土交通省）の役人がいなくなったら、無許可で櫓を立てて、無茶苦茶やってた。七九年には中上健次[★107]の芝居を浅草稲村劇場で上演して文学的になっていく。外波山文明との出会いは一九七一年正月に代々木の変身スタジオで『おおしおへいはちろう〜面影橋雪乱〜』を上演した時、外波ちゃんは小屋番だった。劇場の外で前芝居をやって、通報されてパトカーが来ちゃった。正月に外で爆竹とか鳴らしたりして大声出して芝居すりゃ普通の市街地だから通報するよね。それで外波ちゃんに迷惑をかけてしまった。あれから半世紀。いちばん長い付き合いだね。いまでは、新宿ゴールデン街商店街振興組合理事長で演出者協会監事、本当に世話になっている。

最大の同走者は観客だった

西堂　テントというのは、移動用の劇場ですよね。それがなけなしの知恵を働かしていく知の集合体でもあった。寝泊りもできるし。

流山児　金ないから、できればタダのところ借りたいわけじゃない？　だから大学とかでやる。あがりでしか食えないわけだから。ぼくらは無名で、ま、新聞に小さく載るぐらいにはなっていたけど。大学でやるとリアルに客の顔が見える。客と共犯関係を結べるというのがテントのすごさだと思う。その原点が『腰巻お仙〜振袖火事の巻―』@新宿西口公園強行上演事件だった。それがぼくの原点。お客さんが「異議なし！」とか「ナンセンス」とか言って、芝居に対する参加＝批評行為をやる。演劇は観客（市民）の参加＝批評行為に耐えられないと意味がない。身体の中にある「ここにいるんだ、ここで表現したいんだ」という根拠がなければ、野外やテントではやれない。だれも助けてくれない「何もない空間」にカラダひとつで立つということが肝なんだ。

西堂　今の話を聞いていると観客論、観客との同走ということがすごく大きかった。

流山児　そうだね。七〇年代の最大の同走者は「観客」だね。

西堂　顔が見える。それは消費の関係ではなくて運動に随伴していくような観客。

流山児　それが七三年くらいまでは確実にいたと思う。

西堂　だんだんそれが消えていくわけだね、連合赤軍以降。櫻社をやめる時に、清水邦夫は「観客が見えなくなってきた」と言っている。どんどん消費観客に変わってきた。芝居をやりづらくなっていくのはそこじゃないかな。観客との関わりが希薄になっていく。

流山児　どうしてもそういう風にまとめたいのね（笑）

西堂　いやいや時代状況も消費観客に向かっていくし、そこで自分たちが意図していることが伝わらなくなっていくというか。

流山児　いずれにしろ、ぼくらの演劇党派闘争は自己批判的に総括するしかない。あの時代、協働＝共闘する観客は絶対いると思って全国を旅した。当時のキャッチフレーズは、「幻の観客三〇〇〇人を求めて！」だった。実際、三〇〇〇人集めれば喰える時代だった。もちろん、それで家族を養えるはずはないけどね。だから、浅草でやって山谷でやって寿町でやって釜ヶ崎でやるというのをテーマにした。全国寄せ場興行。だから、横浜寿町とか、横須賀の米軍基地前のどぶ板横丁でもやった。ある種、辺境でやる演劇＝運動の充実感があの時にはあった。野本三吉[★108]さんら横浜市立寿生活館の人たちと一緒にやった。七七年、七八年まで。『女剣劇！三銃士』（堀浩哉作）の関東・東北ツアーの高崎なんか客が一〇人くらい、前橋では呼んでくれた学生が逃げて、泊まるトコロもなくて学生寮に頼み込んで宿泊させてもらったりとか、滅茶苦茶（笑）。でも、水戸では馬場さんという市民運動している神父さんが客呼んでくれたりしてくれた。満州移民の村で有名な長野県下伊那郡泰阜村で、馬場神父が自閉症の子供を集めているコロニーで合宿やりませんかと誘われて、廃屋を大掃除して、半月ほど合宿したりした。捨てる

★108　野本三吉《のもとさんきち》
一九四一―。教育学者・評論家。『裸足の原始人たち』で日本ノンフィクション賞受賞。他に『不可視のコミューン』、『子どものいる風景』などがある。

神あれば拾う神あり。そんな社会運動のような活動をやってると、いろんな人に出会う。そんな出会いが七〇年代後半まで数多くあった。客（市民）との共犯関係で客（市民）と一緒に世の中を「ズラしたい」という欲望が七〇年代後半までは確実にあった。闘いを持続する道を懸命に探ろうとぼくたちは「集団性」の中で悪戦苦闘していた。

西堂　解散の七九年というのは、ほんとにその水際のところだったんですね。たぶん八〇年代に入った時に何か方向が変わっていく。世の中自体が。

16　したたかに大人になる

西堂　そこでどうやって新しい展開がはかられたのか。

流山児　解散して一ヵ月、アタマを空っぽにするためにアメリカに行っちゃう。アメリカ旅行中に高取に『月蝕歌劇団』という作品を書かせた。あの一ヵ月で相当変わった。そのあと女優山口美也子★109と結婚して少し大人になっていく。父親が一九七〇年に五七歳で死んで、演劇団を結成して結婚、七二年に娘が生まれたが離婚。七九年演劇団解散。八一年に第二次演劇団を結成、再婚、八三年息子が生まれる。演劇なんかどうでもいいと思ってたのに、演劇やるしかないのか、演劇、真面目にやってみるか？という時代がはじまる。でも、同走するのが北村想と高取英だから、そんなに真面目に演劇という感じでもなかった。それがラッキーと言えばラッキーだった。「世間」というものを北村想

★109　**山口《やまぐち》美也子《みやこ》**
一九五二—。女優。オンシアター自由劇場に所属した後、映画デビュー。映画『さらば愛しき大地』（82）でブルーリボン賞助演女優賞、報知映画賞助演女優賞を受賞する。

息子龍馬と

や高取はちゃんと知っている大人だった。高取、想とトリオを組んで大人の階段を上っていくのが一九八〇年代という時代。おれ、本当に大人になったのかな？

流山児　流山児さんですら大人にならざるを得なかった（笑）。成熟せざるを得なかった。

西堂　成熟してねえんじゃねえか？（笑）

流山児　したたかに成熟しようとしたんじゃないのかな。だから高取さんとか北村想さんとかは同じ成熟、大人の面を出しながら、どこかでペロッと舌を出す人たち。

西堂　この二人の友人に共通するのはそこだよ。絶対、権力とは寝ない。

流山児　そこの選択肢に関してはずっと目を光らせていたんだと思うんだね。成熟しても完全に呑み込まれないよと。

西堂　その最たる男は北村でしょうね。名古屋にどっしりいて。

流山児　名古屋は距離を取れる場所ということで、東京にも大阪にも行かなかったんだろう。想はクールでクレバーなんだ。ぼくは熱しやすいし、血の気も多い。

西堂　それでも大人にならざるを得なかった（笑）。

流山児　そりゃそうだ、息子が生まれたんだから（笑）。

西堂　ということで、七〇年代の話は終わりにしましょう。

高取英と北村想

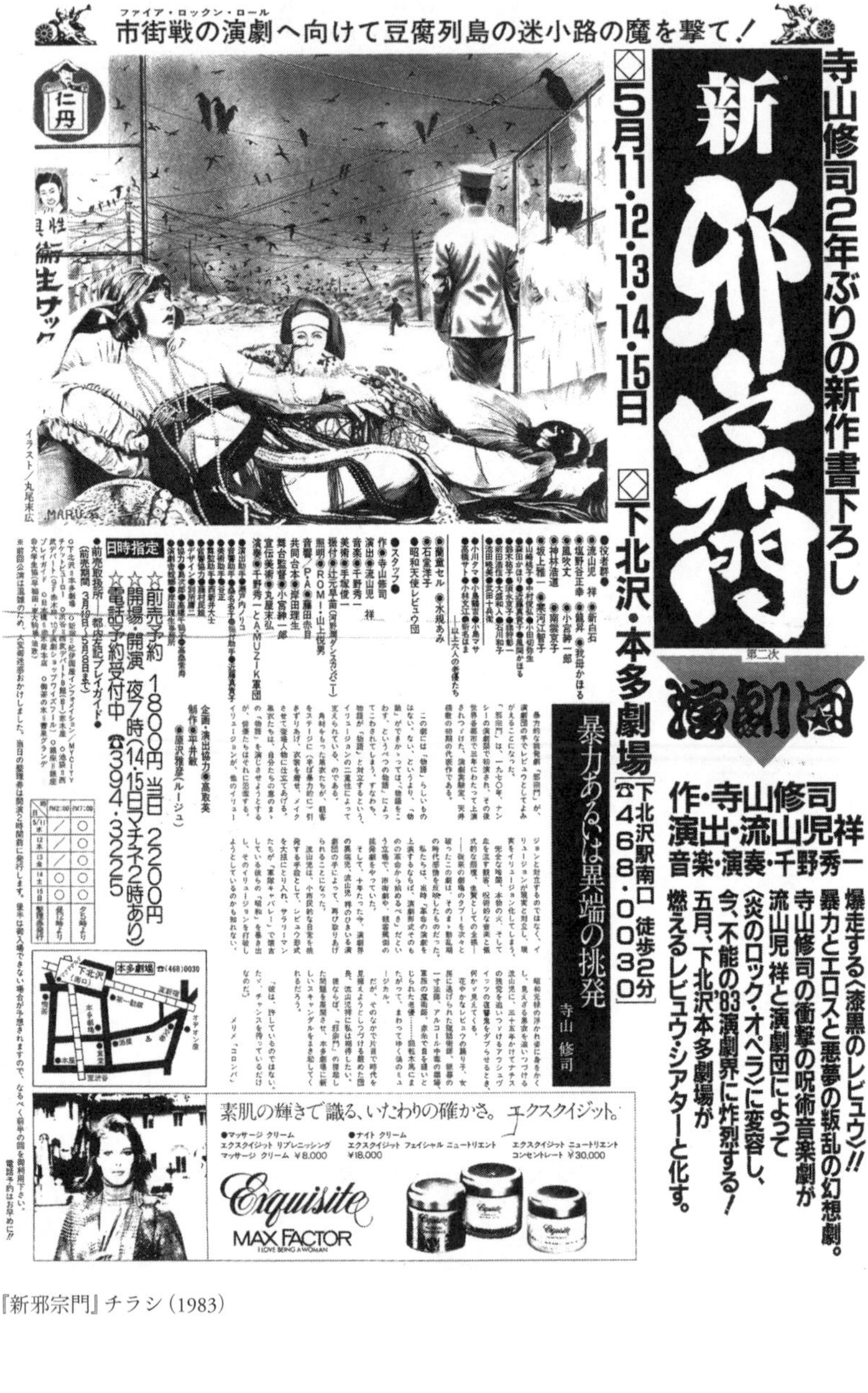

『新邪宗門』チラシ（1983）

小劇場演劇の変質

第一部

1

演劇という名付けえぬもの

西堂　前回の「七〇年代小劇場の同走者たち」では、ある意味で画期的な時代を流山児さんたちが走ってこられたというのを改めて確認できたと思います。そこを少し振り返りながら今日につなげていきたいと思います。まだ無名だった若者たちがこの時代に何をやってきたのか。演劇をやるというより、集団を組んで作品、作品というよりはある行為を立ち上げていくという感じが面白かった。それはまだ「演劇」と名付け得るちょっと手前のことで、それを「関係の雑劇」とか、「レビュー」といろいろな言葉で語ってきたんじゃないか。そこをもう一度確認しておくと、それは「アングラ」という言葉が一番ぴったりする。アングラにはいろいろ定義がありますが、僕はある種の「表現の革命」というものに付けられた名前なんじゃないかと考えます。まだ何者でもない者がどういう風に役者になり、演出家になり、劇作家になるのか。新しい地平を作っていくときに、一番アングラという言葉が相応しかったんじゃないか。演劇の専門教育を受けたわけではない者が無手勝流で自分たちの存在を賭けて表現を起こしていく。流山児さんの演劇団はまさにそれを体現していたグループだったと改めて思いました。

もう一つ重要だと思ったのはジャンルを跨いでいることですね。例えば、美術家の堀浩哉、音楽家の及川恒平が象徴的ですけど、写真家の荒木経惟をはじめさまざまな人が出入りしながら、それが「演劇」と名付けられるものに形を与えていった。逆に言うと演劇が一つの受け皿になっていた。何かやりたい者たちが集まってその受け皿になっていたのが演劇だったというのがとても面白いところじゃないかなと思いました。

例えば発見の会とか、はみだし劇場、曲馬舘と、いわゆる演劇の歴史の前面に出てくるのとは少し違う異質なところで、実はそういうアングラ的な試みが縦横無尽になされていた。それが存分に語られたんじゃないかなと。流山児さん自身も、生き方自体がアングラというか、別の言い方をするとオルタナティブな生き方、そういう生き方をされていた。それと表現というものがマッチングしながら模索されていた。そんな感じがあって、面白い時代だったなと思います。

2　新自由主義がはじまる八〇年代

西堂　今日のテーマである一九八〇年代とは、どういう時代だったのか。一つ導線を引いておくと、八〇年代には「新自由主義」という言葉が生まれてきます。日本だと中曽根政権、海外ですと、米国のレーガンや英国のサッチャー政権ができて、ある種の規制を緩和し、経済の解放を始めていくことで、実は格差が広がるきっかけを作った。それがこの「新自由主義」、ネオリベラリズムというものだと思います。これが演劇にどういう影響を及ぼしているか。とくに経済が特化して、商業主義が八〇年代にものすごく蔓延していく。小劇場は非商業主義でオルタナティブな運動ですが、これがネオリベとどういう風にぶつかって変質せざるをえなかったのか。そこら辺の現場での受け止め方が当人から語られるんじゃないかと思っています。

それで前回は一九七九年の解散というところで終わりましたが、この解散からその次の始まりの切り替えについて、話してもらえればと思います。

流山児　一九七九年に演劇団は山崎哲の『カルメンⅡ』を上演し解散します。つんぼさじきを解散した山崎哲はその一年前の『犬の町』から、演劇団に劇作家として在籍します。山﨑哲の犯罪劇シリーズ第一弾『犬の町』、犯罪劇シリーズ第二弾『勝手にしやがれ』と、新しいスタイルの戯曲を書き始める。で、演劇団解散公演『カルメンⅡ』を書き下ろします。一九七四年、ぼくが演劇団に書き浅草木馬館で上演した『浅草カルメン』を下敷きにしていますが、まったく違う戯曲です。上演したのは高田馬場の西武新宿線の線路下にあった戸塚ダンス二階の群六舎スタジオ、演劇団最後の拠点劇場でした。『カルメンⅡ』は魔呵魔呵の主演女優・銀粉蝶も客演して、ある意味「七〇年代アングラの総括を舞台でやる」という、哲（つんぼさじき）と流山児（演劇団）のタッグで「アングラの死に水を取る」という決意迸る挑発的な芝居になった。

『うお傳説』で、哲ちゃんは別役実的文体という、語尾でもって相手にまとわりつく「あれですね」「あれだよ」の台詞で島尾敏雄の「死の棘」の世界を展開して文字通り等

『犬の町』『ぷらねたりよむ・あむうる』チラシ（一九七八）

身大の演劇に転位＝下降した。『うお傳説』は不倫を糾弾し神経が狂った妻を演じた元演劇団の式町ちゃこ（佐藤久子）と夫を演じた藤井びんの極限状態の演技が壮絶だった。八〇年代の身体と言語を喪失した不条理なニンゲン喜劇の傑作。素の肉体＝等身大の身体が無様にころがってて面白かった。びんもちゃこも肉声をもった妙な大人の色気を湛えた芝居をやってて脱帽した。代田橋の旧真空艦アトリエも心寂しい芝居に合っていた。転位・21は文字通り、山﨑哲の演劇的自立への籠城戦の始まりだった。

でも演劇団解散公演『カルメンⅡ』は、まだ七〇年代風アジテーション劇の残滓が色濃くあり、、哲のホンだけどぼくの演出だから過激なエンタメで愉しかった。客も笑って観てたしね。セットも島次郎、当時「モノ派」バリバリで現代美術作品だった。宣伝写真は荒木経惟、宣伝美術は油谷勝海★1、B全ポスターの豪華版。「スポーツニッポン」では演劇団の特集ページもやった。沢木耕太郎もラジオで喋ってくれて超満員札止め。寺山修司の乾杯の音頭で「解散」した。ま、演劇団に相応しい、派手な「解散のお祭り」だったよ。これ西堂さんが劇評書いていますね。これ最初ですか？

西堂　僕が書いた二本目の劇評なんです。当時の「日本読書新聞」です。

流山児　あれ観てどう思ったんですか。

西堂　ああ、終わるんだなと思った。終わらざるをえなくなったという感じですね。ある意味で、成熟していく。でもアングラというものが成熟していくというのは言語矛盾じゃないかなと。

流山児　それ、西堂さん随分書きましたね。あなたたち、成熟してんじゃないかよ？って

『勝手にしやがれ』チラシ（一九七八）

『勝手にしやがれ』（一九七九）

★1……油谷勝海《ゆたにかつみ》
一九四三―。アートディレクター。著書に『パワー・デザイニング』など。

（笑）。

西堂　アングラでなくなって、もっと大きな演劇のカテゴリーに入ろうとしていたんじゃないですか?

流山児　大きなカテゴリーまで行こうという意識が、どこかではあったんだと思う。それで寺山さんに「次の段階に行け、お前らはそれができるはずだ。流山児はヨーロッパ行け」と言われた。だがそのときぼくは「新しい演劇」を作るビジョンを明確に持っていなかった。そりゃ、七〇年代の一〇年間、ぼくたちがやってきたことは決して無駄じゃないし、面白いことをいっぱいやったと総括していた。で、アングラって何だろうと前回、前々回とずっと喋ってて、結局、西堂さんの言葉で言うと「アホ!だった」という結論なんだと認識した。アホでバカなやつらがアホでバカなことをやっていた。それはぼくらが何かに対していら立っている、あるいは世間を「ずらし」たい。いみじくも「世界を変えたい」と思い上がった営為なんだ。変える力が弱いということも一〇年間で自覚してくる。そうすると、今度は「ずらす」って何だろうと考えだす。演劇というジャンルに「回収されない演劇」は可能か?というぼくと、やっぱり「演劇でしかない」という山崎哲。それで転位・21と第二次演劇団に分裂していったのかな。うーん、上手く言語化できないな。

『黄金箱』（一九八一）

『帝国月光写真館』（一九八三）

寺山修司から教わったこと

流山児　解散って何だろう？　三〇歳になって同世代の多くの連中が家庭を持ち、子供が生まれ、現実＝リアルを肯定し大人になって世間に収まっていく。ぼくたちはそんな生き方を無視して突っ走ってきた。「妄想」みたいなものを抱えてぼくらは走ってたんじゃないかな。でも現実＝リアルに直面したとき、何をやればいいんだ。とにかく足元から見直さなければダメなんだと思い至る。そこで寺山さんが言った、「いろんなものを見ろよ」と。ぼくたちいっぱい見ているようで、「世界」を全然見てなかったんじゃないか？と。寺山さんが言ったのは、演劇という世界以外にいろんなものがいっぱいあるんだということ。それを教えてくれた。唐十郎や鈴木忠志とは違う。寺山修司の演劇をキッチリ見てみようと思った。

寺山さんは「父の不在」とか「主人の不在」という演劇を作った。一九八九年にベルリンの壁が崩壊する。寺山さんはベルリンの壁の崩壊を見ないで死んだ。見たらどうなったんだろう。壁は存在する。俺にとって壁とは？　演劇とか生活とかぼくたちは壁を作り壁の中に閉じこもっている。ぼくは、壁の中に閉じこもらないで壊すことで世界を広げられる「妄想」に捉われる。ほんじゃま、生活というリアルも、妄想も糞味噌にしてとりあえず「今」を生きてみっか？　で、ゼロ地平に戻るため「解散」へ向かった。

西堂　寺山さんの『レミング』は、まさに「壁抜け術」でした。

流山児　そうだね、壁抜け男。

西堂　プライバシーがなくて、隣の人間につねに覗かれているというシチュエーション。ある意味、ベルリンの壁の先に行っちゃってる。それともう一つは、七九年の解散なんだけど、この年にいろんな劇団が解散してますね。

流山児　なんかドミノ倒しみたいにみんなやめていった。みんな大人になっていったのかも。

西堂　曲馬舘も解散し、魔呵魔呵も解散した。確かそのときの魔呵魔呵のチラシが印象的で、「生活の海に帰っていく」といったことが書いてあった。

流山児　俺たちは、「演劇団一〇年、イマ俺たちは裂ける！」とチラシに書いた。

西堂　「裂ける！」ね。

流山児　裂けるんだよ、ボーンと散る。そういう「潔さ」は持っていた。でも、ある部分、オレの血や肉がオマエ（他者）の体にへばりついているはず、それが「演劇団一〇年」だろ。つまり「演劇団一〇年」は誰のものでもなかった。何が何でも、集団で生き、集団でいら立ち、集団で闘い、そして散ってゆく運動体の一〇年、それで充分。評価なんて一切考えなかった。なら、ぼくたちは、今、裂けるしかない！

西堂　僕なんかが共感したのは、「集団で生きる」ということですね。運動体として社会や政治に立ち向かっていく。別に個に戻るとかそういうわけではないんですよね？

流山児　個に戻るなんて考えなかったな。

西堂　集団の維持の仕方を新しく組み換えていくというそういう感じですか？

流山児　そうだね。北村想が言う「新しく同じである」。集団が「新しく同じでありながら」変わっていくぞという決意が、あの時あった。

『カルメン』チラシ（一九七九）

連載インタビュー
時間体としての劇場
●寺山修司

『カルメン』（一九七九）

西堂　ちょっと螺旋階段を一段上がる感じで。

流山児　そうだね。演劇団は「歌って踊って恋をする」という基本路線をまったく変えてない。芸能というか「芝居は見世物だ」と思ってる、自分の生き方もひっくるめて。舞台の上でお客さんに見せるんだ、結局、演劇でやれることは、ああ、あの人はバカだけど面白かったねというのが残ればいい。それしかできない奴らが、このあと四十年も続けていくんだから芝居も捨てたもんじゃないよ。人生、棒にふれるんだから。たまたま「生き方」が違って、裂けて別々の方向に走ったんだ。

演劇にとって「時代」とは ●衛紀生

『カルメン』（一九七九）

4 解散から再結成まで

西堂　前回僕は、バカを徹底的にやり切る精神を愛情を込めて「アホなんじゃないか」と言ったけど。

流山児　いや、ありがとうございます（笑）。

西堂　ある意味、七〇年代ってアホってことが肯定で捉えられたんだけど、八〇年代以降はさっきの新自由主義の時代になってくると、作品がパッケージ化されて商品化せざるをえなくなって、だんだん押し込められてくる。その時にアホってのが、ほんとに「ただのアホ」になっちゃった（笑）。そういう反転する力がなくなっていくのが八〇年代の新自由主義以降じゃないかなと。

流山児　それは演劇内演劇に戻っていくからだろ。ぼくは、やっぱりミーハーって面白いぜ、「ミーハーの恐ろしさの演劇」もあるぜって感じで高取英と組んだんだ。寺山さんが言ってるけど、ミーハーってほんとに恐ろしい。美空ひばり★2（スタア）に硫酸投げるんだから。それがミーハーの恐ろしさ。だから山崎哲の犯罪劇と、ミーハーの塩酸を投げる女の子たちの犯罪の身体性が、同時にあった。じゃあミーハーの演劇を高取と一緒にやってみるか。北村想もそう。北村想は、なんにもないかっこよさがあった。『寿歌』を浅草の木馬館で観た時、すごい芝居観たなと思った。『寿歌』は演劇団の制作協力で浅草木馬館公演をやった。演劇雑誌「悲劇喜劇」で「流山児さんの一番好きな戯曲はなんですか」と問われたときに、『寿歌』を挙げた。あれを超えるような芝居はそんなに観たことない。並ぶ作品は寺山さんの『奴婢訓』だね。「世界が壊れていく風景」と自分が飛んで俯瞰して世界を見ているような、夢なのか現実なのかというホワンとしたところがあるよね、二つとも。北村は、大量の雪を木馬館埋め尽くすくらい降らした。うわ、これ観たことねえ！　この美しい冗談のような終末世界は！　ぼくは本来、皮膚というか生々しい人間しか見たくないからね。ところがまったく違う演劇人が名古屋からやってきた。それも演劇団が「解散」する時に。

西堂　僕も七九年に木馬館の『寿歌』を観ていますが、過激な冗談という感じでしたね。

流山児　ああ、それだね。

西堂　ほんとに突き抜けた冗談。ほとんどバカバカしいわけじゃない？　即興的で言葉は語呂合わせ、桂馬飛びでセリフを言うとか。あそこまで冗談を徹底できた人はなかなか

★2……**美空《みそら》ひばり**
一九三七—一九八九。歌手・女優。幼少期より天才少女歌手と呼ばれ、戦後歌謡界を代表する存在となった。

★3……**如月《きさらぎ》小春《こはる》**
一九五六—二〇〇〇。劇作家・演出家。「劇団綺畸」にて活動を始め、『ロミオとフリージアのある食卓』を上演。その後「劇団NOISE」にて『DOLL』、『MORAL』などを上演。映像や音楽などのマルチメディアと演者のパフォーマンスを組み合わせた作品を展開した。

★4……**高橋《たかはし》伴明《ばんめい》**
一九四九—。映画監督。ピンク映画『婦女暴行脱走犯』（72）でデビュー。『TATTOO〈刺青〉あり』（82）、『光の雨』（01）などの作品がある。

★5……**スティーブン・ソンドハイム**
一九三〇—二〇二一。作詞・作曲家。ミュージカルの世界で活躍し、『スウィーニー・トッド』（作詞・作曲）、

見たことがない。それがある意味で次の時代を切り開く言語感覚だったのかもしれない。如月小春[★3]さんが北村想について、「いいかげんの呼吸法」という言い方をしている。いいかげんというのは「良い加減」でもあるんだけど。非常に適当な、しゃらっとしたもの、そういう呼吸を持ってる。それは非常に的確な北村評だった。

流山児　ぼくの場合は「ええ加減」と言うんだけど。ええ加減な体、ノンシャランな風景、いろんなものを北村から学んだ。北村想と高取英という二人の天才に、劇団解散して出会ったことでぼく自身が次のステップに上がれた。上がるというか違う方向に進めると自覚したのはこの二人に出会ったことだね。

西堂　だから意外と真面目だったんじゃないですか？

流山児　何がですか（笑）。

西堂　流山児さんも。真面目にやるみたいな（笑）。

流山児　いやいや。不真面目で、いい加減なことを始め出すんだよ。あなたの言い方だと商業化を始めちゃったのかもね。とにかく喰うために、何すればいいんだ？と思った。で、頭の中をマッサラにするため八〇年六月から七月にかけて高取英と映画監督の高橋伴明[★4]の三人でサンフランシスコ、ロサンゼルスとニューヨークを回った。最後の地、ニューヨークには二週間いた。寺山さんの『奴婢訓』がラ・ママで上演していて、ずっと寺山さんの芝居の話を聞いていた。今日、ブロードウエイでスティーブン・ソンドハイム[★5]のミュージカル『スウィーニー・トッド』を観たんですけど、こんな感じでやれますかね？と聞くと「それで、やってみればいいじゃないか」。スズナリであの芝居やり

『帝国月光写真館』チラシ（一九八三）

『イントゥ・ザ・ウッズ』（作詞・作曲）、『ウエスト・サイド物語』（作詞）などを手掛ける。

たいんですけどって聞くと、また「やればいいじゃないか」。やりたいことをやればいい。芝居はどんなとこでも出来る。大小だとかキャパとかそんなことじゃない。「じゃあ、演劇団に演劇を潰すような芝居を書いてくれますか?」とお願いしたら、「一九七〇年にやった『邪宗門』という芝居があるからそれ、流山児祥のために新しく書きなおすよ」と、約束してくれた。それが、三年後の『新邪宗門』@本多劇場公演です。まだ、演劇を潰したいなんて言ってる。子供だよね俺。遅れてきた寺山教。演劇を潰す演劇、ほとんどデモとか運動だよ。この時、寺山さんが語った市街劇の構想は、役者たちが、静岡の清水みたいな港町に住み着いて、市民の日常を少しずつ変えていく。市民たちは「経験に呼びかける暗示の芸術」(岸田國士)である演劇で煽動されて町全体がアナーキーな状態になっていく。日常がカオスに変貌する演劇。演劇による革命、市街劇革命。

西堂　それは『人力飛行機ソロモン』だよね。

流山児　壮大なる市街劇プラン。あの話は面白かった。ぼくは「神田をカルチエラタンに!」や一九六八年パリ五月革命を思い返していた。

西堂　それが第二次演劇団の旗揚げになっていくわけですね。

流山児　そうです。

『悪魔のいるクリスマス』チラシ（一九八四）

『碧い彗星の一夜』（一九八一）

第二次演劇団旗揚げと北村想

西堂 それが一九八一年。

流山児 まず北村想に新作を依頼した。それが『碧い彗星の一夜』。北村もこのとき「彗星'86」という劇団を立ち上げるんです。ハレー彗星がやってくる八六年まではやるんだという期間限定の劇団。実際、彗星'86は解散してプロジェクト・ナビに変わる。野田君とは違った形で書いた北村想の少年冒険活劇が『碧い彗星の一夜』。新宿ACB（アシベ）ホールというライブハウスで上演した。

西堂 ここで流山児さんに初めてお会いしたんですよ。

流山児 あ、そうなんだ。

西堂 そのとき僕になんて言ったか覚えていますか?

流山児 憶えてないな、何て言った（笑）?

西堂 僕の体を上から下までじーっと見て、「お前こんないい体してるのになんで役者やらないんだ」って。

流山児 （笑）。いい体してたからじゃないの。

西堂 こんな「いい体してる」って男に言われたのが（笑）

流山児 初めて（笑）。あの頃は、プロレスの原稿ばっかり書いていたからな。

西堂 でも上から下までこうやってじーっと見てね。なめるように。

流山児 男の裸を見てるのが俺の仕事だったんだよ。喰うために夕刊紙とか週刊誌、月刊誌

『碧い彗星の一夜』（一九八一）

『碧い彗星の一夜』（一九八一）

とかにプロレス評論を書いていた。だから人の体をまずプロレスラーを基準にして見る（笑）。村松友視[★6]さんが『私、プロレスの味方です』を書いて、栃内良[★7]が『馬場派プロレス宣言』を書いた。あの頃、プロレスはロラン・バルトじゃないけど、垂直する身体とか面白い対象だったんだ。ぼく、ジャイアント馬場さんとＮＨＫで対談したんだよ。対談してわかったけど、馬場さんは超インテリ。それもモルモン教のメチャやさしい紳士。プロレスラーという存在はフリークスというか、愛すべき畸形の人々、非等身大の存在。寺山さんとよくしゃべってたのはそういうことなんだ。巨人と小人。人間ってすげー面白い、多様なんだって思った。そういった意味で役者の顔とか役者の体への興味が一番あの頃あった。新日本プロレス上野毛道場で、「なんだ今の技は、お前下手くそだな」とか言ってた。ＡＣＢホールで第三エロチカもぼくらの後、『新宿八犬伝』を上演する。

西堂　うん。今でもあるんだけど、舞台と客席の距離が近くて間口だけがやたらに広い。そんな劇場でしたね。

流山児　ＡＣＢは小屋じゃなくてライブハウス。第二次演劇団旗揚げの一年前一九八〇年には下北沢のスーパーマーケットで塩野谷正幸アクトパフォーマンス公演というカタチで『月蝕歌劇団』という高取の芝居をやる、あそこもライブハウス。あの時代、劇場じゃなくてライブハウスみたいなところでやるのが面白かったんだよ。『碧い彗星の一夜』は松本、長野を廻って最終地は名古屋大曽根にある鈴蘭南座という浅草木馬館と同じような大衆演劇の小屋でやった。俳優には火田詮子[★8]といった彗星の役者さんもいれば、小川亜佐美[★9]というロマンポルノのスターもいる。亜佐美の少年役に北村がすごく喜んだ。

★6……**村松友視**《むらまつともみ》
一九四〇―。作家、編集者。小説『時代屋の女房』で直木賞受賞。『鎌倉のおばさん』で泉鏡花文学賞、他にエッセイ集『私、プロレスの味方です』などがある。

★7……**栃内良**《とちないりょう》
一九五七―。作家。著書に『馬場派プロレス宣言』、『馬場さんが、目にしみる―ジャイアント馬場への恋文』など。

★8……**火田詮子**《ひだせんこ》
一九五四―二〇一九。名古屋の小劇場界を代表する女優。北村想作の『寿歌』などに出演。

★9……**小川亜佐美**《おがわあさみ》
一九五五―。女優。日活ロマンポルノの主力の一人として多くの主演映画がある。

★10……**小川眞由美**《おがわまゆみ》
一九三九―。女優。文学座出身。舞台、映画、ドラマで活躍。テレビドラマ『積木くずし～親と子の２００

ロマンポルノの人たちと一緒に組むことの面白さを覚えた。寺山さんも喜んでくれた。結婚する山口美也子もそうだけど、ロマンポルノの女優さんが芝居をやるのは、肉感的で面白いと寺山さんに褒められた。でも、考えてみたら、小川眞由美[★10]が紀伊國屋ホールで黒テントとやったとき、あんだけ批判したのに、お前もやってるじゃないか？だよね（笑）。

西堂　小劇場とロマンポルノとか映画界は、けっこう浸透膜でつながってたんですね。

流山児　そうだね。

西堂　そのあと流山児さんはストリップで演出やったりとか。

流山児　そうそう。新宿モダンアートとかつぶれたストリップ劇場でやりはじめた。ぼくは元々は日劇ミュージックホールで演出することが夢だったんだよ。レビューの演出家。浅草千束に住んでいた頃は、毎日のようにモーニング割引で、ストリップ劇場へ通ったものです。浅草ロック座トップスター・宝京子の大ファンだった。太腿の薔薇の入れ墨がまぶしかった。ぼくが出演したにっかつロマンポルノの『不倫』（曽根中生[★11]監督）で、ロック座の演出家の役で京子さんと共演した！　ベッドシーンでは天にも昇る気分だったよ。裸の綺麗さ、素晴らしさは知っているようで知らない。裸のニンフたちの乱舞。庶民たちの市井の地下アイドル？がストリッパーです。その道の専門家である風俗ライターの伊藤裕作[★12]さんも（客席に）いるけど、小劇場とストリップのコラボは何処にもない芸能を、アングラを生み出すと脳内でイメージしていたのを、やっと実体化できた。だから、裕作さんの誘いに乗った。裕作さんは菅孝行が主宰した不連続線の元

日戦争〜』（83）、映画『復讐するは我にあり』（79）、映画『配達されない三通の手紙』（79）などに出演。

★11……**曽根中生**《そねちゅうせい》　一九三七―二〇一四。映画監督・脚本家。日活に入社後、ロマンポルノ映画を手掛ける。作品に『天使のはらわた 赤い教室』（79）、『BLOW THE NIGHT 夜をぶっとばせ』（83）など。

スタッフで根っからの寺山修司フリークだった。

西堂　僕、伊藤裕作さんと会ってるらしいです、ストリップ劇場で。

流山児　鶴見新世界です。

伊藤　（客席から）僕がご招待したんです。

一同　（笑）

西堂　行ったかもしれない。

流山児　この時代から、自分の欲望に忠実にやろうと決めた。ストリップの演出もやれば、日劇ミュージックホールで『愛の嵐』というレビューの演出もやる。ピンク映画もポルノ映画もテレビドラマも出る。商業演劇も新劇もオファーがあれば出ると決めた。悪源太も塩野谷も高橋伴明のピンク映画の主役やってる。悪源太主演の『緊縛の情事』、塩野谷主演の『日本の私刑』という名作もあります。塩野谷はポール・シュレーダー監督の『MISHIMA』の森田必勝役もやった。話は変わるけど、ピンク映画とアングラ演劇には、唐さんが主演した若松孝二監督の『犯された白衣』もそうだけど、親和性があるよね。外波ちゃん（外波山文明）や転形劇場の大杉漣★13は数多くのピンク映画に出てたしね。創り方も小劇場に似ているんだよ。

西堂　高橋伴明の奥さんが高橋恵子★14さんですね。元の関根恵子。彼もピンク映画では異色で、実験派的なところでつながっているんですね。単にエロだけじゃなくて（笑）。

流山児　俺は、実はエロじゃない。高取と伴明と哲はエロだけどね。

一同　（笑）

★12……**伊藤裕作**《いとうゆうさく》
一九五〇—。作家、歌人。娼婦や風俗に関する著作のほか、『私は寺山修司・考　桃色篇』、『寺山修司という生き方　望郷篇』などがある。

★13……**大杉漣**《おおすぎれん》
一九五一—二〇一八。俳優。太田省吾の転形劇場の劇団員募集広告を見て入団。「沈黙劇」を原点に多くの舞台に出演。テレビや映画では名脇役として存在感を示した。

★14……**高橋恵子**《たかはしけいこ》
一九五五—。女優。関根恵子として映画『高校生ブルース』（70）でデビュー。舞台、映画、テレビドラマなどで活躍。

西堂　それはいいです。元ポルノ女優とご結婚されるわけだし。

流山児「アングラとポルノの華燭の典」と書かれたよ、週刊誌に。二回目の結婚です。山口美也子は元黒テントの女優で、『嗚呼鼠小僧次郎吉』の主演女優、実力派女優で、ぼくはファンだった。長男、龍馬もうまれた。

6　音楽劇の水脈と佐藤信

西堂　そういう点で地下水脈としてのアンダーグラウンド・カルチャーをまさに流山児さんは体現してたなと思いますけど。

流山児　ポルノやストリップもやれば、オペラの演出もやる。『ジャンニ・スキッキ』を、渋谷のライブハウスのラ・ママでやった。この頃オペラが面白いとプッチーニ[★15]をやった。でもオペラって曲変えちゃいけないんだよね（笑）。俺、曲変えてもいいんじゃねえかって（笑）。五年前、ヴェネチア、ジェノヴァ、ミラノと回ってイタリアでオペラを二、三週間観たけどダメだった、ああいうオペラ。変な話、オペラとプロレスは近いと思ってるんだ。イギリスのENO（イングリッシュ・ナショナルオペラ）は面白かったよ。ENOは全部英語でやるんだよ、まるでミュージカル。イタリアだろうと、フランスだろうと、ドイツだろうと英語。ENOを観たら滅茶苦茶自由で実験的。ああ、こういうオペラもあるんだ。オペラ的な身体とプロレス的身体はどこかで合致するんじゃないかって、

★15……プッチーニ　一八五八―一九二四。イタリアの作曲家。『トスカ』、『蝶々夫人』、『ラ・ボエーム』などで知られる。

妄想していた時期だったね。寺山さんの演劇に近い。等身大じゃない、奇妙な見世物としてのオペラ。

西堂　話を聞いていると、佐藤信さんと共通するところもありますね、流山児さんは。

流山児　信さんをリスペクトしてるし、信さんのようになりたいというのがあるんだけど、どこか違う。でも好きなんだよ、信さんの演出。

西堂　九〇年代に『ザ・寺山』でもう一回出会いますね。

流山児　演劇青年の頃観たのが信さんの『鼠小僧次郎吉』や『おんなごろし油地獄』。ぼくが初演出したのが別役さんの『門』で、次が『あたしのビートルズ』。両者に共通するのが不条理。信さんの世界はシュールでロックでミーハーだった。二人の不条理演劇は、ぼくにとって魅力的な「抵抗の演劇」だったんだ。

西堂　佐藤信は「天才ミーハー」と言われてましたから。

流山児　それです。ミーハーでも高取とはちょっと違う（笑）。

西堂　どっちかというとシュルレアリスムとかそっちの側から来るエロスだったりする。

流山児　「昭和三部作」は性的コンプレックスから書き上げている。『阿部定の犬』[★16]とか劇作・演出家：佐藤信の性的成長の過程史じゃないですか。

西堂　あ、そういう分析ですか。

流山児　そうですよ。「全部やっちゃっていいのよ！」と、タフで性に自由奔放の阿部定が男たちに革命を迫るアナーキーな芝居ですよ。ピストルが男根。ぼくはそういう風に読んでますけどね。佐藤信という劇作家がだんだん性的に成長していく過程がもうモロ見

★16……阿部定《あべさだ》
一九〇五―?。芸妓。一九三六年、不倫相手の男性を殺害した上、性器を切り落とした通称・阿部定事件で知られる。

えでわかる。「喜劇昭和の世界・三部作」で信さんはだんだん大人のヘンタイになっていく（笑）。八〇年代になってくると、不健康の度合いで進んでいって信さんはメチャエロくて素敵ですね。だから『荷風のオペラ』までたどり着く。

西堂 性的な側面から読み解く「昭和三部作」というのもなかなか魅力的ですね。

流山児 あ、それ書いてよ、ぜひ（笑）。これは、ぼくが昭和三部作を役者やってみて体験（カラダで）してわかった事。

西堂 さっきのオペラですが、楽譜は変えられないんで、いかにシチュエーションを変えていくかということで工夫をこらす。でも結局、ヨーロッパの演出家ってみんな最終的にバイロイト目指すんだよね。パトリス・シェロー★17とか。そこら辺がヨーロッパの演出家の上がり方というか。日本の上がり方はそこがないと思うんだけど。

流山児 信さんのオペラなんかはさ、面白いのもあれば、え、なんでこんなスタンダードなのというのもあったりする。

西堂 でも、彼は音楽劇という枠は外してないと思う。

流山児 そこが、信さんの面白さだよ。信さんの骨にはフレッド・アステア★18が染みついている。唐さんはちょっと違う。唐さんはフォークだから（笑）。

★17……**パトリス・シェロー** 一九四四―二〇一三。舞台演出家、映画監督、俳優。ワーグナーの『ニーベルングの指環』や、ベルクの『ルル』の演出で評価を得る。映画『インティマシー／親密』（01）でベルリン国際映画祭金熊賞受賞。

★18……**フレッド・アステア** 一八九九―一九八七年。俳優、ダンサー、歌手。ブロードウェイにダンサーとして出演。その後、映画俳優として活躍。主な出演作に『踊るニュウ・ヨーク』（40）、『イースター・パレード』（48）、『バンド・ワゴン』（53）などがある。

何かが終わった？

西堂　寺山さんが一九八三年に亡くなってしまって、一つの時代の区切りみたいなものが流山児さんの中にあるのですか。

流山児　五月四日が本多劇場『新邪宗門』公演の初日。寺山さん亡くなるんですよ。劇場ぶっ壊すような芝居を書いてよと言ったんだけど、結局半分くらいしか書けなかった。倒れて阿佐ヶ谷の河北病院に入院してからは、岸田理生と高取とぼくの三人で改稿していった。実際、すべてを書きあげたのは理生さんです。シチュエーションは流山児に合わせようと二・二六事件を設定。だから二・二六事件でその時将校とか青年だった奴らが今いくつだ、七〇〜八〇歳か、じゃあ、そのおじいさんたちはきっとゲート・ボールやってるだろうって、物凄い乱闘シーンの中でゲートボールやらせようとした（笑）。そしたら（出演予定の）おじいさんたちはゲネプロ見てみんな逃げて帰っちゃった。そりゃ、怖いよね、後ろで鉄パイプ振り回してるんだから（笑）。寺山さんは台本で、ナチの恰好をしている軍隊とか二・二六とかを全部レビュー仕立てに変えてくれた。演出助手・小栗虫太郎という役を塩野谷正幸がやるんですけど、最初は台本通りだと劇場開場と同時に暗い中でいろいろ殴り合いとか起こるわけですよ。それは半分くらい嘘でやってるんですけど、本気になって芝居を潰しに来た観客もいました。たぶん、そうい

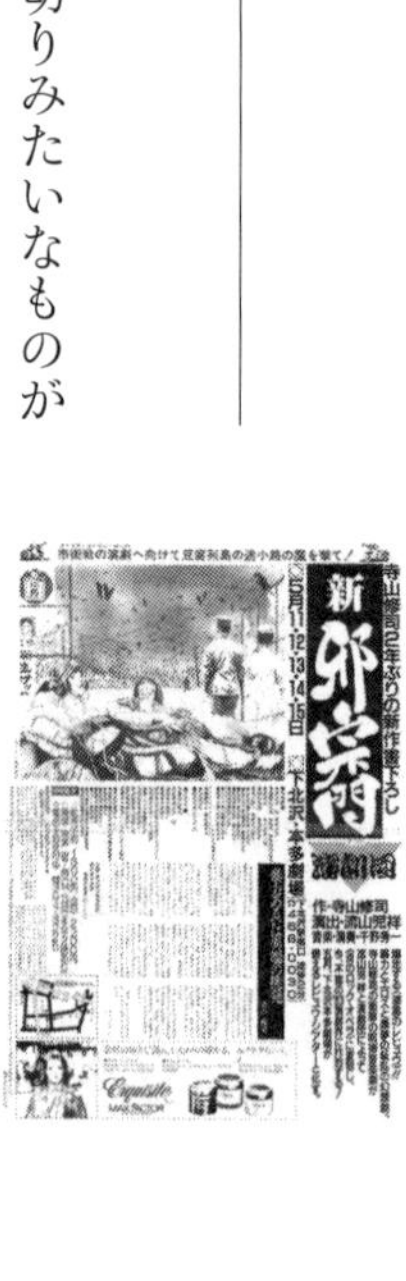
『新邪宗門』チラシ表（一九八三）

『新邪宗門』チラシ中1（一九八三）

う「お芝居をやってあげる」って観客もまだいたんだよ。参加してくれた。実際に怪我したのも何人かいた。本多劇場のこけら落しは唐さんの『秘密の花園』、別役さんの『そして誰もいなくなった』、斎藤憐さんの『イカルガの祀り』の三公演だった。唐さんの『秘密の花園』で水浸しになるわ、寺山さんの『新邪宗門』で劇場をぶっ壊すわ！　なんて幸せな劇場なんだろうね、本多劇場は（笑）。楽日は、セットを金属バットや鉄パイプで本当にぶっ壊した。どうせ、バラシやるんだから。怖かっただろうな、観客は。龍さん覚えてます？

龍　（客席から）覚えてるよ。

西堂　どなたが殴り込みに来たんですか。

流山児　どなたもこなたも？　いっぱい、いらっしゃったよ。

西堂　あ、そう。知り合いも？

流山児　もちろん、殴り込んできた心優しき「知り合い」に向かって（笑）、こっちはどんどん挑発するわけよ、なんだ、この野郎！って。で、ほんとに小競り合いがはじまる。観客も「過激な観客」を演じてくれた。「ぴあでちょっと褒められたからってふざけんじゃねえ」なんて言われたことには、ふざけんな！って具合だった。そんな「過激な観客」の中から、仕込まれた「市民観客役」の塩野谷正幸を暴力的に舞台上に引きずりあげて、「演出助手役」をゴーインに演らせるという「劇」。暴力そのものの導入シーン。観客を煽り、感動させ、裏切り置き去りにし、現実の恐怖を知らしむる大衆叛乱レビュー『新邪宗門』を第二次演劇団は目指したのである！　面白かった。またやりたい

『新邪宗門』チラシ中2（一九八三）

『新邪宗門』チラシ裏（一九八三）

けど、ま、無理だろうね、今の時代じゃ（笑）。本番中アクシデントも起こった。女優の蘭童セル★19がランドセル背中に背負っていて高いところからドーンと落っこっちゃった。たまたまランドセル背負ってたから、なんともなくて芝居は続けられた。ぼくもブルーのチャイナ服姿で北一輝を演じた。カッコよく「ワルシャワ労働歌」を歌って、調子こいて高いところから飛び降りた。そしたら、足にヒビが入った。舞台装置は蟻地獄みたいな円形のすり鉢舞台、手塚俊一の危険そのものの美術。劇場、セット全体がすごくヤバイ状況。芝居自体もかなりヤバイ。一番高いところで、千野秀一バンドが生演奏。さっきも言ったけど、最初はいろんな小競り合いがあって三〇分くらいして芝居がはじまった。ところが小競り合いも三日目からまったくなくなった。三〇秒で客席に黙って座っちゃう。挑発しても全然乗ってこない。「観客挑発劇」に参加する人はいなくなった。鉄パイプを引きずる音や役者の客を挑発する叫び声が虚しく本多劇場に響いた。

西堂　それが一九八三年五月。

流山児　そうです。西堂さんや扇田さんが言うように、「寺山修司の死」で前衛は死んだ。

西堂　観客が同走してくれないと成り立たないし、市街劇なんかとくにそうですね。

流山児　二〇〇一年、新宿花園神社『花札伝綺』で半市街劇をやるんだけど、挑発しても何も起きない。メイクして白塗りして街に出没しても珍しくもない。一九七三年、天井桟敷が『地球空洞説』を高円寺の市街や公園でやった。白塗りの役者が出没したり、銭湯で突然芝居が始まったり突然家庭訪問されてビックリして警察に通報したりした。そんなこともなくなっちゃった。あっという間の三〇年だね。

★19……蘭童《らんどう》セル
一九六一―。女優。成人映画などで活躍。

『新邪宗門』（一九八三）

西堂　この頃雑誌でも挑発とかスキャンダラスとかそういう特集がけっこうありました。それがパニックシアターに入れ替わっていく。

流山児　高取英は『エロジェニカ』という三流エロ劇画誌の編集長だったから、何回か発禁になるわけですよ。ストリップもそうですね、何回もガサ入れがあったりして。そういうスリリングなところに文化や芸術がいられれば面白い。それがだんだんなくなっていく。

西堂　昭和の終わりですね。

流山児　そうだね。

西堂　ちょうど曲馬舘のあとの風の旅団なんかが、やっぱり公演が潰されていく。八〇年代の末、昭和の終わりに、演劇の中で唯一発禁的なものが残ったのがその辺ですね。八三年で一つの線が引かれていたんだ。

流山児　そうだね。八〇年代には「挑発（抵抗）する演劇」がやりにくくなってくる。

8　四人の劇作家

西堂　第二次演劇団がはじまった。これは第一次の残ったメンバープラス新人を加えたってことですね。

流山児　そうです。龍昇、塩野谷、新白石の三人が軸になってほかは「新人」。悪源太義平

『新邪宗門』（一九八三）

『新邪宗門』（一九八三）

は悪源太組を始める。

西堂 転位・21に分かれたメンバーもいる。これ「分かれた」って言っていいんですか？

流山児 「分かれた」って言っていいよ。

西堂 別に喧嘩別れじゃなくて？（笑）

流山児 喧嘩じゃない（笑）。別離と思いますよ。ただ、転位・21のほうが三〇を越した大人。だから芝居も上手い。第二次演劇団は二〇代の若手だから下手。下手だが、元気に相変わらず歌って踊ってる（笑）。山崎哲と転位・21は失語症の等身大演劇で岸田戯曲賞や紀伊國屋演劇賞個人賞受賞するは、演劇の殿堂である紀伊國屋ホールとか本多劇場とか西武劇場（現・PARCO劇場）にガーっと上昇していく。演劇団は新宿のACB、下北沢のスーパーマーケットといったライブハウスからのゲリラ戦を始める。転位は最初からスズナリ（一九八一年）という小劇場の殿堂からの出発ですからね（笑）。ぼくらは八三年二月高取英の『帝国月光写真館』で、初スズナリ。高取の『天狼騎士団』『冥王星の使者』と続けてゆく。ああ、やっとこさ小劇場の陣地戦に戻ってきたなという感じだった。

西堂 それで片や演劇の殿堂に行っている。悔しくなかったですか？

流山児 哲とびんちゃんは唐さんの『秘密の花園』で役者でアホやって暴れていたが、同じ本多劇場で五月にはオレタチも過激に暴れてた。やり方、生き方、が違うだけだった。『新邪宗門』は寺山修司の遺作だが、「寺山修司の死」という現実の事象のほうが大きく、興行的には成功だったが、いわゆるスキャンダルとしての評価がほとんどだった。

★20……………九條今日子《くじょうきょうこ》 一九三五—二〇一四。女優、プロデューサー。寺山修司と結婚し女優業を引退し「天井桟敷」の製作者として活動した。

役者30人の"デス・マッチ"
◇第二次演劇団の最終公演◇

『冥王星の使者』記事（一九八四）

寺山演劇の評価は死後一〇年くらい経たないと演劇界で起こらなかった。寺山修司は没後一〇年とかになって評価がバーンと変わってくる。寺山修司を正当に評価した演劇評論家は少なかった。扇田昭彦さんが一九九五年の「日本の現代演劇」（岩波新書）で「永遠の前衛＝寺山修司の死で小劇場演劇の第一幕は終わった」って書いたのだって一二年後ですよ。

西堂　いやでも、九條[★20]さんに言わせると、やっぱり六〇年代末から七〇年代前半の五年くらいはほんとに不遇だったけど、『奴婢訓』だとか晴海でやられた三部作の頃はもう寺山さんの評価は出ていたと思う。

流山児　それはそうだと思います。ぼくの言いたいのは演劇業界のこと。演劇業界はきちっと評価したかってこと。

西堂　僕は評価してたと思うんだけど。

流山児　ありがとうございます（笑）。ぼくがお礼言ってどうすんだ（笑）。

西堂　でも没後一〇年後くらいから寺山ブームってのが起こるのは確かですね。

流山児　一〇年経ったら猫も杓子も寺山さんを誉めそやし始めた。

西堂　それは何故かって言うと、学生時代に寺山を観ていた連中がテレビ界とか出版界に入ってプロデューサーや編集者になって、ある程度力を持ち始めてきたってのがあるんですね。三〇か四〇歳くらいで。

流山児　おぉ。（伊藤）裕作さんなんかもそう。

西堂　彼らが出版界なんかに入って雑誌で企画を立てられるようなポジションについてか

『冥王星の使者』（一九八四）

『天狼騎士団』（一九八三）

ら突如ブームが起こるんです。それにはやっぱ一〇年くらいかかった。

流山児 それで高取もようやく報われた。

西堂 寺山さんのブームの作られ方というのは、学生の頃に刺激を受けた連中が一〇年間、貯めてたんですよ、企画を。ようやくそれを実現できるようになってきた。

流山児 それ正しい。

西堂 で、寺山さんが亡くなった後、高取さんと北村想で二頭立てでいくのかな

流山児 寺山さんも加わって三頭立て。一九八三年〜八四年に初の評論集「流山児が征く」演劇編・歌謡曲編・プロレス編の三冊を而立書房から発刊した。渋谷ラ・ママで出版記念コンサートをひらいた、千野秀一[★21]バンドをバックに派手に歌った。で、一九八四年八月には寺山演劇週間@ジァンジァンに初参加した。これが流山児★事務所旗揚げ公演。

西堂 ああ、流山児★事務所の旗揚げ。

流山児 寺山修司作『さらば、映画よ〜ファン編〜』が第一回公演。演劇団の新白石とシェイクスピアシアターの河上恭徳[★22]さんという新劇の役者の組み合わせでジァン・ジァンでやった。音楽はコンポステラの篠田正巳、ソプラノサックスの生演奏。篠田はその後『tatsuya』（鐘下辰男作）の音楽やテント劇団の音楽もやって、三四歳で惜しまれて逝った天才ミュージシャンです。『さらば、映画よ』は、ハンフリー・ボガート[★23]にあこがれる中年の同性愛の映画ファンの物語。これが渋谷のジァン・ジァンで最初にやったぼくらの芝居。それから二〇〇〇年まで寺山さんの作品を毎年のようにジァン・ジァンで上演を続ける。寺山さんと寺山の弟子だった岸田理生、高取英に加えて北村想の四頭立て

★21……**千野秀一**《ちのしゅういち》
一九五一―。作曲家、即興音楽家。多くの映画音楽をはじめ、大駱駝艦の音楽を担当した。

★22……**河上恭徳**《かわかみやすのり》
俳優。劇団シェイクスピア・シアターの旗揚げメンバー。

★23……**ハンフリー・ボガート**
一八九九―一九五七。アメリカの映画俳優。『マルタの鷹』（41）、『カサブランカ』（42）の出演などで知られ、ハードボイルドの代表格とされる。

になったんだ。豪華な劇作家陣。理生、北村は岸田國士戯曲賞を連続受賞する。

9 演劇論をぶつけ合う場所

西堂 第二次演劇団という劇団を持ちながら流山児★事務所を作ってこの二つをどういう風に使い分けていたんですか。

流山児 「演劇団」は劇団員が面白がることをやる、なるべく小劇場を基本にして。

西堂 ある種の工場みたいな感じにしてたんですか、ファクトリーとして。

流山児 そうだね、鴻上尚史★24は航空母艦と言ったけど、みんなが集まれる場所、みんなでどこかに行ける場所を作りたかった。それが流山児★事務所。時代に対して仕掛けたかった。

西堂 流山児★事務所という場所はプロデュースをやる?

流山児 そうだね、流山児★事務所は「新しい出会いと小劇場演劇の新しい展開」を考えた。全然違う出会い方を意識的にやろうというのがプロデュースとしての流山児★事務所。

西堂 組み合わせの妙みたいなものを仕掛けていく?

流山児 最初は小さいプロデュースで行こうと決めてたんだけど、すぐ誇大妄想に捉われだす。

西堂 流山児★事務所は流山児さん個人のプロデュースの欲望という感じになっていくん

『さらば、映画よ』(一九八四)

★24……鴻上尚史《こうかみしょうじ》 一九五八—。劇作家・演出家・俳優。早稲田大学在学中に「劇団第三舞台」を結成。『スナフキンの手紙』(94)で岸田國士戯曲賞受賞。劇団解散後は「KOKAMI@network」、「虚構の劇団」などで自作の発表をしている。またテレビ番組の司会なども務める。

ですか。

流山児　そうです。誇大妄想の演劇仕掛け人。新日本プロレスの新間寿[★25]です、誰も知らないだろうな。

西堂　プロデュースというかちょっと演劇界を変えていくということまで含めたプロジェクト。

流山児　基本、役者の喧嘩＝演劇の異種格闘技戦がやりたかったんだ。新しい出会いで、役者を闘かわせたかった（笑）。そこから「新しいもの」「面白いもの」を作ろうぜ！って仕掛けたのが流山児★事務所の異種格闘技戦。役者たちの違う血、違う体が互いにリスペクトしあいながら「舞台の上で事件を起こし」ながらぶつかる。それが素敵なんだよ。そしたら、おまえも変わるしおれも変わるだろう。変わることを恐れない。批評する＝批評しあう、それがほんとのコミュニケーションじゃないかってね。

西堂　それまで割と劇団の殻を破ることが難しかったですよね。それが少しずつ解け始めたのが、八〇年代の半ばくらいという風に理解していいんですか。

流山児　そうですね。八四年は日劇ミュージックホールの演出と流山児★事務所旗揚げ、新宿モダンアートというストリップ劇場では『肉体の門１９８４』とエロスのほうに下降していく。モダンアートで坂手洋二[★26]や伊藤キム[★27]と出会う。で、名古屋の少年王者（当時の劇団名、のちに少年王者舘に改称）の天野天街[★28]がぼくのあとに作・演出した『人工少年博覧会ーイナガキタルホ　少年愛の美学ー』は、女の子が少年を演じての美少年アングラ舞踏芝居だった。ラストは、半ズボンの少年が望遠鏡を目に当てて宇宙を覗く印象的

★25……新間《しんま》 寿《ひさし》
一九三五—。元・新日本プロレス専務取締役。リアルジャパンプロレス会長。プロレス界の仕掛け人として名を馳せる。

★26……坂手洋二《さかてようじ》
一九六二—。劇作家・演出家。劇団「燐光群」主宰。沖縄問題、戦争責任問題などを取り上げる社会派の作風で知られる。代表作に『ブレスレス』、『天皇と接吻』、『だるまさんがころんだ』他、多数。

★27……伊藤《いとう》キム
一九六五—。コンテンポラリーダンサー、振付家。「輝く未来」主宰。国内外で活躍する。

★28……天野天街《あまのてんがい》
一九六〇—。劇作家、演出家。劇団少年王者舘主宰。名古屋を中心に全国で活動する。戯曲集『それいゆ』、『くだんの件—天野天街作品集—』などの著作がある。

シーン。それから天野との長い付き合いが始まる。ぼくをそんな冥府魔道へと誘ったのがココに居るファウスト・伊藤裕作（笑）とメフィストフェレスのジョージ川上です。まさに、疾風怒涛の時代だった。

西堂　その頃でしたっけ、ディレクターズカンパニーを創ったのは。

流山児　そうです、映画の連中が大同団結してディレカンを創った。そんな時代です。ディレカンの新宿の集まりで石井聰瓦[★29]監督と出会って、一緒に映画作ろうぜ！となったのが『血風ロック』。

★29 **石井聰瓦**《いしいそうご》
一九五七―。映画監督。『狂い咲きサンダーロード』（80）、『逆噴射家族』（84）、『水の中の八月』（95）などの作品で知られる。

『肉体の門』（一九八四）

10

第二部

演劇界の潮目

西堂　さっき寺山修司の死のことで一九八三年について話をしたんですけど、僕はちょっとここら辺から急激に何かが変わったんじゃないかなと思う事例を一つ、二つ挙げてみようと思うんです。一つは一九八三年って劇団四季が『キャッツ』を始めた年なんです。あのキャッツシアターは新宿の西口に立てたテント劇場なんですよ。あの場所は紅テント、黒テントが七〇年代末くらいにテントを建てた場所で、同じところで『キャッツ』が上演された。そこからですよ、『キャッツ』の観客動員が急激に増えて、劇団四季が大躍進したのは。それを後押ししたのが誰かというと、中曽根政権[★30]なんですね。

流山児　そうですね。レーガン大統領[★31]と中曽根首相の日の出山荘、ロン・ヤス会談を演出したのが、浅利慶太[★32]ですからね。

西堂　そう。中曽根政権と浅利慶太が手を組んで、その後劇団四季は国鉄が分割民営化されて発足したばかりのＪＲと組みながら全国展開していく。つまりここから本格的な商業化が進んでいくんです。寺山修司が亡くなって「前衛が死んだ」という風に流山児さんは言われたけども、それと同時に、本格的な商業主義化がここからぐっと鎌首をもた

★30……**中曽根康弘**《なかそねやすひろ》　一九一八—二〇一九。群馬県高崎市の材木商の次男として生まれる。海軍主計中尉として任官され終戦時の階級は海軍主計少佐。戦後は政治家を志し衆議院議員に当選。一九五九年、第二次岸改造内閣で初入閣（科学技術庁長官）。その後政権与党の要職を歴任し、一九八二年一一月に内閣総理大臣に就任。専売公社、国鉄、電電公社民営化に力を入れる一方で戦後の総理大臣として初めて靖国神社を公式参拝するなど外交面で波紋も呼んだ。

★31……**ロナルド・レーガン**　一九一一—二〇〇四。第四十代アメリカ合衆国大統領（一九八一—一九八九）。ラジオアナウンサーから映画俳優に転身し、その後政治家に転身。カリフォルニア州知事を経て一九八〇年のアメリカ合衆国大統領選挙に共和党から出馬し、当選を果たした。強いアメリカを掲げた保守主義の政治家としても知られる。

げて来る。そういう中で小劇場界もまた変質せざるをえない。

流山児　私も、この時代から商業主義に堕落し「変質」していく。

西堂　そこで流山児★事務所の功罪をですね、これから存分に語っていただこうかなと。

流山児　功罪？　ま、罪のほうが多いかもよ。

西堂　いやいやそんなことないです。

流山児　北村想が第二弾で書き下ろしたのが八四年一二月の『悪魔のいるクリスマス』です。ロングランヒットの作品を書いてくれた。下北沢駅前劇場で上演した。役者は九十九一[★33]さん、『㊎㋪の金魂巻』[★34]という映画の主役の人気コメディアン。当時「小劇場のアイドル」と言われていた美加理と塩野谷正幸が主役の高校生の少年少女を演じた。寒空の公園で他愛のない会話を作家役の九十九と交し、クリスマスイヴにケーキを食べて心中する。死んだ二人の元に朝比奈れい花（日劇ミュージックホールトップダンサー）が天使役で現れる。これが空前の大ヒット。開場したばかりの下北沢駅前劇場で、連日二五〇人で観客動員は二五〇〇人を超えた。翌年の再演は大映ビデオからビデオ発売、連日キャンセル待ちが出た。原作はミュージカルじゃないけど、朝比奈れい花・振付けで音楽劇にしたら大ヒット。一〇年間ロングランするんだよ。札幌本多小劇場・横浜相鉄本多劇場の開場公演、シアターアプル、下北沢の本多劇場、大阪、名古屋、新潟、浜松と全国ツアーもやった。毎年一二月公演、四人しか出ないから儲かる（笑）。島次郎が簡単で素敵な美術を考えた。これで演劇業界とは違う、いわゆる世間から認められだす。大高洋夫[★35]（第三舞台）、有薗芳記[★36]（第三エロチカ）、曾我泰久[★37]といったスターも使って一〇年

★32……**浅利慶太**《あさりけいた》
一九三三―二〇一八。演出家・実業家。一九五三年、日下武史らと学生劇団「劇団四季」を結成。アヌイ、ジロドゥなどの翻訳劇からスタートし、その後一九七〇年代以降はミュージカルなどを多く手掛けた。

★33……**九十九一**《つくもはじめ》
一九五二―。お笑い芸人、俳優、脚本家。バラエティ番組、テレビドラマ、舞台などで活躍。

★34……**美加理**《みかり》
一九六二―。女優。高校在学中に寺山修司の舞台でデビュー。九〇年代には宮城聰の「ク・ナウカ」創設に参加し多くの作品で中心的な役割を果たす。

★35……**大高洋夫**《おおたかひろお》
一九五九―。俳優。早稲田大学在学中に鴻上尚史らと劇団第三舞台を結成する。以後舞台と並行してテレビドラマなどにも活動の範囲を広げる。

間やり続けた。一〇年で三万人を超える観客に愛される作品、流山児★事務所の財産となる。一九九二年の本多劇場公演は、つかこうへい事務所の鈴木聖子[★38]が少女役で出演し、つかこうへいも来て初めて下北沢でゆっくり呑んだよ。

西堂　この作品は北村想、作じゃないんですよね。

流山児　在間ジロという名前で書いています。

西堂　ちょうど僕が白水社の社長と話をしていた時に、「いやぁ、なんかすごく面白い作家が出てきて、これでまた新しいのを売り出せる」と言って喜んでいたところに、僕が「これ北村想ですよ」と言ったら、ちょっとがっかりしてた（笑）。

流山児　（笑）

西堂　同一人物で。これがある意味、商業的に初めて儲かったという感じですか？

流山児　初めて儲かった。全国の高校演劇部からいっぱい上演申請の問い合わせがあった。流山児★事務所は上演権持ってないのにね（笑）。それだけ社会的認知度が上がったんだよ。

西堂　北村さんは器用で、「早くて安くてうまい」（笑）。吉野家みたいだと言ってましたね。

流山児　頼んだら二日で台本送ってきたことがあったよ（笑）。二日だよ？　天才吉野家！　お前いくらなんでもそれダメだろう、ウチは良いけど、他の劇団は絶対やめろ！と言った（笑）。

西堂　そういう感じで北村さんと蜜月というか、一〇年間続くというのもこれもすごいと思うけど。

★36……**有薗芳記**《ありぞのよしき》
一九六〇―。俳優。一九八〇年代に第三エロチカで活動。九〇年代からMODEを中心に活動し大河ドラマなどでも出演する。

★37……**曾我泰久**《そがやすひさ》
一九六三―。シンガーソングライター。ジャニーズ事務所を経て、一九八三年にロックバンド「THE GOOD-BYE」を結成。日本レコード大賞最優秀新人賞を受賞。

★38……**鈴木聖子**《すずきしょうこ》
一九六九―。女優。つかこうへい作・演出『熱海殺人事件　妹よ』（93）で「木村伝兵衛」を演じた。

★39……**小松杏里**《こまつあんり》
一九五七―。劇作家・演出家・編集者。明治大学在学中に演劇舎蟷螂を結成。その後演劇プロジェクト月光舎を主宰する。

流山児　この年に高取英が月蝕歌劇団を旗揚げする。寺山さんから「自分の劇団持て」と言われてやっとこさ劇団持つんです。彼の代表作である『聖ミカエラ学園漂流記』は映画になったり、漫画やアニメ（OVA）、小説になったりして大ヒットする。

西堂　これは月蝕歌劇団でやってたんですか。蟷螂に書き下ろしたの？

流山児　蟷螂です。月蝕歌劇団の旗揚げは『少年極光都市』。キリスト教成立以前の、狼に育てられたローマ建国の双子のロムレスとレムスの伝説。高取・月蝕の出発は「世界は病院である」という鈴木忠志演劇に近い世界認識から始まっている。「この世界から出られるのは死体だけだ」。高取が寺山修司の死を凝視して書き上げた。

西堂　そうすると『聖ミカエラ学園～』はもう少し前ですか。

流山児　二年前です。流山児★事務所の『帝国月光写真館』の前、八〇年の『月蝕歌劇団』のあとに書いていた。蟷螂に書き下ろし、小松杏里★39の演出。

西堂　美加理の主演で。

流山児　そうです、美加理の代表作になるんです。『聖ミカエラ～学園漂流記』は、ミッションスクールの女子高生の叛乱と神殺し。

西堂　ある意味で少女が学園で革命を起こす。非常に早いですよね、この作品は。

流山児　滅茶苦茶早いんじゃない。

西堂　少女文化みたいなものの先駆で、その後八〇年代に女子大生文化が生まれてくる。そのきっかけ作ったのは実は高取英じゃないかなと僕は考えてるんです。そういった意味で、サブカルチャーの出発点を高取英という人が作ってるんじゃないのかなと。

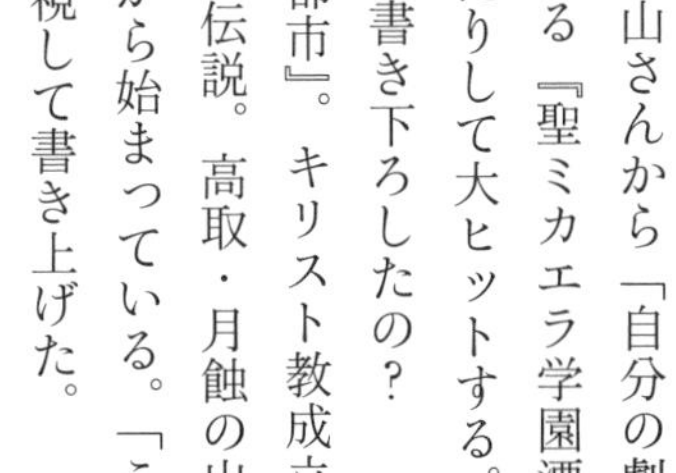
『悪魔のいるクリスマス』（一九九二）

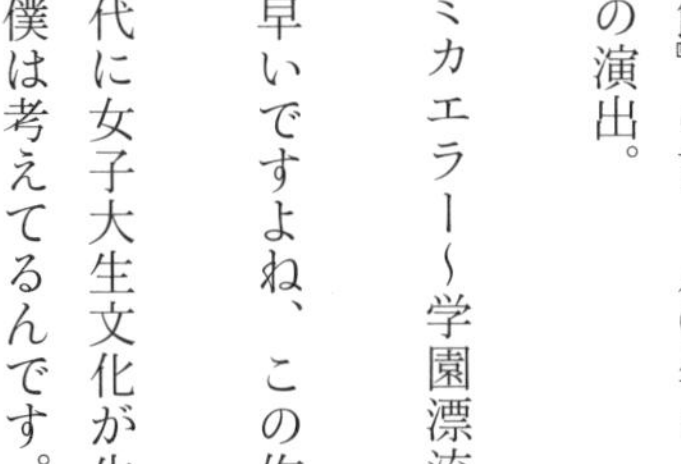
『悪魔のいるクリスマス』（一九九三）

流山児　そうです。

西堂　それが秋元康★40とかが乗っ取ってフジテレビ、フジサンケイグループで使っていったんじゃないのか。

流山児　そう、地下アイドルのハシリです。

西堂　だから一番根っこにあるキーパーソンは実は高取英じゃないかと、亡くなってから気付いた（笑）。

流山児　高取も再評価に値する漢です。

西堂　その意味で、この八三年というのはいろんなことが起こっている。ちょうどこの年、二六歳の浅田彰が『構造と力』でデビューし、『チベットのモーツァルト』で中沢新一★41が注目され、ニューアカデミズムのブームが到来する。知のほうでも新しい地殻変動が起こってるんです。そういうものと小劇場がどこかでリンクしているのかもしれない。

11　二〇世紀の終わりと渋谷ジァン・ジァン

流山児　西堂さんは「オタク」と「サブカル」は違うとよく言うけど。

西堂　オタクが始まるのが八三年なんです。だけど、高取さんは「オタク」でなくて「サブカル」なんです。サブカルチャー。もうちょっと毒々しい。

流山児　歴史少年だからな高取は。自在に歴史を作り変え、毒々しい偽歴史の中で大いなる

★40 **秋元康**《あきもとやすし》
一九五八―。作詞家・構成作家・プロデューサー。八〇年代半ば「おニャン子クラブ」の作詞を手掛ける。その後は、とんねるずとの共同作業やAKB48グループ、坂道シリーズのプロデュースで知られる。

★41 **中沢新一**《なかざわしんいち》
一九五〇―。文化人類学者。一九八三年、『チベットのモーツァルト』を発表。ニュー・アカデミズムの旗手の一人となる。その他の著作に『森のバロック』、『アースダイバー』など。

★42 **若松武史**《わかまつたけし》
一九五〇―二〇二一。俳優。演劇実験室◎天井桟敷で活躍。一九九八年に若松武史に改名。

★43 **蘭妖子**《らんようこ》
一九四三―。女優、歌手。演劇実験室◎天井桟敷に所属。寺山修司の映画作品にも多く出演している。

価値紊乱（ヘンタイ）の毒々しい劇を展開させ、在りえたかもしれないパラレルワールドの歴史劇を次々と月蝕歌劇団は、少女たちの暗黒の宝塚歌劇として上演していった。それが寺山さんにつながる。

西堂　寺山さんが八三年に亡くなってスポーツ新聞などで死亡記事が出たとき、見出しとして「サブカルチャーに力を与えた芸術家」みたいな言い方だった。そこら辺の流れはけっこう重要なラインで、「オタクカルチャー」とは一線を画していると思うんです。同じ時期に出て来るんだけど、微妙に線引きして考えていかないといけない。オタクカルチャーがどういう演劇の系譜を作っていくかということについてはたぶん九〇年代以降に言及できると思う。八〇年代のカウンターカルチャーからサブカルチャーに移ってくるときのキーパーソンの一人として高取さん、あるいは北村想もそうかもしれないですね。第二次演劇団、流山児★事務所の出発というのは、そこからすごく力を得てたんじゃないかな。

流山児　それは言える。当時の高取と北村には懐古趣味と伝奇推理趣味が共通していて演劇団の役者たちに合っていた。それから岸田理生。岸田事務所＋楽天団の『糸地獄』（岸田戯曲賞受賞作）とは違った視線で彼女には三本の新作を書きおろしてもらった。『危険な関係』『嘘・夢・花の物語』『百年の悦楽』という反天皇制の夢幻劇を繊細な女の視線で書いてくれた。三作とも山口美也子のために理生さんが書き下ろした作品です。天井桟敷の若松武史[★42]、蘭妖子[★43]、高田恵篤[★44]といった役者と山口美也子、美加理、塩野谷が共演するという美意識と緊張感が溢れるエロチックな舞台でした。そう言った意味では、寺

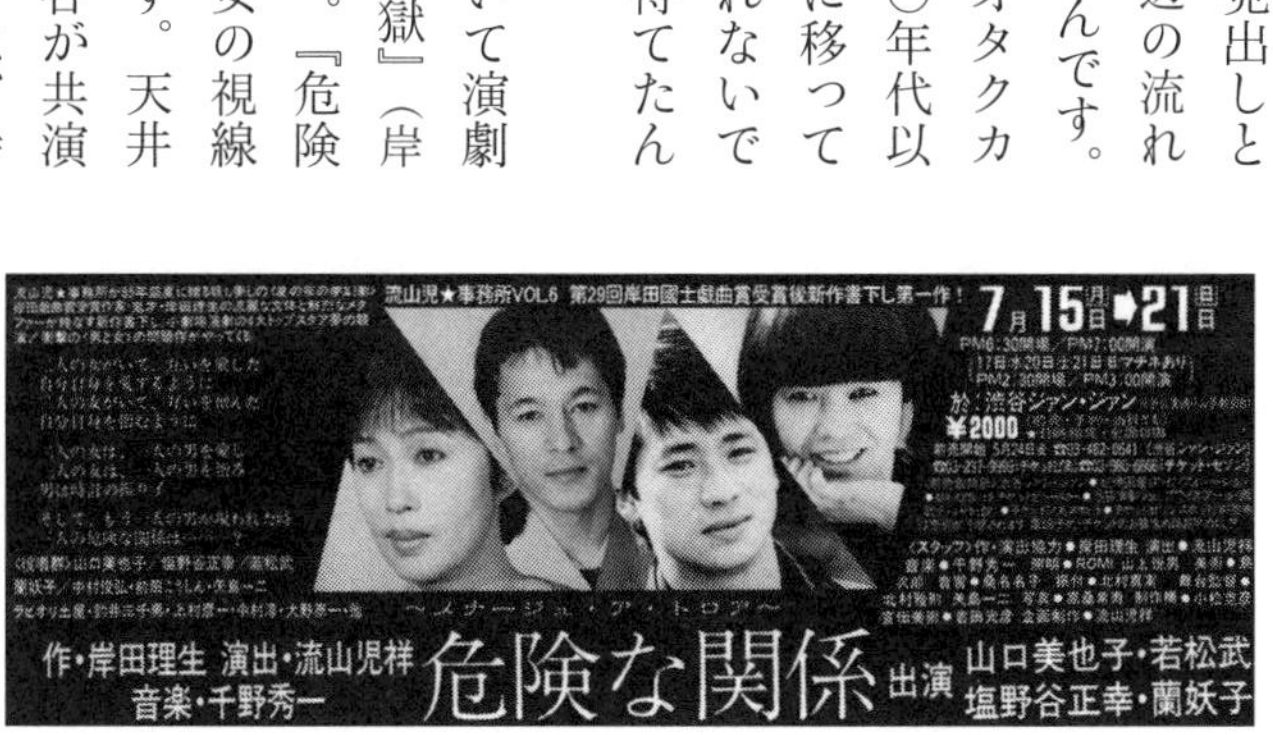

『危険な関係』チラシ（一九八五）

★44……高《たか》田《た》恵《けい》篤《とく》
一九五七—。演劇実験室◎天井桟敷に参加。寺山死後は演劇実験室◎万有引力に参加する。

山さんが残してくれたものを基本的に引き継いでいこうという決意がぼくの中にあった。理生さんに手伝ってもらえたのは嬉しい限りでしたね。『危険な関係』は理生さんの岸田戯曲賞受賞後第一作でジァン・ジァンで上演して大きな反響があった。

西堂　その意味ではジァン・ジァンという劇場の存在は大きかったですね。

流山児　ものすごく大きい。

西堂　シェイクスピア・シアターで上演された小田島雄志[★45]訳シェイクスピアが完結したのもジァン・ジァンのお陰が大きかった。

流山児　あそこは三六五日開いてるんです。つまり、仕込みの日って取れないんですよ。夜、芝居が終わったら夜中から朝にかけて仕込むんですよ。それでゲネプロがやれないときもあったけど何とかやるという恐ろしい劇場だった。それちゃんとやらないと、ダメなわけです。あそこは基本ライブハウスなんだから。沖縄ジァン・ジァンの世界演劇祭に呼ばれて、朝比奈れい花主演で『アダムとイヴ、私の犯罪学〜』という寺山さんの作品をやったんですけど、そのときなんか、時間がないのに島次郎の巨大なセットを組まなきゃいけないので、もうお客さんが半分くらい出ていったときに、「すみません！」と言ってセット入れようとしたのね。そしたら烈火の如く永六輔さんに怒られた（笑）。「流山児！　なにやってんだお前は！　まだお客さんいるだろう！」って、それで「すみません！」って。「こっち来い」って言われて飲み屋で怒鳴られた、その後、泡盛呑ませてもらったけどね（笑）。美輪明宏[★46]さんや宇崎竜童[★47]さんも定期的にやっていた劇場でした。オーナーの高嶋進[★48]さんは青山学院の先輩で快くぼくたちのような貧乏劇団にも

★45……**小田島雄志**《おだしまゆうし》
一九三〇―。翻訳家、演劇評論家。シェイクスピアの全戯曲の翻訳の他、シェイクスピア関連の書籍を多数執筆している。

★46……**美輪明宏**《みわあきひろ》
一九三五―。俳優・歌手。丸山明宏の名でデビュー。進駐軍のキャンプでジャズを歌い、その後シャンソン歌手として頭角を現す。三島由紀夫、寺山修司ら多くの文化人・著名人と交流がある。バラエティ番組にも出演している。

★47……**宇崎竜童**《うざきりゅうどう》
一九四六―。ミュージシャン・俳優。一九七三年にダウン・タウン・ブギウギ・バンドを結成。山口百恵の楽曲を多く手掛けたことでも知られる。

★48……**高嶋進**《たかしますすむ》
一九三二―。青山学院大学文学部出身。一九六九年に渋谷ジァン・ジァンを開店。

ジァン・ジァンを貸してくれた。寺山さんの『観客席』のジァン・ジァンの初演は傑作だった、紀伊國屋版とまったく違ってた。真の闇のドラマ、何が起こるかわからない芝居だったから。『観客席』は。途中で本気で大喧嘩になったりとか、ほんとに箱（無人島）の中に客を入れちゃって夢の島に置いてきちゃうんですよ。箱を釘で打ってそのまま捨てちゃう。入る人がいるんですよ。入らないときはサクラなんですけど、ほぼ誰かが入っちゃうんですね。トラックで運んでいってボコンと捨てちゃうんだ（笑）。あの頃は、芝居ナメた客がいて衣装着て出てきたりする、「欽ちゃんの仮装大会」みたいに。で、天井桟敷の劇団員が怒っちゃって、大ゲンカ（笑）。

西堂　ジァン・ジァンの最後を飾ったのも流山児さんでしたね。

流山児　そうです。『血は立ったまま眠っている』をやった。あの時は劇場が終わるということで、剥き出しのコンクリートのところに三〇〇～四〇〇人くらい、建築現場の板を敷いて座布団に座ってもらってぎゅうぎゅうに入れた。スケルトン（更地）の劇場空間に、西洋便器一つぽつんと置いて、若手劇団員をメインで上演した。

西堂　あれは二〇〇〇年でしたか。

流山児　二〇〇〇年四月です。演劇実験室◎万有引力がJ・A・シーザーの『算数的建築あるいは書物的空間劇　記憶の地下想像力―ある領域における劇的空間の無限性』を上演し、ぼくらが『血は立ったまま眠っている』でファイナルを飾った。

西堂　ある意味で二〇世紀で朽ち果てるという。

流山児　そうです。さよなら二〇世紀＝ミレニアム！です。

西堂　潔い！

流山児　その通り！　あの潔さこそが芝居者の心意気だと思う。公演が終わるや否や、高嶋社長が、バカバカと削岩機でもって、入り口のところを壊し始めたんですよ、凄い、粉じん！　客がまだいるっていうのに。沖縄では、あれだけおれたち怒られたのに！　あそこ、アスベストだったんです。そのあとの「テアトロ」の対談で、「あれはアスベストなんだよね」って、先に言えよ！だよね（笑）。椅子にサインして売ったりもしましたけどね。美輪さんの楽屋の鏡、持っていけと言われたけど畏れ多くて断りました（笑）。あ、照明機材はきちんと頂いてSpace早稲田でその後使わせてもらいました。

西堂　流山児さん、今、ジァン・ジァンみたいな空間ってありますか。

流山児　ないですね。

西堂　下北沢の小劇場B1って、ジァン・ジァンを模して作ったんではないかと思ってるんだけど。

流山児　そうだけど、B1はたまたまそうなんであって（笑）。

西堂　たまたまですか。なんか、あそこに行くとその記憶が蘇ってくる。流れてる空気は違うんだけどね。

流山児　ジァン・ジァンの地下に入っていくと、芸能の魑魅魍魎が巣食う「闇」があった。

西堂　密閉感みたいなのがすごかったでしょ、ジァン・ジァンって。

流山児　一番観てほしい正面の場所が壁になっていて客がいない。でも、何かがソコで観てたんだろうね。あそこは素敵でシュールな演劇空間だった。

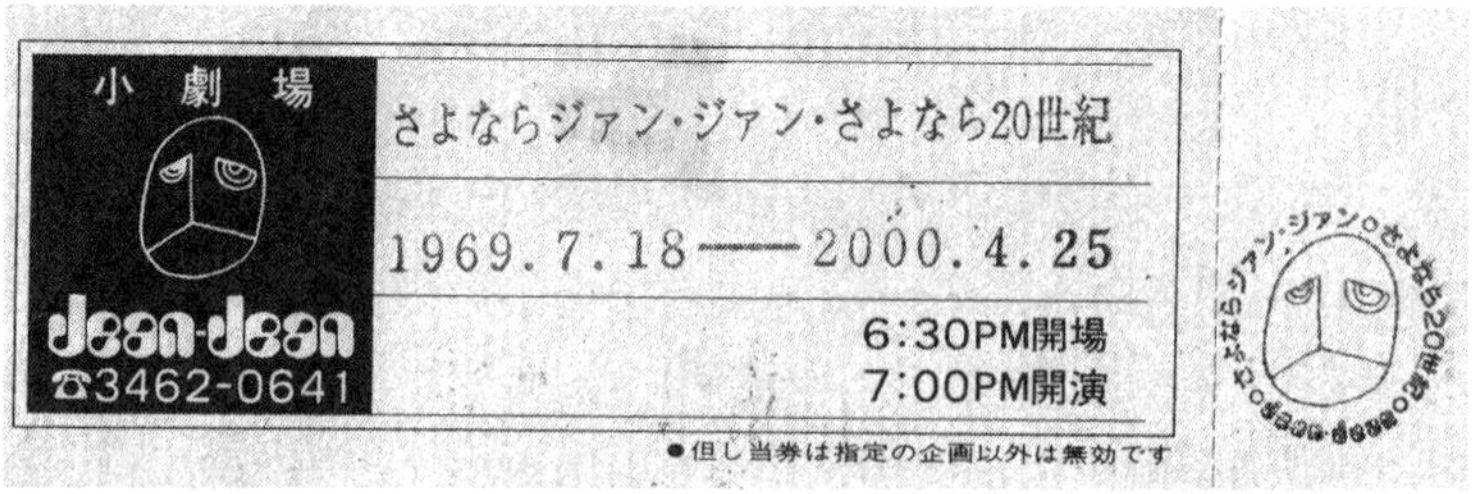

『さよならジァン・ジァン』（二〇〇〇）

西堂　それでも二〇〇人とか立ち見とかギュウギュウ詰めにして。

流山児　いつも、ギュウギュウに入れてましたね。一九九九年『狂人教育』で文化庁芸術祭の審査員が観に来た時、わざと雪籠吊って、大量に降らして寝ている審査員を吃驚させたこともある（笑）。

西堂　いまそのギュウギュウは出来なくなっちゃったでしょ。

12　流山児★事務所プロデュース実質的な旗揚げ公演『ラスト・アジア』

西堂　高取英の月蝕歌劇団は一九八五年ですね、旗揚げが。ここからいよいよ八六年の『ラスト・アジア』である意味で流山児★事務所の巨大なお祭りが始まるんだけど。このことについて話していただけますか。

流山児　一九八六年はめちゃやハードな年です。二月に北村想の新作『フェアリー・テール』を本多劇場でやる。そのあと、六月シアタートップス開場公演で桑名名子という新人劇作家が書いた『恐竜』『3.14 SOUL～ハードボイルドは二度死ぬ！』という作品を連続上演する。セット組んで、壁ぶっ壊しちゃったんですね。で、水が全部漏れちゃった。島次郎のセット。「二度とお前らには使わせないぞ！　出入り禁止だ」「二度と使わねぇよ、こんな劇場！」で二度とトップスは使わなかった（笑）。にっかつロマンポルノで

『フェアリーテール』（一九八六）

児島美ゆき★49との共演で『不倫』（曽根中生監督）もやった。そして一〇月には川村毅★50の岸田戯曲賞受賞後第一作『ラスト・アジア』をやる。これにはエピソードがある。

一九八四年九月二三日早稲田小劇場の同期の桜の舞台美術家・手塚俊一が癌で急逝した。で、告別式でベロンベロンに酔っぱらってしまい、誰彼構わず首根っこ捕まえて、「なんだこの野郎、なんで手塚、死んだんだよ」とかやり出したらしい。まるで覚えてないんだけどね。それで、川村毅から「次、手塚さんとやる予定だったんです」というから、「そうか、じゃあ次、川村、絶対芝居書けよ」って。で、佐藤信に「じゃあ信さん、あんたが、演出ね」。手塚の弔い合戦で『ラスト・アジア』をやることを決めた。あの頃、第三エロチカがメチャ面白くて、可愛くて、アートシアター新宿《ジュク》で『爆弾横丁の人々』とか『エフェメラ・わが愛』とかすべて観ていた。西堂さんが積極的に第三エロチカを評価してた時代だね。有薗芳記とか深浦加奈子★51とかみんないい役者なんだよ。赤坂国際芸術家センターでやったやつはなんだったかな。あれ面白かった。その日の打ち上げで、お前役者で出ろって惚れ込んだ有薗をほとんど拉致して『ラスト・アジア』に出てもらった。

西堂　『ジェノサイド』じゃないかな。

流山児　そう、『ジェノサイド』。有薗は『逆噴射家族』という映画にも出ていた。郷田和彦★52という怪優もいたね。あと、宮島健★53、村松恭子、みんな色気があったな。今はいないタイプの役者たちで好きだった。

西堂　武骨な役者が揃っていた。

★49……**児島美《こじまみ》ゆき**
一九五二―。女優、歌手。映画版、テレビドラマ版『ハレンチ学園』に出演。他にも『北の国から』（81）、『男はつらいよ　花も嵐も寅次郎』（82）などにも出演。

★50……**川村《かわむら》　毅《たけし》**
一九五九―。劇作家・演出家。明治大学在学中に「劇団第三エロチカ」を結成。『ニッポン・ウォーズ』、『新宿八犬伝』などの作品を生み出す。

★51……**深浦加奈子《ふかうらかなこ》**
一九六〇―二〇〇八。女優。明治大学在学中に川村毅らと第三エロチカを結成。映画、テレビなどでも名脇役として活躍した。

★52……**郷田和彦《ごうだかずひこ》**
俳優。明治大学在学中に川村毅らと第三エロチカを結成。

★53……**宮島《みやじま》　健《たけし》**
一九五九―。俳優。第三エロチカ結成に参加しその後全作品に出演。

流山児　そうそう。手塚俊一の葬式から二年後、約束通りとにかく川村君に好き勝手に書いていいから！とだけオファーして、書いてもらったら、役者が五〇人あまり、何とかしなきゃいけねえって、佐藤信が大変だった。どこでやろうというので探しているうちに用賀の駅前にある二〇〇〇坪くらいの東急の建設資材置き場に行きついた。高速道路が見える借景は抜群！　まさに『ラスト・アジア』にピッタリ。で、信さんが当時東急文化村の田中珍彦[★54]さんに頼んで、田中さんが使えよって言ってくれた。島次郎のセットが大変だった。ショベルカーで穴を掘って、その土で山を造って、巨大な映画のオープンセットのようなアジアの街が出来上った。役者たちが土の中に埋まってて、トップシーンでぶわーって出てくるんだよ。『勝手にしやがれ』のセリフじゃないけど「俺は最低だ!!」ってね（笑）。信さん、自分で穴の中に三〇分潜って「やれる！」そうなりゃ役者もやるしかない。近未来のアジアの戦場の敗残兵たちがみんなうどん食って出てくるトップシーンは強烈だった。燃える自動車、トラック、バイク、ジープともうメチャクチャ。P・K・ディックの『ブレードランナー』の川村版。滅茶苦茶面白かった。現場は凄まじかった。だんだん金がなくなっていく。飯買う金もない。弁当も出せなくなって、最後は小道具のうどんをみんな食べていた。チケットぴあ独占販売、売れるかなと思ったら全然売れない（笑）。初日はやばいというので、招待券バラ撒いて五〇〇人くらい集めた、なんと、翌日から予約殺到。まだ口コミが効いた時代ですね。翌日から超満員。

西堂　朝日新聞に記事が載ると動員が増える、そういう時代ですよね。

『ラスト・アジア』（一九八六）

『ラスト・アジア』（一九八六）

流山児　役者は塩野谷正幸、室井滋★55、斎藤晴彦★56、若松武史、小宮孝泰★57、小須田康人★58、有薗芳記、深浦加奈子、美加理、悪源太義平、北村魚、大鷹明良★59、南雲京子、前田こうしん★60、といった錚々たる面々。第三エロチカ、第三舞台、蟷螂、演劇団、それに黒テント。とにかく現場は面白かった。みんな芝居が違うから、すげぇ面白かった。ああでもないこうでもないって喧々諤々の稽古。川村君の台本がスカスカ。だから良かった。それを役者が誤読できるし、想像力で埋められる。ましてや空間が二〇〇〇坪だと小手先のやり方じゃ歯が立たない。空間に勝てない。だからとにかく、大声を出す！　とにかく、目立ちゃあいい（笑）。芝居は登場で決まる！というくらいに観客に対峙した、これが良かった。凧に乗って空中から有薗がバーッとやってきて、落ちたりなんかする大スペクタクルだから。音楽は宇崎竜童。宇崎さんはこのとき高級車を三菱から借りてくれたり、打ち上げ代までカンパしてくれた。『ラスト・アジア』は四〇〇〇人近い観客が用賀に詰めかけたが焼け石に水、興行的には大失敗！　母親からウン百万借金して払ったよ。もちろん、あとで、ちゃんと返したけどね。室井滋に衣裳のウエディングドレスを借りて洗濯代払わなかったから、室井に会うと冗談で「洗濯代払って」と今でも言われる。本当、ゴメンである。

13　宇崎竜童と『血風ロック』

★54　田中珍彦《たなかうずひこ》
一九四〇—二〇一九。早稲田大学卒業後、東急エージェンシーに入社。株式会社東急文化村の設立と同時に取締役に就任。副社長、社長を歴任。

★55　室井滋《むろいしげる》
一九五八—。女優。早稲田大学在学中から自主映画に多く出演。テレビドラマ、映画、バラエティ番組などで活躍。

★56　斎藤晴彦《さいとうはるひこ》
一九四〇—二〇一四。俳優。「劇団青俳」「発見の会」を経て、一九六九年に「演劇センター68／69」（後の「黒テント」）に参加。その後クラシック音楽の替え歌CMで人気を博す。舞台『放浪記』では菊田一夫を演じた。

★57　小宮孝泰《こみやたかやす》
一九五六—。俳優、お笑いタレント。一九七九年、渡辺正行、ラサール石井と共にコント赤信号を結成する。

流山児　宇崎竜童さんとはテレビドラマで共演したんです。そこで北村想の『フェアリー・テール』というホンを渡して、これ読んでください、オモシロかったら音楽創ってくださいと頼んだら、「読んだよ、オモシロいね、音楽やるよ」と言ってくれた。いやあ、吃驚した。そこから宇崎さんがずっとうちの音楽を担当してくれることになる。そういう時代だった。お金云々じゃないんです。面白いからやる。たぶん、宇崎さんが蜷川さんとやるのもそういうことだったと思う。映画『血風ロック』でも宇崎さんが音楽やって役者でも出てくれた。弾着を付けてもらって、蜂の巣になるんですけど。全部自前のタキシード。穴だらけにしちゃった（笑）。おまけにバイクも宇崎さんの自前。ロケ現場まで乗ってきてもらって、撮影終わったらバイクで帰ってもらった。ひどすぎる、無茶苦茶。だけどそういうことに付き合ってくれる人間がいた。
『血風ロック』は四日間で撮ってるんだよ。ピンク映画は三日間で撮るんだから、四日で撮れるだろう！の大強行軍だった。誰も寝ていない、四日間全員、目が真っ赤になってた現場だった。血走ってたよ。でも、銀行強盗で、大殺戮の妄想の映画だからそれでいい……なんて、論理も何もあったもんじゃない。塩野谷も美加理も。そういうのってなんだろう、今思うと。若さゆえ、馬鹿さゆえ。

西堂　四日間で良かったんじゃないですか（笑）。

流山児　『血風ロック』はヨコハマ映画祭自主製作映画賞を受賞して少し報われたけどね。『血風ロック』は、高取のアパートで正月に高取と石井聰瓦監督と三人でシナリオ書いたんだけど、結局、書けなくて内田栄一さんにお願いして書いて貰った。ぼくの映画へ

★58……………**小須田康人**《こすだやすと》
一九六一―。俳優。一九八一年、劇団第三舞台の旗揚げに参加し、看板俳優の一人として活躍する。その後、テレビ、映画にも活動の幅を広げる。

★59……………**大鷹明良**《おおたかあきら》
一九五七―。俳優。小松杏里の結成した演劇舎蟷螂に参加。佐藤信、デヴィッド・ルヴォー、井上ひさしなどの作品で活躍。

「なんか、おれたち不思議なオハナシしているなァ」
血風ロック
THE BLOODY AFTERNOON
映画『血風ロック』

のオマージュと内田さんの妄想がクロスして愉しい経験だった。カメラマンは井出情児、ビデオと映像を滅茶苦茶に駆使して遊んだ。撮影を支えてくれたのはもちろん高橋伴明組。流山児★事務所の劇団員はスタッフも兼ねていたので芝居と違って滅茶苦茶ハードな体験となった。

『ラスト・アジア』も初の野外劇という事で凄い体験だった、でもこの時の体験がその後の『流山児マクベス』のみろくの里国際演劇祭の二〇〇〇人の特設ステージ公演や『花札伝綺』花園神社野外劇や『西遊記』インドネシアボロブドゥール遺跡公演につながる財産となる。とにかく野外劇は大変。そこで生活するんだから。『ラスト・アジア』はバラシも何日もかかったし、みんな一ヵ月近く用賀にいたよ。

西堂 島次郎さんが書いてますよね。ほんとに肉体労働だったって。

流山児 そう。肉体労働の現場を普通プロデュースの劇団だったらやれないでしょう。でも、流山児★事務所は九〇年代半ばまでこういうやり方をした。篠井英介[★61]も榎木孝明[★62]も、三上博史[★63]も出来うる限りセット立てたり、バラシもちゃんとやる。それが基本原則だった。

西堂 前回、演劇団に入団すると、とにかくスタッフ志望でも役者やんなきゃいけないというのと逆ですね。

流山児 そうですね。

西堂 とにかく仕込みとバラシは全員やらなきゃいけない。

流山児 このあと一九八九年に『青ひげ公の城』を佐藤信の演出でやるんですけど、これも大同団結。初日通信大賞の作品賞、演出家賞、助演女優賞を受賞。このチームが『ザ・

★60 前田《まえだ》こうしん
一九六〇—。俳優。演劇団出身。

★61 篠井英介《ささいえいすけ》
一九五八—。俳優。一九八七年には加納幸和ら劇団花組芝居を旗揚げし女形として活躍。

★62 榎木孝明《えのきたかあき》
一九五六—。俳優。劇団四季出身。探偵「浅見光彦」シリーズで演じた浅見光彦役は自身の当たり役として知られるほか多くの作品で演じている。

★63 三上博史《みかみひろし》
歌手・俳優。寺山修司監督『草迷宮』(79)でデビュー。八〇年代以降トレンディドラマ俳優として人気を博す。

『青ひげ公の城』チラシ（一九八九）

寺山』までつながってゆく。信さんは鄭さんに好きなように書いて、あとは俺が何とかするからと、言って書かせた。鄭義信の書き上げた『ザ・寺山』の戯曲は二〇人を超える登場人物しかいない、だが、この企画には四〇人を超える役者が参加している。で、信さんはなんとか寺山さんの戯曲からシーンを創り上げ再構成して『ザ・寺山』の舞台を創り上げた。その上演台本が岸田國士戯曲賞を授賞する。この授賞に関しては作家の鄭さんには忸怩たるものがあったと思うが、鄭さんも劇団で活動していた（当時は新宿梁山泊に在籍）ので舞台がどうやってできるか理解しているので別に何も言わなかった。劇は現場で創りあげるもの、鄭さんの師匠でもある山元清多さんが言うとおり、戯曲というより台本なんだよね。その後、一九九七年、鄭義信作・演出で『ザ・寺山』を上演した。もちろん、オリジナル戯曲が中軸なんだけど、鄭さんもまた、大幅に寺山テキストを換骨脱胎した台本だった。『ザ・寺山』のオリジナル性は、何と言ってもほぼ関西弁、鄭義信ワールド全開の寺山修司論です。九條今日子さんが観て開口一番「流山児、なんで寺山が関西弁なの？」（笑）

西堂　たぶんそれはアングラの名残の最後かな。

流山児　ま、プロデュース公演は毎回、イロイロなことが起こるけど、オモシロい芝居を作りたい、見せたいという思いがなくなったらプロデューサーなんて辞めればいい。客を呼ぶのはぼくの仕事だしね。

西堂　そういう中で商業主義化みたいなところにだんだん足をつけ始めてきた流山児さん。

『青ひげ公の城』（一九八九）

14　商業主義にまみれて

流山児　『やさしい犬』はその最たるものです。役者たちは頑張ってたよ、もちろん。

西堂　これは生田萬？

流山児　ブリキの自発団の生田萬の書下ろしです。三上博史、峰岸徹★64、一色彩子★65、塩野谷正幸の出演に加えてブリキの自発団と黒テントが集まった。黒テントの加藤直★66の演出。その頃、下北沢のボロアパートに事務所があった。電話一台。それが朝の八時くらいからずーーっと鳴り続けるんです。深夜までノンストップ！　どうやって取ったか忘れたけど、制作の小松克彦★67と一日二〇〇〇枚の電話予約を受けた。これ本当。電話が鳴って出て、何日何枚と。それで即日完売！　ぴあも即日完売！　やったー！　追加公演やろう！　で、劇場どっか空いてないか？　劇場片っ端から電話した。新宿シアターアプルが空いていた。五日間貸してくれない？　アプルの使用料滅茶苦茶高いんですよ。でも、抑えちゃった。そしたら、アプルの追加公演、客、全然来なかった！（笑）。本多劇場は追加公演までやって大儲けなのに大失敗。流山児★事務所史上最多の七〇〇〇人という観客動員にもかかわらず、結果はプラス・マイナス・ゼロで終わった。当時は助成金なんてないしね。アプルで当たったら、襤褸アパートから、新宿の3LDKの事務所が借りられるゾ！と思っていた。プロデューサー失格ですね。で、事務所はそのまま襤褸アパート。

★64……峰岸《みねぎし》徹《とおる》
一九四三―二〇〇八。俳優。俳優座養成所出身。映画、テレビ、舞台で幅広く活躍した。大林宣彦監督作品の常連としても知られる。

★65……一色《いっしき》彩子《さいこ》
一九五八―。女優。舞台、映画、刑事ドラマなどで活躍。父は画家の大山忠作。

★66……加藤《かとう》直《ただし》
一九四二―。劇作家・演出家。「68／71黒色テント」創立に参加し、座付き作家、演出家の一人として活躍。まつもと演劇工場・工場長。

★67……小松《こまつ》克彦《かつひこ》
一九五四―。編集者、演劇制作者。映画『血風ロック』ではプロデューサーを務める。

西堂　それはすごい（笑）。

西堂　なんでアプルだとダメだったんですか。客層が違うのかな。

流山児　アプルの客層が違うのと、一公演七〇〇〇人は呼べても一万人の客を呼ぶのは無理という現実。三上博史には今でも大感謝している。三上が『ビリィ★ザ★キッドの新しい夜明け』を撮ってた時、撮影現場で、「三上、芝居出ろよ」と誘ったら、「やるやる」って出てくれたんです。三上は寺山さんのお弟子さんですからね。それに生田の劇、どちらかというとお洒落ですからね。でもセットが島次郎、全部砂だらけ。上演中も砂がずっと降ってた。一人三〇キロの砂袋を役者みんな担いでバラシをやった。バラシをやって三上君は打ち上げにも出られずに、そのまま『私をスキーに連れてって』の撮影現場に向かった。頭が下がったよ。三上は根性座ってるなあと感服したよ。

西堂　本多劇場で成立する芝居と、アプルで成立する芝居ってやはり質が違いますよね。ジャニーズみたいなのを呼ばないと成立しないんじゃないかな。

流山児　そうだね。

西堂　だからそこまでは行けなかったということ。

流山児　いや、『悪魔のいるクリスマス』のアプル公演は日数は少ないが満員になったし、アプルはぼくらにとって大劇場でもなんでもないんだけど。『やさしい犬』は、調子こいたからいけなかったんだよ（笑）。調子こいちゃうんだよね。

『やさしい犬』の後には加藤直が書いた『男たちの後の祭り』を紀伊國屋ホールでやってる。ぼく、一九七三年に紀伊國屋ホールに突っ込んだのにね。当時のヘルメッ

『やさしい犬』チラシ（一九八七）

『やさしい犬』（一九八七）

トも返してもらったよ（笑）。『男たちの後の祭り』はNTTトーク&シアター、スポンサーが付いた。この頃は演劇にスポンサーが付いた時代です。思い返せば、一九八六年は演劇バブルのピークだね。夢の遊眠社は創立一〇周年記念公演国立代々木競技場第一体育館で『白夜の女騎士』『彗星の使者』『宇宙蒸発』の三部作一挙上演を行い、一日で二万六四〇〇名の観客を動員するという記録を打ち立てた。この時代からぼくらにもスポンサーが付くようになった。『青ひげ公の城』『男たちの後の祭り』にはNTTがスポンサーに付いた。

西堂　まさにバブルだね。

流山児　バブルです。でもバブルは結局、バブル（泡）でしかない。

西堂　一度は乗ってみるけどそこの底の浅さみたいなことに気づくってこと？

流山児　でも、案外気づかないでやり続けるんですね（笑）。『悪魔のいるクリスマス』にもSTARTSがスポンサーに付いたけど、その後、止めた。

『やさしい犬』（一九八七）

15

シェイクスピアと遊ぶ

流山児　ここで、シェイクスピアの話をしますか。八八年『流山児マクベス』本多劇場初演は、なぜか、まったく客来なかった。

西堂　それが八八年ですね。

★68……松岡和子《まつおかかずこ》
一九四二―。翻訳家、演劇評論家。坪内逍遥、小田島雄志に次ぎ、シェイクスピア全戯曲の個人全訳を達成する。

流山児　そうです。松岡和子[★68]さんと扇田昭彦さんが絶賛してくれた。松岡さんが海外にも紹介してくれた。松岡さんから「とにかくイギリスに行きなさい」という話になった。じゃあイギリス行ってシェイクスピア観て来るか？です。この辺からぼくは変わっていった。日本演出者協会に入会する。新しい展開はこの辺からかな。

西堂　それはやっぱり、大人になっていくんですかね。

流山児　(笑) そうですね。

西堂　アホがほんとにアホになっちゃった(笑)。

流山児　筋金入りのアホ。だから、シェイクスピアなんてなんぼのもんじゃでやった。やってみたら、ハマった。シェイクスピアという世界演劇の共有財産を使って誰もが抱く共有感覚を脱構築することが楽しかったんだよ。シェイクスピアを「大衆演劇」に取り戻す試み。『オセロー』も改編して『ピカレスク・イアーゴ』、調子こくと止まらないんだよ。一度ぐらいシェイクスピアの生まれたところでも行ってみるかとなった(笑)。行ってみたらけっこう面白くて、サム・メンデス[★69]、デヴィッド・ルヴォー[★70]、サイモン・マクバーニー[★71]の作品を観て、うわぁ、ぼくより一〇歳下にこんな演劇的天才がいるんだと「隣の芝生」に衝撃受けた。

西堂　この頃もう四〇代ですよね。

流山児　四五歳になっていた。ぼくはプロデューサーもやっていたから、一年留学するのは無理、だから一九九三年の一月～四月、ロンドンに三ヵ月留学した。

西堂　四〇代にして演劇の王国に出会うという感じですか。

『マクベス』(一九八九)

『ハムレット』(一九九〇)

流山児　そうですね（笑）。でもって、シェイクスピアとか南北とかは無茶苦茶やったほうがいいんじゃないかというのを確信した。カオスのニンゲン喜劇としての南北そして紗翁劇。

西堂　演劇の古典とか名作が持っている分厚さ。そのあと山元清多さんと一緒に南北をやりますね。

流山児　元さん好きなんだよ。元さんの書くどうしようもない底辺に蠢く悪人たちのドラマが立ち上る。この前も話したけど、元さんの原風景の『海賊』、あれは凄い戯曲です。下町の行き場のない不良少年少女たちのアナーキーな衝動が渦巻いている。天保水滸伝の世界のヤクザの生きざまを描いた『チャンバラ』もそう。庶民の言葉で綴る人間喜劇。ブレヒト[★72]劇を日本に置き換えた黒テントの『ハザマとスミちゃん』、『隠し砦の肝っ玉』は傑作です。シェイクスピアをやるんだったら元さんに福田善之の『焼跡の女侠』を翻案してもらって『焼跡のマクベス』を渡辺美佐子主演で上演した。マクベスの母というのが面白い。それに映画へのオマージュも付け加えて戦後を炙り出した娯楽活劇。『悪漢リチャード』も吉田日出子[★73]をリチャード三世にしちゃう。女優でやるフィリピンを思わせるアジアのシェイクスピア。捻り具合が、面白かった。

西堂　『ピカレスク・イアーゴ』も面白かった。

流山児　あれは、中島丈博[★74]さん。初めて映画のシナリオライターに書き下ろしてもらった。中島さんは四国の人で『祭りの準備』という名作がある。その延長線上で、四国の旧家のどろどろの家族の愛憎劇とケチャとインドネシアを全部入れてクロスしてシェイクス

★69……………**サム・メンデス**
一九六五―。イギリスの演出家、映画監督。ロイヤル・シェイクスピア・カンパニーで演出家を務める。監督を務めた『アメリカン・ビューティー』(99)でアカデミー監督賞、『007スカイフォール』(12)でもアカデミー賞二部門を獲得。

★70…**デヴィッド・ルヴォー**
一九五七―。イギリスの演出家。劇団tptでは演出、芸術監督を務めた。ブロードウェイでの活躍を始め、日本人俳優との共同作業も多い。

★71**サイモン・マクバーニー**
一九五七―。演出家・俳優。イギリス出身。劇団テアトル・ド・コンプリシテを率いる。フランスの演劇教育者ジャック・ルコックに師事。身体を通じた自由な発想による舞台創作が特徴。

★72……………**ブレヒト**
一八九八―一九五六。ドイツの劇作家・演出家。非アリストテレス的な演劇論「叙事演劇」を唱えて自身の劇団ベルリーナ・アンサンブ

ピアの『オセロー』の話になっていく発想が面白かった。「アジアのシェイクスピア」シリーズと名付けて、天安門事件に呼応したハムレットとフォーティンブラスの抗争劇へとつながっていく『流山児ハムレット』もやった。天安門事件に呼応する香港の九龍城砦のヤクザのハムレット劇なんて観たことないもんね。五歳の息子の龍馬と九龍城砦をロケハンした。『流山児ハムレット』は、五分に一度のアクションシーンと決めて殺陣師の國井正廣さんとコラボして好き放題に遊んだ。ハムレットと『地獄の黙示録』にインスパイアされて創った。アジアの戦場を舞台にしたマクベスができないかなと思ったんです。マシンガン乱射しながらクレーンでマクベスを登場させたかったんだ。B級アクションのマクベス。マンガのようなシェイクスピア劇がやりたかったんだ。

16 日韓、アジアとの出会い

西堂　ちょうど日中演出者会議で林兆華[★75]が『ハムレット』をやっています。

流山児　一九九二年一一月北京の小劇場フェスティバルで林兆華に会って面白い演出家だと！と思ったんです。これは絶対日本に呼ぼう！と。そういった意味ではアジアの演劇との出会いがあった。ぼくはその前年の一九九一年八月に韓国のソウルに行く。『流山児マクベス』韓国公演の劇場探しに行ったんですよ。全斗煥[★76]政権だった。戒厳令が出ていて、夜中は酒飲めないんです、一二時から朝の四時まで大学路で電気を消して演劇人

ルを主宰した。代表作に『三文オペラ』、『肝っ玉おっ母とその子供たち』、『ガリレイの生涯』など多数。

★73……吉田日出子《よしだひでこ》
一九四四―。女優。俳優座養成所、文学座研究生を経て、串田和美らと自由劇場を創設。代表作『上海バンスキング』は一五年に渡るロングランを達成した。

★74……中島丈博《なかじまたけひろ》
一九三五―。映画監督・脚本家。代表作に『津軽じょんがら節』（73）、ドラマ『真珠夫人』（02）、大河ドラマ『草燃える』（79）など多数。

『ハムレット』（一九九〇）

たちと飲んでる。それで五時になったら開けるとか。そういう若手の韓国の演劇人たちと会って、こいつらハンパねえなと思った。大学では火炎瓶がバンバン飛んでる。催涙弾が炸裂する懐かしい光景。久しぶりなんでワクワクしてくる（笑）。俺も火炎瓶投げたくなった（笑）。

親友の孫振策の稽古場に行って、アリエル・ドーフマン★[77]の密室サスペンス『死と乙女』の稽古見せて貰ったりした。ぼくね、あの時、現金で三〇万円持ってて、これで劇場を貸してください、と劇場と直談判したんだよ、大学路の小劇場に。お前ヤクザかと（笑）思われるのも当然だよね。ぼくの事なんかだれも知らないんだから。もうダメかと思ったらユン・ソクポンというプロデューサーに会った。彼は今、釜山の代表的プロデューサー。「わかった、お前の芝居プロデュースしてやるからソウルへ来いよ」と約束してくれた。で、『流山児マクベス』を二ヵ月後、ソウルでやるんです。空港で小道具の機関銃やら照明機材持って入ろうとして逮捕されそうにもなった。劇場の近くには安重根★[78]記念館があった。伊藤博文★[79]を暗殺した愛国者。仕込みで雪駄とか履いて食堂に行くと、何だお前ら日本人か！って睨まれた。雪駄ダメなんですよ。「チョッパリ（日本人の蔑称）」！と言われた。だから飯も食えないようなこともあった。でも、芝居やってるんだとわかると滅茶苦茶歓待してくれたね。ソウル教育文化会館一二〇〇人客席×三ステージ三五〇〇人満員だった。『流山児マクベス』を観にソウル中の演出家がやってきた。終わってからの討論会は喧々諤々だった。文化侵略だ、マンガだ、シェイクスピアを馬鹿にしている！とか言われた。すると、いや、これは新しい演劇だ！と全面的

★75……林兆華《りんちょうか》
一九三六―。中国の演出家。伝統芸能を取り入れた演出で知られ、劇作家の高行健と共に前衛的な作品を発表する。北京人民芸術劇院の『ハムレット』で来日公演も行った。

★76……全斗煥《チョン・ドゥファン》
一九三一―二〇二一。韓国軍の出身の政治家。一九八〇年に大統領となる。光州事件において軍隊を投入し民主化を求める人々を弾圧したことでも知られる。

★77…アリエル・ドーフマン
一九四二―。小説家、劇作家。代表先に『死と乙女』、『谷間の女たち』ほか。

★78……安重根《あんじゅうこん》
一八七九―一九一〇。大韓帝国の独立運動家。一九〇九年一〇月二六日、ハルビン駅に到着した伊藤博文を狙撃し射殺した。その後身柄は日本側に引き渡され、一九一〇年三月二六日に処刑された。

に評価する人も出てきて。そこから、韓国の演出家たちと付き合い出す。九〇年に日本演出者協会に入って九二年には日韓演劇人会議を企画制作した。滅茶苦茶パワフルに動いていたな。ノルと、後さき考えず猪突猛進。

西堂　ちょうど八〇年代の末から九〇年代にかけて、世界が劇的に動く時期ですね。それはむしろ日本にいるよりもソウルにいるほうが感じられた、そんな感じですか。

流山児　その通り。日本はバブルに浮かれてたけど現実にぼくらの近くにある国をまったく知らないじゃない。記者会見で、インタビューされて、「流山児さん、うちのおじいちゃん、日本兵に殺されたんですよ」と言われて、ドキっとした。そういうところで俺たちは今芝居をやってるんだと。それから三十年、韓国の演劇人、アジアの演劇人と付き合うことになる。たまたま、付き合った最初の海外の演劇人が韓国でよかったと思う。

西堂　韓国はそういった意味では自分たちの顔を非常によく見せてくれる。他者の目を持って。

流山児　西堂さんの言う通り。一人ずつの顔がちゃんと見える。体をきちんと持ってるから。日本の演劇人はどんどん身体をなくしつつあった。韓国の役者は圧倒的な身体性を持っている。

西堂　そんなこんなで日韓の交流とかが始まり九〇年代の頭に来るというあたりで今日の話は終わりにしましょうか。

★79……伊藤博文《いとうひろぶみ》
一八四一—一九〇九。長州藩出身の政治家。吉田松陰に学び尊王攘夷運動に加わる。明治政府では大久保利通の死後、実験を握り初代内閣総理大臣に就任。日露戦争後に初代韓国統監に就き日韓併合を進めるも、ハルビン駅で安重根に殺害される。

『マクベス韓国』（一九九一）

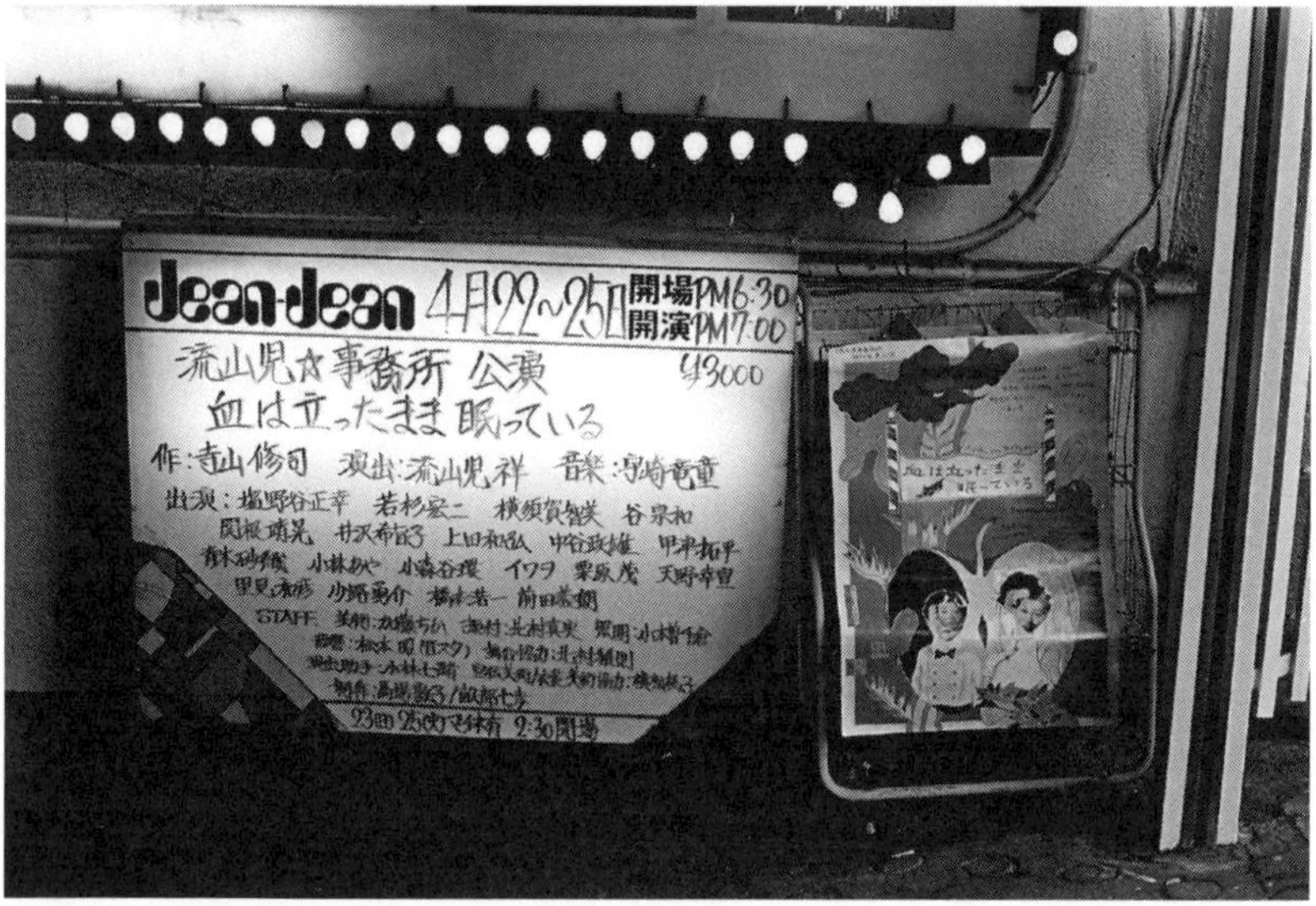

『血は立ったまま眠っている』(2000)
渋谷ジァン・ジァン ファイナル公演／撮影：SUNAK FILM 砂川修司

世界史の大転換の中で

1991 〜 2003

第一部

1

三年がかりの福島でのプロジェクト

西堂　これまで三回話をしてきましたが、前回の「八〇年代の演劇」で、小劇場のエッセンスをほぼ語り尽くした感があります。その後、つまり一九九一年以降は、どちらかというと劇現場主導というより、世の中の動きが急展開してきて、その中に演劇の側が巻き込まれていくという感が強かったことが多分にあるんじゃないかなと思います。演劇が世界の中でどのように右往左往していくのかということを流山児さんに語っていただければと思っています。

流山児　福島から右往左往して帰ってきたばかりなんだよ。しゃべっていい？

西堂　どうぞ。

流山児　三年がかりでやってきた、福島の演劇人との共同製作プロジェクトで真船豊[★1]の『鼬』を上演してきたんだけど、あの地震（二〇二一年二月一三日の福島沖地震震度六強）で、役者は集まれないし、劇場は使えなくなるし、大変だったんだよ。コロナでタダでさえギリギリなのに。でも、街の人たちの提案で結婚式場を開けてくれて、とても素敵

★1……真船《まふね》豊《ゆたか》　一九〇二—一九七七。劇作家。代表作に『鼬』、『裸の町』、『遁走譜』、『中橋公館』など。

な芝居ができ上がった。「人の情け」で芝居はできるんだなと実感した。これは今日の話と通じるんですが、世界が大転換しようが、どんなことになろうと、芝居は結局「人の情け」でやるものなんだ。

西堂　真船豊は新劇の劇作家ですね。

流山児　三年やってみて、ぼくは実は「新劇が好きだったんだ」と思いました。『鼬』はフィールドワークから始まった。地区会館に行くと初演のセピア色の写真が残っている、復員したばかりの若い人たちが青年団で『鼬』を上演してたんですね、終戦直後。その写真を見て、「これだ、俺たちのやりたい芝居は！」と思った。これが俺たちが三・一一以降追い求めていたアジール演劇！の《原点》だって。

西堂　今の、「ぼくは新劇が好きだった」というのは衝撃的な言葉ですね。

流山児　新劇というか、新劇の骨のあるテキストかな。

西堂　それって新劇とアングラとか小劇場とか対立構図じゃなくて。

流山児　演劇が好きだった（笑）。

西堂　ある意味、新劇をアングラ化していくとか、新劇を小劇場化していくとか、結構、今の中堅の新劇団ってそういう傾向にあるような気がするんです。例えば劇団東演だと、ベリャコーヴィッチ[★2]みたいな演出家を招聘して、そこで彼が役者を鍛えて『マクベス』なんかやると、ほとんど小劇場の演劇に近いようなテイストになっていたりする。流山児さんが今言われたのはたぶんそういうニュアンスに近いんじゃないかなと思ったんですけど。

★2 **ワレリー・ベリャコーヴィッチ**
一九五〇―二〇一六。ロシアの演出家。日本でも『巨匠とマルガリータ』、『夏の夜の夢』、『かもめ』などの演出作品が上演されている。

2

演劇の原点に戻る？

流山児　台湾の学生や福島の人たちって、言ってみれば素人だよね。素人って上手くない。上手くないっていうのが、「すごくいい」んだよ。つまり、その人の人生の言葉を吐けるのがほんとの役者だって思う。そういうものに「五〇年」かけて戻ってきてるっていう実感がぼくの中にある。事件とか震災だとかで世界がどう変わろうと、その中で人は生きていくわけじゃない？　そこで、家族とかいろんなことを背負いながら舞台にやって来る。人生ってものを背負って、「一回性の生」を生きていくわけだよ。その心意気というか志というかそういうものがものすごく必要なんじゃないかって思う。演劇をなんでやるんだ、なんで今芝居をやんなきゃいけないかを、ついつい忘れちゃう。そこに戻るためメジャーとマイナーをすごい振れ幅で生きてんだよ、ぼくらは。

西堂　僕はアングラの本質ってそれだと思ってるんです。無名の者たちが自分の存在を賭けて生き方を探っていく。それが結果として演劇っていう名前を与えられたりする。

流山児　そうね、たまたま演劇なんだよね。

西堂　それが演劇っていう受け皿になっている。実はアングラっていう概念自体それくらい僕にとって広いんだね。そのことを今語ってくれたんじゃないかなと思った。

流山児　真船さんはある種の思想があって、思想に殉じなきゃいけない、と肩肘張って生きたんじゃないのかな。でも、肩肘張らなくても真船さんの芝居は現代でもかなり面白い。アナーキーでカオスだから現在でも最良のテキストになる。カオスをちゃんと引き受けられる文体だし文学だと思う。だから、自ら「書斎劇場」を主宰して文学に籠るんだけど。真船さんの言葉は、歴史を背負った身体を持ってる人たちが演じるとすごく面白くなる。参考にしようと思って白石加代子と鈴木京香[★3]の『鼬』見たんだけど、上手いけど、それだけなんだ。お二人に『鼬』やって人生変わった？って聞いてみたくなった。凄い役者だけど、そんだけ。複製可能の演劇なんだよ。たった二日間三ステージ二〇〇人にも満たない観客に向かって「命を懸けて」演った素人の役者たちの欲望の熱量のほうが圧倒的に大きいと思った。気持ちいい現場だった。

西堂　話をうかがっていて、新劇とか、演劇というジャンルに回収されないブツがそこにゴロっと転がってるって、そんな感じをイメージしました。

流山児　それを忘れちゃだめなんだ。ブツでしかないんだニンゲンなんて。だから「時の渦の中」に体が入っていくその浸透圧をかけられないと、役者はだめなんじゃないかな。

西堂　どうもありがとうございました。それで本題というか世界史の問題に入っていくんですけど。

流山児　ぼく、世界史なんて知らねえぞ（笑）。

★3……**鈴木京香**《すずききょうか》　一九六八―。女優。NHKの連続テレビ小説『君の名は』（91）でヒロインを演じ人気を得る。映画、テレビドラマ、CMなどで幅広く活躍。

3

歴史が大きく変わった

西堂　前回はベルリンの壁の崩壊が一つの歴史の大きな転換点になっているという話をしました。九一年に湾岸戦争が起きて、その後ソ連の解体とか東欧が市場経済に転換していって、要するに東西問題が南北問題に変わっていくわけです。で、アメリカの一強時代が始まっていくんだけど、それを突き破るものとしてアラブ・イスラムっていうものが出てくる。この時に流山児さんなんかは「反戦演劇人の会」でデモやってるんですね。

流山児　一九四五年の戦争が終わったのと一九六八年のパリの五月革命、一九八九年のベルリンの壁の崩壊と天安門事件が大きな変わり目だと思うね。それらの中で大きく歴史が変わった。フランシス・フクヤマが「歴史が終わった」って言ったじゃない。「大きな物語」が終わる、「普遍的な歴史が終わる」中にぼくたちはいた。寺山さんは見られなかったけど予見してた。その後、少しは世の中新しくなる、少しは良くなるって思ったけど、西堂さんが言うように、アラブ・イスラムとの戦いが始まっちゃう。湾岸戦争。湾岸戦争の時に文学者は相当揉めた。

ぼくたちは高取英の新作『プロメテウスの蛍』の稽古をやってた。鶴屋南北の『桜姫東文章』を高取風にアレンジしたタイム・パラドックス演劇で連合赤軍事件の時代に桜姫が行っちゃう荒唐無稽な作品。当時、演劇団メンバーに加えて法政大学の元劇研

★4……………天本英世《あまもとひでよ》
一九二六―二〇〇三。俳優。東京大学を中退して俳優座に所属。岡本喜八監督作品に多く出演した他、『仮面ライダー』（71）では死神博士を演じて人気を博した。

★5……………ガルシア・ロルカ
一八九八―一九三六。スペインの詩人、劇作家。代表作に『血の婚礼』、『イエルマ』、『ベルナルダ・アルバの家』など。

『グッドバイ』チラシ（一九八八）

の連中が大量に参加してやってた。落合一修とますだいっこうがリーダー。この二人が、「流山児さん、湾岸戦争反対デモやろうよ。このままだったら、誰もなにも言わないよ」と。演劇人は何も行動しなかったこの時。「じゃあ、やるか」ってことで「反戦演劇人の会」を結成した。「デモやろうぜ」で渋谷に多くの演劇人が集まって「湾岸戦争反対デモ」。渋谷駅前では右翼との小競り合い。松田政男さん、佐藤信、高取、坂手洋二とかが加わってくれた。吃驚したのは大先輩の役者天本英世[★4]さんの登場。マントを羽織って仮面ライダーの「死神博士」の扮装でやってきて、集会とデモに加わってくれた。天本さんは北九州若松出身、青年劇場の瓜生正美さんと同世代の反軍国主義、生粋の自由主義者、ガルシア・ロルカ[★5]が好きなアナーキスト。国家なんて大嫌い！と、集会でいってました。面白いデモでした。参加者はメチャ派手な恰好してシャウトしてた。久しぶりに「血沸き肉躍った」ね。まだぼくは、四三歳。そしたら、瓜生さんが青年劇場の稽古場で「流山児が湾岸戦争反対デモやってるんだよ。皆はどう思うんだ」って劇団員にハッパ掛けて「共闘宣言」してくれた。思想的にはかなり違うんだけど、その後、瓜生さんとは一緒に一九九九年「日の丸・君が代法案反対闘争」で、一五〇〇人に及ぶ演劇人の賛同署名を得て国会議員会館で記者会見、署名提出の共同行動することになる。

　九一年六月には『流山児マクベス』韓国公演。韓国演劇にはメッセージがあるし、テンションも高い、型に収まった日本の芝居にない熱気があった。五〇歳までの六年間はアジアとの演劇交流に全力を尽くしたいと思ったもんだよ。実際は八年間出来なくて、一九九九年から海外へ行き始めるんだけどね。近くて遠いアジア。そんな中で日本人は

『星月夜』（一九九〇）

『プロメテウスの蛍』チラシ（一九九一）

孤立しているが、それでいいのか。世界が新しい秩序を模索している今だからこそ、一緒に理解しあえる土俵を作らないと。文化の交流で。小劇場演劇を三〇年作ってきたぼくたちのアングラを堂々とアジアに、世界に、持っていく。小劇場界も経済原理が幅を利かす時代で小劇場の芝居がすべてエンターテインメントでしかなくなってる。危機意識を持たなきゃダメだろう！　なんて、こと言ってたよ（笑）。

西堂　（笑）ちょうどこの頃、韓国と付き合い始めるんですね。

流山児　そうです。

西堂　その意味で韓国との出会いっていうのは日本の中にある不満をぶつけるのにもってこいの「他者」だった気がするんですね。

流山児　「他者」、そうだね。

西堂　日本の中になかったものが向こうにまさに実現している。そういう感じがあった。とくに俳優の身体はすごく凛々しいし強度があった。

流山児　そうだね。凛々しい強度。俳優の力がすごいよね。

西堂　それには目を瞠るものがありましたね。

4　韓国との交流

流山児　『流山児マクベス』公演の翌年の１９９３年には新宿梁山泊『人魚伝説』、青年団

★6……………… **翠羅臼**《すいらうす》
一九四七―。劇作家、演出家。一九七三年「曲馬舘」創設に参加。その後、夢一族などで活動する。

★7……………… **桜井大造**《さくらいたいぞう》
一九五二年―。劇団曲馬舘から派生した「風の旅団」を主宰。その後「野戦之月」を主宰。

★8……………… **ソン・ジンチェク**
一九四七―。演出家。一九六七年劇団山河、八六年に劇団美醜を設立。二〇〇二年日韓ワールドカップ開幕式総合演出を務めた。

★9……………… **佃典彦**《つくだのりひこ》
一九六四―。劇作家・演出家・俳優。劇団B級遊撃隊主宰。『ぬけがら』で岸田國士戯曲賞。俳優としてもテレビドラマなどで活躍。

『ソウル市民』公演と続いた。そして日本演出者協会主催の日韓演劇人会議を始める。たしか、第一回の日韓演劇フェスティバルは大駱駝艦の豊玉伽藍でやったんだよね。あれ？　なんか間違ってるな？

西堂　それは一九八四年の韓日フェスティバルですね。

流山児　それだ、それ。

西堂　それは発見の会の瓜生良介さんが中心となって旧曲馬舘系の翠羅臼[6]や桜井大造[7]、大谷蚕天門だとか、ホモフィクタスの芥正彦が主役の民谷伊右衛門を演じた『東海道四谷怪談』を上演した。火田謡子がお岩を演じた。

流山児　あれ、ぼくも役者として誘われたんだ、でも高取英の『天狼騎士団』をスズナリで上演するのでスケジュールが合わず断っちゃった。あの時、出てたら違う展開になってたかもしれないね。

西堂　一九八四年の韓日演劇フェスティバルは日韓演劇交流史では結構大きい足跡になります。その時ソン・ジンチェク[8]が『ソウル・マルトゥギ』っていう舞台をやった。

流山児　あの時からソン・ジンチェクと友人になった。同世代だから。新宿の焼肉屋を姉さんがやっていて。一番のチング（ダチ公）になる。

西堂　ここら辺が一つの導線になってる。これを話し出すとキリがない。

流山児　そうだね。『流山児マクベス』名古屋公演の時、佃典彦[9]が現れる。名古屋の中小企業センターでやったんだけど、北村想が、宿舎だった名古屋駅前の卓球場に若い劇作家を連れてきたんですよ。それが佃典彦。名城大学を出てB級遊撃隊っていう劇団を

『天狼騎士団』チラシ（一九八三）

『天狼騎士団』（一九八三）

作ったばかり。「流山児さん、ファンです」っていうから、「何のファンだ」って聞いたら、「『血風ロック』のファンです」。映画のシナリオ書きたかったらしいけど。「俺は芝居屋だぞ」って言ったら、「台本送りますから」。送ってきたのが『アトミック☆ストーム』っていう長谷川和彦監督[★10]の『太陽を盗んだ男』と黒木和雄監督[★11]の『原子力戦争』をミックスしたB級アクションの反原発不条理芝居。ここから、佃典彦との長ーい付き合いが始まる。この年から、tpt でデヴィッド・ルヴォーが演出し、塩野谷正幸がハロルド・ピンターの『背信』に出演したりする。そして、芸術文化振興基金の助成が始まる。

西堂　九二年ですね。

流山児　あと、新国立劇場、二国の問題が起こる。

5　新劇と小劇場の対立を超えて

西堂　この九〇年代の初頭っていうのは演劇の局面がガラッと変わってきた。確かに助成金が出るなんてことは夢にも思ってなかったわけでしょう。それが始まったり、新国立劇場ができるみたいな話になった。別に要望していたわけでもないんだけど。そこで連絡会議みたいなのができて、坂手洋二や平田オリザらが中心となって小劇場の集まりを作り、それがやがて日本劇作家協会創設につながっていく。

流山児　『流山児マクベス』は国際交流基金から助成金をもらうんだよ。これが公的助成を

★10……長谷川《はせがわ》和彦《かずひこ》
一九四六―。映画監督、脚本家。『青春の殺人者』(76)でデビュー。代表作は『太陽を盗んだ男』(76)。

★11……黒木《くろき》和雄《かずお》
一九三〇―二〇〇六。映画監督。同志社大学卒業後、岩波映画社に入社。『東芝の電気車輛』(58)でデビュー。『あるマラソンランナーの記録』(64)、『竜馬暗殺』(74)、『父と暮せば』(04)などの作品で知られる。

もらった初事業。それまでは一切助成金もらわないでやってた。芸術文化振興基金ができても三年間助成金申請しなかった。国から金なんかもらえるかって（笑）。でも、なんか、もらうと楽らしいぞ。で、申請してみた、少し楽になった。九二年には日本演出者協会の最年少の理事になる。ここから、変わってくる。公的資金がないと日韓の交流もできない。公的資金＝国民の税金をどう使っていくかを考えだすのがこの頃から。

西堂　別に税金使うのが悪いわけじゃない。税金っていうのはもともと納税したものが還元されてくるわけだから、そういう正当な論理を持てばいいんだけど、日本の演劇人って移動演劇隊とか大政翼賛会だとか国家とつるむと必ずガタガタにされるっていう意識が非常に強かったので、国家の金には背を向けてたんだ。それがここで変わってきた。

流山児　当時、演出者協会の事務局は新宿三越裏の新劇団協議会に間借りしてた。文字通り「新劇に間借り」していた。まるでギャグ。ぼくが入会した後、和田喜夫[★12]、外波山、高取、坂手といった小劇団の演出家が次々入会してさまざまな事業を始めていく。最初にやった国際交流事業が一九九二年日韓演劇人会議。これ来てます？　東京芸術劇場でやった時、西堂さん。

西堂　うん、たぶん行ってると思う。

流山児　『しのだづま考』、『子午線の祀り』の群読、韓国の劇団木花がオ・テソク[★13]作・演出の『TORAJI』。東京ビビンパクラブのライブ。初日なんか、時間オーバーで演奏しながら客だしやったりしてテンテコまいだった。オマケに、大赤字、その後、大問題。ぼくは責任とって理事辞めますって言ったんだけど辞めさせてくれなかった。あの時辞めと

★12……………和田喜夫
一九五一―。演出家。岸田理生との共同作業やオーストラリアやカナダの先住民作家の戯曲の紹介でも知られる。

★13……………オ・テソク
一九四〇―。韓国の劇作家・演出家。劇団木花主宰。ソウルオリンピックの開閉会式の演出も手掛けた。

きゃよかったのに。一九九四年に副理事長になって二四年間務め、挙句の果てには、今では、理事長までやってる。

西堂　九二年に二国問題が出てきた時に、演劇連絡会議ができて、僕も何回か集まりに行きました。

流山児　俳優座劇場でシンポジウムやりましたね。

西堂　この時新劇と小劇場って非常に対立していて、呉越同舟が始まっていく感じ。

流山児　まったくそう。でも、とにかく集まらなきゃ力にならん！というすごくシンプルに「結集」したって感じだった。

西堂　その時、今の日本劇団協議会ってのは新劇団協議会だったんですよ。

流山児　そうです。

西堂　それを新劇なんて名前付けてると誰も入ってくれないってことで一九九二年に「新劇」の看板を外したんだ。

流山児　それで、浅利慶太が烈火の如く怒った。劇団四季は劇団協議会から脱退する。ま、浅利さんの言うのも、当たり前だね。

西堂　そういう意味で言うと、新劇のほうがむしろ後続の小劇場の世代にちょっと寄り添っていく感じ。それが九二、三年くらいに起こってたんじゃないかな。

流山児　そうだと思う。千田★14（是也）さんが小劇場ってのは面白いと思いだしたんだよ。

西堂　彼はもともと佐藤信とか、小劇場の人たちをちゃんと認めていて、キャパシティーがあった。その時の新劇っていうとむしろ民藝とか文学座だね。どちらかというと守旧

★14……………千田是也《せんだこれや》
一九〇四―一九九四。俳優・演出家。築地小劇場の第一期研究生として旗揚げ公演に参加。その後、「俳優座」を設立し、戦後新劇界のリーダーの一人として活躍した。

派は。

流山児　三大劇団というのが確固としてあった。演出者協会も三大劇団の人が理事だった。でも、時代は変わって民藝、俳優座から理事が選ばれなくなる。選挙だから。小劇場の演出家が大半を占めてゆく。状況は変わっていった。瓜生正実さんが劇団協議会会長時代の二〇〇一年、流山児★事務所も劇団協議会に加盟する。

西堂　その意味で、新劇とか小劇場を超えて「劇作家協会」とか「劇団協議会」という形で演劇業界がそこで立ち上がったんじゃないかな。

流山児　この頃、井上ひさしさんと話し合っていたのは、「日本演劇センター」を何らかの形で作れないかなぁって、討論していた。

西堂　それはどういう構想だったんですか？

流山児　都内の小学校の廃校を利用してＮＰＯの情報センターを作る。海外から演劇人が来たってどこでなにやってるかまったくわからないじゃないですか、日本では。国際演劇協会（ＩＴＩ）が本来そういうことやんなきゃいけないんだけど、そういう情報センターもない。最終的なイメージは演劇人のユニオン。劇作家協会のほうが先に上演料の問題とかやっていきます。平田オリザや坂手洋二のほうが大人っていう感じだった。劇作家協会が出来たっていうのは大きなムーブメントになった。でも、それから一〇年くらい経たないと両協会とも社団法人化しない。九〇年代は任意団体。本来、政府に対して演劇教育や公共劇場の役割などを提言する組織であるべきなんだが、まだそこまでいってない。

西堂　今、その話を初めて聞いたけど、非常に大きく日本の演劇の制度が変わっていくんですね。その時流山児さんは何してたのかっていうと、ロンドンに留学している（笑）。

6　劇場の再編成

流山児　そうだね。その前に、佃の後に、演劇企画集団THE・ガジラの鐘下辰男[★15]に会う。初期作品はつかこうへいと漫画「人間交差点」みたいで、そんなに重くないんだけど、演出すると真っ暗で滅茶苦茶重いんです。ちょうど鐘下に子供が生まれたばかりだった。龍昇と同じ田舎（北海道帯広）。『tatsuya』という永山則夫を扱った作品が衝撃的だった。久しぶりにゴリっとした硬派で骨太な作家が出てきた。佃、鐘下という新進気鋭の劇作家と出会ったのがこの年のエポックだったんじゃないかな。

西堂　僕もこの年に『tatsuya』で彼に出会った。その後『曾根崎心中』『一九八〇年のブルースハープ』と立て続けに刺激的な作品を書いている。

流山児　『tatsuya』を上演した。その後、流山児★事務所のレパートリーになっていく。有薗芳記、ラサール石井[★16]、塩野谷正幸、大鷹明良、石井ひとみ[★17]というキャストで、新宿タイニイアリスで初演。前売完売、超満員。コント赤信号のラサール石井の「初アングラ」という事で話題を呼んだ。お笑い系など、ジャンルの違う役者も流山児★事務所で芝居ができる。そんなコラボがここから始まる。水谷龍二[★18]には一九九七年ぼくと有薗芳

★15……**鐘下辰男**《かねしたたつお》
一九六四―。劇作家・演出家。THE・ガジラ主宰。永山則夫事件を題材にした『tatsuya- 最愛なる者の側へ』（92）で芸術選奨文部大臣新人賞を受賞。

★16……**ラサール石井**《いしい》
一九五五―。お笑いタレント、俳優。一九七七年渡辺正行、小宮孝泰と共にコント赤信号を結成。テレビバラエティ、クイズ番組などで活躍。

★17……**石井**《いしい》**ひとみ**
一九六二―。女優。状況劇場に参加し、その後新宿梁山泊に所属した。

★18……**水谷龍二**《みずたにりゅうじ》
一九五二―。劇作家・演出家。演劇集団「星屑の会」で活動するほか、テレビドラマも多く手掛ける。

★19……**綿貫凛**《わたぬきりん》
演劇プロデューサー。一九九四年にオフィスコットーネを設立。二〇二二年永眠。

記との二人芝居『ツイン・ベッド』を書き下ろしてもらった。鐘下の『tatsuya』との出会いがきっかけだね。

西堂 この時のガジラは小劇場の中で一番飛び抜けていた。

流山児 助成金の取り方も。今、オフィスコットーネの綿貫凛[★19]さんがガジラの制作やってて、彼女は名プロデューサーだった。鐘下くんが、よく言ってましたよ。文化庁のアーツプラン21が取れればすごいセットが作れる、と。つまり島次郎のセットがウン百万円で作れるって。ええっ?てぼく、聞き返したんだけど。今、思うと当時の助成金のリアルなスガタを言い表わしてるんじゃないのかな? 作品の芸術性のグレードアップ。それって、悪いことじゃない。でも、島さんには俺、ウン十万しか払えねし、セットは劇団員で創るし、制作会社に発注はしない!って。数年後には俺たちも発注することになるんだけどね(笑)。でもまあ、凄い素敵な美術作品のようなセット組んでましたね。紀伊國屋ホールでも本多劇場や世田谷パブリックシアターでも。鐘下+島次郎の名コンビはあの「時代の寵児」だった。鐘下のテクストと島の美術が見事に合致していた。ある意味、小劇場の劇作家・演出家のステータスがバーンと上がっていく時代の先駆けを鐘下はやったんじゃないかな。鐘下の才能は凄かった。

西堂 新国立劇場が九七年に立ち上がった時に押し出した劇作家の一人が井上ひさし、若手では鐘下だった。たぶん渡辺浩子[★20]さんの時代だったと思う。

流山児 まだ浩子さんの時代か。

西堂 そこでピックアップされたのが鐘下だった。彼は三四歳で読売演劇大賞の大賞を

『tatsuya』(一九九二)

『tatsuya』チラシ(一九九二)

獲ってるんですよ。若くして巨匠になった感じ。

流山児　可哀そうに（笑）。あとは、大学教授になるしかない（笑）。

西堂　それがいいことか悪いことかは別として（笑）、そういう抜け方っていうのが、新国立ができたり助成金が出たりすることで可能になっていく。そういう背景は重なってたんじゃないかな。

流山児　そうだね。

西堂　自力で上がっていくというより、公共劇場を通じてホップ・ステップ・ジャンプできた一人かもしれない。

流山児　鐘下は本多劇場じゃないんですね。彼の場合、紀伊國屋だったり新国立だったり、世田パブだったりする。

西堂　最初はシアタートップスですね。

流山児　そう、トップスから上がっていく。普通だったらスズナリ、本多って上がってくコースじゃないですか。いわゆる「小劇場すごろく」ね。それとはちょっと違った形で鐘下君は出てきた。

西堂　その時、スズナリ、本多、紀伊國屋っていうホップ・ステップ・ジャンプの物語は終わってますね。

流山児　そうだね。

西堂　それとは違う、公共劇場を軸とした物語に変わっていった。だから紀伊國屋がある意味で一番ダメージ受けたんじゃないかな。あそこが演劇の殿堂ではなくなって相対化

★20……**渡辺浩子**《わたなべひろこ》
一九三五―一九九八。演出家。早稲田大学で劇団「自由舞台」に参加。卒業後劇団民藝に所属。その後フランスに留学し、帰国後『ゴドーを待ちながら』で演出家デビュー。数々の舞台を手掛け、一九九六年に新国立劇場演劇部門初代芸術監督に就任。

★21……**松本　修**《まつもとおさむ》
一九五五―。俳優・演出家。文学座を経て演劇集団MODEを設立。チェーホフやカフカ作品の演出で知られる。

『錯乱の園』（一九九二）

されてしまった。むしろ新国立とか世田谷という公共劇場が事業費を持っているので、劇場としては有力になっていく。紀伊國屋はあくまで貸し小屋だから。そこで事業費を持っている公共演劇が育てた一人が鐘下だった。その後で言うと、松本修★21ですね。

流山児 （松本）修もそうですね。

西堂 彼なんかは自分の劇団（ＭＯＤＥ）だと資金ないから大きなことが出来ない。公共劇場に行くとワークショップやれたり、施設を思う存分に活用して成果を挙げた。それを僕は「公共劇場、最後の贅沢」と言ったけど、その恩恵受けたのが松本さんなんだ。

流山児 それは世田谷パブリックシアターは信さんが芸術監督だったから？

西堂 それだけではないと思う。彼は新国立でもやっている。松本はそこを渡り歩きながらカフカを素材とした作品創造で、作品も良かったし、公共劇場や助成金を存分に活用した。でも今まで自力で、よくやれたなって感じがするんですね。九二年以前に。

7 ロンドンに留学

流山児 話を進めるとロンドンに行った話だね。一九九二年。千田是也さんが推薦人だった。九〇歳近くでヨレヨレの文字で推薦状書いてくれた。翻訳家の松岡和子さんがＢＢＣラジオを受け入れ先に決めてくれた。ＢＢＣラジオでは東京の九條今日子さんと打合せして寺山さんのラジオドラマの企画会議をやったりした。リリック・ハマースミスで地人

『tatsuya』（一九九三）

『アトミックストーム』（一九九二）

会が『薮原検校』を上演するというので野田秀樹と一緒に初日を観に行った、全然つまんなかった。オープニング・パーティの途中で抜け出して帰った。『化粧』もやってて観たんだけど、うーん?だった。

　ロンドンでは演劇青年に戻ってさまざまな芝居を観た。一番面白かったのはウエストエンドで観たデヴィッド・ルヴォー演出のハロルド・ピンター★22作・出演『No Mans Land(誰もいない国)』。よれよれの爺さん、ジョン・ギールグッド★23って名優の演技が素晴らしかった。ピーター・グリーナウェイ★24が『テンペスト』を題材にギールグッドで『プロスペローの本』って映画撮ってるんだけど、いい映画だよ、彼とピンターの二人が、ただただ呑んでくだらねえこと喰っちゃべってる芝居。ギールグッドの爺さん、幕間は端っこに座って寝てるんですね。二幕になったら起こしてくれって、無茶苦茶な喜劇だった。ピンターもイイ役者だった。あれ観て、俺も爺ィと芝居しようかな、なんて思った。美術がヴィッキー・モーティマー★25。彼女のセットは実にリアル、間接照明。ああ、リアルってのは、ここまでやれば、面白いんだなって感じ。骨太のテキストがまず存在する、それをイギリス演劇の悪食性、パワーで食い破っていく。ドンマー・ウエアハウスのオープニングでサム・メンデス演出の『リチャード三世』を観た、スズナリくらいの小屋だからナマでめちゃ面白い。サイモン・ラッセル・ビール★26という役者がとにかくイイ。オールド・ヴィクで観た『オセロー』なんか、ピストル撃ってバーンと壁がボーンっと吹っ飛んだりする。弾着、火薬の使用は危険だしカネかかるけど、いいなあって。で、鐘下×ケラ(ケラリーノ・サンドロヴィッチ)の『Happy Days～幸せな日々～』で、

★22……**ハロルド・ピンター**
一九三〇—二〇〇八。イギリスの劇作家。不条理演劇の大家として知られる。二〇〇五年にはノーベル文学賞を受賞した。代表作に『料理昇降機』(57)、『管理人』(59)、『背信』(78)など。

★23……**ジョン・ギールグッド**
一九〇四—二〇〇〇。俳優・演出家。映画、舞台で活躍。シェイクスピア劇を得意とし、『テンペスト』のプロスペローを長年演じた。

★24……**ピーター・グリーナウェイ**
一九四二—。イギリスの映画監督。代表作に『英国式庭園殺人事件』(82)、『コックと泥棒、その妻と愛人』(89)など。

★25……**ヴィッキー・モーティマー**
舞台衣装。舞台美術家。

★26……**サイモン・ラッセル・ビール**

派手にやってみた。『夜の来訪者』っていうプリーストリーの作品ではラストに家全部がバーっと流れて崩れる。『マクベス』も巨大なガスバーナーの舞台、魔女の呪文でそれがブオーって燃えるわけよ。こんなことやれるんだ、ナショナルシアターは……。消防法もへったくれもない。これが「演劇の自由」だよね。ゲイ・レズビアン映画祭では、ゲイやレズビアンの人たちがみんな芝生で抱き合ってて、そんな自由な環境をロンドン市民は自然に愉しんでいる。目から鱗だった。翻って、我が国の新国立劇場は?!だね。ロイヤル・シェイクスピア・カンパニーのあるストラトフォード・アポン・エイヴォンではケネス・ブラナー[★27]の『ハムレット』を観た。四時間ノンストップ、途中セットがバーンと客席にぐーっと動いてくる。その時の五分のセットチェンジが休憩。オフィーリアが全裸でバスタブに入ってたりして、ああ、自由だな!って思ったね。

西堂　デイビッド・ルヴォーのことでちょっと思い出したのは、tptが彼を招聘して、ゾラ[★28]の『テレーズ・ラカン』をやるんですね。この時に「リアリズム回帰」ということがよく言われたんですよ。例えば山崎正和や大笹吉雄が「現代演劇のリアリズム回帰」を主張して、小劇場が新劇に戻っていくという言い方をしました。ではその時の「リアル」ってなんだということがもう一回問われた。それが九二〜四年くらいだった。

流山児　うん、そうだね。

西堂　イプセン[★29]なんかもルヴォーはやっている。要するに近代劇の一番根っこにあるもの、一九世紀の終わりの頃のゾラだとか、ああいうリアリズムの問題が沸騰したのがこの時代なんですね。

一九六一—。イギリスの俳優。ロイヤル・シェイクスピア・カンパニーで活躍。

★27……**ケネス・ブラナー**
一九六〇—。俳優・映画監督。ロイヤル・シェイクスピア・カンパニーで多くの舞台に立つ。シェイクスピア作品の映画化の他、マーベルスタジオ『マイティ・ソー』(08)、ディズニーの実写版『シンデレラ』(15)なども手掛ける。半自伝的映画『ベルファスト』(21)ではアカデミー賞脚本賞受賞。

★28……**エミール・ゾラ**
一八四〇—一九〇二。フランスを代表する自然主義文学の巨匠。代表作に『ナナ』、『テレーズ・ラカン』、『居酒屋』など。

★29……**ヘンリック・イプセン**
一八二八—一九〇六。ノルウェーを代表する劇作家。自然主義や社会派の作品で知られるが、『ペール・ギュント』などの叙事詩的作品もある。代表作に『人形の家』、『幽霊』など。

流山児　そうだね。tpt のヴェデキント作『ルル』のルヴォー演出を観ていて、「生もの」のように大竹しのぶを使ってるんだけどやっぱりカオスには行かない。エロスの混沌、アンモラルな下衆の色情こそが観たかった。結局、しのぶさんは壊れない。あれがルヴォー演出の限界。ないものねだりかね？　ジョン・ギールグッドやハロルド・ピンターがやってるルヴォーの芝居のほうが俺には言葉はわかんないけども面白かったな。ああ、この人たち滅茶苦茶不条理（＝absurd バカげたこと）を「命懸け」でやっている。だからウエストエンドにちゃんと上って二八歳のルヴォーがやれたんだと思う。サイモン・マクバーニーもサム・メンデスもそうだけど、二五、六歳で、ちっちゃいながらも劇場を与えられていろんな俳優たちを使っていろんな実験ができる。同じような実験を蜷川さんがベニサン・ピットで若手とやっていたこととほぼリンクする。日本ではジジイの演出家が頑張ってるコンテンポラリー（笑）。

西堂　マクバーニーはテアトル・ド・コンプリシテをやっていて、彼の演劇はイギリスの中では相当異色と見られていたんですね。

流山児　だから野田くんがイカレタたんじゃないのかな？

西堂　彼は「肉体の演劇」、フィジカルシアターって呼ばれていた。それまでの英国演劇って、首から上だけで台詞を言うって言われるんだけど、マイムとか身体表現を駆使しながら全体的な演劇をやっていく。もともとマクバーニーってフランスのルコック[★30]の学校出身なんですね。だからマイムやコメディア・デラルテ風の身体表現を応用してイギリスに初めて持ち込んだ人なんです。野田秀樹がロンドンに留学した時に「お前によ

★30……ジャック・ルコック
一九二一―一九九九。フランスの演劇教育者、演出家。即興やマイムを駆使した身体訓練の開発で知られ、彼が設立したジャック・ルコック国際演劇学校には世界中から生徒が集まる。

く似てる奴がいるぞ」って言われたのがマクバーニーだった。

流山児　すごくハマってたな、野田君。

西堂　そういうリアリズムとマクバーニーみたいなのが同時に日本に紹介されてもいるんだ。

流山児　野田君は帰国してから野田地図（NODA・MAP）を作るけど、そういう意味では野田君にとってロンドン留学は大転換だったんじゃないかな。

西堂　そうだと思う。

流山児　自分が今までやってきたことを否定するんじゃなくて、今までやってきたことの延長線上でマクバーニーに出会ったのは幸せなことだと思います。あと、ロンドンでの思い出はプロレスとクエンティン・タランティーノ★31監督の低予算映画『レザボア・ドッグス』。四回観て台詞も写した。で、佃典彦に映画観て貰ってこれ題材にして「新作」を書き下してもらった。タイトルは『煙の向こうのもう一つのエントツ』。出演者はオトコばかり、銀行強盗を失敗し裏切り者を探す物語。高円寺明石スタジオで初演。名古屋、京都、大阪と男だけで旅した。

西堂　それが九三年のロンドンの話ですね。

流山児　あっ、そうだ一年前の一九九二年の映画『ミンボーの女』という伊丹十三監督の映画に紫色の背広を着たヤクザ役で出演した話もしておきます。この現場が大変だった。ぼくが余りにも下手な役者で、監督に「お前、帰れ」って言われてしまった。ホテルを脅してロビーで喚きまわるシーンは一発ＯＫだった。主役の大地康雄★32さんをちくち

★31 **クエンティン・タランティーノ**　一九六三―。アメリカの映画監督。代表作に『パルプ・フィクション』、『キル・ビル』など。

『煙の向こうのもう一つのエントツ』チラシ（一九九三）

く恫喝するシーンで、どうしても「芝居がかって」ダメだった。二〇回くらい撮り直しで、もうメタメタ、朝四時までやって「流山児、一回東京に還れ」。一週間後、長崎のハウステンボスに戻った。そしたら壁に台詞を書いた紙が貼ってある。伊丹監督が「カメラテストだから、流山児、これを棒読みでいいから楽に読んでみて」って。で、壁に貼ってある紙をすらーっと棒読みで読んだ、力も何も入れずに。それで「OK、お疲れさま！」の監督の声。現場を出て蹲って泣いたよ。目から鱗。映画の演技って何なんだろうね。唐さんが「映画は弱音《じゃくおん》で喋れ」って言ってくれたけど。棒読みでいいんだ。コトバはこの身体から発するものなんだから。それまで勢いだけで役者やってきたが手も足も出ない現場を体験してよかった。

8　第三次演劇団について

西堂　第三次演劇団について触れてもらいましょうか。

流山児　では、ちょっと話します。第二次演劇団は一九八四年に解散、再びリセットして一九八六年から一九九〇年にかけて「劇団活動」に拘って五年間活動していた「第三次演劇団」も解散した。「演劇団」という名前を消滅させ、一九九五年、流山児★事務所に一本化した。劇団員はほぼ全員退団し、研究生が残った。

第三次演劇団の思い出を纏めてみます。桑名名子という劇作家がいた。彼女は麻酔

★32……**大地康雄**《だいちやすお》
一九五一―。俳優。伊丹十三監督作品やNHK大河ドラマ、民放系テレビドラマなどに出演多数。

★33……**尾崎　翠**《おさきみどり》
一八九六―一九七一。小説家・劇作家。代表作に『無風帯から』、『アップルパイの午後』、『第七官界彷徨』など。

★34　**アントン・パーヴロヴィチ・チェーホフ**
一八六〇―一九〇四。ロシアの小説家・劇作家。短編小説家として人気を博した後、晩年に執筆した四大戯曲『かもめ』、『ワーニャ伯父さん』、『三人姉妹』、『桜の園』は日本国内でも多く上演される。

★35……**池谷**《いけたに》**なぎさ**
一九六一―。女優・脚本家・演出家。一九八四年流山児★事務所『慧い彗星の一夜』出演者オーディション50人の中から選ばれ演劇団に参加。金星劇場を経て一九九六年に俳優、V・銀太と企画集団グローシャを立

科の先生なんだけど、尾崎翠[★33]を偏愛した女性の生理（エロス）で時代を書く作家だった、あとチェーホフ[★34]やシェイクスピアといった古典からつかこうへいまで大胆に、病的に、カリカチュアして翻案してくれて、愉しくコラボした。『流山児マクベス』『流山児ハムレット』は彼女との共作。彼女は劇作家にならなかった。結婚して子供産んでやめちゃった。前田こうしんと大谷真一は「道学先生」に行った。池谷なぎさ[★35]も桑名と違った視点を持った作家で女優だった。アゴタ・クリストフ[★36]の『悪童日記』の劇化や仮面や舞踏を使った作劇、コメディア・デラルテの手法、メタを模索し「グローシャ」という企画集団をV・銀太[★37]と旗揚げした。上村和彦は葬儀プランナー、第三次演劇団の主演女優だった南雲京子も結婚して引退。神林弘道は佐賀に帰って住職。新保裕[★38]は金沢で美術家。ますだいっこうはドイツで活躍している。テレビ業界のディレクターなんかもやっていたりする。小宮紳一郎もロックバンドのようなパンク演劇を目指して「ライブバンド」という劇団を同期の風吹優太、岡村大和、小川久美らと旗揚げした。坂上雅一は舞台で不敵に笑い、急に相手役のキンタマ触ったりする、といった悪源太義平が遺した演劇団の「自由な演技」の伝統を引き継いだ愛すべきアウトローだった。志って何だろうね。いま、シアター新宿スターフィールドで上演しているシライケイタ[★39]演出の『客たち』では死んだ島次郎の弟子（松村あや）が美術やってる。つながっているんだよ。ちゃんと育っている。演劇は「熱い思い」をバトンタッチできる芸術だと思う。

ち上げる。

★36……**アゴタ・クリストフ** 一九三五―二〇一一。ハンガリー出身の小説家・劇作家。双子の少年が戦時下で成長していく姿を描いた『悪童日記』の作者として知られる。他にも『ふたりの証拠』、『第三の嘘』などの著作あり。

★37……**V《ぶい》・銀太《ぎんた》** 一九六四―。俳優・演出家・舞台美術家。一九八五年に虹色冒険団を結成。その後、一九九六年に池谷なぎさと企画集団グローシャを旗揚げ。

★38……**新保《しんぼ》 裕《ひろし》** 一九六五―。彫刻家。大学卒業後、俳優活動を経て彫刻家として活動。金沢、大阪で個展を開催。

★39……**シライケイタ** 一九七四―。劇作家・演出家・俳優。劇団温泉ドラゴン代表。蜷川幸雄演出の舞台で俳優としてデビュー。劇団結成後、作・演出を手掛ける。代表作に『birth』、『実録・連合赤軍あさま山荘への道程』など。

9　阪神淡路大震災と地下鉄サリン事件

西堂　それでは第二部を始めようと思います。ここで中心になってくるのは一九九五年です。その一年前に松本サリン事件が起こり、九五年に阪神淡路大震災と地下鉄サリン事件が一月と三月にありました。ある意味ここで日本の現代史の中に大きな切断が入ったっていう感じがする。ちょうどこれが敗戦五〇年の一九九五年。この頃から「南京大虐殺はなかった」とか、「アウシュヴィッツにガス室はなかった」とか歴史修正主義が始まり、いわゆる保守反動の歴史がここら辺からぐっと頭をもたげてくる。「日本会議」なんかもこういう土壌から出てきて政治的な保守が始まっていく。でも同時に改革する可能性もあった時代だったんです。この振れ方の中で流山児さんが何をしてきたかっていうと、東京実践演劇塾、それからちょっと後に楽塾《らくじゅく》を結成する。流山児組っていうのはよくわかんないんだけど。

流山児　第三次演劇団を解散したので、若手育成から始めた。一九九五年の流山児★事務所には若杉宏二[★40]、伊藤弘子[★41]、米山恭子[★42]、青木砂織[★43]、井沢希旨子[★44]、山中聡[★45]、稲増文、栗原茂[★46]、

★40……若杉宏二《わかすぎこうじ》
一九六二―。俳優。流山児★事務所の公演をはじめ、テレビドラマなどで活躍。

★41……伊藤弘子《いとうひろこ》
一九六七―。流山児★事務所を牽引する俳優の一人として活躍。

★42……米山恭子《よねやまきょうこ》
流山児★事務所の女優・制作者。

★43……青木砂織《あおきさおり》
一九七〇―。劇作家・演出家・女優。流山児★事務所にて活動後、二〇一六年から演劇集団「仮想定規」を主宰。

★44……井沢希旨子《いざわきしこ》
一九六九―。女優。流山児★事務所にて活動後、「仮想定規」のメンバーになる。現在はインドネシア・バリ在住。

★45……山中聡《やまなかそう》
一九七二―。流山児★事務所を経て、テレビドラマ、映画などで活躍。

木内尚★47、横須賀智美★48、小林あや★49、小森谷環★50、上田和弘★51といった若手しかいなかった。若手育成のために稽古場兼拠点劇場が必要だった。

西堂　それで一九九六年にSpace早稲田が開場するわけですね。

流山児　そうです。

西堂　ここからちょっと違う動きの方を始めてきたんじゃないかな。

流山児　中年の決意かな。どうやって若い俳優たちを育てていくか。生真面目に「次世代の演劇」のことを考え始める。私生活で言えば、息子が反抗して不良になっていくのとクロスしているんだけどね。それは、いいか（笑）。俳優養成所でない塾を作りたかった。高取英と総合ゼミナールってのを八〇年代にやったんだけど、漫画、映画、喧嘩、エロ、ストリップ、犯罪、歴史、文学、サブカル、写真といった雑学も「肥料」として入れた。演劇という入口をとりあえず用意しただけ。出口はどこへ行ってもいい、社会という「他者」に出会ってくれればそれでいい。そんな演劇塾、名付けて東京実践演劇塾を一九九五年に開設、一九九六年に流山児組と名称を変えた。募集のキャッチフレーズがすごい。「迷子になりそうなあなた、演劇は面白いぞ」って（笑）。全国からどどーっ集まってきた迷子たちが。孤独の「孤」とパーソナルの「個」が表裏一体になってる時代だった。

それから一九九五年~九六年、カナダ演劇との出会いがある。これもぼくの中での一つのエポック。最初にやったのがジョージ・リガ★52作『リタ・ジョーの幻想』っていう新劇の戯曲。吉原豊司★53さんの翻訳、海外の戯曲って俺、やったことなかった。それで『リ

★46……栗原《くりはら》 茂《しげる》
一九六八―。俳優。流山児★事務所のほか、THEガジラ、龍昇企画、三田村組でも活躍。

★47……木内尚
女優。流山児★事務所の公演スタッフとしても活動。

★48……横須賀《よこすか》智美《ともみ》
女優。流山児★事務所所属。インドネシア在住。

★49……小林《こばやし》あや
一九七一―。女優。流山児★事務所以外にも、tpt、椿組、燐光群などの公演にも出演。

★50……小森谷《こもりや》 環《たまき》
女優。中国・北京戯劇学院に留学し、その後現地に在住し流山児★事務所中国公演を支える。

★51……上田《うえだ》和弘《かずひろ》
一九六九―。俳優・殺陣師。

タ・ジョーの幻想』をやった。カナダ演劇祭が始まる。第二弾がリック・シオミ[★54]作『イエロー・フィーバー』。

この頃、榎木孝明と付き合い出す。『遠めがねの女』という鶴橋康夫[★55]監督の二時間ドラマ。奥田瑛二[★56]・原田美枝子[★57]の主演、で、榎木さんも俺も出た。五島列島の福江島で長期ロケ。丹波哲郎さんも出演していて、休みの日には小学校の講堂で町の人を集めて「大冥界」の講話もやった。ぼくは『ミンボーの女』同様のヤクザの役だった。このドラマではヘマはなかったと思う。で、撮影が終った何ヵ月後かな？ 千代田線の電車の中でちょうど向かいに榎木さんが坐ってて、代々木上原から表参道の間に、「榎木さん、今度、うちの芝居に出てよ」って口説いた。そしたら「出るよ」って言い出したから、「じゃあ、電話するから」。ほんとですよ、これ。で『ピカレスク・イアーゴ』に出てもらった。そして、流山児★事務所の代表作、鶴屋南北原作、山元清多台本、榎木孝明・篠井英介・塩野谷正幸主演『ピカレスク南北★盟三五大切』を創った。山元清多とコンビを組んで次々と歌舞伎作品を創り出す。元さんは、フェリーニの『そして船は行く』の映像イメージから『盟三五大切』を書いた。榎木・塩野谷・大路恵美[★58]主演、河竹新七[★59]原作『籠釣瓶花街酔醒』なんかスペイン映画のカルロス・サウラ監督『カルメン』のシチュエーションを踏襲した作品。メタシアター構造で、稽古場から吉原の花街へと一気に突き進んでゆく「自由」な歌舞伎だった。二〇〇一年には『幕末2001』、人斬り半次郎こと桐野利秋[★60]の人生を描きながら、日本人同士が戦った最後の戦争＝西南戦争を描き、日本の近代から現在までを冷徹に元さんは描いた。南野陽子[★61]という元アイド

★52……ジョージ・リガ
一九三二—一九八七。カナダの劇作家・小説家。戯曲『リタ・ジョーのよろこび』(67)の作者として知られる。

★53……吉原豊司《よしはらとよし》
一九三七—。翻訳家。住友商事の駐在員としてカナダに渡る。現地に在住しながらカナダ戯曲の翻訳、日本語戯曲の英訳などを行う。

★54……リック・シオミ
一九四七—。劇作家。日系カナダ人三世としてトロントに生まれる。処女戯曲『イエロー・フィーバー』はニューヨーク、東京でも上演された。

★55……鶴橋康夫《つるはしやすお》
一九四〇—。テレビドラマディレクター、映画監督。作品に映画『愛の流刑地』(07)、ドラマ『女系家族』(21)などがある。

★56……奥田瑛二《おくだえいじ》
一九五〇—。俳優・映画監督。ドラマ『男女7人夏物語』(86)で人気を獲得し、『海と毒薬』(86)、『千利休本覺坊遺文』(89)など熊井啓監督作

ルをゲストに迎えての娯楽作品。九州ツアーも行ない、最後の公演地・鹿児島県大口市（榎木さんの故郷）で圧倒的な評価を受けて二〇〇二年〜二〇〇四年大口市の協力で長期合宿、市民ワークショップを開催することになる。この『ピカレスク南北』は面白かった。なんにも原因がないに等しいんだけど、発端があると思っていろいろやってるうちに人が殺されていくっていうナンセンスさ。この南北の持ってるナンセンスぶりを見事に山元さんは描いたなと思った。

そう、ナンセンス歌舞伎。この後、コクーン歌舞伎が始まる。これまた、ぼくらの方が先だった！（笑）

10　三木のり平との出会い

西堂　南北が持っている現代性を山元さんの作品はすごくよく捉えてると思った。

流山児　一九七六年に片岡孝夫★62（現仁左衛門）、坂東玉三郎★63、尾上辰之助★64の国立劇場での一三六年ぶりの「復活通し上演」を観てるんだよ。郡司正勝先生の補綴。あの芝居を観て、いつか南北が『四谷怪談』に続いて書いた忠臣蔵外伝というべきアウトローたちの色と欲渦巻くアクション芝居として『盟三五大切』は再構成できるか？って思惑で観てた。一九七一年には松本俊夫★65監督がＡＴＧで『修羅』というタイトルで中村嘉葎雄★66、唐十郎、三条泰子★67で映画化した。唐さんの三五郎の色気に身震いしたよ。唐さんのカメ

品の主演で頭角を現す。ドラマ、映画などで幅広く活躍。

★57……原田美枝子《はらだみえこ》　一九五八—。女優・映画監督。『恋は緑の風の中』（74）でデビュー。黒澤明監督『乱』（85）、『夢』（90）に出演。映画『愛を乞うひと』（98）で日本アカデミー賞最優秀主演女優賞。

★58……大路恵美《おおじめぐみ》　一九七五—。女優。ドラマ『ひとつ屋根の下』（93）、映画『ひめゆりの塔』（95）などに出演。

★59……三代目 河竹新七《かわたけしんしち》　一八四二—一九〇一。明治時代にかけて活躍した歌舞伎狂言作者。二代目河竹新七（黙阿弥）の門人。代表作に『籠釣瓶花街酔醒』、『塩原多助一代記』など。

★60……桐野利秋《きりのとしあき》　一八三九—一八七七。薩摩藩士、帝国陸軍軍人。戊辰戦争に新政府側として従軍。西南戦争では最後まで西郷隆盛に付き添い戦死した。中村半次郎、人きり半次郎の名でも知られる。

ラ目線の演技は、まんま歌舞伎の見栄じゃん、と笑った。孝夫、玉三郎コンビの最高傑作は『桜姫東文章』なんだけど、『盟三五大切』も良かった。榎木、篠井、塩野谷の一九九五年本多劇場版、若杉宏二、中村音子[★68]、山本亨[★69]の二〇〇二年ベニサン・ピット版の後、海外へもっていくために、おんなたちの鎮魂のドラマとして伊藤弘子、青木砂織、木内尚の「おんな歌舞伎」に創り上げたのが二〇〇四年ベニサン・ピット版、そして九州ツアー。故郷、荒尾で流山児★事務所初公演。四二年ぶりに訪ねた生家は崩れ果てていた。炭鉱住宅は三井グリーンランドというテーマパークになっていた。小学生時代のガキ大将に戻って「客、呼んで」と、友人たちに懇願して満員にした。そして二〇〇五年、戦争とテロの時代の海外バージョンで中国・イラン・ベラルーシ・ロシアを旅した。二〇一六年～一七年『流山児マクベス・台湾バージョン』と同じで「女性の目線から」見た大きなモノガタリ（歴史）の解体＝脱構築。『盟三五大切』はぼくにとって愛着のある作品に進化してゆく。

　この時代、スリリングでオモシロい出会いが次々と起こる。福島県原町（現・南相馬市）といわき市で反原発芝居『アトミック☆ストーム』を上演。大変な状況下でやった。第一原発の記念館に行って、プルトニウム盗む芝居だから、「どうやったらプルトニウム盗めますか?」「盗めっこないじゃないですか」「だから、どうやったら?」なんて、役者たちは真面目な顔して質問した。芝居観る人を東京電力の社員が全部チェックするんです、一人一人。誰が入ったか？　朝日新聞福島版で大きく報じられたからだと思う。「反原発の芝居」がやってくるって。呼んだほうも大変だった。いま考えてみると、福

★61……**南野陽子**《みなみのようこ》
一九六七─。女優、歌手。ドラマ『スケバン刑事II 少女鉄仮面伝説』（85）で主人公を演じ人気を博す。他にも映画『はいからさんが通る』（87）、『寒椿』（92）などの代表作がある。

★62……**片岡孝夫**《かたおかたかお》**（現仁左衛門**《にざえもん》**）**
一九四四─。歌舞伎俳優。十三代目片岡仁左衛門の三男として生まれる。一九九八年、十五代目片岡仁左衛門を襲名。二〇一五年に重要無形文化財保持者（人間国宝）に認定。

★63……**坂東玉三郎**《ばんどうたまさぶろう》
一九五〇─。歌舞伎俳優。歌舞伎界を代表する女形として知られる。十四代目守田勘弥の養子となり、一九六四年に五代目坂東玉三郎を襲名。二〇一二年に重要無形文化財保持者（人間国宝）に認定。

★64……**尾上辰之助**《おのえたつのすけ》
一九四六─一九八七。歌舞伎俳優。二代目尾上松緑の長男として生まれ

島とは長ーい付き合いなんだよ。いわきの歯科医師の織田先生★70という黒テントを呼んでる人が福島に『アトミック☆ストーム』を呼んでくれた。この時のゲストがラサール石井さん。ラサールさんは『tatsuya』以来、佃典彦の『おんな!三匹』を演出したり、『OUT』、『OUT2』といった作品を流山児組に提供したりしていた。ラサールさんはこの後、二本の新作を流山児★事務所に書き下ろす。第一作が一九九六年『ダフネの嵐』@本多劇場、その次が二〇〇一年『白鷺城の花嫁』@新宿スペース・ゼロのミュージカルの二作品。一九九七年『ダフネの嵐』@世田谷パブリックシアターでの再演稽古の時、三木のり平★71さんが稽古場にいらっしゃった。で、稽古場で皆で飲んでいて、朝方のり平さんがダメ出しを始めた、佃典彦に。お墓の前で佃が頭を下げるシーンをずっとダメ出し。長屋で下足をどう置くか、厠がどこにあるか?で動きも全然違う。文字通りの糞リアリズムの話。のり平先生が眼の前で演技指導してくれた。なんという僥倖!「流山児、稽古中は稽古場の時計を外せ、稽古の時間は演出家のモノだ」って。その後も、何回か会って、のり平さんから教わったことはぼくらの財産となった。

で、のり平先生を口説いて、花園神社でなぜか『リア王』をやろうという話になった。『のり平のリア』っていうタイトルで。台本誰に書かせましょうか?って聞くと、「別役君がいい、六本木の喫茶店に呼ぼう」ってのり平さん。「別役君だったら五〇〇円の珈琲で書いてくれる」って。「ほんとですか? ぼく、電話しますよ」(笑)。

のり平さんと知り合ったのは、演出者協会主催で一九九四年「演出家の集い」の特別企画でのり平さんと千田是也理事長の対談を両国のシアターX《カイ》でやった時です。のり平

る。一九六五年に初代辰之助を襲名。

★65……松本俊夫《まつもととしお》
一九三二—二〇一七。映画監督・映画理論家。実験的な作風で知られる映画監督。代表作に『薔薇の葬列』(69)、『修羅』(71)、『ドグラ・マグラ』(88)など。著書に『映像の発見』、『映像の探求』、『幻視の美学』などがある。

★66……中村嘉葎雄《なかむらかつお》
一九三八—。俳優。歌舞伎俳優の三代目中村時蔵を父に、俳優の萬屋錦之介を兄に持つ。映画『振袖剣法』(55)でデビュー。以後テレビ時代劇や映画などで活躍。

★67……三条泰子《さんじょうやすこ》
一九四〇—。女優。劇団民藝所属。映画『修羅』(71)、『あゝ野麦峠』(79)他、テレビ時代劇に多く出演。

★68……中村音子《なかむらおとこ》
女優。元宝塚歌劇団男役(78期生)。

さん、千田さんのことすごく尊敬してる。のり平さんの「新劇」へのリスペクトはすごかった。で、のり平さんの佃君への演出のしつこさの意味が分かった。新劇から学んだリアルな演技の事を言ってたんだ。役者はつねに「いま・ここ」の時間に新鮮に、リアルに反応しなければいけない、基本的には何もしない。この年一二月に演劇の巨人、千田是也は九十歳で死去します。

のり平さんの最後の舞台は一九九八年俳優座劇場で上演された『山猫理髪店』。観た後、楽屋にいったら、のり平さんがウイスキーのボトルを空けて、「流山児、ここで呑もう」。その後、「別役君が稽古つけてるから、観よう」という事になった。劇場では、別役さんが楠侑子★72さんにダメ出し稽古していた。のり平さんと一緒に見ていた。楠さんは普通に立って喋ってる、すると、別役さんが楠さんに、理髪店なんだから、雑誌とか新聞とかいろいろ扱いながらしゃべったら、とやらせた。場面が急に活き活きとしたものに変わった。のり平さん「ほら、面白くなっただろ、あれでいいんだよ」って。そのあと、また四谷の自宅まで連れて行かれて、しこたま飲まされた。のり平さんは「新劇」の凄みを知っている演劇人だった。

『山猫理髪店』上演後の一九九九年一月、のり平さんは七四歳で亡くなった。ほんとに「役者の面白さ」を知っているヒトだった。千田さん、のり平さんという「新劇の巨人」の最後の時間に立ち会えたことは私の財産です。元祖演劇ジャンキーの凄みを魅せてもらった。とにかく、芝居が好きな人だった。数少ない体験だけど、会う度に、のり平さんのカラダには「日本の芸能」のすべてが入ってるんだ！と実感した。知らない事

★69……山本《やまもと》亨《あきら》
一九六一―。俳優。高校卒業後ジャパンアクションクラブに入団。流山児★事務所をはじめ、つかこうへい作品、tpt、椿組の公演などで活躍。

★70……織田好孝
一九四九―。歯科医師。一九七八年、福島県いわき市湯本に織田歯科医院を開業。

★71……三木《みき》のり平《へい》
一九二四―一九九九。俳優、演出家。一九五〇年、喜劇映画『無敵競輪王』でデビュー。以後、森繁久彌の社長シリーズなどに出演し喜劇俳優としての地位を確立する。森光子主演の舞台『放浪記』では菊田一夫の後を継いで演出を手掛けた。

★72……楠《くすのき》侑子《ゆうこ》
一九三三―。女優。俳優座養成所第三期生。夫は劇作家・別役実。かたつむりの会にて別役の作品を渋谷ジァン・ジァンで上演した。

がほとんどない。歌舞伎、能、狂言、落語、大衆演劇、レビュー、サーカスまで、小沢昭一[★73]さん、永六輔[★74]さん、観世榮夫[★75]さんは偉大なる大衆芸能の大教授、博士だね。たぶん、のり平さんは聞けばだれにでもあの独特の口調で「身ぶり手ぶり」で教えてくれたと思う。カタチから入ってタマシイ入れろ！だよ。

西堂　別役さんは三木のり平さんが好きで、すごく買ってましたね。

流山児　そうだね。最後は中村伸郎さんとのり平先生、二人の共演が観たかったな。二人とも何にもしなくても別役さんの言葉をカラダに纏い舞台に実在して不条理演劇の極北になっていて笑えたと思う。小津の映画みたいに。それこそ庶民の抵抗の演劇＝不条理演劇。

11　関西の演劇

西堂　一九九五年に阪神・淡路大震災、地下鉄サリンがありました。ここら辺を流山児さん、どんな風に受け止めていましたか？

流山児　この年にジァン・ジァンで上演した『星の王子さま』（作・寺山修司）のラストシーンが「ほぼ、サリンの現場みたいだった」。これは高橋豊（毎日新聞）さんの劇評。最後、少女が喋っているとセットがどんどん壊れて、劇全体が崩壊していくんですけど、これってサリンの時代だなぁという風にぼくは思った。オウム・サリン事件は戦後史最大

★73……**小沢《おざわ》昭一《しょういち》**
一九二九―二〇一二。俳優。俳優座養成所の二期生。一九六〇年に演出家の早野寿郎と「劇団俳優小劇場」を結成。今村昌平監督作品など映画にも多く主演した。晩年は劇団「しゃぼん玉座」を主宰。

★74……**永六輔《えいろくすけ》**
一九三三―二〇一六。タレント、放送作家、作詞家。ラジオのパーソナリティ、また坂本九の「上を向いて歩こう」の作詞家として広く知られる。エッセイ『大往生』は二百万部を超えるベストセラーとなった。

★75……**観世榮夫《かんぜひでお》**
一九二七―二〇〇七。観世流能楽師、演出家。保守的だった能楽界において他流派・他ジャンルとの交流行うも、一九五八年に能楽協会と対立し離脱。以後、新劇、オペラなどの演出を手掛けたほか、映画にも出演して存在感を示した。一九七九年に能楽師として復帰。

の事件だと思います。ぼくらの時代の鏡ともいえる事件、そこには人間の闇の深さ、集団の異様なメカニズムが浮かび上がった。まるで、ノッペラボーになってしまったぼくたちを映し出した虚構を超える事件だった。

阪神・淡路大震災は焼跡の風景を想起させ、サリンはナチスと近代の細菌戦を彷彿させた。地下鉄サリン事件は自分たちと無縁の人々を無差別に大量殺人した。連合赤軍事件の同志殺しとはまったく違う意味で「殺人」の概念を拡張したんだ。そして、誰もが、オウムに対して口を閉ざした。だが、吉本隆明と山崎哲だけが、オウムを、サティアンを、ずっと追い続けた。山崎は吉本隆明と一緒にパージされていく。哲は孤立無援の戦いを続けた。もちろん、山崎が見てる世界とぼくの考える世界はちょっとずれていた。哲は「わたしたちはサリン事件を機に、何故事件が起きたか冷静に考えるべきだ」と言い続けた。だが哲はある日、メディアの世界からバンと消される。メディアはファナチックにすべてを狂気で片付け、一面化して叩いた。異論は封殺されていった。それまで、テレビで毎日のように哲の顔が出てたのに、オウム・サリン事件を契機にテレビからパージされちゃう。オウム以降、テレビ・メディアから私たちの「過去・現在・未来」に対するＷＨＹ？が一切消える。国民はメディア・警察権力と一体になってオウムという「わかりやすい敵」を徹底的に叩き潰した。残ったのは闇を抹消したノッペラボーの群れ。そんな印象が残ってる。

それで、哲に『愛の乞食』の演出を依頼した。流山児★事務所は初めて唐十郎作品をやる。それが一九九七年。山崎哲演出『愛の乞食』は哲が状況劇場の研究生で初舞台を

『愛の乞食』チラシ（一九九七）

踏んだ芝居。あいつにもう一回元気になって欲しかったんだ。で、哲に合わせるのだったらどんな役者がいいだろうって思った時、古田新太★76という化物役者を流山児★事務所に呼ぶことにした。まさか、新感線の古田が流山児の舞台に、それも唐さんの芝居に?! 業界は吃驚仰天したね。古田は「ついに、流山児につかまってしまった!」と言ってた。あと、リリパットアーミーの山内圭哉★77。圭哉も好きで一回やろうって口説いた。塩野谷の次の主演役者、若杉宏二とぜひ共演させたかったんだ。山崎は役者を育てるのは天下一品だから。若杉は現場で徹底的に絞られたんだけど、すごく良い役者に育った。古田新太は唐さん大絶賛だったね。古田は読売演劇大賞の優秀男優賞を授賞し、評価された。

西堂　古田新太も山内圭哉も関西の俳優ですね。

流山児　そうそう。

西堂　その辺りから、関西の俳優とか関西の演劇がけっこう流山児さんの視野に入ってきたんじゃないですか。

流山児　そう。この前の年から鈴江俊郎★78の作品だとか興味持って関西の演劇と付き合いだすんだ。大阪演劇のご意見番・小堀純の影響が大きいね。見巧者小堀が惚れている若い劇作家の新作戯曲を次々送って来るんだよ。深津篤史★79作品も上演してゆく。一九九八年深津が第四二回岸田戯曲賞を授賞した『うちやまつり』(桃園会公演)に衝撃を受けたんだ。団地の連続殺人事件、別役さんと北村想の文体が妙にミックスした終末感漂う劇。文脈から逸脱する関西弁、どこまで本当なのかわからないヘンな感じがシュールで面白かった。ベケット★80の『勝負の終わり』が、金杉さんとはまったく違う肌触りで表出され

★76……古田新太《ふるたあらた》
一九六五―。俳優。大阪芸術大学在学中に岩崎正裕らの劇団太陽族に参加。その後、劇団☆新感線の看板俳優となる。

★77……山内圭哉《やまうちたかや》
一九七一―。俳優。一九九二年に中島らも主宰の笑殺軍団リリパットアーミーに参加。舞台、テレビドラマ、映画などで幅広く活躍。

★78……鈴江俊郎《すずえとしろう》
一九六三―。劇作家・演出家・俳優。「劇団その1」、「劇団八時半」などで活動。『髪をかきあげる』(96)で岸田國士戯曲賞受賞。

★79……深津篤史《ふかつしげふみ》
一九六七―二〇一四。劇作家・演出家。一九九二年に劇団桃園会を結成。『うちやまつり』(98)で岸田國士戯曲賞受賞。

る。だから、演出ではなく役者で出たかったんだ。カラダで深津の劇言語を実感したかった。話してみると、同志社大出身でもろ体育会系、元応援団、メチャ酒付き、すぐ仲良くなった。よく呑んだな。一九九九年に『深海魚』（演出北村魚）を上演、二〇〇〇年には新作『百舌鳥夕雲町歌声喫茶』を書き下ろしてもらい大鷹明良演出、寺十吾[★81]主演でSpace早稲田で連続上演した。世界の終りにキチガイ坊主がテニスに興じているアホな光景、オモシロかった。アマノにも通じるバカさ加減。『百舌鳥夕雲町歌声喫茶』は名古屋、京都、大阪と三都市をまわった。寺十吾との付き合いもこれから始まる。公演のチラシに「関係のエロス性」を軸に複雑な人間関係を描き、人間の暗部へ鋭く切り込む劇作家深津篤史、鈴江俊郎『みどりの星のおちる先』、佃典彦『完璧な一日』、鐘下辰男『HappyDays』に続く流山児★事務所《創作劇新作書下しシリーズ第四弾》なんて書いていた。凄いね、現代演劇を代表する若手四作家全員集合！のミレニアムだった。同じ同志社出身のM・O・Pのマキノノゾミ[★82]、立命館大出身の時空劇場・松田正隆とはなぜかやっていない。南河内万歳一座の内藤裕敬[★83]とか、わかぎゑふ[★84]の中華活劇、大阪の劇作家には興味があった。大阪とも長い付き合いです。東京を相対化したいんだよ、東京演劇だけじゃダメだっていう思いがぼくの中にある。東京演劇に風穴開けるようなものを大阪の連中がやってる。西堂さんはよく知ってると思うんですけど、大阪の演劇人に関しては。阪神・淡路大震災の後に深津が書いた短編とか良いよね。

西堂　『カラカラ』なんかそうですね。やっぱり京都の連中は、ある種のコミュニティーを持ってる。小さな書生のコミュニティーみたいな形で。戯曲をとにかく磨き上げよ

★80……**サミュエル・ベケット**
一九〇六－一九八九。アイルランド出身の劇作家・演出家・小説家。代表作に戯曲『ゴドーを待ちながら』、『勝負の終わり』。小説『マーフィー』、『モロイ』など。一九六九年にノーベル文学賞受賞。

★81……**寺十吾**《じつなしさとる》
一九六四－。演出家、俳優。一九九二年に劇団「tsumazuki no ishi」を旗揚げ。

★82……**マキノノゾミ**
一九五九－。劇作家・演出家・俳優。一九八四年、劇団M・O・Pを結成。代表作に『MOTHER』、『東京原子核クラブ』、『フユヒコ』など。二〇〇二年にはNHK連続テレビ小説『まんてん』の脚本を手掛けた。

★83……**内藤裕敬**《ないとうひろのり》
一九五九－。劇作家・演出家・俳優。大阪芸術大学在学中の一九八〇年に劇団南河内万歳一座を旗揚げ。大阪を拠点に活動。代表作に『青木さん家の奥さん』、『夏休み』など。

うってことにはすごい情熱持っている。で、戯曲の同人誌なんかも発行してたり、そんなの読んでるんじゃないんですか、流山児さんも。

流山児　LEAFですね。テアトロ・イン・キャビンからOMS戯曲賞に変わっていくじゃないですか。で、OMS戯曲賞の発表誌は毎回編集者の小堀から送られてきて、読んで面白いなあと思ったら、ごまのはえや大竹野正典に飲み屋で会って必ず感想を伝えていた。梅田のOMSの近くに「正宗屋」という居酒屋があって、ぼくらの芝居を観てくれたときなんか、これまた、小堀の仕切りで（松本）雄吉さんや岩崎正裕[★85]や深津君、加えて犯罪友の会の武田一度ら野外劇グループの連中とか集まってワイワイガヤガヤ呑むのが決まりだった。鈴江も話をしてみると労働運動をやっていると聞くと、「よし、お前、新作書けよ」。鈴江作品は昭和天皇の戦争責任を糾弾するモノローグから始まる『靴のかかとの月』を山本亨、植野葉子[★86]、米山恭子、岡島哲也出演で上演した。そして一九九九年六月『みどりの星のおちる先』を書下ろしてもらい本多劇場で上演した。

西堂　ちょうど岸田戯曲賞獲ったばかりの頃ですね。鈴江さんと松田さん。その後深津さんが獲って。内藤さんは獲らなかったけど。

流山児　内藤くんの『秘密探偵』は流山児組でやった。

西堂　阪神・淡路大震災の後に関西演劇って、すごく充実するんです。それは全国的にも注目された。そういう中で新しいムーブメントが起こってきたなと。

流山児　それは阪神・淡路大震災体験の中から生まれた「言葉の力」を確実に「自分たち＝集団」のものにしていたからじゃないかな？　それが劇団の力だと思う。あの時代は。

★84 **わかぎゑふ**
一九五九―。劇作家・演出家・女優。劇団リリパットアーミーⅡ座長。一九八六年、中島らもと笑殺軍団リリパットアーミーを旗揚げ。二〇〇三年にリリパットアーミーⅡに改名。NHKの英語教育番組『リトル・チャロ』では原作を務める。

★85 **岩崎正裕**《いわさきまさひろ》
一九六三―。劇作家・演出家。大阪芸術大学在学中の一九八二年に「劇団大阪太陽族」を旗揚げ。代表作に『ここからは遠い国』。

『靴のかかとの月』チラシ（一九九八）

南河内もそうだし、新感線もそうだった。維新派、犯罪友の会、未知座小劇場といった野外やテントの連中にしたってゴリゴリやってたからね。エンターテインメントに対抗しながら。

西堂　しかも彼らは全然経済的に儲からないところで徹底してやってたんだ。

流山児　それが潔い。壊れた震災後の関西演劇の靭《つよ》さ。

西堂　でもちょっと売れたいと思ったマキノノゾミやいのうえひでのりは東京に出ちゃうわけ。そこではっきり分かれていく。残留組と上京組と。

流山児　そうだね。OMSであいつらダンベルなんか持ってマラソンなんかやってたわけだよ、若いときには。いいよね、OMS＝扇町ミュージアムスクエアって所には新感線の事務所と南河内の事務所が一緒にあった。ベニサンもそれに近いよね。そういう皆が集まれる場所、若手の演劇人が育つ「場所」をOMSは作ってくれた。心斎橋ウイングフィールドの中島睦郎さんも。中島さんと言えば阪急ファイブ（その後、HEPFIVE—現在は閉館）も。いまもウイングフィールドでは福本年雄[★87]さんが頑張ってる。二〇一九年にニッセイ・バックステージ賞を福本さんが受賞した時、ホント嬉しかった。小堀、福本さんがいる限りウイング・フィールドには行きたいね。大阪はすごいよ。

西堂　後はやはり秋浜悟史[★88]の存在が大きかったですね。

流山児　その通りだね。秋浜さんが次世代の演劇を育ててくれた。師匠であり名伯楽だった。「それが舞台で成立しているかどうか」ということを教えられたと、いのうえが言ってたと思う。いい先生だった。

★86 **植野葉子《うえのはこ》**
一九六五—。女優。宝塚歌劇団六八期生。千田真弓の芸名で、月組・娘役で活躍。退団後はストレートプレイの舞台の他、『中島みゆき・夜会』などにも出演。

★87 **福本年雄《ふくもととしお》**
一九九二年に大阪・東心斎橋の小劇場「ウイングフィールド」をオープンさせ、オーナー、プロデューサーを務める。

★88 **秋浜悟史《あきはまさとし》**
一九三四—二〇〇五。劇作家・演出家。一九六二年に劇団三十人会を結成。『幼児たちの後の祭り』（69）で岸田國士戯曲賞受賞。「兵庫県立ピッコロ劇団」の初代代表を務めた他、大阪芸術大学で教鞭を取り後進の育成にもあたった。

★89 **横山拓也《よこやまたくや》**
一九七七—。劇作家・演出家。iaku代表。大阪芸術大学在学中に劇団売込隊ビームを結成（後に退団）。代表作に『エダニク』、『粛々と運針』など。

西堂　大阪芸大で多くの演劇人を育てた。そこから内藤さんとかいのうえさん、岩崎さんとか皆出てくる。秋浜門下ではないけど、最後の頃が横山拓也[89]かな。そこまでずっと大阪芸大の流れが秋浜悟史門下で育って来る。

流山児　横山君も秋浜さんの具体的な指導があったの？

西堂　大芸で最後のほうにいたんじゃないかな。

流山児　そりゃ凄いね。今、秋浜悟史を読み直している。『しらけおばけ』と『ほらんばか』。

西堂　生まれは関西と関係ないんだけどね。

流山児　そう、東北出身。岩手県渋民村（現・盛岡）の方言の豊かさ。

西堂　何故か大阪芸大に呼ばれてそこで小劇場の一つの基礎を作った。

流山児　たぶん楽しかったんだろうね。さっきの話に戻ると、若手と一緒に芝居を作る新しい血みたいなのがあって、その辺で師匠というものにちゃんと答えようとする若手がきちっと育ったというのは、大阪は良い環境だったんだなと思う。

西堂　京都は京都で、アトリエ劇研、当時はアートスペース無門館と呼ばれていたけど。

流山児　よく行きました。

西堂　そういう場所が拠点となって、そこからダムタイプなんかが出てくる。パフォーマンス的なものと小劇場が両方無門館発で出てくる。そういう京都と大阪、あと神戸大を中心として神戸アートビレッジセンターとか、三つくらいの拠点があって、それが連動しながら動いていったというのがあの時代の関西の面白さ。

流山児　保村大和[90]とか西田シャトナー[91]、腹筋善之介[92]も神戸大学だっけ？

『OUT』チラシ表（一九九七）

『OUT』チラシ裏（一九九七）

西堂　彼は神戸商科大学ですね。そこら辺の九〇年代の関西の小劇場ってすごく健全な気がしたね。

流山児　うん、健全だね。

西堂　演劇に対して非常に情熱的な連中が儲けとか関係なく、徹底的にやるという。

流山児　いのうえひでのりなんか最たるものじゃない。照明道具、これ買いたいから買っちゃう。あの頃、新感線公演の時は劇団員はノーギャラだったんじゃないかな？　新しい機材買おうとか。皆、いのうえ君の道楽＝新しい演劇への追求に尽くすんですね。一九九七年の『愛の乞食』は古田を主演に迎えての本多劇場公演だったけど、新感線のような「連日満員」の大ヒットにはならなかった。その時古田君、責任感じたらしく「次は絶対お客さんを呼べる役者になるから」「そんなこと言わなくてもいいよ」ともちろん答えたよ。客呼べてナンボ！という感覚は凄い、流石、古田はスターだと感心したね。あ、これは山内圭哉が言っていたんだけど。『愛の乞食』の稽古中、朴永彦という新人がいたんだよ。家出状態で大阪から東京に出てきて、少しの間ここに住んでいいですか？と聞くから「ああ、イイよ」。で、一時期、Space早稲田に居住していた。そしたら、圭哉が「すごいんだゾ、流山児★事務所の若手は。真冬なのに靴下もないんだ。家もないし、風呂もない。でもイイ役者なんだ」（笑）と、感嘆していた。ぼく、朴永彦のこと大好きで、『ザ・寺山』ではいい役やって、さあこれからだと思っていたけど。いつのまにか消えてしまった。ま、そんな奴、今はいないね。淋しいけどね（笑）。

★90……………**保村大和《やすむらやまと》**
一九六九―。俳優。神戸大学在学中に劇団「惑星ピスタチオ」を結成。

★91……………**西田《にしだ》シャトナー**
一九六五―。劇作家・演出家。神戸大学在籍中の一九九〇年に劇団「惑星ピスタチオ」を結成。「パワーマイム」を駆使して関西を中心に人気を博した。劇団解散後は「シャトナー研」での公演や舞台『弱虫ペダル』（脚本・演出）を手掛ける。

★92……………**腹筋善之介《ふっきんぜんのすけ》**
一九六五―。脚本家・演出家・俳優。西田シャトナーらとともに劇団「惑星ピスタチオ」を旗揚げ。劇団解散後の二〇〇三年、劇団「IQ5000」を結成。

Space早稲田という拠点

西堂　その頃、Space早稲田を作る動機って何だったんですか。

流山児　若手と一緒にシニアの劇団を作ったらどうなるだろう?という「実験」を一九九七年から始めてみたんだよ。そのための拠点。ぼく自身、中年になるので、ぼくと同じようなカラダを持っている人、同世代と一緒にやってみたい。やってみたら、次には先輩の世代、「異世代交流」にこの頃から関心を持ち出した。異世代と「世界を旅したい」という欲望が沸々と湧いてきたんじゃないかな。つまりいろんな人、多様な人たちと一緒にやるのが演劇なんじゃないかという「原点」に戻ろうという第一弾が中高年劇団＝楽塾だった。

西堂　高齢者劇団のはしりみたいなのが楽塾です。それから数年経って蜷川幸雄さんがさいたまゴールド・シアターを創設する。

流山児　ぼくも「パラダイス一座」という超高齢者劇団を楽塾の後に作る。楽塾の世話をするのは新人劇団員だった。今でもそうですけど。若手がそこで育っていく。一〇年くらい世話をしているとどんどん変わってくる。おまけに公演の時には観客にもなってくれるしね（笑）。お母さんと息子・娘の世代じゃないですか。実は、芝居はお母さん、お父さんの世代と娘、息子たちが一緒にやるというのが普通なんだよ。ロンドンの演劇もそうだけど、世界のスタンダードじゃないかな?

『ザ・寺山』（一九九七）

西堂　二世代、三世代が同居してる劇団ですね。小劇場というのは基本的に同世代でやってきたから息詰まるし。そういう意味では異世代がいるところというのがけっこう強いですね。

流山児　敵がはっきりしている場合は同世代のほうが闘いやすい。中年になって「長い闘いになる」と思い始めていた。相当長い「陣地戦になる」とぼくは思った。そう思えばいろんな世代がいたほうが闘いやすい。どうやって舞台芸術が生き延びていくかということを本気で考えないとダメになる時代を迎えていた。ま、その時、その時で自分の置かれている場から導き出した自分なりのやり方で、なるべく「自覚的」にやるしかないからね。

　そのための方法として一九九七年「四五歳以上の大人のためのワークショップ：楽塾」をSpace早稲田に開設した。最初は月一回だった。一年かけて一本の芝居を作る。旗揚げのテキストは三島由紀夫の『葵上』。男性参加者はたった一人。仕方がないので四人の女性が看護婦になったり葵上になったりして一対四のラブシーンが繰り広げられるわけです。初めて観劇したご家族は自分のお父さんの、普段はマジメ一徹なお父さんの、恋に惚けた姿をはじめて目の当たりにしてショックだったんでしょうね。打ち上げの翌日、彼の顔にひっかき傷ができていて「ぼく、辞めます」、でやめちゃった。ああ、奥さんにとっては「うちのお父さんは本気なんだ」と思っちゃうような芝居だったんだ。現実なのか芝居なのかわからないくらいに思ってくれるお客さんがいる。これは面白い、よし来年も続けよう、と思っていつの間にか二五年になるんです。舞台の上で傘を差す

★93…**アントニオ・グラムシ**　一八九一―一九三七。イタリアの政治家、マルクス主義者。ムッソリーニ体制下で逮捕。刑期減免されるも釈放後に死亡。獄中で書き綴ったノートは戦後刊行された。

『水色の雨』チラシ（一九九七）

こともできなかったんですよ、最初は。そんな人たちが普通に動いて台詞を言えるようになる。今では、自由自在に歌って踊って恋してる。最初の五年間くらいは、ほぼ素人。本多劇場で公演やるようになったら今度はプロもオーディションで入ってきて、また変わってきたというのが現状ですね。同世代とやって味を占めて、じゃあ、もっと上の世代とやろうと思って始めたのがパラダイス一座。

西堂　陣地戦という言葉は、アントニオ・グラムシ★93だと思うんですが、いい言葉ですね。やはりそういう長い闘いにチェンジするときにこの拠点、Space早稲田を持った。

流山児　二五年もここ（Space早稲田）を維持してるのは、劇団は拠点劇場がないとダメだ！ってことなんです。百人町アトリエは五～六年で終わった。ぼくの演劇活動は早稲田小劇場から始まっているから、働いて芝居やりゃいいと思ってる。昼働いて夜稽古すればいい。生活史を染み込ませた無名の役者たちのアジールです。拠点を持ってないと若者は育っていかないし、ずっとやり続けているおじさん、おばさんたちも居られない。でも、あまり「居心地がいい」と悪源太義平みたいにアル中になって自分の家なのか稽古場なのかわからなくなって早死にしたりする。ま、それはそれでいいのか？　なんて思っている。ぼくもゆくゆくは劇場の下足番とか掃除のおじいさんになりたいなというのがどこかにある。ストリップ劇場のピンフォロー係になりたいとガキの頃思ってたんだから。

西堂　前回、商業主義が八〇年代後半くらいから急速に高まってきたという話をしましたけど、ある意味で商業主義に絡めとられないための対抗策が、こういう場所を持って

楽塾『水色の雨』（一九九七）

楽塾『桜の園』

やっていくということじゃないかなと思いました。オルタナティブな在り方ですね。

流山児　必要なのはいつでも帰れる場所だよ。ここは体の届く所に他者がいるじゃない。でかい稽古場だと距離ができて動物的エネルギーと呼ぶべき熱も温度も感じられなくなる。やっぱりここ（Space早稲田）が一番怖いし愉しい。『OKINAWA 1972』、『ＳＣＲＡＰ』とここで役者やって「演劇の原点」って、関係性でしかないと確信した。人の呼吸を感じられる場所で物を作らないと舞台芸術家ではないよ。

西堂　それが空間としての小劇場だったということですね。

流山児　この頃から助成金を申請するようになる。芸術文化振興基金。シンプルに言うとスタッフにギャラが払えるというのが芸術文化振興基金の最大のメリット。役者に払うためには客を呼ばないといけない。でもスタッフが何とか食えるようになったのは、この時代から。

一九九九年に久しぶりに韓国に行く。ここから積極的に海外に行きだす。一九九九年果川国際演劇祭。日韓演出者会議の時、演劇祭芸術監督のチョン・ジンスさんから招聘された。現地スタッフは舞台美術家・加藤ちかと美術家・横松桃子[★94]（立松和平の娘）、若手の甲津拓平[★95]とイワヲ[★96]の四人。果川に先乗りで行ったが、言葉は通じないわ、物はないわの逆境の中、大変な苦労をして現地で舞台制作をやってくれた。『狂人教育』から二〇年以上、拓平とイワヲは海外公演のレギュラーになっていく。

★94……横松桃子《よこまつももこ》
一九七七―。絵本作家。女子美術大学芸術学部卒業。著書に『父のふるさと』、『酪農家族Ｉ・Ⅱ』など。

★95……甲津拓平《こうづたくへい》
一九七〇―。俳優。流山児★事務所所属。

★96……イワヲ
一九七四―。俳優、舞台監督。流山児★事務所所属。

『狂人教育』（一九九九）

海外公演の経験

流山児 航空母艦からフットワークよろしく海外にバーンと突っ込んでいく。時には編隊もできる。皆が集まってくれる場所である流山児★事務所と海外に行くチームを作っていく。流山児★事務所はここから変わっていった。

西堂 そしてその後の『狂人教育』でカナダに行きエジプトにも行くわけですね。

流山児 『狂人教育』は一番海外で上演したレパートリー。二〇〇〇年から一〇年以上世界中を廻ってどんどん成長していった。

西堂 エジプトのカイロで「実験演劇祭」という国際的な大会があって、僕はシンポジウムでよばれていて、流山児さんと顔を合わせました。

流山児 稽古場にも来てくれて（笑）。

西堂 そこで僕、初めて流山児さんと本気で付き合ったんだよね。

流山児 そうですね。奥さんと一緒にいらっしゃった。

西堂 『狂人教育』は寺山の作品だけどすごく面白かった。観客の評価も高かった。

流山児 その前に、ぼくは二度目の離婚。二〇〇〇年六月に離婚届を出すんです。それで七月一四日朝に「スポーツニッポン」にでかく「流山児祥離婚」と出た。稽古場でみて吃驚した記憶があります。で、八月カナダへ向かう。カナダは、劇団員全員が初めて「一ヵ月ホームステイ」しながら行ったんですよ。この時、僕は、五三歳だよ。五三歳でいろんな所に泊まらせてもらいながら生活する。役者たちも皆バラバラに。それ

『狂人教育』（二〇〇三）

で、色んなところに集合して稽古して芝居する。昼間稽古して本番して、稽古して本番して。初日は夜の一二時開演。世界陸上で有名なエドモントンがカナダ・フリンジ演劇祭ツアーの最初の公演地。エドモントンは白夜、一〇時頃暗くなるんだよ。で、夜の一二時開演でも五割近く入った。これじゃもう客来ないなと思ってたら一〇時の回は八割来た。で、その翌日から満員！　あっという間に全一〇公演ソールドアウト。ソールドアウトになると次のビクトリアはもっといい場所を提供してくれる。そこもソールドアウト。次のバンクーバーではアーツクラブシアターという大劇場公演、ソールドアウト。ビクトリアではグランプリ（最優秀賞）を受賞した。上がりは全部貰える。その日の上がりでバンバン飲めるわけよ。一二時に終わって朝の二時〜三時まで店借り切って酒が飲める。フリンジはダメだったら翌日帰るしかない。たまたま、エドモントンではＣＢＣ（カナダ放送協会）テレビが取り上げたり新聞のトップを飾ったりして、ぼくらはラッキーだったんだね。この体験で、どこでもできるという糞度胸がついた。フリンジだから三時間、四時間で仕込まなくてはいけない。舞台稽古もやらなきゃいけない。あとは三〇分で仕込み、三〇分でバラシの繰り返し。慣れるとどこでもできる自信がつく。帰国してから、盛んに演出者協会の若い演出家に言ったんだけど、これを体験しろ！と。エドモントンはエジンバラと同じなんです。一〇年後、エジンバラ行ったけど、同じ。一ヵ月三都市で四〇〇〇人のお客さんが来たんだよ。東京の小劇場で四〇〇〇人なんて呼べっこなかった。この体験で、無名でもオモシロい芝居やれば客が呼べるんだ、それが「芝居の原点」だと確信した。今でもRYUZANJI COMPANYはレジェンド

『狂人教育』（二〇〇〇）

カナダフリンジ（二〇〇〇）

劇団と呼ばれている。カナダ演劇との付き合いが『リタ・ジョーの幻想』『イエロー・フィーバー』『狂人教育』『ハイ・ライフ』『花札伝綺』『楽塾☆歌舞伎十二夜』と、二〇年に渉って交流が続いてゆく。

『狂人教育』の時、ビクトリアのホームステイ先のビクトリア大学の女子大生田中クレアが、いまは四国に住んでいて、通訳と台本の翻訳をやってくれている。長い付き合いになっていく。結局、「人の情け」みたいなもの。そこからしか演劇は始まらないんだよ。カナダでぼくらはいろんな人に会えた。ホームステイして良かったと思う。ビクトリアではちょうど平田オリザの青年団が公演していた。ビクトリア大学で、コディ・ポールトン★97教授が、平田の「静かな演劇」と流山児の「うるさい演劇」の両方を同時期に観られて、「君たちは幸せだ。日本の現代演劇は本当に豊かだということを実感できるんだから」と評した。ポールトン教授は翻訳家の吉原豊司さんの盟友で日本とカナダの演劇交流の軸を担っている方。平田君に会えるかと思ったが会えなかった。彼らはホテルで、ぼくらはホームステイだったから(笑)。

西堂 海外に行くといい作品だと必ずウケるし、経済的にも還元されてくる。ダメだったらすぐ帰国するしかない、非常にはっきりしている。

流山児 それは大切だと思います。

西堂 大切ですよ。

流山児 偉そうに国の看板背負って招待されるより、フリンジのほうがぼくらには合っている。

『狂人教育』(二〇〇〇)

西堂 試される？

流山児 そうそう。ウケなかったら帰るしかない。そういうパフォーマーがたくさんいるわけだから。チラシをいろんなところに貼ったり宣伝したり一日中芝居のこと考えていればいい芝居漬け。米山恭子、伊藤弘子、イワヲ、谷宗和★98、甲津拓平、小林七緒、畝部七歩★99はそんな海外を体験しているから二〇年以上続いてるんだろうね。

西堂 カナダとオーストラリアが日本に働きかけてくる二大強国なんだね。

流山児 イランも面白かったよ（笑）。

西堂 まあ、それは置いておいて（笑）、で、その後二〇〇一年、エジプトのカイロに行くんですけど。

14 九・一一同時多発テロ

流山児 カイロ国際実験演劇祭。帰りが大変だった。九・一一に遭遇。マニラ空港でトランジットなんだけど、急にドドドって機関銃持った警官が入ってきて機内点検。外に出してもらえない。何が起きているかわからない。何かすごいことが起こっている。ガラガラだった機内にいろんな国の乗務員が乗り込んできて満席。で、成田で、ようやく九・一一が起きたとわかる。あの衝撃はすごかった。まだ携帯電話ない時代だから、空港着いたら公衆電話で電話して九・一一同時多発テロを知った。ぼくらのお芝居を見に来て

★97……コディ・ポールトン
カナダの日本文学・演劇研究者。

★98……谷宗和《たにむねかず》
一九七三―。俳優。流山児★事務所所属。

★99……畝部七歩《うねべななほ》
一九七一―。女優。流山児★事務所公演の制作や音響スタッフとして活躍。

『狂人教育』カイロ（二〇〇一）

くれた日本のお客様も帰る便がなくて、一週間遅れて帰国した。

西堂　僕は四日ほど前に帰国したんですけどね。カイロでシンポジウムに出ていた時、アラブの人間に対する欧米の冷たさというものをすごく感じたんです。例えば初日がだいたい、アメリカとかアジアのシンポジウム。二日目はヨーロッパ、三日目がアラブなんです。初日、二日は皆来るんだけど、三日目になると欧米人は皆いなくなった。皆ピラミッドのツアーに行っちゃうんですよ。アラブの演劇にまったく関心がない。だからアラブ人だけが残ってシンポジウムをやってる。この無関心さというのは何だろうと向こうでひりひりと感じていた。それで日本に帰ってテロが起こった時に、ああやっぱりそうだったんだって納得した。

流山児　でも、あの時、俺、心の中で、思わず快哉を叫んでいたよ。「やったぁ！」って思った。ついに虐げられし者たちがアメリカ帝国に一矢報いた。もちろん、たくさんの人が亡くなっているので失礼なことかもしれないけど。世界中で快哉が叫ばれたと想うよ。だっておかしいだろ。ビン・ラディンだってそうだけど、お前らが作ったテロリストだろう。だから茶番にしか見えなかったんだよね、アメリカ帝国主義というのが。そういうものに対して一矢報いるというか。その後、大変なことになっていくということはわかってますけど。ある種の溜飲が下がった。

西堂　それで二〇〇一年が暮れていく。本当に何か時代の変わり目というか、分断が始まった、その象徴みたいな年でしたね。

流山児　アフガンを攻撃してタリバンが崩壊しておまけに自衛隊がテロ特措法で行くように

『狂人教育』カイロ（二〇〇一）

なって。何かどんどん「押せ押せ」でやってくるじゃないですか、柔らかいファシズムが。そこに「新自由主義」という名の「小泉=竹中構造改革」が始まる。なりふり構わない形で、消費資本主義の時代が世界を席巻する。帝国主義アメリカ一強、ある種世界が変わりつつあった。西堂さんの言い方をすれば「分断」がここから始まっていく。二〇〇一年はポイントの年。いろんなことが一気に表面に表れてきた。

西堂　その一つの結実がイラク戦争かな。

流山児　そう、そんな二〇〇一年に文化芸術振興基本法が成立する。ぼくたち芸術家の法律。文化芸術の自由を保障する。文化芸術の継承と発展を担う。文化芸術を誰もが享受できるようにする。文化芸術の多様性を確保する。これが芸術の中央集権化、東京一極化でない演劇を創るための基本法。これを機に演出者協会も一気に変わっていった。演劇人がきちっと二〇一二年に成立した劇場法までの動きを捉えなおす、文化芸術振興基本法を軸にして。皆がこれを盾にして戦えば少しはマシになる。実際は、公共劇場からはじまって助成金がなければ成立しない助成金演劇と、助成金演劇を目指すステップアップ枠を目指す小劇場演劇になっていく「二〇年後」の文化芸術活性化事業という「現在」までつながってゆく。おまけに、どういうわけかホリプロやジャニーズといった商業資本と公共劇場が協働するという「演劇の新自由主義化」もこの頃から始まってくる。世界のグローバル化とアメリカという帝国の支配に抗するテロ戦争の時代。日本もどんどんきな臭くなってくる。イラクへの自衛隊派兵で一挙に「戦争」が露出してくる。ぼくたちはそんな状況にイライラしていた。

『狂人教育』北京台北マカオモスクワ（二〇〇二）

『狂人教育』仙台（二〇〇二）

西堂　それで二〇〇三年に「非戦を選ぶ演劇人の会」が設立されてきますね。

流山児　そうです。

西堂　ある種の運動がここで起こってくるとも言えますね。

流山児　ぼくも呼びかけ人の一人です。「非戦を選ぶ演劇人の会」って劇作家協会の連中と演出者協会の連中が大同団結してピース・リーディングを始めた。同じような形で日韓演劇交流センターも始まる。

西堂　ちょっと前ですね。二〇〇〇年に。

流山児　二〇〇〇年には演出者協会主催の「若手演出家コンクール」が始まる。最優秀演出家賞をカナダ留学帰国第一作『その鉄塔に男たちはいるという』（作・土田英生[★100]）で小林七緒[★101]が受賞。ミレニアムに海外との交流を始め、歪んで行く社会や世界に対して「異議申し立て」としてのぼくなりの「中年の決意」がイラク反戦闘争だった。

15　イラク戦争とおふくろの死

西堂　イラク戦争で何が重要かっていうと、結局日本の自衛隊が間接的だけど戦争に参加したということですね。

流山児　そうだね。

西堂　今までずっとタブーであったものの蓋がついに開いちゃったという。二〇〇三年か

『狂人教育』トロント（二〇〇三）

『狂人教育』カナダオフショット（二〇〇三）

ら約二〇年でこれがどんどん膨れ上がっていく。これが次回のテーマになってくるんですが。

流山児　二〇〇三年イラク戦争、五五歳の時、母愛子が八六歳で死ぬ。大正六年生まれ、少女時代には競馬場の馬券売り場に勤め、理髪店の美人姉妹で六歳年上の炭鉱夫・藤岡三男に出会い嫁いだ。♪愛ちゃんは三男の嫁になる……のです。二〇歳で姉千鶴子を、二六歳で兄賢祐を、三〇歳で私を生んだ。一九七〇年、藤岡三男が五七歳で死に三三年後、♪愛ちゃんは三男の元に逝った……。おふくろはギャンブル狂で、死ぬまで、関東中のギャンブル場に毎日行くようなタフなおんなだった、おしめつけて毎日行くわけです。まるで山松ゆうきち★102の漫画『くそばばの詩』そっくりだった。晩年、認知症も出て、その後、脳梗塞になって右半身がほとんど動かなくなっても、それでも毎日何十分もかけて駅まで歩いて、競輪・競馬・オートレースといったギャンブル場に行った。夜になっても、「帰ってこねえなあ」と思ってると、深夜に電話がある。藤沢の駅とか大船の駅から「お母さん、保護しているから迎えに来てください」と、電話がくるわけです。で、兄貴や息子と車を運転して迎えに行った。そんな介護が始まった。さっき離婚の話したけど、別れたカミさんは離婚後もおふくろの面倒だけは死ぬまで看てくれた。今は（二〇二一年）息子の近くに住んでるけど、ホント感謝してる。

親が老いて死んでいく様を息子にキチンと見せたかったので、おふくろが死んで冷たくなった手を握らせ、一緒に寝た。愛子さんの死に顔をみていたら、自然と「徒然なかよ、母ちゃん」という熊本弁が出た。「徒然《とぜん》なか」と言うのは淋しいという意味、よく

★100……土田英生《つちだひでお》
一九六七―。劇作家・演出家・俳優。一九八九年、「B級プラクティス」（現MONO）結成。代表作に『その鉄塔に男たちはいるという』、『約三十の嘘』、テレビドラマ『崖っぷちホテル！』、など。

★101……小林七緒《こばやしななお》
一九六六―。女優・演出家。流山児★事務所所属。日本演出者協会常務理事。二〇〇一年、若手演出家コンクール最優秀賞受賞。

★102……山松《やままつ》ゆうきち
一九四八―。漫画家。代表作に『くそばばの詩』、『2年D組上杉治』など。

『鉄塔に男たちはいるという』

おふくろが何気なく誰にいうでもなく言ってた熊本弁。愛子さんは死ぬまで標準語は使わず、熊本弁で通した人だった。ヒトは「徒然なき（淋しい）存在」だと、つくづく思った。息子にはキッチリ人が死んで変わっていくサマを実感させることが必要なんだよ。家族葬で、兄貴がおふくろのことをいっぱい喋り、笑わせた。出棺はおふくろが一五歳の頃から親しんだ故郷の荒尾競馬場の出走のテーマ、ヴェルディの歌劇「アイーダ」の勝利と凱旋行進曲を派手に流して送り出した。それから、納骨の時、おやじの骨を久しぶりにお日様に晒して、おふくろと一緒にしてやった。息子にも見せた。ご先祖たちの骨もね。戦争があろうが何があろうが人間って「この骨」なんだ、なんてぼんやり考えてた。ぼくは愛子さんに戦後ニッポンをタフに、欲望のままに生きた《大衆の原像》をみていた。ただのマザコンだけどね（笑）。

二〇〇三年、イラク戦争が起こっている「現実」に対してイラ立ちもあって再び「反戦演劇人の会」を組織、集会とデモを呼びかけた。日比谷公園の大集会の前に、渋谷で反戦集会があった。いろんな演劇人がやってきて、反戦演劇人の会の旗の下に一五〇人余の演劇人が集まった。日比谷では、一九七一年『はんらん狂騒曲』で中村敦夫[★103]さんと大喧嘩して以来、三二年ぶりに再会して「詫び」を入れた。「あの時は本当にすみませんでした」と素直に謝って中村敦夫さんと握手、もちろん、敦夫さんは、昔のことだよといって許してくれて、一緒に戦おうと言ってくれた。本当は、菅孝行さんにも、あの時どこかで会えたらよかったんだけど。菅さんには、まだ「詫び」を入れてない。でも、敦夫さんに会って詫びて、ちょっと落ち着いた。

反戦演劇人の会（二〇〇三）

反戦演劇人の会（二〇〇三）

西堂　けじめがついた。

流山児　五五歳にして。けじめとしての懺悔（笑）。

西堂　懺悔の歴史の始まり？

流山児　最初が敦夫さんだった。二〇〇三年三月イラク戦争の時、ぼくたちはカナダのトロントにいた。アメリカ大使館前デモがあって、ぼくも行った。で、騎馬警官に蹴散らされるんだけどね。ＳＡＲＳ騒ぎもあった。マスクしてトロント空港に降りるとテレビでバーっと映される。感染症のアジアから芸術祭にやって来た。宣伝になった。伊藤キム・カンパニーと一緒に「狂気と芸術の世界芸術祭」に招聘されたんだ。その後、ブライス、バンクーバー、ソルトスプリングの『狂人教育』カナダツアー。六月には韓国の水原《スウォン》国際演劇祭に招聘された。

一二月には代表作『ハイライフ』を流山児祥演出二〇〇本記念公演として、下北沢ザ・スズナリで上演した。あ、二〇〇三年二月『青ひげ公の城』を都民芸術フェスティバルという助成金バブルのようなお祭りもやってる。まだ、懲りてないんだよ。東京芸術劇場中ホール　朝倉摂★104の美術、音楽は宇崎さん。ぼくは東京芸術劇場ミュージカル月間優秀演出家賞を受賞、池田有希子★105が小田島雄志賞、読売演劇大賞女優賞を受賞した。李麗仙、篠井英介、平栗あつみ★106、小須田康人、松本紀保★107、山本亨、観世榮夫といった錚々たるメンバーが集まった。上演台本は山崎哲。ぼくは節目、節目に哲と仕事してるんだ。演出二〇〇本記念公演『ハイライフ』とほぼ同時期には、早稲田大学演劇博物館で「憎まれっ子、世に憚る―流山児祥の劇的人生―」と題して「演劇団～流山児☆事

★103……中村敦夫《なかむらあつお》
一九四〇―。俳優、小説家、政治家。俳優座出身。テレビ時代劇『木枯し紋次郎』の主人公を演じて人気を博す。俳優業だけではなく、小説の執筆、テレビの情報番組への出演や、国会議員としても活動実績もある。

★104……朝倉摂《あさくらせつ》
一九二二―二〇一四。画家・舞台美術家。彫刻家・朝倉文夫の長女として生まれる。日本画を学び若くして画家として評価される。その後舞台美術にも進出し、独創的なアイデアで多くの作品を手掛ける。

★105……池田有希子《いけだゆきこ》
一九七〇―。女優。小劇場からミュージカルまで幅広く活躍。

★106……平栗《ひらぐり》あつみ
一九六三―。女優。演劇集団円に所属後、『幕末純情伝』（89）をはじめ、つかこうへいの作品に多く出演。

★107……松本紀保《まつもときお》
一九七一―。女優。二代目松本白鸚

務所　1970~2005」も開催された。俺もアーカイブ（回顧）される存在＝中年になったんだ？　ま、全身ヌードのパネルを入り口に立てて反抗したけどね。現在の流山児★事務所の主軸となる上田和弘、谷宗和、イワヲ、畝部七歩、小林七緒、甲津拓平、里美和彦[★108]、平野直美[★109]、木暮拓矢[★110]が一九九五年~二〇〇五年の一〇年間に入団して、現在も志を持続させ活動している。「劇団の歴史」って凄いね。

今回も最後に一九九〇年~二〇〇三年までに上演されてぼくの印象に残った九〇年代、ゼロ年代の舞台を列記してみますね。作・演出：鄭義信『杏仁豆腐のココロ』（海のサーカス）、『二〇世紀少年少女唱歌集』（椿組花園野外劇）、作・演出：深津篤史『うちやまつり』（桃園会）、作・演出：高取英『家畜人ヤプー』『ドグラ・マグラ』（月蝕歌劇団）、作・演出：北村想『けんじの大じけん』（プロジェクト・ナビ東京最終公演）、作・演出：つかこうへい『銀ちゃんが逝く―蒲田行進曲完結編―』（新国立劇場開場記念公演）、構成・演出：松本修『逃げ去る恋』（MODE）、作・演出：鐘下辰男『六悪党』『PW』（演劇企画集団THE・ガジラ）、作・演出：坂手洋二『くじらの墓標』『天皇と接吻』（燐光群）、作・演出：山元清多『ハザマとスミちゃん』、作・演出：佐藤信『荷風のオペラ』、作：松本大洋[★111]、演出：斉藤晴彦『メザスヒカリノ　サキニ　アルモノ若しくはパラダイス』（黒テント）、作・演出：ケラリーノ・サンドロヴィッチ[★112]『ウチハソバヤジャナイ』（ナイロン100℃）、作・演出：天野天街『真夜中の弥次さん喜多さん』（KUDAN Project）、作・演出：佃典彦『土管』（B級遊撃隊）、作：佃典彦、演出：生田萬『KAN―KAN』（ザ・スズナリ）、作：中島かずき、演出：いのうえひでのり『髑髏城の七

の長女として生まれる。舞台、テレビドラマで活動し、劇団チョコレートケーキ『治天ノ君』（13）では読売演劇大賞女優部門優秀賞受賞。

★108……里美和彦《さとみかずひこ》　一九七五―。俳優。流山児★事務所所属。

★109……平野直美《ひらのなおみ》　一九七二―。女優。流山児★事務所所属。

★110……木暮拓矢《きぐれたくや》　一九七八―。俳優。流山児★事務所所属。

★111……松本大洋《まつもとたいよう》　一九六七―。漫画家。代表作に『鉄コン筋クリート』、『ピンポン』など。

人』（新感線）、作・演出：平田オリザ『北限の猿』（青年団）、作：松田正隆、演出：平田オリザ『月の岬』（青年団プロデュース）、原作：エミール・ゾラ、演出：デヴィッド・ルヴォー『テレーズ・ラカン』（tpt）、作・演出：唐十郎『ビンローの封印』『泥人魚』（唐組）、作：平田俊子、演出：福井泰司『ガム兄さん』『甘い傷』（龍昇企画）、作・演出：土田英生『その鉄塔に男たちはいるという』（MONO）、作：シェイクスピア、演出：西田シャトナー『保村大和・超一人芝居マクベス』（東京グローブ座）といった作品かな。

それにしてもいろんな芝居を観てる。それも企画製作者の視点で劇作家&役者を観てた作品群だね。八〇年代小劇場が壊滅しプロデュース公演、ユニット公演、公共劇場公演が主流になっていく。いわゆる九〇年代の「静かな演劇（現代口語演劇）」もそれなりに観てる。ワークショップが流行り、局部対応の小さな物語になって、濃密と言えば濃密なんだけど「世界」に対する違和が極端に減っていった。そして六〇年代アングラ世代に続いて八〇年代小劇場の演劇人が次々と公共劇場の芸術監督や大学教授になっていく時代がはじまる。すべてがフラットになっていく。そんな時代、佃、鐘下、深津、天野、坂手、ケラ、鄭、元さんといった「物語性」をもった演劇作家（ドラマティスト）とコラボしながら流山児★事務所はこの時代を駆け抜けていた。

西堂　そういうことで二〇〇〇年が終わりましたので、今日はここで終わりにしましょう。

★112…**ケラリーノ・サンドロヴィッチ**
一九六三―。ミュージシャン・劇作家・演出家。バンド「有頂天」でボーカルを務め、インディーズレーベル「ナゴムレコード」を主宰。演劇界にも進出し、一九八五年に劇団「健康」を結成。後に「ナイロン100℃」となる。『フローズン・ビーチ』（99）で岸田國士戯曲賞受賞。

流山児★事務所'93秋公演　4大都市連続公演

煙の向こうのもう一つのエントツ

（B級遊撃隊）
作／佃 典彦　演出／流山児 祥

東京公演
高円寺明石スタジオ
TEL.03(3316)0400
JR中央線高円寺駅南口下車徒歩4分
'93年9月7日㈫〜15日㈬
毎夜7時開演。
11日㈯は2時、7時、12日㈰は2時、6時
15日㈬は2時のみの公演となります。

前売取扱
チケットぴあ 03(5237)9999・9988
丸井チケットぴあ 03(5385)9999
チケットセゾン 03(5990)9999
電話予約・お問合せ
流山児★事務所 03(5272)1785
(平日12:00〜17:00)
高円寺明石スタジオ 03(3316)0400

名古屋公演
名演会館名演小劇場
TEL.052(931)1701
地下鉄栄駅下車。⑤番出口を東へ徒歩7分。
'93年9月18日㈯〜20日㈪
開演時間
18日㈯は2時、7時。19日㈰は2時、6時。
20日㈪は7時のみの公演となります。

前売取扱
チケットぴあ 052(320)9999
チケットセゾン 06(308)9999
名演会館 052(931)1701

男たちの飛び散る汗が美しい。

絶賛の
「アトミック★ストーム」に続く
俊英・佃典彦の新作書下し。
男のデス・マッチ演劇。
2年ぶりの名古屋・大阪・京都公演。
地上最強の軍団が
'93年の演劇列島を熱くする。

CAST
松村冬風
若杉宏二
稲増文
栗原茂
山中聡
・
ラビオリ土屋
ますだいっこう
青井洋一郎
藤田洋
入佐良二
・
初音凱
安江秀訓
森博之
藤田寛
中谷政雄
流山児祥

スペシャルゲスト
東京公演 津田卓也
名古屋公演 佃典彦（B級遊撃隊）
大阪・京都公演 藤田佳昭（満開座）

大阪公演
扇町ミュージアムスクエア
TEL. 06(361)0088
地下鉄堺筋線扇町駅下車。⑤番出口より右へ5分。
'93年9月23日㈭〜26日㈰
23日㈭は6時、24日㈮は7時。25日㈯は
2時、7時。26日㈰は2時のみの公演となります。
前売取扱
チケットぴあ 06(363)9999
チケットセゾン 06(308)9999
扇町ミュージアムスクエア 06(361)0088

■前売・予約／2800円
■当日／3000円
（全席自由）
■学生割引／2500円
（当日券のみ）
各公演とも当日券・整理券は
開演1時間前より発行します。
開場は開演の20分前です。
■前売・予約開始
8月7日（土）

京都公演
アートスペース無門館
TEL.075(791)1966
市バス204・206系統、下鴨東本町下車すぐ。
地下鉄北大路駅下車、徒歩15分。
'93年9月27日㈪・28日㈫
27日㈪、28日㈫とも
7時のみの公演となります。
前売取扱
チケットぴあ 06(363)9999
チケットセゾン 06(308)9999
京都書院 075(221)1062
アートスペース無門館 075(791)1966

【スタッフ】◎共同演出／上村和彦◎照明／ROMI◎音響／UKサウンド◎振付協力／北村真実◎音響協力／ステージオフィス◎舞台監督／栗原茂◎写真／小松克彦◎制作／米山恭子・成田みわ子◎制作協力／小堀 純・瀬谷 馨・津村 卓・演劇群 翔・プロジェクト ナビ・B級遊撃隊◎協力／塩野谷正幸・伊藤弘子・井沢希旨子・青木砂織・渡辺あゆみ・木内 尚・小林あや・山崎麻子・横須賀智美・野口 泉

『煙の向こうのもう一つのエントツ』チラシ（1993）

流山児祥演出200本記念新聞（2003）

V

二一世紀の入口で

2001 〜 2011

1

第一部

清水邦夫さんの死

西堂　今日は二〇〇三年から一一年。イラク戦争から東日本大震災までという括りで考えているのですが、二〇一一年以降は歴史を語るというよりも同時代の現象を語るようなものなので、今日は今までと趣きが違って、歴史というよりは、現在を語るに近いものになるかもしれません。

前回はイラク戦争の始まりと、流山児さんのお母さんの死というところで終わったのですが、これから二一世紀に入って、我々の知り合いの死がたくさん出てきます。ついこの一週間だけでも大物の演劇人が三人亡くなっています。その中で一人だけ聞いておきたいのは、清水邦夫さんのことです。今まで清水さんの話はあまり出てこなかったのですが、流山児さんは清水さんとはどういう関わりがありましたか？

流山児　西沢栄治[★1]演出で『雨の夏、三十人のジュリエットが還ってきた』、栗原茂演出で『署名人』、ぼくは『楽屋』を楽塾でやりました。清水さんの所に上演許可の手紙を書くと、必ず清水さんから直々の、丁寧な許可状が送られてきました。何回かお目にかかったことがあるんですが、直接、喋ったことはないです。石橋蓮司[★2]さんや現代人劇場の連

★1……**西沢栄治**《にしざわえいじ》
一九七一―。演出家。「若手演出家コンクール２００３」にて最優秀賞を受賞。

★2……**石橋蓮司**《いしばしれんじ》
一九四一―。俳優・演出家。劇団第七病棟主宰。中学校時代から俳優活動を開始し映画に出演。その後劇団青俳に所属。一九六八年に清水邦夫、蜷川幸雄らと劇団現代人劇場を結成。劇団解散後は妻の緑魔子と劇団第七病棟を旗揚げ。舞台の他、映画、テレビドラマなどで活躍。

★3……**岡田英次**《おかだえいじ》
一九二〇―一九九五。俳優。大学卒業後、第二次新協劇団に入団。一九五四年、劇団青俳を旗揚げ。映画にも多く出演し和製ジャン・マレーとして親しまれた。

中は知っていますが、清水さんとは直接話しあえなかったことが残念でならない。『署名人』は、自分でも演出したいと思っている戯曲です。どちらかというと、清水さんには映画のシナリオライターのイメージが強い。清水さんの作品は「闘う叙情」と語られるけど、別役さん、寺山さんのような「詩的に社会を見ている演劇人」がいるんだとワクワクしながら観た記憶がある。一九六九年アートシアター新宿文化で『真情あふるる軽薄さ』を観た時、血沸き肉躍った。蜷川さんの演出も凄かったし。蓮司さんや現代人劇場の熱量も凄かったから。あの芝居には『砂の女』『二十四時間の情事』の名優・岡田英次[★3]も出てたしね。そういう意味ではファンだった。ま、新宿にピッタリの劇だった。それから清水邦夫脚本の『龍馬暗殺』（一九七四年公開）は忘れられない名画。盟友の外波山文明が出てるしね。ちょうど、彼と付き合い出した頃で、外波山の映像というので記憶に残っている。原田芳雄[★4]、松田優作[★5]、石橋蓮司、桃井かおり[★6]も出ていて。新宿ゴールデン街で、黒木和雄監督がスゲー面白い映画を撮っているぞという噂を聞いたことを覚えている。

西堂　現代人劇場は演劇団が立ち上がる前夜に結成されましたが、ほぼ同走しますね。そこら辺の緊張感とかはどうだったんですか。

流山児　彼らは新劇人反戦青年委員会、ぼくらは演劇人共闘会議、デモの先陣争いをしたりした。向こうは新劇、こっちはアングラ。向こうは反戦（労働者）、こっちは全共闘（学生）だった。ぼくらとは違うと感じていた。ジュラルミンの楯に包囲された『真情あふるる軽薄さ』（一九六九年）や爆弾闘争を扱った『鴉よ、おれたちは弾丸をこめる』

★4……………原田芳雄《はらだよしお》
一九四〇—二〇一一。俳優。一九六二年に劇団俳優座養成所に所属、その後団員となる。代表作に映画『竜馬暗殺』（74）、『ツィゴイネルワイゼン』（80）、『鬼火』（97）など多数あり。

★5……………松田優作《まつだゆうさく》
一九四九—一九八九。俳優。大学在学中に文学座付属演技研究所に所属。テレビドラマ『太陽にほえろ！』（73）の刑事役で人気となる。その後、映画『蘇える金狼』（79）、テレビドラマ『探偵物語』（79）に主演。『ブラック・レイン』（89）でハリウッド進出を果たすも遺作となった。

★6……………桃井《ももい》かおり
一九五一—。女優・映画監督。幼少期からクラシックバレエを始めバレエ留学もするが、高校卒業後に俳優を志して文学座に研究生として所属。清水邦夫・田原総一朗監督の『あらかじめ失われた恋人たちよ』（71）にてヒロインを演じる。代表作にテレビドラマ『前略おふくろ様』（75）、映画『幸福の黄色いハンカチ』（77）など。

（一九七一年）をアートシアター新宿文化で観た。新劇人反戦にはオモシロいヤツラがいっぱいいたし、ステキに過激だった。新劇人反戦のアジト（事務所）にもよく行った。照明家の吉本昇や音響家の市来邦比古とは今でも親交が続いてる。二人とも第七病棟の劇団員。

西堂　世代的に一回り上ですね。清水さんも、蜷川さんも。唐さんや鈴木さんよりももっと上の感じですか。

流山児　イメージとしてはそう。

西堂　新劇に近い感じですか。

流山児　現代人劇場はもともと青俳。だから、新劇のイメージが強かった。それも「正統新劇」のイメージ。まともな思想を持ったまともな運動体（集団）という意味でリスペクトしていたよ。かつての青芸とか、竹内敏晴★7さんの演劇集団変身、瓜生良介さんの発見の会、そういった「正統新劇」に、現代人劇場は見えてた。代々木（共産党）系の劇団が、過激な演劇運動をやらなくなった。その中で、突っ張ってたグループが新劇人反戦であり現代人劇場だった。清水さんは蜷川さんと別れて風屋敷という集団をつくり、『幻に心もそぞろ狂おしのわれら将門』に向かう（実際は公演中止、風屋敷は解散）。あの頃の現代人劇場→櫻社→風屋敷の軌跡は他人事ではなかった。連合赤軍や過激派組織・東アジア反日武装戦線とクロスして反権力闘争の最先端を突っ走ってた。共感があった。こいつら、行くところまで行くのか？というヒリヒリした感じ。蜷川さんは『泣かないのか？泣かないのか一九七三年のために』という作品で去ってゆくけど、清水さんは

★7……竹内敏晴《たけうちとしはる》
一九二五—二〇〇九。演出家・演技指導者。岡倉士朗に師事し「ぶどうの会」に所属して演出家としての道を歩む。ぶどうの会解散後は「代々木小劇場・劇団変身」を主宰し小劇場運動の先駆けとなる。「竹内レッスン」と呼ばれるワークショップを展開した。

最後に『将門――』で、もう一度戦いたかったんじゃないかな？　その後、木冬社を創る。奥さん（松本典子★8）の影響なのかわからないけど「正統新劇」に戻っていく。清水さんは、時代や社会から堕ちてゆく人たち、敗れ去るヒトタチ、それも地方の人々の物語を書き続けた。『雨の夏、三十人のジュリエットが還ってきた』は、地方の少女歌劇団の演劇への想いとか社会への想いを描いている。結局、戦い方を忘れたおっさんたちが、老いた少女歌劇のスタアたちにけしかけられて、もう一回「闘いの現場」を再確認する台本。清水さん、引用多いじゃないですか。シェイクスピアとかロシアの詩とか。唐さんや信さんとかとまったく違うタイプ。立ちあがるのは「闘う叙情」。

西堂　なぜ、清水さんのことを聞いたかというと、一九七三年に櫻社は解散しますよね。あの時は蜷川幸雄さんが日生劇場に行ったことが引き金になったと思うんだけど、小劇団のある種の分裂というか別れ方の典型を示したような感じがした。蜷川さんってある意味プロフェッショナルに向かいたいという意識がどうもあったみたいなのね。でも清水さんや他の役者たちはアマチュアでいいんだと。アングラはそもそもアマチュアでやるんだというようなところで、たぶん演劇観の対立というのが大きかったんじゃないかな。

流山児　演劇観というよりもニンゲンの生理へのこだわりじゃないかな。人間の身体の持っている情動＝仁義がそれを選ぶんだよ。「集団」でなければいけないと清水さん、蓮司さんたちは追求した。アマチュアでよかったんだ。だから（石橋らは）「第七病棟」（患者の側から世界を視る決意）まで行き着く、いさぎよいと思う。蜷川さんは、集団で

★8……………………**松本典子**《まつもとのりこ》
一九三五―二〇一四。女優。劇団俳優座養成所卒業後、一九五九年に劇団民藝に所属。夫の清水邦夫と、一九七六年に演劇企画グループ「木冬社」を結成する。

なく個を選んだ。蜷川さんは個人の世界＝大人の世界に行ったんだよ。アーティスト（芸術家）じゃなくてアルチザン（職人）になった。日生劇場でやれる職業演出家。でも、その当時、実際に爆弾闘争を闘った若い劇団員が全国指名手配される（一三年後の一九八五年逮捕・服役）という「現実」の中で現代人劇場は解散する。で、櫻社を結成、新左翼の崩壊、連合赤軍事件の影を描く『ぼくらが非情の大河をくだる時』（一九七二年）、そして闘争劇の終わりを予感させる『泣かないのか？　泣かないのか一九七三年のために』（一九七三年）は、清水＋蜷川コンビの名場面を盛り込む作品で、その痛苦な敗北感にぼくたちは暗然とした。つかこうへいが『初級革命講座飛龍伝』で新左翼の末路を黒い笑いでぶちのめした時代が確実に来ていた。一九七四年五月、櫻社には思いもよらない事件が起きる。日生劇場で東宝製作『ロミオとジュリエット』を、蜷川幸雄が演出。八月、櫻社は解散。時代が変化し、観客との一体感も薄らいだ（すでに熱い新宿は存在しない）時代、つかこうへいの喜劇の時代と呼ばれていた。それでも「集団」でしかできない！と、うめき声をあげている芝居者は、少数でも支持してくれる人を信じ持久戦を選択した。「蜷川さん、そりゃねえだろ？」と、思うのは当然だよ。いいか悪いかは別にして、蜷川さんは「大人」になっていった。櫻社の役者だった木場勝己★9、和田史朗らは竹内銃一郎と一九七五年、斜光社を旗揚げした。あの時代、「ガキ」であることにこだわって、劇団はあくまで「才能」ではなく「集団」であることにこだわったやつらは確実に存在したんだよ。紅・黒テント、早稲田小劇場、そして、演劇団やつんぼさじき、菅孝行の不連続線も「集団性」を希求していた。あの時代に「集団」のリー

★9……木場勝己《きばかつみ》
一九四九―。俳優。櫻社を経て、一九七五年に劇作家の竹内銃一郎らと斜光社、秘法零番館を結成する。その後、フリーとなって数多くの舞台に出演。受賞歴も多数。

ダーが日生劇場で演出するなんて驚天動地だったと思う。それにしても「蜷川さん、変わり身、早い」という《事実》は暗くて重い。と同時に誰もが、あの時代を振り返る時、何かしらの「後ろめたさ」が残るのも事実。

西堂　現代人劇場から櫻社への移行は、小劇場運動の変質をもろに体現していたんですね。で、清水さんの名前はこれまで出てこなかったけど、確かにイロイロやってましたね。

流山児　『楽屋』は庶民の芝居、演劇ミーハーの芝居でやればイイ。女優Cがインテリっぽく書かれてるけどね。原爆だとか戦争だとか、『斬られの仙太』を選ぶというセンスの良さ。呉泰錫《オ・テソク》さんがソウルでやったのを観た。これが面白かった。韓国の女優たちの『楽屋』が一番震えたね。ビアホールで上演され空間も良かった。そうか、韓国の役者はテキストをこんなに生理的に読むのか？　チェーホフの台詞が女優の生き方まで入り込んでゆく。女優ってイキモノは何だろうということを突き詰めていく。普遍性を持っているから『楽屋』は世界中で上演されていくと思う。四人の女優でやれる素敵な作品を清水さんが残してくれたのは豊饒だと思います。

西堂　『楽屋』ほど上演回数の多い舞台はない。

流山児　そうだね。俳優にとって演技とは何？を考えるための最良のテキスト。不幸にして戦争や闘争で死んだ女たちの生きざまが生っぽく立ち上がるためには、ちょっとお年を召した方がやられたほうがイイかもよ。楽塾でやってみてそう思った。

西堂　あれが一九七七年。木冬社作って確か二、三本目くらいだったんじゃないかな。

流山児　「正統新劇」の後退戦、陣地戦を、清水さんは闘いつづける。

西堂　では清水さんの話はこのくらいにして。二〇〇三年の話にまた戻りましょう。

2　非戦を選ぶ演劇人の会

西堂　この年のイラク戦争で日本が間接的に戦争に関わるという、ある意味で戦後のタブーを破ってしまうわけです。

流山児　今日、このTシャツわざと着てきたんですけど、これは「非戦を選ぶ演劇人の会」の九条Tシャツ。二〇〇三年演劇人が集まって「非戦を選ぶ演劇人の会」という活動を始めるんです。ぼくも実行委員です。この会では、誰にでも分かる言葉で「非戦」の呼びかけをやっていこうよと、坂手洋二、渡辺えり★10、永井愛★11らが中心になって、ピースリーディングをやり出す。

西堂　これが二〇〇三年のイラク戦争を契機に始まるわけですか。

流山児　そうです。新宿スペース・ゼロが協力してくれてる。毎年夏に八月一五日について考えませんかという形で。ぼくは、演出の永井さんに怒られるのが快感で出てるんですが、なぜか、いつも悪役。なんでだろう（笑）。

西堂　これは久々に演出者協会と劇作家協会が大同団結してやってる集まりの場ですね。その意味では画期的かな。そういう集まり方というのは二一世紀になってから多くなってきたんでしょうか。

★10　渡辺《わたなべ》えり
一九五五―。劇作家・演出家・女優。一九七八年、「劇団２〇〇」（げきだんにじゅうまる）を結成、その後３〇〇（さんじゅうまる）に改名。一九八三年、『ゲゲゲのゲ』で岸田國士戯曲賞受賞。テレビドラマなどへの出演多数。

★11　永井《ながい》愛《あい》
一九五一―。劇作家・演出家。一九八一年、脚本家の大石静と「二兎社」を結成。九〇年代からは永井が単独で作・演出を行う。代表作に『ら抜きの殺意』、『兄帰る』、『ザ・空気』シリーズ他、多数。

『花札伝綺』チラシ（二〇〇一）

流山児　だと思いたいですね。演出者協会も劇作家協会も、次の世代に「戦争」がちゃんと伝わっているのか、イマ、沖縄で起きてること、日本中で起きてること、世界中で起きてる人権の問題を含めて、「ちゃんと考えよう」と、提示=討論する場所になるために「非戦を選ぶ演劇人の会」は活動を続けている。

西堂　世代間のリレーみたいな感じ？

流山児　それはある。それからピースリーディングの台本は著作権フリーだから皆が使える。いいことだと思います。

西堂　今まで演劇団とか流山児★事務所とか劇団単位で活動が論じられることが多かったんですけど、二一世紀に入ってくると劇団単位だけでなく、もう少し拡がりが出ますね。例えば演出家にしても若手の演出家をこの事務所に呼んでくるとか。ちょっと活動の仕方が変わってきたのかな。

流山児　一九八〇年代〜九〇年代は派手にやってたんだけど、二〇〇〇年代になって、身の丈に合うものをやっている。二〇一五年八月の創立三十五周年記念パンフレットによると、流山児★事務所は三五年間で二七一本の芝居創ってる。イジョーな公演数だよね。二〇〇〇年代に入ってもスピードは落ちない。やりたいことがいっぱいあるんだよ。その中で、高く評価されたのが、八十歳以上の超高齢者劇団・パラダイス一座の『オールド・バンチ』シリーズとブロードウェイミュージカル『ユーリンタウン』。

『花札伝綺』（二〇〇一）

3

時代が変わった？

流山児　二〇〇三年、岡田利規★12が『三月の五日間』を書く。現代口語演劇の新展開。岡田君のホンがある種の劇的衝撃を与えた。なんじゃこりゃ、面白いじゃんって思った。ああ、そうだよな。ブレヒトみたいなのとも違うし。イラクの反戦デモがあったど真ん中のラブホにいる恋人たちのお話。自分の世界、蛸壺のように潜り込んでいいんじゃないの？と。でも、役者の身体も貌もノッペラボーの劇世界。この頃の岩井秀人★13だとか読んでみると、ある種の自己肯定感があるんだな。俺らの世代って自己否定じゃないですか。自己肯定でうわっと上がってきたことに衝撃を覚えた。ああ、こういう演劇が出てきたんだと。世界というのがどういう風にこの子たちには見えているんだろう。ぼくの息子たちにはどんな風に世界は見えてるんだろうと興味を覚えた。

西堂　息子の世代ですね。イラク戦争が起きても直接関われない、傍観者的であらざるをえない。それって否定的であったわけじゃないですか。それをある種の自己肯定感で語り始めたということですか？

流山児　そう、自己肯定感。引きこもりの演劇みたいなのがボーンと出てきたというのは、面白いなと思った。岩井も柴幸男★14も青年団リンク。そこから新しい形で現代口語演劇の展開が始まった。それを自分でやろうとは思わなかった。天野天街も引きこもりといえばそうなんだけど（笑）。柴や岩井、松井周★15にしたって、強烈に、天野天街の影響があ

★12　**岡田利規**《おかだとしき》
一九七三―。劇作家・演出家・小説家。チェルフィッチュ主宰。日常的所作を誇張した身振りによる口語演劇が特徴。『三月の5日間』（05）で岸田國士戯曲賞受賞。小説『わたしたちに許された特別な時間の終わり』（08）で大江健三郎賞受賞、『ブロッコリー・レボリューション』（22）で三島由紀夫文学賞受賞。

★13　**岩井秀人**《いわいひでと》
一九七四―。劇作家・演出家・俳優。二〇〇三年に劇団ハイバイを結成。『ある女』（13）で岸田國士戯曲賞受賞。テレビドラマ『生むと生まれるそれからのこと』（12）の脚本で向田邦子賞を受賞。

★14　**柴幸男**《しばゆきお》
一九八二―。劇作家・演出家。二〇〇九年、劇団ままごとを旗揚げ。『わが星』（09）で岸田國士戯曲賞受賞。

る。それが面白い。時代が変わりつつあるんだ。それを演劇と呼び、文学と呼び、ほとんどの劇作家がバッと文学のほうに囲いこまれていく。西堂さんはそういうの見ててどうだったんですか。

西堂　ある意味で作家主義。作家主義に回帰していって、作家の言葉を食い破るような俳優たちがいなくなったんじゃないかな。

流山児　それだ！　役者がどんどん痩せていった。

西堂　それによって作家、演出家がまた演劇を支配し始めた。その意味では小劇場やアンダーグラウンドがやってきたヒエラルキーの解体というものがどうなったんだろうと思いましたね。

流山児　平田オリザがやってきたのがその最たるもの。

西堂　その意味では面白いという風にはなかなか言えない。流山児さんはやろうとは思わないけど面白いとは思うんでしょ？

流山児　そうだよ。面白いじゃん。オレ、ミーハーだから何でもアリ（笑）。『北限の猿』を駒場アゴラ劇場に観に行って、蛍光灯ついていて、セットなのか何だかよく分からないので、俺がロビーだと思って座ったら舞台だった。「流山児さん、そこ座っちゃダメです」と来た。なんでだよ、ここでいいじゃねえかよって。そういう「地続きの日常」がそのままで舞台であるという方法論は、「ああ、そうか」って（笑）。でも、そういうのも面白いと思う。松田正隆の『夏の砂の上』を、平田君が演出した作品は非常に良かった。つい最近、座・高円寺で上演した近松賞を受賞した高山さなえ作、平田オリザ

★15……………… **松井《まつい》周《しゅう》**
一九七二―。劇作家・演出家・小説家。劇団青年団入団後、二〇〇七年に劇団「サンプル」を結成。『自慢の息子』（11）で岸田國士戯曲賞受賞。

演出『馬留徳三郎の一日』も面白かったよ。平田君は他人の戯曲の演出のほうがイイ。二〇〇〇年代、現代口語演劇＝静かな演劇と呼ばれるものが出てきて、いろんなコトを感じながら観てた。こういうのもあってもいいんじゃないって。西堂さん苛立つわけ？

西堂　演劇史的に見ると後退してるんじゃないかって感じがする。作家主義の回帰として。さっきの清水邦夫は木冬社で後退せず、より素敵な新劇をやろうとしたのか。

流山児　それは深化させようとしたんじゃないか。より深みのあるところに行こうと。

西堂　清水さんは、本来新劇はこうあるべきだったんじゃないかってことを展開しようとしてたと思うんだけど。

流山児　西堂さんの言い方をすれば後退戦だよね。世界がある意味、後退している時代。世界が訳わからなくなるのは、経済が突っ込んでくるから？　リーマンショックが世界を襲う。イラク戦争が終わって六本木ヒルズとかできちゃって。ライブドアのホリエモンが出てきた時代。

西堂　同世代だよね。ホリエモンも七〇年代前半生まれで。

流山児　演劇のホリエモン化が進んでくる（笑）。

西堂　正常なルートでは上昇できないんだけどＩＴとかいろんな新技術を使って別ルートを開拓していったという意味では先駆者だよね、ホリエモンは。

流山児　そういう見方。

西堂　学校的には落ちこぼれなんですよ、ホリエモンは。優等生とは違うタイプが出てきて、ある意味でオルタナティブな、風通しをよくしているとも言える。

次世代の演出家の登場

流山児　この時代にオレオレ詐欺が始まる。すごく演劇的じゃない？　皆が役者になって、それで騙しちゃう。あんたの息子だよ孫だよって。

西堂　シライケイタの『birth』はオレオレ詐欺を取り上げた作品で、彼はこれで演出家デビューしている。演劇的というか状況自体がフィクショナルになってきている。

流山児　後は、自己責任。自己責任論が恐ろしい形で出てくる。まさに自己肯定というのと自己責任という形で他者をどんどん切っていくことが始まっていく。そういう時代に生まれたのが野田秀樹の『赤鬼』。「他者」が存在する。三カ国語バージョン。野田くんは日本語のテクストを使いながら国際化を『THE BEE』まで一瀉千里で走っていく。それが野田の再評価につながった。『赤鬼』を若い大塩哲史（北京蝶々）という若手演出家コンクールで特別審査員賞を受賞した演出家がSpace早稲田でやったんだけど面白かったよ。２００７年に入って、若手演出家コンクールで賞を獲った人たちとぼくは積極的に付き合っていく。自分とは全然違う感覚を持っている演劇人と出会い＝付き合いだす。御笠ノ忠次[★16]、村井雄[★17]、中屋敷法仁[★18]は二・五次元のミュージカルを作・演出している。『刀剣乱舞』の御笠ノは劇団１９８０から出発しているし、村井は山の手事情社出身。骨の髄からの小劇場好き。二人ともこれからの時代を背負っていく演出家にな

★16……**御笠ノ忠次**《みかさのちゅうじ》
一九八〇―。劇作家・演出家。ミュージカル『刀剣乱舞』シリーズの脚本・演出、アニメ『東京喰種トーキョーグール』のシリーズ構成・脚本などで知られる。

★17……**村井雄**《むらいゆう》
一九七八―。劇作家・演出家。二〇〇六年、ＫＰＲ／開幕ペナントレース結成。海外での公演実績の他、二〇二〇年、東京パラリンピック閉会式ディレクター（AFTER THE GAMESパート担当）を務める。

★18……**中屋敷法仁**《なかやしきのりひと》
一九八四―。青森県の高校在学中に畑澤聖吾に師事。青山学院大学在学中に劇団「柿喰う客」を旗揚げする。その後、自劇団の作品以外にも、舞台『黒子のバスケ』、『文豪ストレイドッグス』シリーズなどの演出も務める。

る。中屋敷や山本卓卓とか、若手も同時に出てきた。シアター・トラムで大塩が書いて、中屋敷が演出して、山本主演『パラリンピックレコード』という芝居にゲスト出演したんだけど、それは、真摯にやってるよ。中屋敷は高校演劇のチャンピオンで青山学院大学から桜美林大学に編入して演劇を勉強しているし。ぼくらと違って演劇プロパーのエリート。こういうヤツラと出会えたのも若手演出家コンクールのおかげ。ぼくらと違うのは彼らは最初からプロ。

西堂　若手演出家コンクールが始まったのが二〇〇一年でしたが、そこで今まで出会えなかった人たちが浮上してきた感じはありますね。

流山児　いま、第一線で活躍しているほとんどの連中が優秀賞や最優秀賞を獲っている。第一回目の最優秀賞は小林七緒。温泉ドラゴンのシライケイタ、イキウメの前川知大[★19]やベッド&メイキングスの福原充則[★20]、村井雄も優秀賞を受賞している。日澤雄介[★21]、西沢栄治、御笠ノ忠次、平塚直隆[★22]、広田淳一[★23]、西尾佳織[★24]、スズキ拓朗[★25]、三上陽永[★26]、といったメンバーがコンクールを通過点にして演劇の第一線で活躍している。若手演出家コンクールは非常に多くの優秀な若手を輩出している。あと、演出者協会の「演劇大学」「国際演劇交流セミナー」「日本の戯曲研修セミナー」の三つの事業で東京以外の若手演劇人が相互交流し育成されていった。

西堂　先程、大同団結の話をしていたけど、そういう意味では若手を発掘し育てるような受け皿が二〇〇〇年代になって徐々に出来てきた。協会が公共的な役割を果たし始めた。

流山児　ごまのはえ[★27]がOMS戯曲賞獲ったので、電話して、「君の作品をやりたいから東京

★19 **前川知大**《まえかわともひろ》
一九七四―。劇作家・演出家。二〇〇三年にイキウメを結成。代表作に『散歩する侵略者』、『関数ドミノ』、『太陽』など。

★20 **福原充則**《ふくはらみつのり》
一九七五―。劇作家・演出家・脚本家。二〇〇二年、、ピチチ5を結成。『あたらしいエクスプロージョン』(17)で岸田國士戯曲賞受賞。テレビドラマ『あなたの番です』、『逃亡医F』で脚本を担当。

★21 **日澤雄介**《ひさわゆうすけ》
一九七六―。演出家・俳優。二〇〇〇年、劇団チョコレートケーキを旗揚げ。『治天ノ君』の演出で読売演劇大賞優秀演出家賞受賞。

★22 **平塚直隆**《ひらつかなおたか》
一九七三―。劇作家・演出家・俳優。二〇〇一年にプロジェクト・ナビ入団。その後、二〇〇五年にオイスターズを結成。

出て来いよ」と言って、事務所に泊めて、朝まで呑んで、新作も書いてもらった。受賞作『愛のテール』を、ここで（Space早稲田）やりたかった。この狭い空間でデビューすると怖いものはない。その後も、名古屋の鹿目由紀、スエヒロケイスケ、平塚直隆といった若手作家を起用した。ケラリーノ・サンドロヴィッチvs天野天街の『SMOKE』もやった。それまでは、鐘下辰男、佃典彦、北村想というラインがあった。二〇〇〇年代は、それに若手劇作家を加えていった。若手がSpace早稲田で力を蓄えていく。次世代が力を発揮した時代。青木砂織は『花札伝綺』のエジンバラ、ニューヨーク、モントリオールでの成功体験を基にして、自らのカンパニー「仮想定規」を立ち上げ、エジンバラ、ニューヨークでも上演活動をしてる。筑波竜一[★28]と阪本篤[★29]は温泉ドラゴンを立ち上げ、シライケイタ、いわいのふ健[★30]、原田ゆうた[★31]たちと活動を開始する。

新しい世代にバトンタッチしていくという形で流山児★事務所の「現在」がある。ぼくは、別に劇団に長くいてくれなくてもいい（笑）。みんな、好きなことやればいい。で、時々、馬鹿なことを一緒にやればいい。天野天街、西沢栄治、日澤雄介、シライケイタ、詩森ろばといった心強い演出家が同走してくれる環境が生まれてきた。とりわけ、天野天街が軸になっていった。二〇〇〇年以降は天野天街が、ぼくのもっとも信頼する演劇人になっている。もちろん、高取英も。二〇〇六年、佃典彦が遅ればせながら『ぬけがら』で岸田戯曲賞を獲る。本当は一九九八年の『カレー屋の女』で獲ってほしかったんだけどね、ま、ぼくが主役をやったから獲れなかったんだと思うけど（笑）。

★23……広田淳一《ひろたじゅんいち》
一九七八―。劇作家・演出家。東京大学在学中の二〇〇一年に劇団「ひょっとこ乱舞」を旗揚げ。二〇一二年に劇団名を「アマヤドリ」に改名。池袋のスタジオ空洞を運営している。

★24……西尾佳織《にしおかおり》
一九八五―。劇作家・演出家。二〇〇七年、演劇ユニット「鳥公園」を結成、主宰を務める。

★25……スズキ拓朗《たくろう》
一九八五―。演出家・振付家・ダンサー。さいたまネクスト・シアター一期生。コンドルズ所属。二〇〇七年にダンスカンパニーCHAiroiPLINを結成し、主宰を務める。

★26……三上陽永《みかみようえい》
一九八三―。劇作家・演出家・俳優。虚構の劇団所属。二〇一三年、ぽこぽこクラブを旗揚げ、主宰を務める。

5　新しい小劇場運動

西堂　いま、二一世紀になって天野天街の起用が増えてきたという話ですが、その周辺に、ごまのはえにしろ、有望な若手たちが出てくるというのは、新しい小劇場運動みたいなことを考えていたんでしょうか？

流山児　本当は、Space早稲田を駒場アゴラや若葉町ウォーフのように小劇場運動のプラットホームにしたいと思っていた。龍昇が劇団に戻ってフェスティバル・ディレクターを務め、二〇一一年、Space早稲田演劇フェスティバルを始める。小川絵梨子★32も参加したオフィスコットーネの『12人』は読売演劇大賞優秀演出家賞を受賞した。七劇団に参加してもらった。ちょっと変わったパフォーマンスをやるグループとか、地方の劇団とか、いろんな実験ができる場所になった。Space早稲田演劇フェスティバル二〇一六は詩森ろばの新作『OKINAWA 1972』とか反響が大きすぎて、その後、劇団公演しかできなくなった。場所があると、若い演出家や劇作家が気楽にやれたり、地方の劇団が泊って公演できる。東京で泊ってやれる劇場は少ないんだよ。山南純平★33のアングラ劇団夢桟敷は熊本から、佐藤茂紀★34の劇団ユニット・ラビッツは福島から、やって来られる場所にしたかった。ふらっと行って劇場に泊まって芝居が打てる。大阪のウィングフィールド、屋上にあるんですよ、荷物置き場で泊まれる場所が。二〇一一年三・一一後の『夢謡話浮世根問』ツアーは、ほぼ劇場に泊まった。スタッフも泊まる。ライトバン一台で移動し

★27……**ごまのはえ**
一九七七―。劇作家・演出家。一九九九年、ニットキャップシアターを旗揚げ。

★28……**筑波竜一**《つくばりゅういち》
一九七六―。俳優。流山児★事務所を経て、二〇一〇年に劇団温泉ドラゴンを結成。

★29……**阪本篤**《さかもとあつし》
一九七八―。俳優。加藤健一俳優養成所、流山児★事務所を経て、二〇一〇年に温泉ドラゴンを結成し主宰を務める。

★30……**いわいのふ健**《けん》
一九七七―。俳優。専門学校卒業後、企画集団ODAを結成。温泉ドラゴンでは、第四回公演『birth』（12）から参加し後に劇団員となる。

★31……**原田**《はらだ》**ゆう**
一九七八―。劇作家・演出家・ダンサー。二〇一七年より温泉ドラゴンに劇作家として加入。

て。それを貫徹したのが北村想との二人芝居『夢謡話浮世根問』、六四歳になっていた。たぶん、そこに戻らないと、演劇やる資格なんてねえ！という心意気が役者・流山児祥にはある。そうしたほうがいい！と、感じたのは唐さんの『泥人魚』観たときだった。二〇〇三年、唐十郎の再ブームが起こるじゃないですか。唐さんの、あの水の中に入りたい、水槽の中に入りたいという欲望。あれです。ぼくは唐さんを超える「旅する暴走老人」になりたい（笑）。

西堂　それで思い出したのは七ツ寺共同スタジオの存在ですね、名古屋の。あそこの最大のメリットって泊まれるってことでしょ。僕も随分泊まったけど。七〇年代の小劇場ってそれが基本でしたよね。そういうのが東京では遅れを取ってて一番進んでたのは名古屋だったんじゃないか。

流山児　今でもそう。名古屋も泊まれる。名古屋の小劇場演劇の凄いトコロは、昼間働いて、夜、芝居やってること。アマチュアでいいんだよ。アマチュアリズムを忘れちゃダメなんだ。だって、売れてナンボなんて思ってたって楽しいことなんて何もない。因みに、七ツ寺共同スタジオ開場50周年記念公演で一九七一年、二三歳の時書き下した『夢の肉弾三勇士』が二〇二二年一一月に上演される事になったんだけど、芝居観て呑んで泊りたいね。

西堂　関西の小劇場っていまだにそれですね。関西には業界がないということを彼らは言っていて、それは嘆きの言葉として受け止めたんだけど。

流山児　それは新感線以後まったくないってこと？

★32……………… **小川絵梨子**《おがわえりこ》
一九七八―。演出家。ニューヨークで演出を学ぶ。『今は亡きヘンリー・モス』で注目を浴びる。二〇一八年、新国立劇場演劇部門芸術監督に就任。

★33……………… **山南純平**《やまなみじゅんぺい》
劇作家・演出家・俳優。一九七九年に劇団夢桟敷を結成。

★34……………… **佐藤茂紀**《さとうしげのり》
一九六三―。劇作家・演出家・高校教諭。二〇〇五年に劇団ユニット・ラビッツを旗揚げ。

西堂　アマチュアリズムでやるしかない。要するに、小劇場には業界というものが成立していない。これはこれで問題だと思うんだけど。

流山児　あったほうがいいと思いますか？

西堂　それはわからないけど。食えないことを前提に真摯にやっているというのが関西に残った小劇場。そういう流れの中でもう一度二〇〇〇年代にそういった運動を起こそうということの一端なんですか。

流山児　うん、Space早稲田の存在をそういうものにしたかった。

西堂　その時に演出家コンクールみたいな人材発掘の場と受け皿がつながってきて若手が育っていく場所というものが展開できた？

流山児　この時期、アゴラで芝居やってる連中と一緒にやってみようかと思って観に行った。でも、俺みたいなプロデューサーと一緒にやる必要ないと思い至って、結局やらなかった（笑）。でも観ていて面白かったよ。アゴラの芝居は決して「静かな演劇」じゃない、青年団の役者って、結構、熱くていい役者いっぱいいる。ゴリっとしていて。体力もあるし。へナチョコだと思ってたけど全然へナチョコじゃない。よく訓練されている。平田の言葉を捻じ曲げてでも舞台に立ちたい、舞台にいるぜという欲望が剥き出しになっていた。だから、あの頃の「静かな演劇」は面白かった。完全に矯正されてないから。平田の言葉の力に対して対抗する役者たちがいなきゃダメなんだよ。『上野動物園再襲撃』で金杉さんとやった名残があった。金杉さんと平田のいい意味での「混じり合い」があった。

西堂　若手と同時に年配の人との付き合いが始まっていきますね。

6　困難を極めた海外公演

流山児　パラダイス一座の前に、旅のコト、海外のコトをちょっと話そうか。二〇〇〇年代当初は中国、カナダと主に付き合い出していた。それで、『盟三五大切』でイランのテヘランまで行く。『盟三五大切』は、いろんなバージョンがある。榎木孝明、塩野谷正幸、篠井英介のトリオで始まった、タイトルも『ピカレスク南北』。それが四回目のバージョンでは、伊藤弘子（源五兵衛）、青木砂織（三五郎）、木内尚（小万）の女歌舞伎になった。熊本、荒尾、福岡とやって、ベニサン・ピットで凱旋公演。で、北京、テヘラン、ミンスク、モスクワの四都市を回るんです。これがぼくたちのもっともスリリングなゼロ年代の旅だった。

西堂　それは何年ですか。

流山児　二〇〇五年一月～二月『盟三五大切』を持って、まず北京へ向かった。北京では、日本の国連安保理常任理事国入り反対や歴史教科書への不満を訴えて大規模な反日デモが起こり始めていた。芸者小万の首を切り落とすシーンは、旧日本軍の蛮行を想起させるということで検閲でダメだったけど、源五兵衛が小万の生首に飯を喰わせるシーンはOK、ほぼすべてやれた。海外版タイトルは『狂恋武士』（THE LOVE CRAZED

『ピカレスク南北』（一九九五）

『盟三五大切』（二〇〇二）

SAMURAI）。この時、「ピープル」という番組でぼく（流山児祥）のドキュメンタリーを撮っていた。ＣＣＴＶ（中国中央電視台）という中国のＮＨＫみたいなところ。北京と東京で撮って、それをこの年、放映するということになってた。でも二〇〇五年の反日デモで不可能になった。それこそ、ぼくの子供の頃の写真とか、流山児★事務所の資料なんかも提供した。親父、元総評の副議長だから毛沢東や周恩来と握手している写真なんかもいっぱいあるわけだよ。それテレビ局のディレクターに見せると「こりゃ、すげー!!」（笑）ってもんで。ま、何かあった時はこの写真で、何とか共産党も誤魔化せる（笑）。

で、北京からイランのテヘランで行なわれる中東最大の演劇祭ファジル国際演劇祭に向かった。何年も前から、ファジルから呼ばれていたんだよ。エジプトのカイロに続いてイラン、イスラム圏の演劇祭参加です。アラブではなくペルシャ。寺山さん以来、久しぶりにイランに日本の前衛劇団が行くという触れ込みだった。ところが、実際行ってみるとチラシが一枚も撒かれてなかった。全部、劇場の受付の机の裏に隠してあるんです。二五〇〇人のオペラハウスでやるんだけど、一枚も撒いてない。実際、撒けなかったんだ。チラシのキャッチコピーは「ギラギラして、やりきれない。金が狂わす、男女の運命。『盟三五大切』は悪とエロスと暴力と笑いに満ちた現代歌舞伎である」。愛とエロスと暴力と！　イスラム国家でこんなもの撒けっこないよね。ゲネプロやってたらイスラム文化省がやってきて「これとこれとこれはやっちゃならん」とキツイお達し。ゲネプロだよ、全部チェック終わったところなのに。肌をみせるな、男女で触れあうな！

★35　沖田乱《おきたらん》　一九六一―。俳優。一九八二年からブリキの自発団に参加。黒テントや流山児★事務所の公演にも出演。

『盟三五大切』テヘラン（二〇〇五）

ときた。最後には字幕も出してはダメと来た。これどうする?!だよね。とっくに、実行委員会にはビデオも送ってるし、それで招聘してるのに。役者の沖田乱[★35]はこんなんじゃ、ぼくらの演劇はやれません、中止にしましょうと提案した。客は表で待っている。二五〇〇人も。全員で話し合う。客はいる、やるしかない!という結論。振付も急遽、変更。ダンスのリフトも接触もなし! 字幕はなし! でも、やるしかない!! 客席二五〇〇人入るんだけど、通路にも全部お客さんがいる。立錐の余地もない。まるで物語もわからないはずなのに。最後の雪の中の大殺陣で、熱狂。終演すると、お客さん全員のスタンディングオベーション。泣けて来た。マシンガン持った警備員が客席の前列に二人、眼を光らせている。

アタマに来たから日本大使館に行って抗議の記者会見を開いた。そしたら翌日の朝日新聞に「流山児★事務所、テヘランで立ち往生」って出たよ(笑)。翌日は、捕まってもいいやと思って、百叩きは俺が引き受けると役者たちに伝え、オリジナル演出を強行した。また、「あらすじ」を書いた紙と字幕で「簡単なシノプシス」も、ゲリラ的に出すことができた。当然、マシンガン持った警備員がこっちを威嚇(笑)。通路まで埋め尽くした超満員の観客の興奮とスタンディングオベーションは二日目も巻き起こった。で、なんとか、捕まらずに公演することができた。文化省的にはNGだけど「実行委員会は何としても『盟三五大切』を上演したかった」ことも知らされた。ホテルは当然アルコール厳禁だが、従業員さんたちが「芝居良かったよ!」と絶賛! ビールとウイスキーを従業員ルームにこっそり持ち込んで打ち上げをしてくれた。

『盟三五大切』テヘラン(二〇〇五)

『盟三五大切』テヘラン(二〇〇五)

一九七〇年代、パーレビ王朝時代に演劇実験室◎天井桟敷が公演したときは役者が口から火を噴くたびにマシンガンを向けられたらしい。テヘランの街中に行くと機関銃や拳銃が普通に売ってる。「お前ジハード（聖戦）に参加しないか、イラクにはすぐ行けるから」と勧誘された（笑）。銃も普通に売ってるし「ちょっと、ぼくは要りません」って感じ（笑）。演劇祭だからもちろん、イラン演劇も観た。吃驚したのは性的な表現、普通にお皿をこすりあわせてSEXの表現をする芝居も観た（笑）。さまざまな規制、制約の中でイランの演劇人はイロイロ考えて演劇表現をやっていた。海外から来ているチームもぼくたち同様の規制の中で格闘していた。二〇〇一年のカイロ実験演劇祭や二〇一二年エジンバラ・フリンジで会ったポーランドのサーカス劇団は大掛かりにやっていた。ファジル国際演劇祭、国際映画祭、この時だけ、テヘランでは「表現の自由」という地獄の釜の蓋が開くんだよ。北野武★36の『ソナチネ』もやってて、たけしの映画は、その暴力描写で普通はフィルムはズタズタに切られるそうだけど、映画祭の時だけはノーカットで観られるんだって。この時期だけ民衆の欲望を満たしてあげるんだね。そんなテヘランで感動的な出会いがあった。一九七三年九月、演劇実験室◎天井桟敷のシラーズ演劇祭で上演した『ある家族の血の起源』以来、テヘラン大学で寺山演劇を研究している人たちがやってきて、ミーティングをやったんだよ。七三年公演の状況を鮮烈に覚えていて、イロイロ聞く事が出来た。感動したね、日本の現代演劇がイランの地で語りつがれている現実。うれしいよね。

★36……**北野武《きたのたけし》**
一九四七―。映画監督。タレントとしては「ビートたけし」の名で知られる。漫才ブームの際にはツービート（ボケ）として活動し、その後数々の冠番組を持つ。俳優として大島渚監督『戦場のメリークリスマス』（83）に出演。一九八九年には『その男、凶暴につき』で映画監督デビュー。ヨーロッパを中心に映画監督して国際的な評価を受けている。

★37…**アレクサンドル・ルカシェンコ**
一九五四―。ベラルーシの政治家、大統領。一九九〇年、白ロシア共和国最高会議代議員選挙に立候補して当選。九四年にベラルーシ大統領選挙に出馬し当選。以後、大統領多選を禁じる憲法を改憲し、大統領の座を維持し続けている。

★38……**ナターリヤ・イワノヴァ**
ベラルーシ出身。演出家。ベラルーシの演劇学校で学ぶ。日本研究者の夫に伴って来日し、自身も大学のロ

7　独裁国家ベラルーシに行く

流山児　その後、テヘランからモスクワ経由でベラルーシの首都ミンスクに入った。ルカシェンコ[★37]の支配する独裁国家、日本演劇未踏の地での初公演。美しい町並み。当時、二二人しか日本人のいないこの国で、この一週間は日本人が倍増。私たちは一週間、道行く人たちに物珍しげに見つめられた。

　二〇〇二年『人形の家』ロシア公演のとき早稲田大学でロシア演劇を教えていたナターリャ・イワノヴァ[★38]先生からベラルーシでの公演を依頼されたのがきっかけ。二〇〇四年七月自費で四人のメンバーとミンスクに一週間滞在し、日本の現代演劇についてのレクチャー、シンポジウム、ワークショップをやった。受け入れ先は演劇アカデミーゴーリキー記念国立ロシアドラマ劇場。芸術監督はボリス・ルツエンコ。テキストは北村想の『寿歌』。チェルノブイリの原発事故の放射線被害で二五万人が被曝した国。『寿歌』は核戦争後の世界を描く名作、ぜひやってみたかった。劇場の外で役者たちにリヤカーを引かせて発表会をやった。またこの国は第二次世界大戦で人口の四分の二がナチスによって殺されたジェノサイド（大虐殺）の国。ほとんどの家屋はナチスによって破壊し尽くされ、古い建築物は数えるほどしか残っていない。四方を他国に囲まれた小国のこの国は大国の影響の下に常におかれていた。しかし、この国にも演劇は「在る」。独裁国家の抑圧のもとで演劇人たちは表現活動を続けている。

シア語科の教壇に立つ。一九九九年よりロシア語劇団コンツェルトに携わる。

『盟三五大切』ミンスク（二〇〇五）

『盟三五大切』チラシ

二〇〇四年七月のワークショップで知り合ったベラルーシ国立大学の日本語教師古澤晃[★39]さんが公演の通訳兼コーディネーター。古澤さんの教え子たちが通訳のボランティア。本当に頭の良く回る最高のパートナーたち。若い演劇人たちはみな真面目でシャイ、気質としては日本人にすごく近いんじゃないかと感じたね。

当初、演劇アカデミー国立ロシアドラマ劇場でやることになっていたのだが、国立ヤンカ・クパーラ劇場に変更され、何故か知らないが大手が制作を請け負うことになっていた。入場料は一〇ドルから四〇ドル！になっていた（月給が一五〇ドル、つまり月給の三分の一！）。ＴＶスポットや駅張りのポスターなど一般庶民は手が出ない公演になっていた。

そんな状況にムカついたから、チケットが買えなかったミンスクの演劇人や学生たちにタダで見せるから昼間のゲネプロを急遽決めた。凄い数の人が来てくれた。それこそ、通路、照明のエリア、劇場から溢れて扉の向こうで台詞を聞いているほど、集まってくれたよ。テヘラン、ミンスクと実に劇的な体験だった。涙が出た。で、夜はドレスで着飾ったベラルーシの大金持ちたちが観に来た。もちろん全力で芝居したよ。そうこうして何とかベラルーシ公演やったんだけど、この一週間で恋も芽生えるんだ。舞台監督の吉木均と通訳のナージャ。帰りの夜行列車の中で吉木は一晩中大号泣。ベラルーシは簡単に行ける場所ではないから、もうナージャに会えないと。でも、それから一ヵ月後、またミンスクまで行くんですよ、彼。それで結婚するんです。たった一週間で恋の炎が燃え上がる。この恋は今でも続いていて、広島に住んで二人の子供がいる。二人は今も、ル

★39……古澤《ふるさわ》 晃《あきら》
ベラルーシ国立大学文学部日本語講師。

『盟三五大切』（二〇〇五）

カシェンコ政権との戦いを続けている。国会前でデモやったり反独裁運動を続けている。演劇、恋は国境を超える。

今まで行ったツアーではベラルーシが一番危険だ。『盟三五大切』、中国・イラン・ロシア・ベラルーシツアーは、強烈な印象が残っている公演です。イラク戦争をイメージして女歌舞伎でやったのはぼくたちなりの世界への反応だった。

西堂 ベラルーシの動きで言うと、国際演劇評論家協会の世界会議というのがあって、そこでいろいろ情報交換するんですが、そこでベラルーシは相当危ないということがわかった。ベラルーシの演劇評論家協会から悲鳴のようなメールが来るんです。一番危ないところだというのは情報としては聞いていたけど実際行ったことないから。

流山児 車に乗って郊外へ行くと道端に売春婦が立っている。どれだけ貧しいか皮膚感覚でわかる。舞台セットや衣装でも外国文字の表記が不許可だったり、大統領の車が通る時はすべて信号が変わったり、独裁国家ならではの制約は一週間でも感じたね。

西堂 今でも続いている？

流山児 今のほうがもっとひどい。ナージャさんや吉木さんの運動と呼応して演劇人も連帯して行動していくべきだと思う。

『ミンスクワークショップ』（二〇〇四）

『盟三五大切』ベラルーシ（二〇〇五）

8

小劇場が育てる演劇

西堂　これから第二部を始めたいと思います。第一部で僕が非常に印象に残ったのは、演出家コンクールから出てきた新しい人材と、流山児さんがその受け皿になって新しい形での小劇場運動が二〇〇〇年代に再開していったという話と、もう一つが海外公演のバラエティに富んだお話ですね。とくに独裁国家であるベラルーシとかイランとか、なかなか文化交流では扱われないようなところに出かけて行った流山児さんの蛮行でしょうか。

流山児　今度、行ったら捕まるかもね。

西堂　一回しか行けないのかもしれませんね。そんな話も聞けたので非常に面白かった。

二〇〇〇年代の前半に日本の演劇界でどんなことが起こっていたかというと、唐十郎のルネッサンスがあり、永井愛さんの活躍、新国立劇場で『こんにちは、母さん』と二兎社で『歌わせたい男たち』。とくに『歌わせたい』は新国立劇場で出来なくて二兎社でやって賞を総なめにした。永井さんは二〇〇〇年代になってものすごく活躍された劇

「オッペケペ」流山児が共同企画

観世栄夫の思い 継ぐ

4日から上演

半世紀近く前の「新劇」を現代劇として読み直す――。演出家の流山児祥が福田善之作の群像劇「オッペケペ」（63年初演）を、作者自身が改訂した台本により上演する。6月に79歳で亡くなった能楽師で俳優、演出家の観世栄夫と企画し、共同演出するはずだった。「老いた肉体に蓄積された知性と、すさまじいまでの冒険心。観世さんの演劇への熱い思いを全力で受け継ぎたい」と流山児は話す。（藤谷浩二）

流山児★事務所の新企画「観世栄夫『新劇』セレクション」第1弾として、4日から東京・森下のベニサン・ピットで上演する。

観世は6年前から年1本のペースで流山児の演出作に出演。劇団員とも親しくつきあった。「けいこ場で400年前の能面を無心に削る姿。せりふを鍛えるために台本を書き写すときの見事な筆遣い。飲み屋での演劇論。存在すべてが我々の教師だった」。観世が大腸がんと闘いながらも今回の企画に乗り出した背景には、「自らの体験を若い世代に伝えたいという願いがあったはず」と流山児は振り返る。

「オッペケペ」は、明治時代に自由民権と権力風刺をうたう壮士芝居で人気を呼んだ川上音二郎とその一座がモチーフ。壮士劇を演じる劇団の舞台げいこという多重劇（メタシアター）の構造で物語は展開する。60年の安保闘争に敗れ、挫折感を抱く若者たちの姿を重ね合わせた作品だ。

故・観世栄夫

左から 流山児祥、町田マリー、河原崎国太郎

『オッペケペ』（二〇〇七）

作家ですね。ある意味で井上ひさしを追い落とすみたいな勢いがあったと思います。同時に新国立劇場で『焼肉ドラゴン』がヒットしたので、日韓の交流の問題が深まっていく。そこら辺の展開というのが新しい状況としてあったのかな。

流山児　付け加えたいのは二兎社・永井愛を支えたベニサン・ピットの総支配人瀬戸雅壽さんの功績です。死ぬまで二兎社と桟敷童子のスポンサー的存在だった。この二つの劇団はベニサン・ピットが生み出した劇団です。「愛ちゃんは俺が育てたんだよ」という瀬戸さんの言葉が印象に残っている。瀬戸さんが急逝して、「瀬戸さんにありがとうを言う会」を、桟敷童子、二兎社、tpt、流山児★事務所の呼びかけで、すみだパークスタジオでやった。本当に芝居を愛している人の存在、ベニサン・ピットは二〇〇九年一月にクローズする。「相変らず馬鹿だな、流山児は」が瀬戸さんの口癖だった。東京の多くの小劇団をベニサン・ピット、ベニサン・スタジオは支えてくれた存在だった。

西堂　前回の時に渋谷ジァン・ジァンのことが出てきました。二〇〇〇年に閉館するわけですけど、あの劇場が果たした役割も大きかった。その後を継ぐような形でベニサン・ピットが続いた。あそこから随分大きなムーブメントが起きてますね。tpt とか。

流山児　tpt もそうだし。岸田理生さんの『糸地獄』もあそこから生まれた。演劇史に残る劇場です。

西堂　そういうエポックになる小劇場がポツポツあって、その中で現場の人間が育てられたというのはすごく大きいなと思います。

流山児　そうだね、二〇〇五年の話に戻しますね。二〇〇五年『戦場のピクニック・コンダ

ベニサンピット公演『オッペケペ』（二〇〇七）

クタ』に、若松武史が久しぶりに出る。若松武史は、身体能力の高さと空間を制圧する力が人後に落ちない役者だった。『戦場のピクニック・コンダクタ』は坂手洋二作、インドネシアとの初の国際共同制作。その前に、ヒョン・ジフンという韓国の若手演出家が『ハムレット』で韓日のコラボをやった。この時期、流山児★事務所は、毎年アジアからの留学生を受け入れていた。若手演出家コンクールと同じように、韓国演劇の若手の役者、演出家を留学させて人材育成していた。天野天街演出の『浮世混浴鼠小僧次郎吉』に出ていたイ・ジュオンは、その後韓国映画の主役や坂手洋二の『屋根裏』に出演した。

西堂　留学生という形で若手が来たということですね。

流山児　インドネシア、韓国と交互に受け入れていた。文化庁助成、日本劇団協議会の委託事業だった。いま、この制度がなくなってる。ぜひ、復活してほしい。人材育成のための国際交流事業は一番大切だと思う。

9　ゼロ年代前半のアジアとの関わり

西堂　そういう形で二〇〇〇年代の前半が推移してきたわけですが、鈴木忠志さんがSPACの芸術監督を辞めて利賀村に戻り、また新しい動きをしていきました。それはけっこう大きな影響力を持っているんじゃないか。上の世代の元老たちがもう一回動き始め

『浮世混浴鼠小僧次郎』(二〇〇七)

ているというのがこの二〇〇〇年代前半の演劇状況です。蜷川さんと野田さんもこの時期すごく活躍されていますね。流山児さんは、その間海外に行ってたのかな。

流山児　この後二〇〇六年には一ヵ月以上、北京の解放軍歌劇院で流山児★事務所二〇〇六フェスティバルと銘打って三本連続上演をやった。人民解放軍の歌劇院に行ってみて。「面白い、ここでやれるんだ！」と興奮したよ。こけら落とし前のプレ企画だった。北村真実振付・演出『静かなうた』と『狂人教育』（『人形の家』と改題）、『ハイライフ』の三作品を連続上演した。このフェスが中国演劇界に与えた影響は大きくいまも、歴史として語られている。だから、一〇年後に北京で『西遊記』やっても超満員になる。中国の演劇人たちが「記憶としての流山児★事務所」をいまでも語り続けている。二〇〇六年二月から三月の二ヵ月、北京は「解放的」だった。オリンピックを前にして経済も昇り調子で文化的にも最高に幸せな時代だったと思う。その後、また「閉鎖的」になっちゃう。瞬時の解放と抑圧、その繰り返しだね、中国との付き合いは。プロデューサーで袁鴻《ユエンホン》という友人がいる。本当に苦労して、二〇年の付き合いで、冗談じゃなく、全財産を？使わせちゃった。若くてかわいい男の子だったのに、今じゃ頭も薄くなって（笑）、つくづく反省している。袁鴻は台湾にも劇団を作って、四川大地震ではすべてを投げうって動いた。学生演劇フェスティバル、イギリス演劇との交流を積極的に続けている。北京、杭州、上海、香港、成都、武漢と、袁鴻との二〇年に及ぶ共同作業はこれからも続く。思い起こせば、二〇〇〇年北京の北劇場という廃墟のような劇場にピーター・ブルック★40と林兆華と流山児祥のフェスティバルをやるなんてヤツはいないよ。前にも話したが、林兆華はゴリっとした漢《おとこ》で、盟友である高行健★41と一緒に仕事をしていた。天安門事件の後に高行健はパリに亡命。林兆華は、いまもバリバリの前衛で、演劇の不自由さを肌で感じながら戦っている。

西堂　高行健はノーベル文学賞獲ったけど、中国では知らないことにされている。僕は香港に行ったときに彼の作品を林兆華が演出するというポスターを見ました。香港はある意味で中国の隠れ蓑になってそういう実験が行なわれている。

流山児　台湾もそう。高行健は台湾でワークショップやってる。サポートする演劇人が多いから。香港もそうですね。林兆華はさまざまなカタチで実験を続けている。尊敬する中国演劇人の一人です。

西堂　彼は北京人芸の一番の筆頭演出家でしょう。国立劇場で第一演出家みたいなポジションにいるにもかかわらず、なおかつ香港でアナーキーにやっている。

流山児　林兆華工作室。

西堂　この頃からアジアというものが身近に感じられるようになった。坂手さんがインドネシアと随分付き合ってきたし、野田さんとタイとか、けっこう決め打ちしながらザーッと上がってきた感じがあるんですが。

流山児　北京には小森谷環、ジョグジャカルタには横須賀智美という元劇団員が結婚して現地にいますから中国、インドネシアとの付き合いはずっと続いている。

西堂　「アジアとの架け橋」というお題目で言えば、安倍政権がアジアに進出することにお金的にはサポートするんだけど、その前に実は演劇人たちはやってたんですね。

★40……**ピーター・ブルック**
一九二五―二〇二二。イギリスの演出家、映画監督。一九四六年、ロイヤル・シェイクスピア・カンパニーの最年少招待演出家となる。一九七〇年、パリに国際演劇研究センターを創立。『マラー／サド』、『真夏の夜の夢』、『魔笛』などを演出。著書に『なにもない空間』、『秘密は何もない』など。

★41……**高行健**《ガオシンジエン》
一九四〇―。中国出身の劇作家、小説家。一九八一年から北京人民芸術劇院の劇作家となり、演出家・林兆華と実験的な作品を発表するも、天安門事件後にフランスに政治亡命。二〇〇〇年にノーベル文学賞受賞。代表作に『霊山』、『ある男の聖書』など。

★42……**クオ・パオクン**
一九三九―二〇〇二。中国出身。シンガポールの演出家。オーストラリアで演劇を学ぶ。シンガポールに帰国後、一九八六年に「プラクティス・シアター（実践劇場）」を設立し芸術監督を務める。

流山児　始まりは、日本演出者協会の「東南アジア演劇セミナー」です。世田谷区が共催してくれた。信さんがまだ世田谷パブリックシアターの芸術監督だったし、東南アジアの演出家を集めて、世田谷区の保養所で合宿した。本来はそこで「戦争終結宣言」を皆で出そうという話まで行った。とにかく、演劇人だけでも、あのアジアの侵略戦争を終結させようとね。激論になって結果的には宣言はなしになった。信さんはやりたかったんだと思う。

西堂　あの時、信さんは、クオ・パオクン★42と兄弟分のように付き合ってましたね。

流山児　でも実際に「戦争終結宣言」を出すとなると問題がいっぱいある。国によって温度差も。でも、今思うとあの時やっておけば良かった、と信さんや和田喜夫さんと今でも話すんだよ。

西堂　そうするとシンガポールも出てくるわけですね。フィリピンとの付き合いも黒テントはしていたし。

流山児　そう、フィリピンはゲンさん（山元清多）。ＰＥＴＡ（フィリピン教育演劇協会）。

西堂　彼はフィリピンの公演も共同作業もやってましたよね。二〇〇〇年くらいに。そういう意味でアジアとの交流がすごく面白い。もっと強調されてもいいかもしれませんね。それが二〇〇〇年代の前半。その後いよいよパラダイス一座、これが二〇〇六年。

北京三作品連続公演（二〇〇六）

『しずかなうた』北京（二〇〇六）

パラダイス一座

流山児　二〇〇六年一二月。この年から毎年一二月に高齢者演劇の実験というか冒険をやることになる。これも、ゲンさんとのコンビ。発端は、下北沢「劇」小劇場で何かの芝居の時に、文学座の演出家で代表の戌井市郎[★43]さんが道端に並んでいらっしゃって。そのたたずまいをみていてこのひとと芝居したら面白いだろうな？と急に閃いて、戌井さんに「芝居一緒にやりませんか」と話しかけてみたんだ。そしたら、「やりたい」と一言。戌井さんがやる！って言うなら、すでに、一緒にやっている瓜生正美さん、観世榮夫さん、これまた演出者協会の中村哮夫[★44]さんの四人に声を掛けたら、出る、出る、出るの返事。話がバッとまとまった。じゃあ本多一夫[★45]さんも口説こう、劇場タダで貸して（笑）と、冗談で言ったんだけど、スズナリを貸してくれた。もちろん、正規の料金。本多さんは、最初は真面目に稽古しないから大変だったんだけど、どんどんうまくなった。それに、前から一緒にやりたかった声優で21世紀ＦＯＸの主宰で演出家の肝付兼太[★46]さん、肝さんは北村想、佃典彦と仲が良かったから、即ＯＫ。観世さんはちょうど川村毅の芝居に出ていて、出られないから、「映像出演」、それも銕仙会を使わしてもらって能を舞ってもらった。ブレヒト演劇の第一人者で演出家の岩淵達治[★47]さんが、「流山児、俺も出せよ！」というから、かわいい女の子と共演してブレヒトの歌が歌えたらなんでもいいと、ジジイたちは自分勝手です（笑）。毛皮族の町田マリー[★48]が岩淵さんの相手役で出演してくれた。

★43 **戌井市郎**《いぬいいちろう》　一九一六―二〇一〇。演出家。一九三七年、久保田万太郎、岸田國士らと文学座を旗揚げ（後に代表となる）。戦後は文学座の演出家として長年に渡り活動。著書に『芝居の道　文学座とともに六十年』。

★44 **中村哮夫**《なかむらたかお》　一九三一―。ミュージカル演出家。慶應義塾大学卒業後に東宝に入社。一九六五年に演出家となり『王様と私』、『ラ・マンチャの男』などを演出。

★45 **本多一夫**《ほんだかずお》　一九三四―。実業家・俳優。一九五五年、新東宝ニューフェイス四期生となる。新東宝倒産後は俳優を辞め下北沢でバーを経営。その後、一九八〇年代にザ・スズナリ、本多劇場などの劇場を次々と設立し、現在の本多劇場グループを形成。下北沢が「演劇の街」と呼ばれる基礎を作る。

最初の作品、誰に書いてもらおうか?と思ったら、これは、もうゲンさんしかいない。ゲンさんに話したら、タイトルは『オールド・バンチ〜男たちの挽歌〜』でどうだ?とノッテきた。サム・ペキンパーの名作『ワイルド・バンチ』[★49]、年寄りたちが最後の死に場所を求めて戦っていく。ウィリアム・ホールデン、アーネスト・ボーグナイン[★50]、ロバート・ライアン[★51]の名優たちの顔がすぐ浮かんだ。時代の波に取り残された無法者たちの血みどろの滅びの美学。そしたらゲンさん、ヨレヨレの老人たちが銀行強盗をやる!っていうのはどうだ?ときた。いいですね、それじゃ、銀行じゃなくて、下町の古い信用金庫がいい。年金下しに来る昼下がりの信用金庫、もうすぐクリスマス。融資を断られて首吊った昔の悪仲間(銀行ギャング団)の敵討ち。爆弾作りの名人、ハッカー、縛りのプロ、女装マニア、次から次と馬鹿馬鹿しいコトを二人で妄想。ゲンさんはこれだから面白い。セット誰に頼みましょうか? スーパーリアルの巨匠・妹尾河童[★52]さんに頼んでみるか?と、なって、頼んでみたらＯＫ! 一度、流山児とやりたかった、と嬉しいご返事。おまけに、河童さんは稀代のガン・マニア。これで、一気に、派手な展開に。音楽は高橋悠治[★53]さん、ピアノの生演奏。謎のピアニストで出演もお願いする、最強メンバーが揃った。これだけのメンバーを集めたんだから、ポスターはアラーキーに撮ってもらおうということに。六本木のでかい写真スタジオで荒木経惟、ノリにノッテ撮ってくれた。デザインは鈴木一誌[★54]さん、上演台本が掲載されている豪華パンフレットもつくることに。それで、稽古は三カ月くらい掛けることを決めた、平均年齢八〇歳だから、一日、三〜四時間くらいしか稽古できない。でもプロンプターは絶対付けたくな

★46……肝付兼太《きもつきかねた》
一九三五―二〇一六。声優・演出家。劇団21世紀ＦＯＸ主宰。アニメ『ドラえもん』ではスネ夫役一九七九年から二〇〇五年まで二六年間担当。他に『銀河鉄道９９９』の車掌、『ドカベン』の殿馬一人などを演じた。

★47……岩淵達治《いわぶちたつじ》
一九二七―二〇一三。ドイツ文学研究者・翻訳家、演出家。日本のおけるブレヒト研究者として知られ、実践家として舞台演出にも関わった。著書に『ブレヒト 戯曲作品とその遺産』、『ブレヒトと戦後演劇 私の60年』など。

★48……町田《まちだ》マリー
一九七九―。女優。立教大学在学中の二〇〇〇年に江本純子と劇団「毛皮族」を旗揚げする。二〇一七年には自身のユニット「パショナーリア」を旗上げ。舞台と並行してテレビドラマなどでも活躍。

かった。自分のコトバで喋ってほしかったから。ゲンさんは、役者全員に取材し、七人の『オールド・バンチ』の物語を書きあげた。皆さん演出家だけど高齢者の役者を目指す老いた身体の群れです、そこに凄みが立ち上がる。瓜生正美さんの語る原爆の爆心地での体験、戌井さんの戦争体験の凄みはだれも真似できない。

『オールド・バンチ』の登場人物名は、黒澤の名作『七人の侍』から取ってる。瓜生さん演じる老銀行ギャング七郎次の「あったことはあったんだ。なかったことにはできないんだ！　だれが何といおうとあの戦争はあったんだ！」という、自らの戦争＝被爆体験からでたナマの叫びは、圧倒的な迫力で戦争を知らないスズナリの観客の心を揺さぶった。瓜生さんは戦後七〇数年、ひたすら「反戦」を叫び続けた、俺たちの偉大な父だとあの時思った。『オールド・バンチ』シリーズは、歴史と戦争を伝えたかったんだ。

あと、客と一緒に年一回「青い山脈」を歌う、役者・観客の大合唱で終わる芝居があっていいじゃん。一五〇人が一緒に歌っちゃう演劇。ＮＨＫが劇場中継し、朝のニュースでも流れ、高齢者演劇が話題になった。戌井市郎の読売演劇大賞芸術栄誉賞、流山児祥の倉林誠一郎記念賞、本多一夫の渡辺晋賞とさまざまな評価を得た。倉林誠一郎記念賞は「プロデューサー流山児祥」が評価されたということ。ある種の感慨を覚えた。

西堂　平均年齢八十ウン歳くらい？

流山児　これ、三年限定で始めた。みなさん、三年は死なないだろうと（笑）。戌井さんに九三までは、絶対生きてねって頼み込んだ（笑）。

西堂　三年限定でしたか。

『オールド・バンチ』（二〇〇六）

「みなさん、お静かに。わたしどもは、銀行強盗です」
『オールド・バンチ』（二〇〇六）

流山児　三年限定。戌井さんは、頑張ってここ（Space早稲田）に来てくれた。戌井さんは早稲田大学文学部の前のマンションに住んでた。戌井さんが凄いと思うのは、お昼に平田オリザの新作を演出して信濃町の文学座からバスに乗って、夜稽古していた。凄い体力というか集中力。それで、端唄や小唄を劇団員に教えてくれた。全員演出家だから、喧々諤々になったり、和気藹藹になったり、劇団員はこの体験で圧倒的に成長した。実に愉しい稽古場だった。

西堂　役者は「生きた年代記」と言うけど、本当に生きてきた歴史そのものですね。彼らの地か演劇かわからないところが独特のリアリティを醸しだす。

流山児　藤井びん[★56]も塩野谷正幸、栗原茂、谷宗和も出ていた。坂井香奈美[★55]、町田マリー、阿萬由美たち若手女優が現場を支えていた。戌井さんの小道具のピストルの銃身に台詞が書いてあるんだよ。メチャ小さい字で。「よく裸眼で見えますね」って（笑）。あれ、別にカンニングペーパーじゃないんだよ。おまじないみたいなもの（笑）。毎日お風呂で三回全部台詞を言ってから上がっていた。歌も何度も何度も口ずさんで覚えていた。文学座の芝居でなく流山児の芝居に出るのは「不良がやれて歌が歌える」からだって。出る時は必ずサングラスかけてた。『続々オールド・バンチ～カルメン戦場に帰る～』の女装のオカマバーのママさん役は絶品で、嬉々としてやっていた。「ハバネラ」を歌う戌井さんは滅茶苦茶可愛かった。瓜生さんは美意識が許さないとオカマ役を固辞したが、あとで俺もやりゃよかった（笑）って言ってたよ。パラダイス一座は骨の髄から芝居好きのジジイたちだった。シルバー演劇革命はぼくのライフワークとなる。

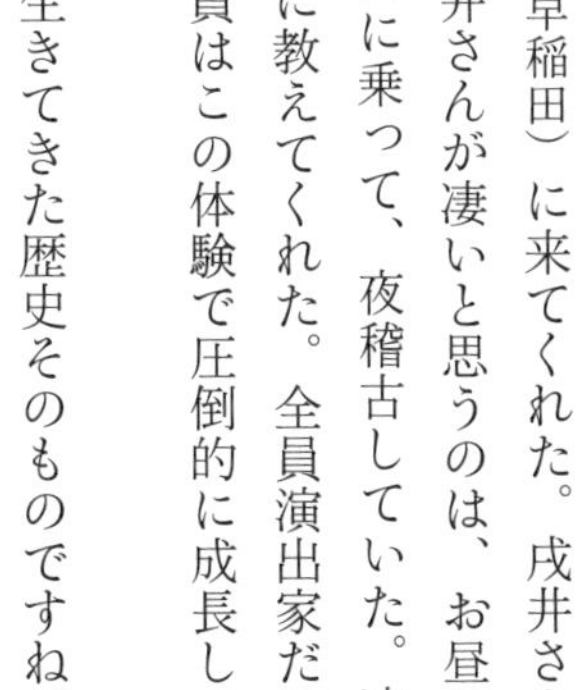
『オールド・バンチ』（二〇〇六）

★49 **ウィリアム・ホールデン**　一九一八―一九八一。アメリカの俳優。『サンセット大通り』（50）でアカデミー賞にノミネート。『第十七捕虜収容所』（53）でアカデミー主演男優賞受賞。他にも『麗しのサブリナ』（54）、『慕情』（55）、『ワイルドバンチ』（69）などの出演作がある。

★50…**アーネスト・ボーグナイン**　一九一七―二〇一二。アメリカの俳優。『マーティ』（55）アカデミー主演男優賞受賞。他にも『ワイルドバンチ』（69）、『ポセイドン・アドベンチャー』（72）などに出演。

西堂　蜷川さんがゴールド・シアターを二〇〇六年に立ち上げたけど、その前に流山児さんは楽塾をやっているわけですね。この辺りから高齢者問題とか生き甲斐の問題がどう演劇とリンクするのかということが出てくる。

11　演劇の見直し

流山児　風穴を開けたいというか、中年になっても、老人になっても、世の中をちょっと「ずらしたい」という意識がある。シニア演劇や高齢者演劇の面白さは一年間かけて、三ヵ月かけて、自分の役をつくれる贅沢さ。台詞が、長い時間かけて役者のカラダにへばりつく。この役は俺しかできない、私にしかできない。皆、違う個性を持った役者たちが乱舞する劇空間が生まれる。ぼくは、とにかく全員のキャラクターが違う、個性際立つ、ニンゲンが遊べる芝居が創りたい。皆違う生き物なんだ。違う生き物が舞台でぶつかったらどんなものが生まれるか？です。ある種のバケモノたちが時空間を制圧して、そこにいたがる「欲動」ですね。俺は、ここにこういう形でいたいという「欲動」。蜷川さんは、凄く綺麗に「絵」にまとめちゃうけど、俺はニンゲンそのものを曝け出したい。涎垂らしてぜえぜえ言いながら人前でやってるニンゲンの在り様。ぼくも、そろそろ年貢を納めて、涎垂らしながらぶざまに舞台に立ちたいと思っている。島田正吾★57さん、三木のり平さん。たぶん、そこ（舞台）にいたいという「欲動」をもったブツであれば、

★51……**ロバート・ライアン**　一九〇九—一九七三。アメリカの俳優。『罠』(49)、『ワイルドバンチ』(69)の他、『誇り高き男』(56)、『史上最大の作戦』(62)などにも出演。

★52……**妹尾河童**《せのおかっぱ》　一九三〇—。舞台美術家、グラフィックデザイナー、小説家。一九五四年『トスカ』の美術でデビュー。自伝的小説『少年H』は大ベストセラーとなる。

★53……**高橋悠治**《たかはしゆうじ》　一九三八—。作曲家、ピアニスト。六〇年に東京現代音楽祭でピアニストとしてデビュー。コンピュータを使った作曲の先駆者の一人。七三年に音楽雑誌「トランソニック」を創刊、一九七八年に「水牛楽団」を結成するなど活動は多岐に及ぶ。

★54……**鈴木一誌**《すずきひとし》　一九五〇—。グラフィックデザイナー、映画評論家。一九八一年、「愛の映像、愛の退場」で第1回ダゲレオ出版評論賞を受賞。九八年、

面白いもの人に見せられるんじゃないかな。そういう感覚。
楽塾は、二〇〇七年本多劇場で創立一〇周年記念公演『真夏の夜の夢』（シェイクスピア原作、野田秀樹脚色）を連日満員で上演した。流山児★事務所より楽塾のほうが、客が集まる時代になる。滋賀の県民芸術創造館で「初の地方公演」もやった。北村想が二〇〇六年〜二〇〇七年、しが県民芸術創造館館長に就任していたから。同じ年、高取英が京都精華大学「マンガ学部教授」になる。佐藤信は二〇〇〇年に東京学芸大学の教授になってたけど。高取は「ついに教授になっちゃいましたよ」って電話してきた（笑）。三〇年アングラやっていた同期の桜の高取が教授、想が芸術監督、時代がそういう風に動いていた。ある種の感慨を覚えたね。あれ、遊び人は俺だけ？　好き放題やってるの俺だけ？と、還暦（六〇歳）を迎えて、高田馬場の襤褸アパートの壁を見つめて、つくづく思ったね（笑）。これ、嘘だよ（笑）。

西堂　一つの変わり目というか、それが二〇〇六年？

流山児　二〇〇〇年代に、皆、確実に大人なっていった。ま、想は館長すぐ辞めちゃうんだけど、高取は教授になって更なるアナーキーの高みへといく。埴谷雄高★58『標的者』、団鬼六★59『花と蛇』、沼正三★60『家畜人ヤプー』こんな芝居やる大学教授はそうざらにいないよ。想は、映画『K-20 怪人二十面相・伝』の原作、シス・カンパニーと組み寺十吾演出で「日本文学シリーズ」をシアタートラムで開始する。やはりこの二人は凄い。

西堂　それで無冠の流山児さんは『ユーリンタウン』に行くわけですね。

講談社出版文化賞ブックデザイン賞受賞。著書に『画面の誕生』、『ページと力』など。

★55……**坂井香奈美**《さかいかなみ》 一九七五―。女優。二〇〇五年に流山児★事務所へ入団。

★56……**阿萬由美**《あまんゆみ》 一九七八―。女優。二〇〇七年に流山児★事務所へ入団。

★57……**島田正吾**《しまだしょうご》 一九〇五―二〇〇四。新国劇の俳優。一九二三年に新国劇に入る。一九二九年の澤田正二郎の死後、主役級に抜擢され長年新国劇を支える。映画やテレビドラマなどでも活躍した。

★58……**埴谷雄高**《はにやゆたか》 一九〇九―一九九七。評論家・小説家。左翼運動により投獄された中で読んだカントの『純粋理性批判』が思想の基礎となる。代表作に『不合理ゆえに吾信ず』、『闇のなかの黒い馬』、『死靈』（未完）など。

12　アングラミュージカル『ユーリンタウン』

流山児　そして流山児★事務所は二〇〇九年『ユーリンタウン』、『田園に死す』、『ハイライフ』で第四四回紀伊國屋演劇賞団体賞を受賞する。

西堂　この辺りが流山児★事務所のある種の、

流山児　ピークですか？（笑）。『ユーリンタウン』は、「ブロードウェイミュージカル」をやろうという無謀な試み、調子こいたんだよ。『ハイライフ』の翻訳者の吉原さんから翻訳したばかりの戯曲をもらって、すぐ「これ、アングラミュージカルですね、オモシロい、やります」と決めた。それも、主役やアンサンブルは、若手を使うと決め、オーディションをやった。ただ、スタッフは錚々たる才能を集めた。荻野清子★61をはじめとしたスタッフが最強だった。荻野さんとは『浮世風呂鼠小僧次郎吉』で仕事してたし。おまけに、（座・高円寺の）こけら落しだから、お祭りにしちゃおう！と、決めた。「ユーリンタウン祭」、中野のエイサー、高円寺の阿波踊り連、大道芸、奇術、クラウン、何でもアリで、土・日はお祭りで、駅から座・高円寺の通りを騒然とさせる。だってユーリンタウン＝おしっこの街なんだから。おしっこの街を現出させたかった。それで、高円寺の貧乏人大叛乱集団＝松本哉さんの「素人の乱」の連中と手を組んで、街全体を揺るがすようなことができないかなと画策した。六一歳の叛乱です。

西堂　座・高円寺のこけら落としですね。

★59……**団鬼六**《だんおにろく》
一九三一―二〇一一。小説家。SMなどの官能小説の作家として知られる。代表作に『花と蛇』、『黒薔薇夫人』など。

★60……**沼正三**《ぬましょうぞう》
小説家。『家畜人ヤプー』の作者として知られるが、覆面作家として活動していたためその正体には諸説ある。

★61……**荻野清子**《おぎのきよこ》
作曲家・ピアニスト。一九八九年NHK『さわやか3組』の劇伴でデビュー。三谷幸喜の作品を多く手掛け映画『ザ・マジックアワー』（08）で日本アカデミー賞優秀音楽賞受賞。

★62……**千葉哲也**《ちばてつや》
一九六三―。俳優・演出家。鐘下辰男が主宰する演劇企画集団THE・ガジラの俳優として活動。『THE OTHER SIDE/線のむこう側』（04）、『胎内』（04）で、読売演劇大賞優秀男優賞と紀伊國屋演劇賞個人賞受賞。

★63……**坪内逍遥**《つぼうちしょうよう》
一八五九―一九三五。小説家・劇作

流山児　そうです。こけら落としで一ヵ月、三〇ステージやった。芸術監督の佐藤信さんに頼んで好き放題に新劇場を使わせてもらった。

西堂　そういう意味でいうと、やりたいことがやり切れた？

流山児　やりたいことはやった。最初の一週間は満員じゃなかったが、評判が評判を呼んで、あっという間に前売券完売、当日券に長蛇の列。ミュージカル関係の連中が噂を聞いて駆けつけた。ああ、皆、こういうミュージカルが観たいんだって確信した。まずは、ミュージカル界の価格破壊＝四五〇〇円。ホリプロの初演と同じミュージシャンを揃えて。もちろん、満員でも大赤字。扇田昭彦さんが絶賛した。扇田さんがぼくの演出で絶賛したのは『ユーリンタウン』と『流山児マクベス』。世の中におもねらない。革命演劇にしちゃったから面白がられたんじゃないかな。千葉哲也[★62]が悪徳警官、塩野谷が悪徳社長やって、誰が悪なのか分からなくなってバッドエンドのミュージカル。ぼくにピッタリのミュージカルだった。坂手洋二がほんとに下らない上演台本書いてくれた。坂手洋二の挑戦だと思って受けて立った。よし、やってやろうじゃないかと過激にやり切った。いいコンビだったと思います。

　民族の対立とか、宗教の対立とか、ごちゃごちゃ起こってるわけじゃない、世界で。水資源の枯渇、緊急の環境問題も含めて、ここで提示しているのは「これはわたしたちの現在」なんだよということをエンターテインメントで見せたかった。ぼくらは劇団を旗揚げしてからずっと、エンターテインメント、大衆劇をやってきた。民衆のための演劇。歌入り民衆劇って、明治以来やってたわけじゃない。坪内逍遥[★63]や川上音二郎たちが

家・評論家・教育家・翻訳家などの多彩な顔を持つ。『小説神髄』、『当世書生気質』などで日本近代文学成立に多大な影響を残す一方で、シェイクスピアの全作翻訳や文芸協会での俳優養成など演劇界にも大きな足跡を残した。

『ユーリンタウン』（二〇〇九）

やろうとしたこと、日本演劇の底流に流れる音楽劇を作りたい。振付は初演が北村真実、再演は前田清実★[64]、二人とも既成のミュージカルを超えた作品を創ってくれた。それに水谷雄司★[65]の美術。『ユーリンタウン』は二〇〇九年『ミュージカル』誌ベストテン第七位、特別賞（荻野清子）、読売演劇大賞二〇〇九年上半期優秀演出家賞ノミネート（流山児祥）、第三七回伊藤熹朔賞（水谷雄司）、第四四回紀伊國屋演劇賞団体賞、流山児★事務所が一気に評価を得た。小劇場、小劇団でもこんなミュージカルをやれるんだという「自由さ」を示せたと思う。日経の内田洋一★[66]さんが「こういうミュージカルが必要」と書いてくれた。今、翻訳の吉原豊司さんから再再演の話があって、二〇二三年に向けて準備したがコロナ禍で止むなく中止。環境問題も切羽詰まってきてるからなるべく早めに上演したいと思っています。

西堂　環境問題が引っ掛かっているのね。

流山児　そうです。環境問題は待ったなしだから。「人新生」の危機の時代に、どうやって人類が生き延びていくかということを、本気に考える芝居をやらないと。

そこでゼロ年代に戻るんだけど、自己肯定感がガーンと強すぎると他者と本気でつながれない。それだけじゃダメだ。どうやって新しい言葉を生み出していくか。絆とか嫌いじゃないですか（笑）、二〇〇九年のもう一本の作品は『田園に死す』天野天街の最高傑作。『田園に死す』は流山児★事務所とJ・A・シーザーと天野天街のコラボレーション。天野天街は満を持して寺山作品の新作を書き下ろした。天野が寺山をこういう風に描くんだというとき、ある種の演劇への愛というか、役者・流山児祥に対するある

『田園に死す』（二〇〇九）

種のオマージュ作品になった。天野はこの後『西遊記』を書き下ろすんだけど、これもそうですね。流山児祥が「流山児祥」で出てる。何者でもない。私が私のままで出ている。これは天野の一つの方法論。さっき言っていた、おじいさんとかおばあさんとかの生ものが自分の言葉で伝える演劇。天野天街は生き物をゴロっと転がしたい。ぼくと方法論違いますけどね。天野は劇作家というよりポストドラマの天才演出家です。あと、黒テントの劇作家・坂口瑞穂★67と『ドブネズミたちの眠り』（二〇〇八年）、『お岩幽霊』（二〇一〇年）と協働作業をやった。坂口はぼくの郷里の出身でその言語感覚が好きだった。『金玉ムスメ』という彼のデビュー作に注目した。この頃は千葉哲也、保村大和、小川輝晃★68、伊達暁★69といったイイ役者たちと遊んでいた。千葉は『桜の園』の演出も。はい、駈足で二〇一〇年まで来ましたよ。

13 三・一一を契機として

西堂 ここで翌年が東日本大震災で大転換を起こす。日本が大変なことになって、同時に新しい世代がザーッと出てくる。

流山児 これを機にいろんな若い人が自分事で「世界」を少しずつ捉え返そうとしたんじゃないかな。他人事だったんだよ、三・一一までは。「自分事」として震災を捉えてその中の人間を描こうということが三・一一から始まった。流山児★事務所は三月レパート

朝日新聞記事「反逆の時を生きて」（二〇〇九）

リーシアターとして寺山修司作『花札伝綺』、北村想作『夢謡話浮世根問』、三島由紀夫作『卒塔婆小町』の@Space早稲田連続上演中でした。二〇一一年三月一一日、東日本大震災の当日、北村想とぼくの二人芝居『夢謡話浮世根問』を上演していた。この頃、ぼくは「魂の避難所」、アジールということを盛んに言っていた。震災で劇場がダメだったら公民館で芝居ができないか、公民館演劇と避難所演劇を考えられないか。だから身軽に行こうということで、ライトバンに乗って移動して、劇場に泊まって、上がりを被災地に渡そうと全国をツアーした。演劇で「世界を変える」とかじゃなくて、気楽に演劇で「世界と遊び」たくなった。タイに行って、インドネシアに行って、そこから、とにかく身軽にアジアにバンバン行こうぜ!と、なっていく。そんな時代にシライケイタ、詩森ろば、瀬戸山美咲★70、西沢栄治、日澤雄介といった劇作家、演出家と協働しだす。鐘下君や佃君とは違ったタイプの連中と出会っていくのが三・一一後の一〇年。

西堂　その時の流山児さんの選び方の基準みたいなものはあったんですか。

流山児　動物的カンだね。二〇二二年にはCHAiroiPLINの演出家スズキ拓朗と別役実の『不思議の国のアリス』をやって、二〇二三年にはぽこぽこクラブの劇作・演出家・三上陽永で寺山修司の『血は立ったまま眠っている』を上演することを決めたばかり。拓朗は三六歳、三上は三八歳。三上も拓朗も、清潔で真っ当な演劇青年。で、清潔で真っ当な演劇青年に「アングラ」を演出させたらどうなんだろ?と、けしかけている(笑)シライケイタに書かせて役者、演出を日澤雄介だったらどうなるか?が、『ＳＣＲＡＰ』だった。あのやり方。日澤もケイタも新劇業界と付き合ってどんどん清潔になっている。

★64　**前田清実**《まえだきよみ》
一九五七―。振付家・舞踊家。舞踊家として定期的に公演を行い、九〇年代からは振付家として多くの作品に関わる。二〇〇〇年にドラスティックダンス"O"を結成。

★65　**水谷雄司**《みずたにゆうじ》
武蔵野美術大学造形学部油絵学科卒業。舞台美術家。流山児★事務所『ユーリンタウン』で伊藤熹朔賞受賞。

★66　**内田洋一**《うちだよういち》
一九六〇―。演劇評論家。大学卒業後に日本経済新聞社に入社。一九八四年から文化部で演劇、美術、音楽などを幅広く取材。著書に『現代演劇の地図』、『風の演劇 評伝別役実』など。

★67　**坂口瑞穂**《さかぐちみずほ》
一九七三―。劇作家・演出家。一九九八年に黒テントに入団。二〇〇八年より黒テント芸術監督。『金玉ムスメ』、『玉手箱』などの作品がある。

日澤もケイタも真面目で真っ当なんだけど、流山児★事務所の役者やぼくの集める汚れた奴らが混じるとどうなるか。異物と異物がぶつかりあって起こる化学変化で『SCRAP』は、歴史と時代とニンゲンがクロスする芝居になった。だから済州島四・三事件という闇が浮き上がった。異物と出会いから生まれる「闇」が観たいんだよ。異物を組織したい。

西堂　そうすると作と演出を別々の人にやらせてそれを掛け合わせるというか。

流山児　そうです。でも、詩森さんや瀬戸山さんは作・演出のほうがいいと思う。それは一緒に付き合ってみてわかる。わかぎゑふさんもそう。日澤君は古川君とやってるほうが合うなとは思うけど。日澤はいろんな奴とやったほうがいいプロの演出家です。ケイタがどんどん変わって羽目を外してくれるといいね。期待してるんだ、ケイタのわけのわからない芝居、観たいね。天野は六〇歳になってもキチガイ芝居を創ってくれる。それにしても、天野が還暦だよ、愕然とするよ。俺も七三歳（笑）。蜷川さんは自分が創った昔の作品を破壊しながら晩年を生きた。蜷川さんや忠さんたちの世代は、「昭和の幻影」に取りつかれ「闘っている」んだよ。「世界演劇という水準」の中で。それより小じんまりしたささやかなアジールでいいんじゃないか？とオレ最近得心した。ま、ミーハーで無名のぼくらは絶対に蜷川さんや忠さんのようにはなれないしね。海外に行っても、地方に行っても、ぼくらのこと誰も知らない。でもそこで、面白いことやれれば愉しい。それでイイんだよ。SNSの時代になっても基本的にはちんどん屋やって客を呼ぶ。何かを掴みたい欲望。その欲望の在り方を探すしかない。

★68……**小川輝晃**《おがわてるあき》　一九六八—。俳優。富良野塾を経て、一九九四年『忍者戦隊カクレンジャー』で主人公サスケ／ニンジャレッドを演じた他、『星獣戦隊ギンガマン』などにも出演。またゲームのモーションキャプチャ俳優としての活動もある。

★69……**伊達**《だて》**暁**《さとる》　一九七五—。俳優。一九九六年に長塚圭史らと「阿佐ヶ谷スパイダース」を旗上げ。

★70……**瀬戸山**《せとやま》**美咲**《みさき》　一九七七—。劇作家・演出家。二〇〇一年にミナモザ旗揚げ。代表作に『エモーショナルレイバー』、『彼らの敵』など。

西堂　三・一一でそのことが改めて発見できた？

流山児　そうだね。三・一一の夏の佐藤茂紀との出会い、それから一〇年フクシマと付き合ってゆく。二〇一六年の春、台湾嘉義の劇団ＯＵＲシアターとの出会い。否応なく日本を逆照射することとなる。三・一一以降の一〇年は台湾と福島との付き合いが軸になっていく。

西堂　ちょっと気になったのは「昭和の幻影」を三・一一が吹き飛ばしたというのはまた聞いてみたいなと。

流山児　口から出まかせで言ったんだけど（笑）。

西堂　冷静に言ってたよ。

流山児　でも何となくそんな感じしない？

西堂　それは昭和に対するこだわりが人一倍あったということでしょう。自分が一番濃密に生きてた時代だし。

流山児　ぼくは昭和という幻影を若いヤツラの血を吸って生きてるのかもしれないよ。吸血鬼かよ（笑）。

西堂　でも一番核になるものがそこにあったんだと思いますよ、流山児さんの中で。そんな歴史観に触れられたところで、今日は終わりましょうか。どうもありがとうございました。

『ＳＣＲＡＰ』（二〇一七）

『あれからのラッキーアイランド』（二〇一五）

『台湾版マクベス 馬克白』チラシ（2017）

STAND WITH HONG KONG（2019）

VI

演劇志をいかに継承するか

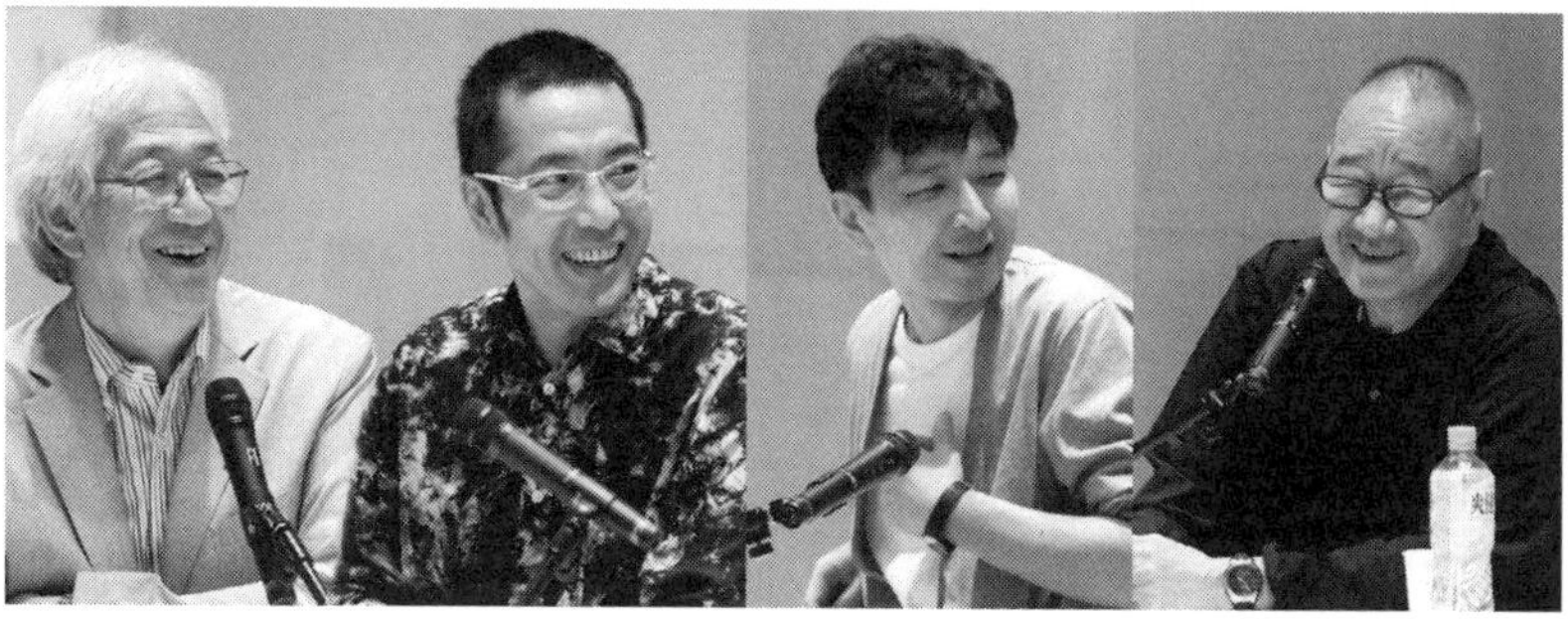

第一部

西堂　今日で六回目になるんですけど、いよいよ二〇一一年以降から現在までという形で話を進めていきたいと思います。
　さっそく二〇一一年の東日本大震災、それから福島原発事故というところから具体的に話をしていこうと思います。この一〇年間をざっと見て流山児さんの中でどんな風景が見えてきましたか。

1　負け続けた一〇年間

流山児　三・一一以降の一〇年、ほんと酷い負け戦で、日本というか世界全体が相当へんてこりんな形でぶっ壊れている感じだね。三・一一後、あっという間の先祖還りの自公政権になった。三・一一大震災の日、ぼくは何をやっていたかというと、北村想と『夢謡話浮世根問』という二人芝居をやっていた。三・一一に東京の劇場で開いてたのはSpace早稲田とスズナリだけ。地震が起きて上演するか止めるかという話になって、一人でもお客が来たらやろうと決めた。桟敷童子の東憲司は自転車で、他の客も歩いてやってきて二一人の観客がSpace早稲田にやって来た。二〇分開演時間を遅らせて本

★1……安住恭子《あずみきょうこ》　劇作家・演出家、演劇評論家。著書に『『草枕』の那美と辛亥革命』など。

『夢謡話浮世根問』チラシ（二〇一一）

番。緊張感あふれる本番だった。終演しても帰るに帰れない。電車止まってるから朝までみんなで呑んで地下鉄が動き出して、「さよなら」した。早稲田通りは帰宅難民の群れだった。二、三日後、トイレットペーパーの買い占めみたいなのが起きた「東京都民も大変なんだ」と北村想がアドリブいれて受けた。『夢謡話浮世根問』は北村が書いて小林七緒が演出。その後大阪、名古屋、仙台、柏、横浜ツアーが決まっていた。被災地へ今行くべきか迷いもあった。でも仙台へ向かった。仙台の沿岸部を車で廻った。閖上《ゆりあげ》地区、荒浜地区、津波が襲った街は廃墟だった。愕然とした。車がひっくり返ってて仙台空港も酷いあり様で言葉を失くした。北村が言った、これは『寿歌』の世界だ。『寿歌』で書いたことが現実になったと北村は見ていた。時代が『寿歌』に追いついたんだ。柏も俺が見ていた風景とは一変していた。だが東葛高校の同級生たちからこんな時だからこそ芝居やってくれ！と言われた。

『夢謡話浮世根問』で、ぼくは過激派にやられて頭がおかしくなった元機動隊員のヤクザの殺し屋で、娘に三〇年以上会っていない初老の男。『夢謡話浮世根問』は北村がぼくに当て書きした作品。男は記憶の混濁の中で連合赤軍事件や赤報隊事件を思い出しそうになるが、実際にはただ昭和歌謡を歌うだけで何も起こらない。無意味な言葉のやり取りの中で「戦後という昭和」の総決算を流山児祥と北村想の身体を通してバカバカしくやろうというのが『夢謡話浮世根問』だった。ぼくは六四歳、北村が五九歳。三・一一を体験してやっぱりこういうところからしか芝居は始まらないんじゃないかと実感した。名古屋の評論家の安住恭子[★1]さんの劇評がわかりやすかった。「この舞台がさらに

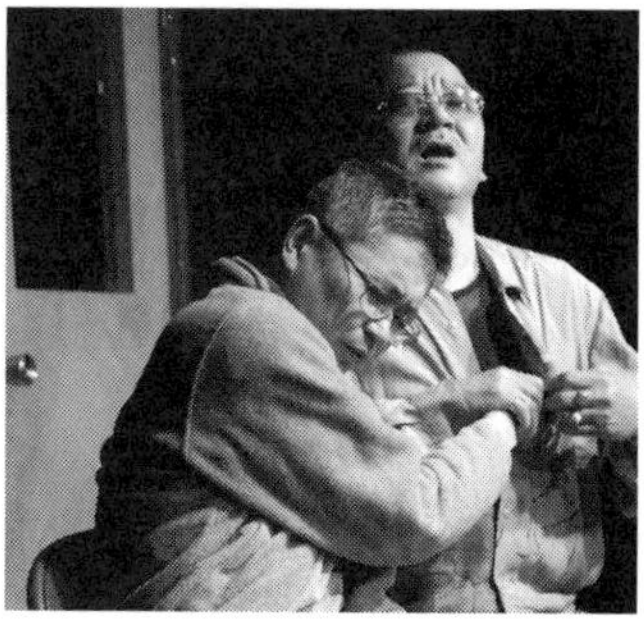
『夢謡話浮世根問』（二〇一一）

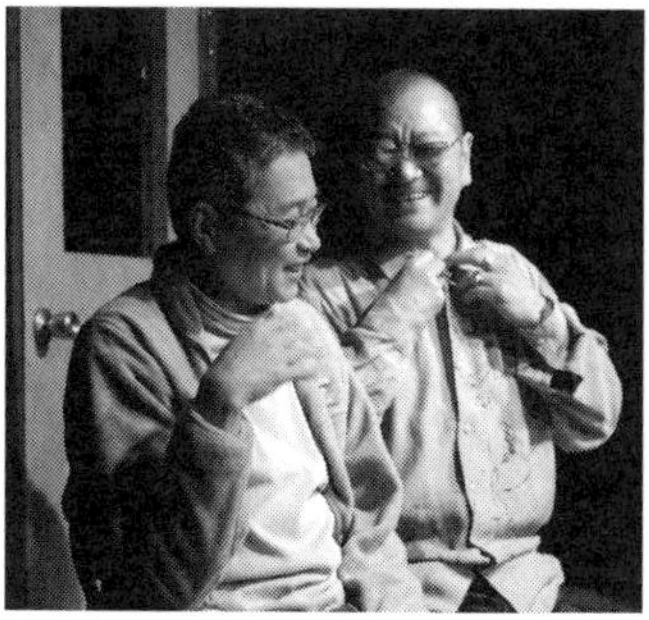
『夢謡話浮世根問』（二〇一一）

強く語るのはそうした時代に身をさらし、見てしまった男たちの虚無だ。これでもかと披露する得意ののどもはや本気で歌えるのは戯れ歌や歌謡曲以外にないのだという断念にも見える。二人は虚無の果てにやくざと弁護士のごっこ遊びをしているのかもしれない。そしてそのごっこ遊びを北村と流山児は本気で舞台で遊んで見せた。それが演劇だといわんばかりに」と。

山崎哲はfacebookにラブレターを書いた。「演劇的に言うなら、北村想のいる場所こそ、近松が言った演劇の『虚実』の間なのだ。この劇の作術にもそのことは見事に表れている。かつて学生運動での鉄砲玉だった流山児祥を、敵方の機動隊に書き換え、自らの半生を語らせる。革命を志すものを葬ってきたはずのヒットマンにこんどは警察上部の者を葬らせようとする。老弁護士がこの世は?とヒットマンに問われ『無限に大きな金魚鉢だよ、そこにはなにもない……』と答える。そこが北村想のいる場所。流山児は四〇年このかた「演劇の解体」を目指してきた。平たく言えば、演劇を外に向かって、街に向かって、いま観てるひとたちに向かって、開け。ということ……。現実のほうに向かって解体しろと言うこと。もういいよ、そういう芝居は。そういう芝居やるくらいだったら、おれに歌わせろよ、と言うこと(笑)。どこまでが現実でどこまでがお芝居なのかようわからん、そういう芝居もあっていいってこと。こういう芝居もあっていいどころじゃない。これが芝居だよ。バカをやってる二人が、流山児と想ちゃんがいる。間違いなく目の前にいる。自分を晒しつづけて。そのことがもたらす演劇性に較べたら、どんな演劇性もただ無残でしかない。ここには、間違いなくいま最上の劇がある」。

★2……………安倍晋三《あべしんぞう》
一九五四―二〇二二。政治家。祖父は岸信介、父は安倍晋太郎という政治家一家に育つ。神戸製鋼所に勤務の後、父の秘書になる。父の死後、地盤を引き継ぐ形で衆議院選挙に立候補し当選。自民党幹事長、内閣官房長官を経て、二〇〇六年に首相に就任(第一次安倍内閣)。その後体調悪化で辞任。二〇一二年に再び首相に就任(第二次安倍内閣)。二〇二〇年に辞任するまで歴代最長の長期政権を敷いた。

『レパートリーシアター』(二〇一一)

西堂　北村さんは名古屋にいたから、三・一一のときに東京とその周辺を冷静に見ていた。彼がトイレットペーパーを買い漁っている東京の人たちを「世知辛いね」と言ったのが僕はグサッと来たんです。名古屋の人から見た東京の在り方が非常に相対化されて聞こえてきた。一方で、福島の原発の電気を使っているのは東京都民だったりするわけで、日本の構造みたいなのが見えてきた。福島の原発問題というのがその後一〇年間収拾できなくて、それをどういう風に鎮めていくのかということで例えばオリンピック招致が起きる。

流山児　そうだね、復興五輪て言ってたんだから。

西堂　安倍晋三首相★2（当時）が「原発はアンダーコントロールされている、もう大丈夫」と嘘八百並べて、世界にアピールしたわけだけど、三・一一を契機として見えてきた日本の傷跡。流山児さんみたいにもう一回原点に戻って演劇の一番根源的なところを探っていこうとする思考と、これを隠していって、祝賀資本主義というような形に持っていこうとする側に引き裂かれてきたんだと思うんです。どっちが勝ったかというと（笑）。

流山児　もう勝ち負けはイイよ。負け続けてもいいじゃん。でも愉しい「出会い」が二〇一一年から始まるんだよ。八月演出者協会の演劇大学で郡山に行くんだけど、除染作業が始まったばかり。現実に自分の目で見た帰宅困難地域の光景。ガイガー・カウンターが凄い音をたてる。国道のバイク走行はダメ。車も窓を閉めなければ通行できない。ここの演劇人たちと芝居やろうと即、決めた。それから一〇年以上の付き合いが続いている。あ、もう一つ思い出した。三・一一直後、広島に行ったんだよ。関西以西に原発

『卒塔婆小町』（二〇一一）

『花札伝綺』円融寺（二〇一一）

避難していく多くの福島の避難者や関東のひとたちで新幹線の車中はいっぱいだった。あの時の東京駅の状況は異様だった。不謹慎にも、戦争中もこうだったのかも?と想像したりして。原発は他人事、戦争も他人事、当事者性を持たないニッポンジンのぼくらってなんだ? 復興五輪の名の下に帰宅困難地区は「更地」と化している現在。一〇年経っても、日本人の多くが忘れちゃってる。なんだろう? 福島に残った人、福島から出ていった人を見ながらぼくは一〇年間、ユニット・ラビッツと『あれからのラッキーアイランド』、『幻影城の女たち』そして、福島演劇人とのコラボ『鼬』と福島演劇人としつこく関わり続けている。大信ペリカン[★3]という優秀な演出家や『詩の礫』の和合亮一[★4]さんと会えたのも財産です。郡山・福島・白河・須賀川の演劇人たちとの協働作業はこれからも続けて行く。

2

この一〇年、何をしてきたか

流山児　『オールド・バンチ』も座長の戌井市郎さんと座付き作家の山元清多さんが死んでメモリアル公演をやる。佃に書き直してもらって。パラダイス一座の最終公演もやった。この頃、助成金ありきの作品創りをどこかでやってるんじゃないか?と思い、これってやばいぞ! 社会からズレてるんじゃないか?と思いだしぼく自身も変わり始める。

西堂　確かに助成金を受けるには、何年も前に企画が決まっていて動かせない。

★3……**大信《おおのぶ》ペリカン**
一九七五―。劇作家・演出家。一九九六年に満塁鳥王一座(後のシア・トリエ)を旗揚げ。『キル兄にゃとU子さん』、『エレクトラ』など。

★4……**和合《わごう》亮一《りょういち》**
一九六八―。詩人、高校教諭。第一詩集『AFTER』で中原中也賞、第四詩集『地球頭脳詩篇』で晩翠賞を受賞。

★5……**畑澤聖悟《はたさわせいご》**
一九六四―。劇作家、演出家、高校教諭。大学卒業後教員となるも、俳優として劇団弘前劇場に参加。青森県の高校演劇部の顧問、指導者として全国大会で多くの実績を上げる。自身の戯曲を上演する渡辺源四郎商店を主宰する他、他劇団にも書き下ろしを行う。

TRASHMASTERSの中津留章仁が『黄色い叫び』を震災後一ヵ月後に創った。僕は初演は観ていないけど、彼はタイトルはそのままに企画を変更して書き直した。震災後に一番最初に動いたのが中津留だったんじゃないかな。逆に言うと演劇はすごく身軽でもある。福島の大信ペリカンさんの満塁鳥王一座が『キル兄にゃとU子さん』という作品を二ヵ月後に東京で公演した。彼らも本当はどうしようかと迷っていたんだけど劇場も取っていたし、やるかみたいな感じでやったんですね。それがほとんど奇跡的なホームランが出ちゃった。

流山児 『この青空は、ほんとの空ってことでいいですか?』って福島の高校演劇の作品が強烈だった。高校生が福島県知事に聞くんだよ。「この青空は本物ですか」と。演出者協会はこの年から「フェニックス・プロジェクト」を始める。

西堂 あの年に畑澤聖悟[★5]さんが『もしイタ〜もし高校野球の女子マネージャーが青森の「イタコ」を呼んだら』をやった。これは二〇一一年に初演した後、翌年全国大会に青森中央高が出場して、僕はたまたま審査員やっていたので、それ観てびっくりした。そうやって即応答していく演劇人の逞しさというか。こういうときにこそ演劇は力を発揮するということを改めて思った。そこからポジティブなものが出てくるんじゃないかと考えていたら、その矢先に安倍政権(第二次)ができるわけね。そこで何か可能性というものが封じ込められた。

流山児 尖閣諸島とか竹島の問題がそこで同時に起こる。消費税もボーンと上がる。オスプレイがあっという間に沖縄に配置されていく。

『幻影城の女たち』(二〇一六)

西堂　辺野古の問題も出てくる。「危機の時こそチャンスだ」という言い方があるけど、その対応の仕方は保守政権のほうが上手かった。

流山児　そうだね。

西堂　その傷口の塞ぎ方を利用しながら自民党政権が選挙で圧勝し、躍進が続いて、それで次から次へと奇妙な法案が通っていく。特定秘密保護法とか安保関連法とか。こういう時の政治と演劇の葛藤はどうなっているのか、改めて考えさせられた。それは今のコロナ禍の問題でも繰り返されている気がする。

流山児　今の東北の高校演劇の話だけど。東京の演劇はどうだったの？　西堂さんは何を評価したの。

西堂　中津留さんをはじめいろいろやってたと思う。決して手をこまねいていたわけではなくて、どこもかしこも震災に言及しない芝居はないくらいやられてるんですね。ケラリーノ・サンドロヴィッチでも笑いを禁欲しない『奥様お尻をどうぞ』とか、あえて不謹慎な芝居をすることで「同調圧力」に抵抗していたり、抵抗の仕方は一様ではなかったなとは思いますね。そういう意味では演劇の立ち向かい方というのは、映画や文学に比べて早かったんじゃないかな。でもその後の持続力ですね、問題は。忘却のほうが早くて、記憶していく力のほうが弱まっていくのがこの一〇年だったんじゃないかなと感じます。その時に流山児さんはどういう対応をしていたのか。

流山児　二〇一二年八月～九月、青木砂織演出で寺山修司の『花札伝綺』をエジンバラ、ニューヨーク、ビクトリア、バンクーバーと二ヵ月近くのフリンジ演劇祭ワールド・ツ

『花札伝綺』（二〇一二）

The New York Times（二〇一二）

アーをやった。エジンバラでは五つ星を三つ獲得。ニューヨークではベスト・デザイン賞、カナダでも優秀賞を総なめにしニューヨーク・タイムズにも大きく劇評が掲載された。フリンジで「原点回帰」をやってみたんだ。体力的にもぼくにとって最後のフリンジだった。フリンジツアーではぼくらはホームステイとか安い寮に泊まるんだけど、エジンバラでは、ぼくらの泊まっている寮の横のホテルにSCOTが泊まっていた。ホテルの角の喫煙所でよく一緒になった。『エレクトラ』を観に行って、久しぶりに忠さんと話した。「相変わらず忠さん、バカなことやってますね」と言ったら怒られた。ぼくは誉め言葉のつもりだった。車椅子の使い方、上手いんだよ。ワクワクして観てたよ。でも、ほとんどのお客さんが寝ているんだよ。頭にきた！　こんな凄エ芝居テメエらキチンと観ろ！と怒鳴りたかった。SCOTも、自分たちの手荷物扱いの美術セットで廻ってる、と聞いた時、「一緒だな」と妙な連帯感。SCOTもRYUZANJI COMPANYも「旅する劇団」なんだ。世界中どこの劇場でも自分たちの芝居ができる。劇団でしか出来ない演劇行為。「勁《つよ》い演劇」の深化。

3　新しいプロジェクトでアングラの継承

流山児　二〇一二年から豊島区テラヤマプロジェクトを始める。豊島公会堂、今のブリリアホール。解体するまで三年間あるから、そこで何か面白いコトを区を巻き込んでやろう

エジンバラ（二〇一二）

エジンバラ（二〇一二）

という話を、高野之夫[★6]区長に申し入れた。演劇大好き区長さんで、すんなり、寺山修司作品三本連続上演が決定。制作過程を学生たちが撮影し発表する企画も、高取英が教授やっている大正大学が協力してくれることに。第一弾として『地球☆空洞説』を天野天街、開幕ペナントレースの村井雄の三人で演出。三年間のプロジェクトを開始。寺山演劇を次世代に継承する試みで、新しい体験が始まった。若い演出家へのバトンタッチだね。

西堂　『鼠小僧次郎吉』の構成を西沢栄治さんに委ねたりとか。

流山児　西沢もそうだが、青木砂織が、寺山作品や鹿目由紀の『イロシマ』というミュージカル作品を演出したり、小林七緒も他劇団を演出したり、次世代にバトンタッチしだした時代がこの頃。

西堂　佐藤信さんの「喜劇昭和の世界・三部作」などけっこう大掛かりな、僕らにとってみれば財産のような作品を手掛けていますね。

流山児　それは、黒テントがやらないから（笑）。流山児★事務所でしか佐藤信作品をやってないのが問題なんだよ。現代演劇の基盤と呼ぶべきアングラ演劇をキチンと継承・検証すること。それも「現在の視点」で再構築することが必要なんだよ。唐十郎、寺山修司、別役実、清水邦夫、佐藤信、太田省吾の戯曲（テキスト）は、ぼくたちの共有財産です。三島由紀夫、宮本研、福田善之、木下順二といった新劇しかり、もちろん、山崎哲、つかこうへい、北村想、竹内銃一郎といった七〇年〜八〇年代の戯曲も。テキストを徹底的に読み込むこと、時代を透視すること。あの時代そのものを継承・検証

★6……………… **高野之夫《たかのゆきお》**
一九三七―。政治家。豊島区議会議員を経て、一九九九年に豊島区長選挙に立候補し当選。公益財団法人としま未来文化財団理事長。

★7……………… **河竹黙阿弥《かわたけもくあみ》**
一八一六―一八九三。幕末から明治時代にかけて活躍した歌舞伎狂言作者。「七五調」を駆使した台詞で知られ、四代目小団次、九代目団十郎、五代目菊五郎らに数多くの作品を提供した。代表作に『青砥稿花紅彩画』（白浪五人男）、『三人吉三廓初買』（三人吉三）など。

『阿部定の犬』（二〇一四）

し、新しく作り直すことをしないとダメだと思う。シェイクスピアやチェーホフを読むのと同じなんだ、そこには「活き活きとしたニンゲン」がいるんだから。西沢栄治は小劇団出身の役者で痛烈な劇団体験を持っている。劇団第一がモットーなのでぼくより劇団員には人気がある。二〇一四年、河竹黙阿弥[★7]『義賊☆鼠小僧次郎吉』韓国・台湾公演版では歌舞伎台本をシャープに刈り込み、ぼくたちの「傾《かぶ》き魂」を掻き立ててくれた。二〇一四〜一七年佐藤信の名作「喜劇・昭和の世界〜『阿部定の犬』『キネマと怪人』『ブランキ殺し上海の春』」の三部作連続上演。難解なことを一切恐れず、パワフルに、意外性、多重性、反権力性をもシャッフルしカオスのエンタメにした。ぼくや龍昇そして井村昴といった黒テントの役者も一緒に体験した現場は記憶と現在を往還する反逆精神（アングラ）の再体験となった。西沢には昭和の熱いアングラの「血と知」が似合う。西沢、天野、日澤、詩森、七緒、ケイタといったいい演出家が揃った。

　今の若手劇団を観ていると劇作家・演出家が育ってないとつくづく思う。テキストに対する「批評性」をもった演出家が皆無。お利口さんはいるけど、骨のある、腕力のある三〇代四〇代の演出家が登場してない。劇作家に至ってはかなり悲惨な状況ね。だから「テキスト」が全然残らない。それじゃダメだよ。時代に対する批評を持ったテキストがあっても忘却の彼方へ捨てている。根性据えてきちっと「読む力」が足りない。西堂さんが言った忘却の速度の速さ。

西堂　その中で、寺山さんとか、信さんとか。唐さんの初期の頃の作品をもう一回掘り起こしてみるとか。そういう意味でいくと、原作というか、六〇年代、七〇年代の財産を

『キネマと怪人』（二〇一六）

『ブランキ殺し上海の春』（二〇一七）

どう継承していくかというのを流山児さんは殊勝にもやっているという感じがするんです。

流山児　こう見えてぼくは殊勝なヤツなんだよ（笑）。おっ、二〇一三年まで来た。アベノミクス、異次元緩和で金がボンボンと出て、円安で株が上がって、この年にアンダーコントロールで二〇二〇東京オリンピックが決まっちゃう。自民党圧勝で、もう無茶苦茶。で、俺たちは何やってたんだというと、中屋敷法仁（柿喰う客）と組んで座・高円寺で佃典彦の『アトミック☆ストーム』を三・一一後のフクシマに書き直したミュージカルにして上演。一一月、一二月にはテラヤマ・プロジェクト第二弾として中津留章仁が『無頼漢―ならずもの―』を新作書下ろし、豊島公会堂で上演。

西堂　シライケイタさんは韓国物なんかも手掛けるようになってきたし、自分の作品の書き下ろしを日澤さんが演出したりという組み合わせはなかなか自分たちでは出来ないですね。

流山児　そうですね。『SCRAP』はケイタ作、日澤演出の傑作だった。

西堂　流山児さんが間に入ることで、そういう組み合わせが可能になるということは、やっぱり後継者づくりにつながっていたんじゃないかな。

4　演出者コンクールの人材、そしてプロデューサーたち

★8……………土橋淳志《つちはしあつし》
一九七七―。劇作家・演出家。近畿大学在学中にA級MissingLinkを旗揚げし、主宰を務める。代表作に『或いは魂の止まり木』、『裏山の犬にでも喰われろ！』など。

★9……………佐野《さの》バビ《ばび》市《っち》
一九七九―。劇作家・演出家・俳優。二〇〇三年に劇団東京ミルクホールを旗揚げし、主宰を務める。

★10……………中村《なかむら》ノブアキ
一九六七―。劇作家・演出家。二〇〇一年にJACROWを旗揚げし、代表を務める。サラリーマンをしながら演劇活動も続けている。

★11……………永野《ながの》拓也《たくや》
一九八五―。演出家。hicopro主宰。

★12……………澤野《さわの》正樹《まさき》
一九八七―。劇作家・演出家。二〇一一年に、劇団短距離男道ミサイル結成（二〇一九年に退団）。

流山児　そうだね。僕と和田喜夫さんが企画立案して、文化庁助成で二〇〇一年から始めたのが若手演出家コンクール。二〇〇一年小林七緒、二〇〇二年土橋淳志[★8]、二〇〇三年西沢栄治。この時代から二〇年、優秀賞や最優秀賞を獲った若手演出家と交流し始める。佐野バビ市[★9]、広田淳一、前川知大、福原充則、鹿目由紀、平塚直隆、御笠ノ忠次、日澤雄介、村井雄、中村ノブアキ[★10]、シライケイタ、永野拓也[★11]、スズキ拓朗、澤野正樹[★12]、一宮周平[★13]、深井邦彦[★14]、二〇二〇年ぽこぽこクラブの三上陽永と育っている。そんな才能に毎年出会えるというのは大きな刺激だし僥倖です。公開審査会は鵜山仁[★15]、松本祐子[★16]、坂手洋二、鐘下辰男、わかぎゑふ、流山児祥、日澤雄介、シライケイタといった演劇観も演出論も違う演出家が、喧々諤々の討論を「審査対象者も交えて」公開で行なうスタイル。時には、三時間超の審査もある。

西堂　昔の小劇場の流れってだいたい学生演劇から始まって、卒業後に自分たちで劇団を作って、独自のやり方を展開しながらのし上がっていくという方式だけど、それとは出方が変わってきたなという感じがします。コンクールというものを通じて名前を上げていく。

流山児　若手演出家コンクールと利賀演出家コンクール。このコンクールで若手演出家が育っている。あとは、劇作家協会新人戯曲賞。若手演出家コンクールは春の風物詩で連日超満員の盛況。下北沢での公演というので、若手の登竜門になっている。

西堂　その中で、二〇一一年以降ってシライさんもそうだし、中津留さんもそうですけど、古川健さん、女性では、長田育恵[★17]さん、瀬戸山美咲さんが出てきますね。七〇年代生ま

★13……**一宮周平**《いちのみやしゅうへい》
一九八九―。劇作家・演出家・俳優。二〇一三年に、パンチェッタを旗揚げ。

★14……**深井邦彦**《ふかいくにひこ》
一九八五―。劇作家・演出家。二〇一三年に、HIGHcolorsを旗揚げし、主宰を務める。

★15……**鵜山仁**《うやまひとし》
一九五三―。演出家。文学座所属。舞台芸術学院を経て文学座に参加。井上ひさしの作品や海外の翻訳戯曲などを多く手掛ける。二〇〇七年から二〇一〇年まで新国立劇場演劇部門芸術監督を務める。

★16……**松本祐子**《まつもとゆうこ》
一九六七―。演出家。大学卒業後、文学座付属演劇研究所を経て文学座に所属。『ヒトハミナ、ヒトナミノ』(19)、『スリーウインターズ』(19)で紀伊國屋演劇賞個人賞、読売演劇大賞最優秀演出家賞受賞。

れの当時の三〇代。劇団引っ張っていくというよりは個人で出てくる感じの新しい動きが、小劇場運動とは違った流れで出てきていると感じます。彼らが出会う舞台を作ったという意味では流山児★事務所が貢献している。

流山児　劇団と言っても、温泉ドラゴン、チョコレートケーキ、ミナモザも四、五人のメンバー。劇作・演出家がいてプロデューサーがいる。TRASHMASTERSは最近、劇団員を増やしてますけどね。ぼくたちや椿組や燐光群や桟敷童子なんかの劇団の作り方とは根本から違っている。

西堂　以前の小劇場は役者集団ですよね。それがどんどん作家、演出家、あと制作者。この三人でユニットを組んで、俳優はいろいろなところから集めてくる。そうなると、役者を鍛えるとか演劇論を軸に組み立ててきたかつての小劇場運動、鈴木さんや太田さんなんかもそうだけど、それとはちょっと違う形のものが動き出してきた。

流山児　綿貫凛さんという優秀なプロデューサーがいる。鐘下辰男を売り出した辣腕、大竹野正典★18という埋もれていた劇作家を掘り起こした演劇愛溢れる人です。彼女にはプロデューサー賞を送りたいものです。

西堂　あと、トム・プロジェクトの

流山児　岡田潔さん。この人も凄い。小劇場のオヤジ的存在。岡田さんは、もともと演劇群・走狗の役者さんで解散後スペインに空手放浪して（笑）。帰ってきて「すきま産業」である演劇プロデューサーになった。福岡出身の西鉄ファンで九州男児の無茶苦茶な好漢（笑）。演劇評論家の村井健★19さんのダチ公で敬愛するアニキ。

★17……**長田《おさだ》育恵《いくえ》**
一九七七―。劇作家。てがみ座主宰。ミュージカルにも多く関わり劇団四季公演の脚本も手掛ける。代表作に『蜜柑とユウウツ―茨木のり子異聞―』、『ＳＯＥＴＳＵ―韓くにの白き太陽―』など。

★18……**大竹野《おおたけの》正典《まさのり》**
一九六〇―二〇〇九。劇作家・演出家。一九九七年、くじら企画を旗揚げ。代表作に『夜、ナク、鳥』、『山の声』など。

★19……**村井健《むらいけん》**
一九四六―二〇一五。演劇評論家。而立書房の編集者を経て劇評を手掛ける。日露演劇の交流に尽力した。著書に『シチュアシオン　村井健演劇論集』など。

西堂　彼は中津留を育てた俳優養成所を作っていた。今はなくなったけど、日澤とか古川健も俳優としてトムプロに登録されている。企画力は抜群です。

流山児　岡田さんがトムプロでやったのは一人芝居からだよね。

西堂　最初はね。

流山児　いろな劇作家をピックアップした。唐十郎、北村想、水谷龍二……。

西堂　一人芝居プロジェクトとして最初は片桐はいり[★20]とやりました。それがずっと続いていって、本格的なプロデューサーになった。

西堂　俳優とか演出家とか作家とかの生き残らせ方というか、受け皿的な存在になったんじゃないのかな。大人の視点で興行を考えている。

流山児　それは、自分が役者で苦労したからだと思いますよ。

西堂　例えば、東憲司を食わせたりする。たぶん、桟敷童子じゃ金貰えないからトム・プロジェクトで金を生むみたいな。そういう形で小劇場の作家たちを大事に育てたのが岡田さんだと思います。

流山児　いま思ったんだけど、この三〇年間、コンスタントに素敵な劇作品書いているのは誰だろう?と、考えたら、永井愛さんがいた。一九九〇年代の『時の物置』『パパのデモクラシー』以来、『歌わせたい男たち』、『書く女』『鷗外の怪談』そして現在の『ザ・空気』シリーズ。絶対水準を落とさないじゃないですか。永井さんというのは時代をきちっと見てきちっと書いている劇作家ですね。

西堂　永井さんって寡作じゃないですか。一年に一本とか二年に一本くらいで。でも書い

★20……………片桐《かたぎり》はいり　一九六三─。女優。一九八一年に劇団「ブリキの自発団」に入団。個性的な脇役として、舞台、映画、テレビドラマで活躍。

たら絶対に当てている人ですね。その間に再演もやっているし。三、四年に一度は大きな賞も獲っている。ああいう活動の仕方って、ある意味理想的じゃないかな。一本書いて三年くらい食えるというのが劇作家としては一番いいんです。その対極は、流山児さん、かな？　数をこなして（笑）。

流山児　ぼくは、毎年一〇本ぐらいの駄作をやってるほうが、面白いけどね。

西堂　そういう生き方とは永井さんは対極だね（笑）。

流山児　ぼく、永井さん尊敬してるから（笑）。愛さんは年下なんだけどなんか姉貴みたいに感じてる。

西堂　永井さんのやり方、生き方というのは後の世代に与えた影響は大きいと思いますね。一本一本の作品を大事にしていく。長田育恵さんとか後続の人たちもそのやり方を踏襲しているんじゃないのかな。そういう形で演劇界の中での闘い方がひとつ出来ていると思うんです。

流山児　『ザ・空気』というタイトルがそれを物語っている。彼女は時代時代を緻密に微細に笑いを交えて骨太にシツコク書き続けている。それも庶民の目線で。永井愛の作品を観ると、今年こんなことがあったんだなというのがわかる。『鷗外の怪談』の大逆事件と隠れキリシタンの弾圧のシーンにも唸らされたけど。『ザ・空気』シリーズでメディアの恐怖と時代がわかる。

西堂　そう、定点観測的にね。彼女を観ていればだいたい一〇年単位で流れが見えてくる。しかも彼女の作品は書籍になってるでしょう。そういう劇作家としての生き方、演劇作

『西遊記』（二〇一六）

『西遊記』（二〇一六）

品の残し方というのを一番貫いている人じゃないかなと思います。

流山児　野田秀樹もそうだと思います。

西堂　野田さんの場合は、芸術監督とか大学教授とか、いろんなものがくっついた上での野田秀樹だったりするので、永井さんのほうがもっとストイックだと思うんですよ。他の誘惑に負けずに。お父さん（永井潔）が貧乏プロレタリア画家だったから、ああいう親を見ていたら貧しいということに対する抵抗力が非常に強い。ちょっと真似できないかなという感じがします。というようなことで一〇年間くらい喋ってきたわけですが、まだまだありますね。

5

原風景との出会い——台湾での五年間——

流山児　台湾に行く二〇一四～九年くらいから、ぼく自身はかなり変わってゆく。西沢君のシリーズで佐藤信の『喜劇・昭和の世界三部作』に役者として参加。老いて「役者やる」のもいいなあと思った。劇団創立三十周年記念公演『マクベス』を座・高円寺で若杉宏二、伊藤弘子のマクベス・マクベス夫人で上演。ま、これで「演出」はやり終えたな！と感じたりしている。天野天街脚本・演出『西遊記』で、インドネシア・タイ・中国では北京、成都、武漢の三都市そして国内では離島公演と銘打って五島列島、対馬列島と旅した。いまアジアを旅することに特化している。晩年の自分と向き合

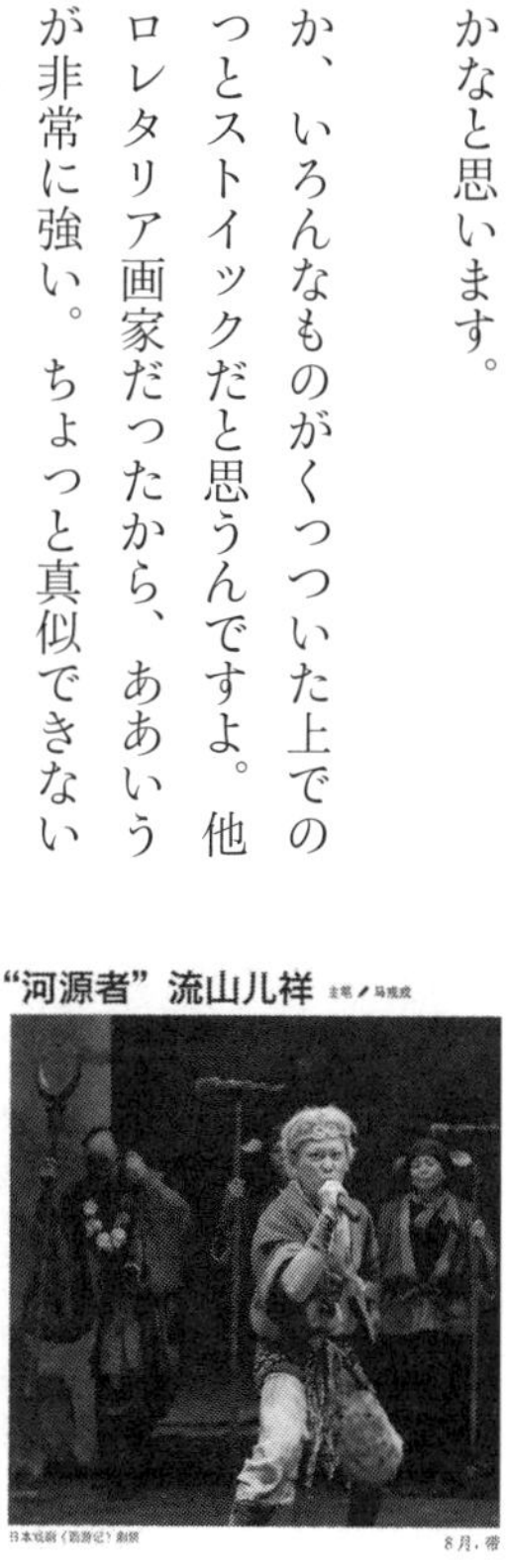

『西遊記』北京記事（二〇一八）

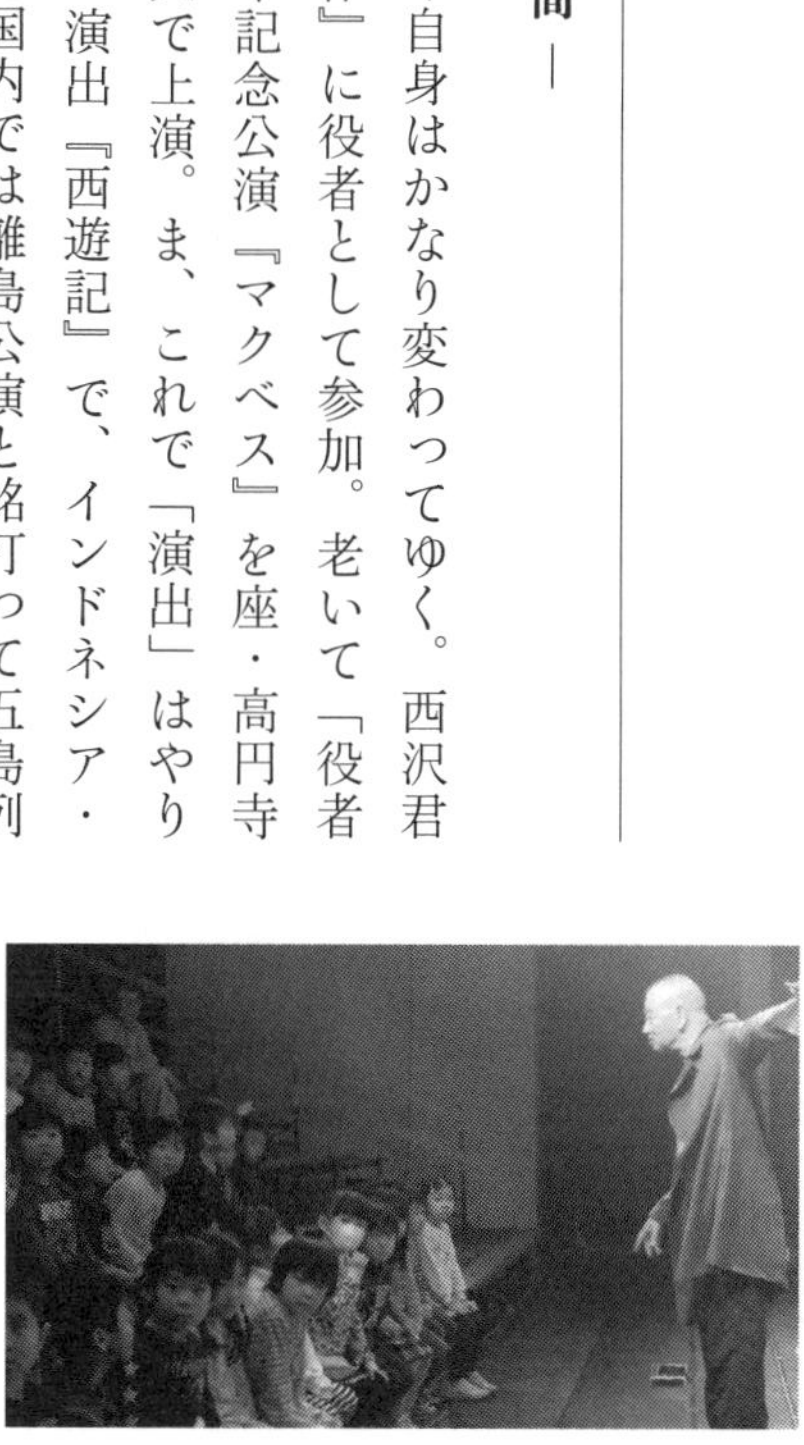
『西遊記』離島（二〇一七）

いマジメにアジアと地方（とりわけフクシマ）に付き合ってみようと殊勝な心持になった。二〇一六～二〇年は台湾をぼく自身の本拠地にした。蜷川幸雄さん、松本雄吉さんが相次いで死んだ。『西遊記』でタイ・チュラロンコン大学で学生向けに初講義もやった。日本アングラのレクチャー。大学生と話すのは面白かった。インドネシアのボロブドゥールの世界遺産の遺跡で初の演劇公演もやった。「世界アースデイ」の企画。ラストシーンに遺跡が闇の中に浮かび上がるさまは劇的だった。二〇一六年からシライケイタ演出の現代韓国演劇傑作戯曲上演シリーズも始めた。

西堂　『代代孫孫』ね。パク・グニョン★21の。

流山児　そうです。二〇一八年『満州戦線』とパク・グニョン作品が続き二〇二一年一二月コロナ禍にはコ・ヨノク★22の新作『客たち』を寺十吾の主演で上演した。

二〇一六年台湾の国立劇場の新視点藝術祭にシアターRAKUが招聘されて『寺山修司の女の平和』を上演後、ぼくはそのまま、台湾南部の都市・嘉義に二ヵ月滞在してOURシアターと『マクベス―PAINT　IT　BLACK!―』を創った。この年からOURシアターと五年間付き合い出す。一年のうち二ヵ月は台湾に滞在するという生活が始まった。七〇歳になって、少し世界が変わって見えだした。で、少しはまともなジジイになっていく（笑）。

二〇一六年詩森ろば作・演出『OKINAWA 1972』が大ヒットする。ぼくは佐藤栄作の役。いま、そこにいる（と、指差す）私の長女が三九年ぶりにSpace早稲田に芝居を観に来てくれた。いつものように客出しをやってると娘が、「だれか分かる？」って聞い

★21……パク・グニョン　一九六三―。劇作家・演出家。一九九九年に劇団コルモッキル（路地）を結成。

★22……コ・ヨノク　劇作家。二〇〇一年、『人類最初のキス』で注目を集める。作品は日本でも上演されている。

台湾版『マクベス』（二〇一六）

てきた。一目で「分かるに決まってるじゃねえか」って抱きしめた。娘の麻央との再会でした。親がいなくても、娘は育つです。美容師で三人の子持ちでプロレス好き。文学少女で小説家を目指している。息子の龍馬も、ガキの頃は大変だったけど今では内装会社の経営者、ヤクザな父親を反面教師にして堅気の道を歩んでる。というわけで、一気に五人の孫たちが僕の芝居を観に来るようになった。ヨレヨレでも、元気なジイジの姿を孫たちに観てもらうのが愉しみで舞台に立っている（笑）。そういう、個人的なこともいろいろあって、おじいちゃんを自覚した（笑）。おじいちゃんになったんだからちゃんとしなきゃいけないなと（笑）。

西堂　熊本とか沖縄とか福島とか、日本各地でいろんな事件が起きたり陥没する場所があって、そこにどう自分なりに関わったり突っ込んでいく。それがインドネシアだったりタイだったりアジアの各地に広がっていく。

流山児　俄然、東京よりも台湾や地方のほうが面白くなってきた。それで東京の作品創りは、基本的に西沢栄治、シライケイタ、天野天街、小林七緒、詩森ろばといった演出家にまかせ、プロデューサー兼役者をメインにしようと思っている。演出家としてはやり残している宮本研連続上演企画、高取英メモリアル、長谷川伸企画、シニア劇団シアターRAKUの演出はやる。前人未到？の「流山児祥★演出三〇〇本記念公演」まであと八本。演劇渡世の行きがかりで務めている日本演出者協会理事長の任期もあと一年半。理事長には絶対ならないと決めていたのに、結局、理事長である。瓜生正美理事長時代に副理事長になって三〇年。あの時の瓜生さんの年に近づきつつある。瓜生正美は九六歳で彼

『OKINAWA 1972』

『OKINAWA 1972』

岸へ逝った、戌井市郎は九四歳。千田是也は九〇歳で没した。あと二〇年は無理だが行けるところまでいくしかない?と思ってる。でも、友が逝ってしまうのは辛いもんだよ。二〇一八年一一月畏友と呼ぶべき高取英急死の報を台北藝術大学で聞いた時はきつかった。まさか、死ぬと思わないヤツが先に逝くと「おい、それはねえだろう!」と「理不尽の魔」に暗然佇立する。

西堂　少し話を戻しますけど、それはある種の原風景との再びの出会いなんですか。

流山児　台湾体験はまさにテメエの原風景との遭遇だね。三度目に台湾に行ったのが二〇一五年の『義賊☆鼠小僧次郎吉』。一分間でチケットが完売した。信じられないかも知れないがホント(笑)。ぼくらも信じられなくてチケット・システムの故障と疑った。『ハイライフ』台北公演から六年、流山児★事務所は伝説化していた。翌年二〇一六年にはシアターRAKUが寺山修司の『女の平和』で台湾国立劇場「新視点藝術祭」招聘公演。その後、台湾のもっとも信頼する演劇人鴻鴻から紹介された阮劇団=OURシアターという若い劇団と国際共同製作公演『馬克白―マクベス―』を製作。台湾中南部の嘉義で追加公演までやる大ヒットになった。評判を聞いて台湾の文部大臣も観に来た。二〇一七年『馬克白』を持ってルーマニアのシビウ国際演劇祭へ。シビウではパンフに中国と書いてある。「台湾」と訂正してほしいと要求したが台湾表記は叶わず。ルーマニアも小さい国だからごめんなさいと言われる。中国の包囲網と台湾の置かれた位置を再認識。久しぶりに血湧き肉躍った。

二〇一八年五月のシアターRAKU『十二夜』高雄春天演劇節公演を終えて、台湾嘉

★23　王禎和《ワンチェンホー》
一九四〇―一九九〇。台湾の小説家。代表作に『鹿港(ルーカン)からきた男』など。

シアターRAKU『十二夜』(二〇一八)

義に直行、二ヵ月の長期稽古を経て台湾の郷土文学王禎和[23]の『嫁粧一牛車』を上演した。今村昌平[24]の映画を思わせるおおらかなエロスとニンゲン存在の悲喜劇を音楽劇に仕立てあげた。台新藝術賞最終候補に選出され台湾演劇ベスト作品に。国際演劇協会の台湾レポートには「台湾演劇二〇一八の成果」と書かれた。二〇一九年秋には台中国家歌劇院、そして台北水源劇場で長期ロングラン公演され、OURシアターは台湾を代表する劇団に急成長した。その後、台北藝術大学で客員教授に招聘された。予想もつかない展開となったが、「演劇で世界と遊ぶ」わたしにはオモシロかった。

台北藝術大学ではシェイクスピアの『十二夜』を『青春版★十二夜』に改編し学生たちと遊び倒した。老人ホームの老人や小学生、大学のエッセンシャルワーカーにも見せた。卒業公演は先生や親に感謝を伝えるだけの場ではない、学生たちには演劇が街とつながっていることを教え続けた。芝居を観た人が、観客が増えていけば一〇年後に台湾は確実に変わっていく。演出家コース実習は村上春樹の短編をテキストに小作品創作。ビル全体を「幻想の冬の博物館」に見立てた壮大な野外劇。『蛍』のバスの車内劇。『踊る小人』は人形劇を導入にした祝祭劇で白色テロ時代までオーバーラップする演出。六人の台湾の若手演出家たちの発表公演は一〇年後の台湾演劇を予感させる祭りとなった。

6 年輪を重ねたアングラ

『嫁粧一牛車』チラシ（二〇一八）

『嫁粧一牛車』（二〇一九）

流山児 それにしても、こんな「旅」ばっかりしているわがままな座長と流山児★事務所を支えている制作チーフの米山恭子、海外制作の畝部七歩には心から感謝しかない。塩野谷正幸、龍昇、伊藤弘子、栗原茂、上田和弘、小林七緒、イワヲ、甲津拓平、平野直美、里美和彦、木暮拓矢、諏訪創★25、武田智弘★26、鈴木麻理★27といった六〇代から三〇代の主力メンバーの「劇団愛」と「団結力」は日本一だと思う。仕込みの時、劇団員全員でセットをあっという間に創り上げる現場力は毎回壮観！です。こいつらと三〇年近く「世界と演劇で遊んでいられる」ぼくは果報者だとつくづく思う。今年で、入団一〇年目の山丸莉菜★28が『腰巻お仙―振袖火事の巻―』、『少女都市からの呼び声』、『寺山修司―過激なる疾走―』、『コタン虐殺』、『ヒme呼』、『帝国月光写真館』と連続主演し、流山児★事務所のスターに成長したのもうれしいこと。山下直哉★29、荒木理恵★30、五島三四郎★31、竹本優希★32、春はるか★33、橋口佳奈★34、本間隆斗★35といった若手劇団員。個性あふれる才能の宝庫だね。もっと二〇代の新人が入ってきてほしい。すぐ舞台に出してあげます。とにかく場数踏ませて現場体験すると役者は良くなるものです。戌井昭人★36（小説家）『どんぶりの底』『だいこん』、しりあがり寿★37（漫画家）『オケハザマ』『ヒme呼』といったジャンルを超えた作家との協働作業も同時に始めた。流山児★事務所は何でもアリ！なんだから。文学、漫画。ぼくの中でジャンルなんてどうでもいいんだ。演劇は何をやってもいい。そういった意味では高取英の暗黒の少女宝塚あり、サブカル、エロ。二〇一八年の『オケハザマ』はぼくが演出したが、やっぱり演出は天野天街（少年王者館）がイイ！と思い直し、二〇二一年の『ヒme呼』は天野に演出してもらった。俺も出たいし。ジャンル

★24 **今村昌平《いまむらしょうへい》** 一九二六―二〇〇六。映画監督・脚本家。松竹、日活を経て独立。『にっぽん昆虫記』（63）や『赤い殺意』（64）で評価され、その後『楢山節考』（83）、『うなぎ』（97）で二度のカンヌ映画祭パルムドールを受賞。日本映画学校を設立したことでも知られる。

★25 **諏訪創《すわそう》** 一九八三―。俳優。二〇〇六年に流山児★事務所へ入団。

★26 **武田智弘《たけだともひろ》** 一九八一―。俳優。二〇〇六年に流山児★事務所へ入団。

★27 **鈴木麻理《すずきまり》** 女優。二〇〇八年に流山児★事務所へ入団。

★28 **山丸莉菜《やまるりな》** 一九九〇―。女優。二〇一〇年に流山児★事務所へ入団。

★29 **山下直哉《やましたなおや》** 一九八二―。俳優。二〇〇八年に流

を超えたコラボレーション。それがぼくらの「現代のアングラ」だと思う。

西堂　ジャンルをすべて取っ払って面白いことのみを追求する？

流山児　そうじゃなければ意味がない。

西堂　それがある種の演劇の原風景かな？

流山児　そうだね。ぼくのガキの頃は大衆演劇が町の中に棲みついていて庶民のカラダの中に芸能があった。敏子姉ちゃんがお盆になると白塗りして『勧進帳』やったんだから。県境の四山神社の「虚空蔵《こくんぞ》さん」で龍踊がある風景ね。田舎の風景はいろいろあるけど異文化やアジアがぐしゃっと混在していた。これ、中国じゃない？　台湾じゃない？　そこが九州の面白さかな。五島や対馬に行ったときに思ったよ。そこには韓国、中国との交流の痕跡が色濃く残っている。島は全然違うんだよ。沖縄もそう。そういうのが面白い。

西堂　土着のものが積み重なって年輪になっている感じ？　それは都市文化とは違ったものがある。

流山児　それ貴重なんじゃないかな。小さなお祭りにバラバラのもの。一色じゃないのが面白い。ごった煮、ちゃんぽんだよ。

西堂　さっき、大きな祭りじゃなくて「小さな祭り」をやりたいと仰ってたけど、その小さな祭りの中に非常にローカルな面白いものがある。そういうところに演劇はもう一回行くべきだと？

流山児　そうだと思う。もうこれ以上大きなところに戻れないし、国は縮んで小さくなって

山児★事務所へ入団。

★30……**荒木理恵《あらきりえ》**　一九八三―。女優。二〇〇九年に流山児★事務所へ入団。

★31……**五島三四郎《ごとうさんしろう》**　一九八八―。俳優。二〇一二年に流山児★事務所へ入団。

★32……**竹本優希《たけもとゆうき》**　女優。二〇一五年に流山児★事務所へ入団。

★33……**春《はる》はるか**　女優。二〇一九年に流山児★事務所へ入団。

★34……**橋口佳奈《はしぐちかな》**　女優。二〇一五年に流山児★事務所へ入団。

★35……**本間隆斗《ほんまりゅうと》**　俳優。二〇二〇年に流山児★事務所へ入団。

いく。小さくなっていいんだよ。ゆっくり愉しく滅びるなら滅びていい。滅びることへの「矜持と快感」をもったほうがいい。江戸文化の最たるものが老人だよ。葛飾北斎[★38]も鶴屋南北もそう。七〇歳の時、鶴屋南北は『東海道四谷怪談』を書いた。あのエロチシズムは凄い。日本文化っていいじゃん？ 谷崎潤一郎[★39]の『陰影礼讃』だね。自然と一体化した四季折々の風情の中でものあわれを感じ入りながら夏目漱石のように朝の排便ができたらイイね、なんちゃって（笑）。せめて「正直で親切で」って素敵じゃん。ぼくはいつまでも生臭ジジイで「憎まれっ子世に憚る」と思う。

西堂　アングラの初期って若い感覚、若者から始まって、そこから五〇年経って、アングラ自体が年輪を重ねた。一生終えつつ、最後の侘び寂びの世界に近づきつつあるのかな。

流山児　侘び寂び？じゃない。太宰[★40]でなく安吾でいきたいんだよ。『風博士』のスラップスティック。『風博士』『桜の木の満開の下で』。コロナ禍リーディングで坂口安吾[★41]を読み直した。安吾が「自由」と「自由を奪おうとするモノ」に対する命懸けの闘いのナンセンス。このナンセンス＝わけのわからんものがいい。わけのわからんものをどれだけやれるか。そろそろ脳みそ腐って「ロンリのチカラ」が喪失していく中でのスラップスティック。『帝国月光写真館』で高取英を読み直してアイツの青いロマンチックな「かくめいい」に嫉妬して歯噛みしている七四歳のオレがいるんだよ。

★36……戌井昭人《いぬいあきと》
一九七一―。俳優・劇作家・演出家・小説家。大学卒業後、文学座付属研究所を経て、「鉄割アルバトロスケット」を結成。小説家としても活動し、『まずいスープ』、『のろい男 俳優・亀岡拓次』などの著作がある。

★37……しりあがり寿《ことぶき》
一九五八―。漫画家。大学卒業後、キリンビールに入社。一九八五年、『エレキな春』で漫画家デビュー。代表作に『真夜中の弥次さん喜多さん』、『流星課長』など。

★38……葛飾北斎《かつしかほくさい》
一七六〇―一八四九。江戸時代後期の画家。『富嶽三十六景』や『北斎漫画』で知られる。ゴッホをはじめ海外の芸術家にも大きな影響を与えた。

★39……谷崎潤一郎《たにざきじゅんいちろう》
一八八六―一九六五。小説家。耽美主義の作家として知られる。代表作に『細雪』、『刺青』、『痴人の愛』他、多数。

最後に

西堂　これまで六回にわたって流山児さんと話してて思ったのは、非常に受け入れる間口が広いことですね。

流山児　それでいいんじゃないのかな？　おれって「いない」んだから。

西堂　なんでも受け入れる雑食性というか。それと、なんでも面白がる感性は若々しいと思いました。

流山児　演出家の現場ってそうだよ。演劇現場には、振付、音楽、美術、照明、制作も役者もいる。みんなアーティストなんだよ。でも「みんな違う」、それこそ年齢も性別もキャリアも全然違う違う事を前提にしてとにかく対話し議論し情報を共有し一つの演劇作品を協働して創り上げるコラボレーション、それが演劇行為。お互いリスペクトしあいコラボしていく根本《ねもと》に「いる」演出家・プロデューサーの資質が問われているんだよ。演出家が「世界」を創造するなんて思ったらそれこそ傲慢だし大間違いなんだ。「世界」はいろんな風にあって「世界」はいろんな風に「なる」んだよ。だから「世界」と集団で遊ぶ。そこに観客＝他者を集める。

西堂　演出家って共同の場を作るということですね。そこに人を呼び込む。

流山児　そうだね。

西堂　一緒にクリエイティブな関係を作っていく。それはアングラの初期のときに集団として始まったものとある意味で同じことだと思う。ずっと繰り返しているんじゃないかな。

★40　**太宰治**《だざいおさむ》
一九〇九—一九四八。小説家。無頼派、新戯作派の作家とされる。代表作に『走れメロス』、『人間失格』、『斜陽』など。

★41　**坂口安吾**《さかぐちあんご》
一九〇六—一九五五。小説家、随筆家。戦前の『風博士』で注目され、終戦直後に発表した『堕落論』、『白痴』で人気作家となる。他にも『桜の森の満開の下』、『不連続殺人事件』などがある。群馬県桐生市の自宅で倒れ脳出血のため死亡。

『帝国月光写真館』（二〇一一）

流山児　「集団のドラマ」じゃないと面白くないんだよ。だって個人の話なんてどーでもいい。何度も言うけどぼくは「いない」んだから。それに「世界が壊れて」もうどうしようもないという「現実」の前でも「誰もみたことのないモノ」を創るのが芝居者の仕事なんだから。それをやる。それにしてもあっという間の五〇年だね、こうして喋ってみると。

西堂　そこら辺が現在のたどり着いた心境にしておきましょう。どうも長い間、お疲れ様でした。

第二部

西堂　これから第二部を始めたいと思います。今回お招きした演出家はいずれも流山児さんと関係の深い方たちで、彼の仕事を外からどう見ていたのか、実際に共同作業をしての感想などをお聞きしたいと思います。これから登壇される三人をご紹介します。まずシライケイタさん。温泉ドラゴンの作、演出、俳優をされています。次に詩森ろばさん。詩森さんはserial numberという劇団の主宰で、作・演出家です。以前は風琴工房という劇団をやられていました。最後に演出家の西沢栄治さん。先ほど名前も出てきましたが、流山児さんから佐藤信の世界を継承して欲しいというメッセージが託されました。

西沢　流しの演出家です。

流山児　九〇年代によく佐藤信が言ってた言葉が「僕は流しの演出家だから」。

1　三つの課題――客演出、三・一一以後、継承と超克

西堂　今日は三つくらいのテーマに絞ってお話をうかがいたいと思います。一つはこの一〇年間くらいの間、流山児★事務所で客演出をされて、その具体的な作業と、実際に演出してみてどういうことを考えたのかということ。二つ目は、二〇一一年以降、演劇

でどう対応されてきたのかということ。最後は現代演劇の今後をどう考えておられるのか。継承とか、超克も含めてです。その三つをお一人ずつにうかがっていこうかと思います。ではシライさんからお願いできますか。

流山児　（シライに）ケイタは、最初は役者で出ていた。『静かなうた』（北村真実演出、二〇〇五年）ノンバーバルのダンス劇だった。

シライ　そうなんです。二〇一一年から今までの話を先にしてもいいですか？

西堂　どうぞ。

シライ　僕が演出家になったのは二〇一一年なんですね。二〇一一年二月、震災の直前に温泉ドラゴンで『birth』を作・演出したのが最初の演出家としての仕事です。実はその時の制作は詩森さんでした。温泉ドラゴン初期の広報、制作を担当していただきました。当時僕は、まだ劇団員ではなかったんです。震災の年から僕は演劇を創り始めたので、複雑なんですね。皆とちょっと違うのかな。個人的な話をするならば、当時三六歳でそれまで俳優しかやってこなくて、俳優時代に流山児★事務所にお世話になっています。はるか昔、二〇年以上前かな。身も蓋もない言い方をすれば、俳優としてやっていくことに限界を感じて流山児★事務所出身の筑波竜一と阪本篤と僕で温泉ドラゴンを始めました。なので二〇一一年以降の演劇の捉え方ということと同時に、日本の状況とか震災とかよりも、僕は自分の人生をどうやって生きていこうかということが先にあったんです。結婚もして、子供もいまして、震災の時は二人目の子供が奥さんのお腹の中にいました。つまりその子たちをどうやって守っていけばいいのか。僕は今でも覚えていますけど、東中野の友人の家にいて地震を経験した。その時に、妊婦の奥さんが三歳になる長女を連れて恵比寿にダンスのレッスンをしに行っていました。迎えに行くのに歩いて四時間かかったんですけど、震災の記憶とか、東北、福島のことよりも先に、きわめて個人的な、家族をどう守るかということからあの二〇一一年はスタートしているので、震災と演劇ということが僕はパッと結びつかないんです。なのでこういうテーマでお話をすることに僕は後ろめたさと申し訳なさを感じます。自分のことが先にきちゃうので。ここで話すのが相応しいのかどうかということもあるんですけど、そういう状態で劇作家なり演出家なりをしたことになります。そんな中で流山児さんに呼んでもらった。本当に自分の人生をどう生きるか精一杯のところからバーッと世界が広がっていったのが流山児さんとの出会いだった。自分の意思とはある意味、関係のないところで、自分が人と出会うきっかけになった。僕は自分のことで精一杯なのに怖い先輩たちが「こっちに来い」、「これをやれ」って僕の出会いを広げてくれた。何とか一所懸命追いかけて、追いつこう。その期待に応えたい。出会わせてくれた人たちと何とかいい形で人生を歩んでいきたい。それを追い続けてきた一〇年間だった。なので、世界を描いているとか社会派とか言われはじめて、すごく僕は戸惑った。だって自分のことで精一杯だったんですから。シライは外側を描いている、世の中を描いているなんて言われて、そのことにがんじがらめになった。そういうことを描かないといけないのか、演劇は社会を描かないといけないのかと。僕は社会を見ることから演劇をスタートしてない。俳優からスタートしているので、自分の身体をどう表現するか、自分の身体をどうコントロールするかからスタートしているので、この一〇年は逆側から演劇を考えるようになったという感覚です。なので、流山児さんには大変感謝していますし、何とか世の中を追いかけて、欠片でも舞台空間に出現できないかなと思ってやってきたのが実感ですね。

西堂　流山児★事務所で手掛けられた作品に関して、お話しいただけますか。

シライ　最初は、パク・グニョンさんの『代代孫孫』です。韓国の何十年に渡る歴史について書かれた作品です。二〇一五年に韓国と出会ったばかりの僕としては、この題材はどうだと提案されて、かなり荷が重く僕にはわからないところが多すぎた。僕にわからないもの作っても観てる人はもっとわからないんじゃないかと思って、それでせめて僕がわかるやり方にできないかと考えて、日本と韓国を入れ替えるという風に書き直したんですね。パク・グニョンさんもいいと言ってくれました。つまり、韓国に日本が侵略されていた。そして三八度線というとちょうど福島辺りなんですけど、日本が南北に分断されているという風に置き換えて考えてみたら、僕にもわかるし、日本の僕の仲間たちにもお客さんにもわかりやすいんじゃないか。そういう発想でやりました。凄く批判もありましたけど、批判があるということは、凄く議論されているということで、そういう意味で僕の意思とは裏腹に「シライは社会派だ」（笑）。シライの物の見方は独特の切り口で面白いとか、ある意味でどんどん評価して頂くようになり、どんどんやりづらくなってきました（笑）。その次が『ＳＣＲＡＰ』か。

流山児　二〇一七年一月『メカニズム作戦』（宮本研作、流山児祥演出）に出演してもらって七月の『ＳＣＲＡＰ』では作家と役者。Space 早稲田で上演した。

『メカニズム作戦』（二〇一七）

シライ 書かせて頂いて出演しました。日澤雄介君の演出で。これも最初、僕は書くものが何もなくてできませんって泣き言を言って、『夜を賭けて』をやりましょうと言ったんです。梁石日《ヤン・ソギル》さんの小説で金守珍★42さんが映画にもしてますけど、山本太郎★43さんの主演で。あれを舞台化しませんか、あれだったらできそうな気がすると言って、いいよとなったんですけど、これは助成金の関係でオリジナルじゃないと金が出ないんです。それで「オリジナルを書け」と急に言われて。『SCRAP』の舞台になっているアパッチ族を題材にオリジナル作品を書きました。結果的に『夜を賭けて』と同じ題材になりましたが、やらせてもらえてよかったです。あれはとてつもない体験でした。自分が在日朝鮮人のことを書いて、それを演じる時、ここまで自分の書いた言葉が喋れないものか、できないものかと（笑）。作家が書いた言葉は俳優にとってこんなに遠いんだ。自分が書いててそう思うんだから、書いてない人はもっと遠いんだろうなと。大いに反省して、それから俳優との付き合い方を見直すきっかけになりました。僕にとっても好きな作品であるので、温泉ドラゴンでもやりたいと流山児さんにお願いして、二〇二〇年にやる予定だったけど、初日の前の日にコロナのために上演中止になりました。次の『満州戦線』もパク・グニョンさんの作品でこれもまた一から勉強しないといけない。いろんな先輩から話は聞くけども、満州というのは得体のしれないもやもやしたよくわからないものでした。一体満州って何なんだ。調べても調べてもわからないんです。誰に聞いてもよくわからないんです。つまりよくわからないことをお芝居を通じて分かろうとしてきた。そういうことかなと率直に思います。点と点を繋いでようやく少し線が見えて

★42……………金守珍《キム・スジン》
一九五四―。演出家・映画監督。蜷川スタジオ、状況劇場を経て、一九八七年に劇団新宿梁山泊を旗揚げ。二〇〇一年には日韓合作映画『夜を賭けて』で映画監督デビュー。

★43……………山本太郎《やまもとたろう》
一九七四―。俳優・政治家。タレントとしてバラエティー番組に出演するほか、映画『バトル・ロワイアル』(00)、NHK大河ドラマ『新選組！』(04)に出演。二〇一三年に参議院選挙に立候補し当選。二〇一九年、政治団体「れいわ新選組」を設立。

きたなと、韓国に関しては。最後は『客たち』。あれはコ・ヨノクさんの作品の演出で。これも凄く難しい作品で俳優さんたちに助けられました。

流山児　ケイタと始める前は、鐘下辰男に久しぶりに新作を書いてもらったんだよ。それが二〇一五年の『新・殺人狂時代』。日澤雄介が演出した。ここからどんどん派生していく。鐘下とはケイタは一緒にやってたよね？

シライ　俳優として。

流山児　一九九〇年代、二〇〇〇年代にかけてずっと鐘下作品をやってたから、ぼくの演出ではなく次世代が創る鐘下作品にしようと思ったんだ。役者も流山児★事務所に加えて、岡本篤[★44]（劇団チョコレートケーキ）、浅井伸治[★45]（劇団チョコレートケーキ）、西條義将[★46]（モダンスイマーズ）、シライケイタ（温泉ドラゴン）、伊原農[★47]（ハイリンド）、佐野陽一[★48]（サスペンデッズ）、日下部そうといった新しいメンバーだった

シライ　流山児さんがさっき二〇一一年の中津留さんの芝居観たかと聞かれましたが、その頃は知り合いでもなくて、観てませんでした。二〇一〇年、二〇一一年って僕は同年代の創り手にまったく会う機会もなかったし、興味もなかったですね。同年代の書き手が何書いているかとか、演出家がどうしてそれを創ってるとかはあまり俳優にとっては関係なくて、それよりも自分がいかにキャリア積んでいくかとか、どうやって演技していくかのほうが大事なんです。

流山児　じゃあ、その後か。

シライ　知り合ったのはその後です。二〇一三年から一四年にかけてワーッと知り合っていく。

★44……**岡本篤**《おかもとあつし》
一九七九―。俳優。二〇〇二年に劇団チョコレートケーキに参加。

★45……**浅井伸治**《あさいしんじ》
一九八〇―。俳優。二〇〇二年に劇団チョコレートケーキに参加。

★46……**西條義将**《にしじょうよしまさ》
一九七四―。俳優。一九九九年、蓬莱竜太らと劇団モダンスイマーズを旗揚げ。主宰を務める。

★47……**伊原農**《いはらみのり》
一九七四―。俳優。二〇〇五年に、ユニット「ハイリンド」結成。

★48……**佐野陽一**《さのよういち》
一九七一―。俳優。円・演劇研究所卒業後、二〇〇五年に早船聡らと「サスペンデッズ」を結成。

2　身体性と劇団力

西堂　次に詩森さんに同じ質問で、流山児★事務所との関わりや、二〇一一年以降でもし何かコメントあればお願いします。

詩森　もともとうちの劇団員に元流山児★事務所の人がいた時期があって、

流山児　浅倉洋介。★49

詩森　そうです。その縁で流山児★事務所の方に客演して頂いていたんです。それで流山児さんが観に来てくれました。

流山児　栗原茂が客演していたから風琴工房はマメに観ていた。それで、オファーしたんだよね（笑）。

詩森　震災が大きかったんだと思いますが、私の作風が少し変わってきていたんですね。ストレートプレイをやっていましたが、もともと私は出がアングラなので、変わってきたんです。もう同じようなことをしたくない。それを流山児さんが観てくれた。凄いなと思ったのは、劇団員から流山児さんが電話番号教えてくれと言ってるけどいいかと聞かれて、「はい、いいですよ」と答えた次の瞬間に流山児さんから電話かかってきた（笑）。この行動力は噂には聞いていたけど。「うちは初めての方に作・演出はやらせないんだ」と言われて、ああ、そうなんだと。「でも作・演出をやらせるから」と言われ

★49……………………**浅倉洋介**《あさくらようすけ》
一九七八―。俳優。流山児★事務所、風琴工房を経て、フリーとして活動。

ました。私のほうから、ずっと書きたかったけど自分のカンパニーでは出来ない作品がいくつもあった。それはたぶん、身体性が凄く必要になってくるものなのです。ずっと沖縄のヤクザの話が書きたいと思っていて、それでどうですかと言ったら、「それはいいね」という話になって、書かせて頂いたのが『OKINAWA 1972』。たくさんのお客様から、詩森ろばが流山児★事務所で大丈夫なのかというのがあったでしょうけど、流山児さんは「全然好きにやりなさい」という感じだったので。だから幕が開けてお客様に喜んで頂いて、毎日毎日満席で。あれはSpace早稲田のその当時の、

流山児　二〇ステージで一四〇〇人近くの観客が詰めかけた。Space早稲田、最高動員記録の大ヒット。おまけに三九年ぶりに娘まで観に来た思い出深い作品です。

詩森　大ヒットと言ってもどんなに頑張っても七〇、八〇人しか入れない（笑）。自分のカンパニーは自分が女性だということを知っている人のほうが多いわけですけど、流山児さんのお客様は詩森ろばという謎の名前の人が男性か女性かも分からない。でもヤクザの話で、殺陣あり、アクションありで、本当に好き放題やらせてもらった。それで最後に流山児さんが「作・演出　詩森ろば」って言って私が一番後ろで立ち上がると、うわって（笑）。私もすごく楽しかった。自分が劇団みたいなものにどこかで憧れているんだけど、劇団力がないんですよ。人間としての劇団力があまりない。ただ、劇団というものが好きで、自分のカンパニーを持ってたんですけど、人を育てたり、一緒にやるというのはちょっと違っていて。でも流山児★事務所というのは圧倒的な劇団力がある。やはり責任を流山児さんが取るというのがはっきりしているので、私はただその懐の中

『OKINAWA 1972』（二〇一六）

で遊んでいればいいという感じでした。こんな楽しい劇団、この世にあるのかなと思った。そうやってのびのびやらせてもらったものは、作品としても成長していくんだなと。私にとっては、その年で一番楽しかったことでした。一回目はやらせてみるかですけど、二回目は一回目の成果がなかったら呼んでもらえない。また『OKINAWA』の第二弾をいつかやりたいと思ってるんですけど。沖縄の大衆演劇。

流山児　それずっと言ってるね。沖縄の大衆演劇の話をやりたいって。

詩森　資料もほとんどなくて、それが面白いので書きたいなと思っています。私はどうしてもやりたいことがありますと言ってやらせてもらったのが、『コタン虐殺』。コロナがまだ対岸の火事だったときに、やらせていただいた。自分が東北出身なのでアイヌ問題というのは小さい頃から身近な問題でした。それも身体がないと説得力がない。たぶん『OKINAWA』のときに、流山児さんは次はアイヌだよと言われたことも心の中にあった。私のルーツともいうべき作品。私は修学旅行の時に北海道に行って、たぶん凄く変わった高校生だったと思うんです。みんなが普通の修学旅行しているときに、アイヌの文化を見学に行って、そこで歌や踊りを見て素晴らしいと思ったんです。それで調べたら深い差別の歴史があったということを知った。水俣を知ったこととアイヌを知ったことが自分の人生の問題意識の始まりみたいなところがあった。それをやれるんだったらやらせてもらいたいということでやりました。お蔭様で評価を頂いたりして、私にとってはいい関係を獲得した。ここに呼んでもらって安心しました（笑）。

西堂　ありがとうございました。『コタン虐殺』は本当にインパクトありましたね。この

『コタン虐殺』（二〇二〇）

『コタン虐殺』チラシ（二〇二〇）

頃作風が変わったというのは、どんな感じなのでしょうか。

詩森　二〇〇一年の九・一一のテロの時、それまで書いていたアングラのようなものはもう書けないと思ったんです。リアルな題材じゃないともう書きたくない。もともと社会的な問題は扱っていたし、比喩をああいう作品世界でやるのは合っていたんですが、本当に書きたくなくなってしまった。それで初めて書いたのが歴史悲劇です。朝鮮の人が樺太で強制労働させられ、ソ連が終戦と同時に侵攻してくるので、日本人は帰って来られたのに、南朝鮮の人は日本人として行ったのに残されてしまったという歴史的な悲劇です。もともと私の作風じゃないと思って、興味はあったので調べてみただけで、演劇にするつもりはなかったんですが、それを書こうと思ったのが二〇〇一年。そこから具体的なものをちゃんと調べて書くような方向にどんどん自分の思考が変わっていった。それで二〇一一年に震災が起こった時に、どんな難しい題材でも、難しかったけど良かったね、じゃなくて、人にシェアして一緒に考えて、そのためにどんな手段を使ってもいいと思いはじめたのが二〇一一年の震災。みんな心も疲れているし、コロナもそうだけど。興味があるテーマは変わらないんですけど、もっともっと演劇的な手法を使って楽しんで頂けるんじゃないかと考え出した。好きな手法を使いつつの付加価値を与えるという感じで変わっていったんだと思います。

西堂　映画『新聞記者』の脚本を書かれていますね。あれも衝撃的でした。

詩森　あれは完全に頂いた題材なので。

西堂　でも実際の望月衣塑子さんの原作をかなり踏み越えて書いてますね。むしろフィク

★50…………**宮田慶子**《みやたけいこ》　一九五七—。演出家。劇団青年座所

ション性が高くて。

詩森　私が入った時にはもうけっこう原作からは離れてたんです。それでも官僚と新聞記者という自分にとっては得意なジャンルの題材だったので、それなら書けるんじゃないかなと思って引き受けました。

3　最下層を描く

西堂　では次は流しの西沢さん（笑）。まず流山児さんとの関わりからお願いします。

西沢　僕が二〇〇三年、第三回目の日本演出者協会の若手演出家コンクールに出場して、その時に最優秀賞頂いたんですけど、その時に流山児さんは俺に入れてくれなかったんです（笑）。流山児さんと宮田慶子★50は俺に入れなかった！　それは一生覚えてるから。流山児さんのところに呼ばれたのは「アングラ演劇を読む」という企画で、この前の年のリーディングです。僕と小林七緒さんと御笠ノ忠次と佐野バビ市。

流山児　ゲンさん（山元清多）の処女作『海賊』を西沢くんがリーディング演出した。『海賊』は劇団六月劇場が一九六九年紀伊國屋ホールで上演した。佐伯隆幸演出、草野大悟★51、岸田森★52、樹木希林★53らの出演、スタッフに若き松田優作もいた。最下層の若い労働者たちの社会への鬱屈した反抗を描く青春劇。腹巻ステテコの岸田の競馬中継よろしくの絶叫から始まり、最後は主人公・草野の「おさらばだよ！　おれぁいくぜーっ！　お前らな

属。青年座のほか商業演劇でも多くの作品の演出を手掛ける。二〇一〇年から一八年まで新国立劇場演劇部門の芸術監督を務めた。

★51……草野大悟《くさのだいご》
一九三九―一九九一。俳優。文学座を退座して、一九六七年に「六月劇場」に参加。岡本喜八、新藤兼人監督の映画に多く出演。

★52……岸田森《きしだしん》
一九三九―一九八二。俳優。一九六六年に文学座を退座して。悠木千帆（後の樹木希林）らと「六月劇場」を結成。『怪奇大作戦』など円谷プロの作品に多く出演した。

★53……樹木希林《きききりん》
一九四三―二〇一八。女優。一九六一年に文学座付属演劇研究所に入り、悠木千帆の芸名でデビュー。俳優の岸田森と結婚して、一九六六年に夫らと「六月劇場」を結成。岸田と離婚後はミュージシャンの内田裕也と再婚。CMへの出演、テレビドラマ、映画の名脇役として長年に渡り活躍した。

あ、早く手前の夢なんてもんとオサラバするんだーっ！」と、絶叫する中、防火シャッターが轟音を上げて降りてきた。『都会のジャングル』（ブレヒト作）の日本版と呼ぶべきぼくにとって「もう一つ」のアングラ演劇の原点。

西沢　あと佐藤信の『阿部定の犬』。昔から読んで知っていたんですけど、なんだかよくわからない本で。ただただ斎藤晴彦の写真が強烈で。なんだかよくわからないけど、かっこいいなと。これやらせてくださいと言ったのがSpace早稲田での初登場でした。それから『鼠小僧治郎吉』とか『マクベス』で一応脚本、構成ということで劇に関わらせてもらいました。『マクベス』のときは構成台本を書き、初日顔合わせで読み合わせしてから僕が忙しくなって、顔を出せなかったらすっごく怒られて。でもけっこう流山児★事務所でやらせてもらえてると思ったら一回しかやってなかったですね。

流山児　何言ってんだ、三本もやってるじゃないか！　私の企画プロデュース、おまけに出演で流山児★事務所じゃなくて劇団協議会だけどね。『ブランキ殺し上海の春』をあんな風にやるなんてびっくりした。

西沢　三作品とも流山児さんに出てもらっています。流山児さんは役者で出てもらった時には謙虚な俳優さんです。けっこう真面目なんだなあ、ちゃんとテキストに向かい合って。

詩森　私も二回出てもらいました。

西沢　どうでしたか。

詩森　真面目でした。

西沢栄治（二〇一七）

『阿部定の犬』（二〇一四）

流山児　西沢君はモブ（集団）シーン、得意だよね。

西沢　普段ホンを書かないで演出するので。信さんのホンなんて誰もめんどくさくてやらないじゃないですか。難しいというか、難しいと言うとつまらなくなっちゃうけど。

流山児　実は全然難しくないんだ。ぼく、役者やってみて思ったけど。この前も話したけど（「Ⅲ　小劇場の変質」を参照）、信さんが性的に成長していく過程を描いてるんじゃないかと（笑）。そういう見方ができるのは三本、役者やることでわかってくる。一人の劇作家が性的に成長していく。当時はピストルが男根だというのはなかなかわからない。西沢君と天野天街に信さんの作品をやってもらって、二人の視点がまったく違って面白かった。ここにいる三人の演出家に共通しているのは現場で作っていくこと。現場を信頼して預けられる演出家。

西沢　詩森さんもさっき仰ってたけど、めんどうくさくてごっつい戯曲はどこでもやれるわけじゃなくて、仲間内ではやれない。流山児★事務所にいるノイジーで癖のある俳優じゃないと創れない。

詩森　私も二回目のキャバレーのときは、自分の劇団では絶対やれない。水商売のシーンなんかは嘘がわかっちゃうんですね。そうすると嫌になっちゃうから自分のところではやれない。でも流山児★事務所でやるとキャバレーになるんですよね。

流山児　それすごく大切だよね。庶民の目線というか、最下層の虐げられたニンゲンたちのドラマを三人ともやってる。人間の存在を骨太に三人とも捉えている。ココにいる三人は熱い演劇志を持っているとぼくは思ってる。つまりどこに演劇があって、誰に伝える

『ブランキ殺し』上海の春（二〇一七）

『ブランキ殺し上海の春』（二〇一七）

のか。それを三人とも知ってるんだよ『雨の夏、三十人のジュリエットが還ってきた』を観て、西沢は清水さんのような「ザ・演劇」が好きなんだとつくづく思った。根っからの演劇青年。

西堂　西沢さんは流山児さんに言われて佐藤信を選んだ感じなんですか？

西沢　これ言っていいのかわからないけど、流山児さんがコピーをどんと投げて、お前この中から選べって。その中に信さんのは入ってなかった。僕はどれを読んでもピンと来なくて。で、自分で持ってきたのが佐藤信でした。斎藤晴彦の写真の印象もあったので。どこかでこれをやりたいなと。

流山児『阿部定の犬』一本で本当は終わる予定だった。でも面白かったから続けてやろうぜということになった。

4　演劇の原風景

西堂　七〇年代までの戯曲って当然劇団で創っているわけで、相当な集団のパワーがないとできない。そういう感触は三人ともぱっと見でわかるんですね。そういう意味で、詩森さんの言葉で言うと、流山児★事務所の「劇団力」、そういうものがあったからこそこういう作品を手掛けられる。これは重要なことじゃないか。

詩森　劇団力がある劇団は他にもあると思うんですけど、流山児さんはやっぱり信頼性ですね。それは私にとっては大きいし、ここでしか出来ないものがけっこうあります。私は（他の二人より）ちょっと上の世代だから、本当のアングラ、まだ凄かったアングラの最後を観ています。第七病棟も観てるし、黒テントも中学生くらいかな。ここにいたら触れるんじゃないかと思うくらいのいかがわしさを見ていた世代なんですね。だからおいそれと手が出せない。嘘を見られた時の自分が分かるから。そこはあえて触らないというか。

西堂　その比較で言うと、シライさんは青年座にどっぷりですね（笑）。青年座どっぷりの人はとてもじゃないけど、怖くてやれないという対象だったんじゃないですか。

シライ　そうでもないんですよ。子供の頃よく母親に連れて行ってもらったのが青年座劇場だったんですが、少し遅れて唐さんの芝居を観てたんですね。これが不思議で、唐さんの脚本でよくドラマを創っていたＮＨＫの三枝健起[★54]というディレクターがいます。『安寿子の靴』という大鶴義丹[★55]さんのデビュー作で、その相手役をやった泉リリセちゃんという小さい女の子、これはもう時効だから言っていいと思うんですが、三枝健起さんの娘さんだったんですね。その子は僕の弟の同級生で、それで何だかよく分からないけど、唐さんの出る芝居に連れて行ってもらって、何だかよく分からないけど観ていた記憶がありますね。

詩森　さっき私が制作をやっていたという話がありましたが、経緯があって、劇団員だった浅倉洋介君は阪本篤の先輩なのね。それで旗揚げをやったときにそれが滅茶苦茶面白かった。珍しい演出で、アングラでしたよ。新劇じゃなかった。それであんなに面白い

★54……三枝健起《さえぐさけんき》
一九四五―。テレビドラマディレクター、映画監督。唐十郎脚本のテレビドラマ『安寿子の靴』（84）でテレビ大賞新人賞、放送文化基金賞を受賞。映画作品としては『オリヲン座からの招待状』（07）などがある。

★55……大鶴義丹《おおつるぎたん》
一九六八―。俳優・小説家。父は劇作家・演出家の唐十郎、母は女優・李麗仙。俳優としてデビュー後、小説『スプラッシュ』（90）ですばる文学賞を受賞。テレビドラマ、バラエティ番組でも活躍。

のにまったく宣伝とかできてないのはどうなのかなと思っていたら、制作をやってくださいと。

シライ　詩森さんは面白かったと言ってくださったけど、流山児さんは「クソつまんねえな、お前ら」と、ボロクソに怒られましたよ。二時間くらい正座させられて（笑）。何てことしてくれたんだ、うちの劇団員を返せと。俺が誘ったわけでもないのに（笑）。

詩森　温泉ドラゴンは上手い役者さんがやるじゃない？　そうすると流山児さんだけじゃなくていろんな人が来て、いろんな説教をして帰っていく、それがちょっと（笑）。

シライ　こんな下らねえことをやらすために劇団員渡したわけじゃねえと。

詩森　私は面白かったんだけど（笑）。

西堂　やっぱりそういう最下層から始めてきたんだね、シライケイタは。

シライ　それしかないですもん。僕が温泉ドラゴンに戯曲を書くようになったきっかけが、そこにいらっしゃる龍昇さんの清掃会社でバイトさせてもらったことです。温泉ドラゴン旗揚げの時のバイト帰りに、工事現場の荷揚げのバイトしに行くんだよと言ったら、「じゃあ掃除来る？」って（笑）言われて、荷揚げよりは楽かもなと思って誘ってもらった。帰りに新大久保の赤ちょうちんで、実は流山児★事務所を辞めて（阪本）篤と旗揚げするんだという話を聞いたのが最初ですね。串焼き一本九〇円、チューハイ一杯二〇〇円でね、最下層の人たちが飲みに来る飲み屋で温泉ドラゴンは始まったんです。ここから出たいんだ、ここから出たいんだ、とあいつらが（笑）。Space早稲田から出たい、あの地下から出たい、僕らは出るんだ、という奴らの思いをすくい上げて、じゃあ

『血は立ったまま眠っている』（二〇〇八）

一緒にやろう、ここじゃないどこかに行くんだ、と酔っぱらいながら始まったわけです。別に僕は最下層を上から見て書いたわけじゃなくて、僕が最下層だった。最下層という言い方は申し訳ないけど、たぶん僕は「ここじゃないどこかに行きたい」とずっと思ってたんですね。

西堂　最下層というのは比喩で、流山児さんのさっき言った「原風景」の世界ですね。人がごちゃごちゃいて、混沌としたエネルギーに満ちた。

流山児　そうだね。いつでもどんな時代になってもそういうものはあるわけで。でもそっちのほうが楽だぞ。面白いぞと。

西堂　そこを知っていると楽になるんだ。チューハイ一杯二〇〇円の世界。

流山児　蜷川さんにしても大変だったと思うよ。ジャニーズと付き合って何がしたかったんだろう。ぼくは現代人劇場や櫻社の方が好きなんだよ。だがそれは持続できなかった。でも唐さんがいたじゃない、やろうと思えばできたんだよ。唐さんがまだ現役で紅テント張っている以上、ぼくはSpace早稲田に棲む地下のモグラでイイと思う。トリスのハイボールでいいし。水族館劇場をこの一〇年近くマメに観てるんだけど、あの芝居の作り方はオモシロい。水族館劇場は一回潰れて、また再開して、花園神社から今では羽村市川崎の宗禅寺を本拠地にしてやっている。水族館のユニット「さすらい姉妹」に客演して「地べたの芝居」の持つ力を再認識した。演劇は何処でもできるというフツーの事を水族館劇場は教えてくれる。あれ、何で俺これを忘れてるんだと。そこを忘れると演劇は演劇でなくなる。さっき劇団力って言ったけど、どこでもやるぞと、うちの劇団員

『さすらい姉妹』（二〇一八）

は裏方もやるし制作もやるし全部やる。その集団があれば何でもできるんだ。

詩森　『コタン虐殺』も役者が公演ギリギリで体調を崩して昼の公演が飛んだんです。そしたら電話切った瞬間に言うだろうなと思ったけど「夜はやりましょう」と言われて、やりました。

流山児　お客さんが来る以上ぼくらはやらなきゃいけない。それはお金とかじゃなくて、それを選んでお客さんが来てくれる「劇集団」なんだから。

詩森　そこでやっていいのか悩まなくていいのが私は嬉しかった。私は絶対やるという選択肢だけど、いろんな気持ちの人がいるから。でも流山児さんが「夜はやるぞ」と言ったらやるというのが私は気持ちよかった。

流山児　完璧なものなんてできっこないわけだから。そこにいる、いま生きていることを見せるしかない。上手い下手なんかあるわけない。たまたま集まった芝居者たちが観客に何を見せられるのかだよ。

西堂　劇団力って言うと、シライケイタさんも去年『SCRAP』やろうとしたときに、やれないという人が出てきたので、結局止めたということがありましたね。

シライ　コロナでね。

西堂　例えば劇団だったら突っ込んでいくんじゃないかなと思ったんです。前日に制作から中止になったって電話がかかってきて、前々日までは僕は絶対こいつらはやるだろうと思ってたんだけど(笑)。

シライ　そうですね。だから劇団員だけの芝居だったら世の中にどれだけ反発されようが批

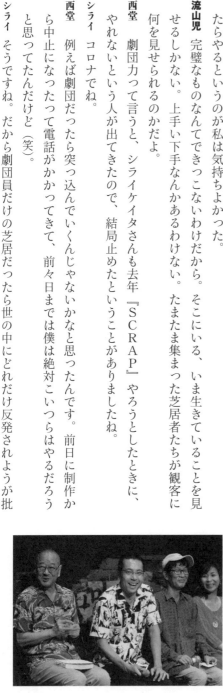

判されようがやったと思うんですね。

西堂　それが東京芸術劇場であろうとやったと思うんだよね。

シライ　こんな状況なのでやったところでお客さんは来ないし赤字は覚悟していたのでやったと思うんです。ただ客演さんの中から怖いという声があがったので、それはもう出来なかったですね。

5　劇団力と運動

西堂　劇団力って言葉がとても響いたので、話したら広がっていったんですけど。やっぱり小劇場運動みたいな「運動」という言葉と劇団力ってどこかでつながっていたんだと思うんです。そういう運動がだんだん希薄になってきて利益集団みたいになってくる。そうなったときに演劇自体が変質してきた。たぶん流山児さんはそれをずっと見てきた人だと思うんです。ずっと語ってきたのはほとんどそこだったと思うし。その中である種の寛容さを持ちながらどこまで踏みとどまれるかということをずっと計りながらやってきたんじゃないか。

流山児　若い子が思っている演劇とぼくが思っている演劇がまったく違ったりするのは当たり前のことなんだけど。とにかく集団に何故いたいんだと。二〇年、三〇年。短い人は一〇年。海外行くぞ、っていうと喜び勇んでついてくる。海外公演というのは撒餌《まきえさ》で

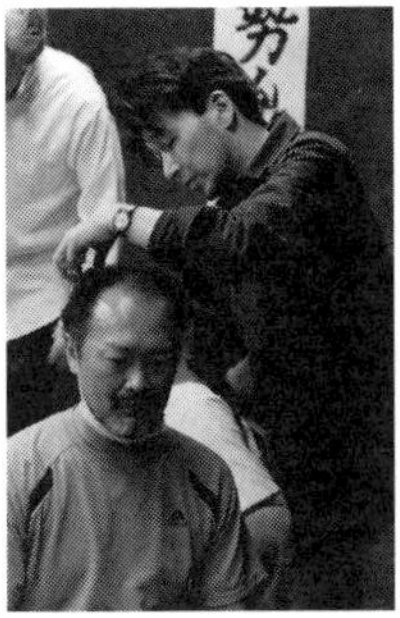

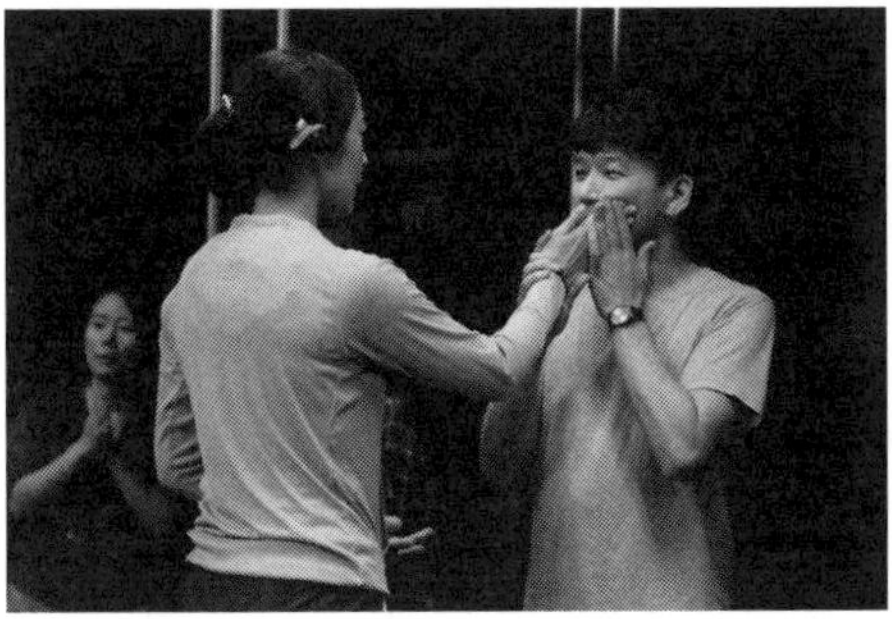

す（笑）。餌でいい。それに喰らいつく役者を増やすしかない。金にはならないけど面白い出会いがあるぞって。それを面白がれる奴。だって、一〇年前では思いもよらない人たちとぼくは会ってる。いろんな人とつながっていく。まさか自分が大学の先生になるなんて夢にも思ってなかった。でも付き合いで行っちゃおうと。演出者協会で若手演出家コンクールを作って皆でやったりするのも出会い。出会いを増やしていけば演劇だけじゃないいろんなジャンルの人と出会える。大きく広げなくてもいいんだよ。福島の演劇人だって何となく付き合って始まる。そういうところからしか始まらない。今テント観に行くとお客さんいっぱいだよね、三世代が同居して観てる。これは新しい演劇の風景だなと思う。これを何らかの形でつなげていければ面白いものがいっぱい出来るのにと思う。でもいいプロデューサーがいない。カネはないけど、ぼくはいいプロデューサーなんだけどね（笑）。

詩森　観客は自分の足でお芝居観に来る。有名になって賞獲り出して世に出始めると、いろんな人が来てくれて覚えてくださるけど、私が流山児★事務所でやったときには、自分のところ以外ではほとんどやったことのない劇作家だったし演出家だった。流山児さんがまず最初にやってくる（笑）。それで「はい、やります」と。

流山児　いいじゃない。でもさ、この一〇年間で作・演出やったのって、天野と詩森さんと瀬戸山さんだけなんですよ。新作書いたのが北村想と東憲司、佃典彦、鹿目由紀、中津留章仁、戌井昭人、鐘下辰男、シライケイタ、秋之桜子★56、佐藤茂紀。一〇人。毎年一本新作やってる。演出家は青木砂織、小林七緒、北村真実、村井雄、西沢栄治、中屋敷

★56……秋之桜子《あきのさくらこ》
一九六三―。脚本家。女優としては山像かおり名義で活動。文学座出身。二〇一〇年に『猿』で劇作家協会新人戯曲賞優秀賞受賞。二〇一二年には文学座の松本祐子・奥山美代子と演劇企画集団「西瓜糖」を旗揚げ。

法仁、鄭義信、日澤雄介、高橋正徳[★57]、シライケイタ。これも一〇人。原作は寺山修司、唐十郎、佐藤信、山元清多、三島由紀夫、宮本研、清水邦夫、岸田國士[★58]、河竹黙阿弥、シェイクスピア、パク・グニョン、コ・ヨノク、王禎和、ミヒャエル・エンデ[★59]、赤塚不二夫[★60]、高取英。

西沢　無茶苦茶だな。

流山児　無茶苦茶だよね。首尾一貫性などまったくない。これが俺の人生なんだと思う。この一〇年にみごとに凝縮しているね。蜷川さんはちゃんと系譜化、系列化できる。でも、ぼくは演劇はそうじゃないと思っている。演劇はコンビニで、スーパーマーケットでいい。庶民に気軽に大衆演劇を提供する。まるでコンビニのように。たぶん、こういうバカな奴はもう出てこないだろうね。それくらい演劇が小さくなって縮んでいる。風穴を開ける人間がこれからも生まれてほしいけど。少なくとも台湾には生まれくると俺は信じている。大きいことじゃなくて、小さいことでいいんだよ。でもプロデューサーがなかなかいない。大きいことにも小さいことにも付き合えるプロデューサーが。

西堂　そういう意味で流山児さんはプロデューサーとして風穴を開けたと思うし、媒介者というか、越境させるための背中押すことをやってきた人だなと改めて思いますね。

詩森　綿貫さんは劇団を持っているわけじゃなくて。

流山児　綿貫さんは演劇少女だから。サルトル好きなんだ。でも綿貫さんも案外バラバラだよ、作品観てると。

詩森　そうですね。私もご一緒させてもらってますけど、作品の出来に対して物凄くがめ

★57……**高橋正徳**《たかはしまさのり》
一九七八—。演出家。文学座所属。文学座で『ガラスの動物園』、『欲望という名の電車』などを演出する他、川村毅、鐘下辰男、佃典彦、東憲司、青木豪などの作品を上演。

★58……**岸田國士**《きしだくにお》
一八九〇—一九五四。劇作家。文学座創設者の一人。代表作に『紙風船』、『チロルの秋』、『牛山ホテル』など。その功績を称えて創設された「岸田國士戯曲賞」は新劇界の芥川賞と呼ばれる。

★59……**ミヒャエル・エンデ**
一九二九—一九九五。ドイツの児童文学作家。代表作に『モモ』、『はてしない物語』など。

★60……**赤塚不二夫**《あかつかふじお》
一九三五—二〇〇八。漫画家。一九五六年、『嵐をこえて』でデビュー。以後、『おそ松くん』、『天才バカボン』などの作品を発表しギャグマンガ界の巨匠となる。他にも『ひみつのアッコちゃん』、『もーれつア太郎』などの作品がある。

つい。それは凄く安心できます。この出来じゃ駄目だという人が後ろにいるということは素敵なことだと思います。

シライ 温泉ドラゴンがまだ観客が二〇人くらいしか来ないときに電話かかってきて、一緒にやらないかと。

流山児 凄いよね、綿貫さんという女傑は。今は作品に対して責任を持つプロデューサーがいないということだね、本物の。

シライ うるさいなと思うこともありますけど（笑）。だけどそれがないとどんどん小さくなりますね。言われるのが嫌な演出家もいますけどね。

詩森 プロデュースだからいろんな人が集められてその中でお前もっと行けと言われたら、行かざるを得ない。

シライ きつかったけどね。流山児さんはたまに稽古場に来て「あー、つまんねんな」って（笑）。どうすれば面白くなるんだろうと考えますよね。それも非常にきつかったけど。

西堂 距離の取り方ですね。

詩森 私は流山児さんに毎回出てもらうから、これはやりやすい。流山児さんは役があると夢中でそれをやるから。

西沢 出せばいいんだ（笑）。

流山児 そうだよ。

『最後から二番目の邪魔物』（二〇〇二）

ますか？

アングラって何？

西堂　「劇団力」という話から一つの演劇の継承の形が見えてきた気がする。それと「アングラ」という言葉が何回か飛び交ってきてるけど、西沢さんはアングラをどう考えてますか？

西沢　世代論じゃないですけど、かっこいいんですよ。

西堂　サブカルとかとは違うでしょ？

西沢　サブカルは嫌なんですよね。サブじゃ嫌です。メインカルチャーになりたいじゃないですか。真ん中に寄りたいんですよ。演劇が真ん中にいたい。面白いものがいっぱいある。僕はリレーだと思ってるから。面白いホンがいっぱいある。シェイクスピアも誰かが磨き直して表に出すからまた次の人がやるというところがある。そういうものを俺は今やってるんだなというのがありますね。それを面白がってくれる二〇代がなかなかいないんで。

西堂　佐藤信の昭和三部作なんて彼一人で書いているというよりは役者と共に書いている気がするんです。物凄い厚みがあって一人の想像力じゃとてもカバーできないくらい。じゃあ次の演出家が受け取った時に、同じような回路で受け取れるか。そこはけっこう継承する時の難しさじゃないかと思うんですけどね。

流山児　集団的想像力というのをどうするか。舞台の台本なんですよよ。ゲンさんもそうだけど。それは集団としての想像力を組み合わせたものがテキストとして残っているわけだ

『最後から二番目の邪魔物』（二〇〇二）

から。その歴史に対する想像力。ぼくはアングラは歴史を描くものだと思っている。民衆、大衆の深層意識というものをひっくるめた歴史を描く。歴史の痕跡をね。それがないのはアングラでも何でもない。ペラペラの表層部分しか描かない歴史ものは井上ひさしでしかないと思っている。井上ひさしさんは確かに綺麗なんだけど、汚いものを描くのが唐十郎なんです。唐十郎は明らかに歴史を描いている。それもほぼ失敗した歴史を描いている。木下順二もそれに近いんだけど。『風浪』とかそうなんだ。ああいう悪意がない。怒りがない。三好十郎には怒りがある。アングラまでは怒りがあるんだけど、現代ではそれがなくなっている。アングラ全部読み直すと、清水さんの作品も太田さんの作品も。それを身体でやるか言葉でやるか。井上さんは綺麗すぎると思っちゃう。確かに上手いと思うけど、ぼくは井上さんのホンじゃなくて、唐さんのホンに行っちゃうな。今でも普遍的だから、唐十郎は。坂口安吾に通じているし、太宰治にも中原中也にも通底している。夏目漱石にも。

西堂　アングラが歴史を描くときにもう一つ重要なのは、唐十郎は加害者の歴史を描くんですね。井上ひさしはそういうこと書かない。あるいは新劇の人たちって被害者の歴史を描くんだ。戦争を描く時にも、アジア侵略の日本でなく、原爆被害の日本を描く。そこが一番問題。被害者の歴史は歴史を慰撫するだけだから、今『ベンガルの虎』を新宿梁山泊がやってるけど、加害者の歴史の一番悪どい部分を出している。あれはアングラから始まってるんですね。それを瀬戸山美咲が『わたし、と戦争』でつないでくるわけじゃないですか。だから継承するとしたら、そういう歴史を批判する視点を見つけてく

『由比正雪』(二〇一九)

るところが重要じゃないかな。

流山児　両方出す。被害者も加害者も出して、歴史をシェアして、そこで皆で考えないと。

7

来たるべき時代へ

西堂　アングラはこれまでの新劇の描き方の一つ先を行ってると思う。シライさんはどうですか。

シライ　いまの話はもう仰る通りなんですけど、俳優という存在がでかいんじゃないかな、アングラは。流山児★事務所の俳優さんは皆凄くて。頼んでもないことをバンバン稽古場で入れてくる（笑）。

西堂　過剰？

シライ　過剰がやっぱり演劇の面白さ。つまり作家が描きたい世界、演出家が創りたい世界なんて関係ないんだという俳優さんたち。このことが強烈な存在感とか、その場にいるってことにつながっていくわけです。これがつまり僕らより下の世代の劇団はほとんどなくなってきてるんです。作、演出家の世界は、その世界として売れていくんですけど、じゃあ俳優はどこに行くんだというのが由々しき問題だな。僕は大学の授業とかで日本の演劇が手に入れた多様性とか、新しさとかの中で、代わりに失ったものは何だと思う？と聞いて、看板俳優というものが失われたよねって言うと、今の学生は看板俳

『由比正雪』（二〇一九）

優って何ですか?って。看板俳優という言葉を知らないんです。五、六年前までは通じたんですけど。今は看板俳優って何ですか?って言われて。いないんですよ、演劇界に。

詩森　そういうものを作るのは良くないとかね。

シライ　皆と同じことやらなくていいんだぞというところから話さないといけない。アングラの継承ということにつながるかわからないですけど、俳優力の復権、そういうことを僕は思うんですけどね。

西堂　ほんとに誰が出ても取り換え可能、交換可能な俳優ばかりができている。交換できない役者は逆に生きにくくなってるような気がする。もう一つはプロデュース公演が行なわれる時、だいたい同じようなキャスティングが多くなってる気がする。その時に同じような役柄を与えられる。例えばホモセクシャル役とか、女装が上手いと違う作品でも同じような役をやる。それは消費されているだけじゃないか。劇団というのは無名の役者が集まってそこで修行をしながら自分を探し当てて人間力を磨いていく。でも今のプロデュースのやり方だと同じところに留まってしまうような気がする。その問題が大きいと思う。

シライ　それでも自分の柄と合っていれば、そこを目指すという人も増えてくるんじゃないかなと。

西堂　一芸主義ですね。集団でやっていると、いつも同じ役柄だと固定化するので、たまにはこういう役もやろうと試行錯誤する。そうやっていくうちにかつての状況劇場だと、小林薫なんかは二枚目なんだけど三枚目もやれるようになる。芸域を広げていけたんだ。

集団の中で育っていくことがなくなってくるから看板もいなくなってるんじゃないかな。温泉ドラゴンは全員看板でしょ？（笑）

シライ　全員主役ができる看板俳優にしていこうぜと、挑発しながらやってますけどね。

西堂　そうすると五人が限度ですね。核になる役者五人くらいで、後は客演。チョコレートケーキはそういうやり方をやっている。三人が看板で。それが今のやり方としては理想的だと思うけど。ほんとうはオーディションじゃ絶対落ちる奴が、いつの間にか名優になっているというケースが昔の小劇団にいっぱいあった。その一番象徴的なのは片桐はいりです。彼女が成蹊大学の二年生の時に、初めて舞台に立った時、ほんとにド下手だったけど、いつの間にか看板になっていた。小劇場見ていく楽しさってそこだと思うんです。役者が伸びていく。演劇団なんかもそうだったよね？

流山児　演劇団はまさにそうだったと思う。皆バラバラで違ってたから一人ずつがキャラクターになってた。例えば塩野谷なんかはまだぺーぺーだった。悪源太義平とか北村魚とかバケモノがいたから。びんちゃんもそうだし、龍さんもそう。それが今やトップになってますから。とにかく面白い役者が自分を面白くしようと少しずつ変わっていく。他人を潰しているわけじゃないからね。皆がちゃんと居場所があって、出てきたり交代したり、誰が主役とかじゃなく全員が主役というのがかつての演劇団。流山児★事務所になったらちょっと変わるけど。前も言ったけど海外には劇団員だけで行くんです。それで面白いのは、一人ずつがスターだと思っている。一〇人だったら一〇人のスター。ぼくは演劇は集団だと思ってるから、それは首尾一貫変わらない。海外に行っても同じ。

『由比正雪』（二〇一九）

一人ずつモチベーションあげて変わっていけばいいわけだから。案外自分の力なんて何もないんだということだよね。皆で集団でいるから面白いことができる。

西堂　僕はそれが根本的な演劇の思想だと思う。それをアングラは発見し、展開していった。その本質が継承されていけば朽ちないと思うんですけど。

流山児　一〇年続けて壊れたらそれでいいんだよ。とにかく一回壊れてもいいの。壊れることを恐れない。流山児★事務所なんて明日壊れたっていいわけだから。自分たちがやりたいことを本気で探して見つからなかったらやめる。別に人のためにやってるわけじゃないんだから。

西堂　自分たちが生きるためにやっている。そういうものが作れたらいいわけだ。そういう居場所を演劇は用意できるし、それは今後どういう状況だろうと生き延びていく。ちょうど時間も超えてしまいました。流山児さん最後に一言。

流山児　六回やって面白かった。いい人になりきれたかな。死ぬまで無様にやると思うんですけど。すぐに死ぬわけじゃないんで。この本を買ってバカだなこいつ！と思ったら、燃やしちゃって下さい。よろしく！（笑）。

西堂　もしこれに続編があるとしたら晩年の思想だね。流山児さんの演劇を通した半世紀を語ってきたけど、時代の急激な変化もあったし、それにともなって演劇も変わってきた。それがこの本から透かし見えてきたら、嬉しいです。今日は、流山児さんと深く関わってきたお三方の意見も聞けて、流山児さんの原風景と演劇の原点がいっそうあぶり出された気がします。しかもそれを守りに入ってないことが素晴らしいです。それが

『由比正雪』（二〇二〇）Tembi Rumah Budaya

「敗れざる者たちの演劇志」ですね。どうもありがとうございました。

＊口絵、本文中に資料として多くの写真を掲載させていただきました。「演劇団」旗揚げ時代からお世話になった矢田卓氏、荒木経惟氏をはじめとして、谷古宇正彦氏、アライテツヤ氏、高畠正人氏、宮内勝氏、細野晋司氏、森本滋樹氏、松本謙一郎氏、砂川修司氏、飯田研紀氏、平早勉氏、横田敦史氏、誠に有難うございました。
一部、撮影者不明の写真がございます。お心あたりのある方はお知らせくださいませ。

ある阿呆の一生——対談を終えて

編者　西堂行人

　本書は、流山児祥氏の自伝的語り下ろしであるとともに、彼を産み出した「歴史」という埋蔵物の豊かさの記録である。

　流山児氏は熊本県・荒尾に生まれた。労働組合幹部だった父親とは疎遠で、少年時代はもっぱら母親に育てられたが、彼が過ごした九州の土壌もまたもう一つの母胎だった。千葉県・流山で中学・高校時代を送った彼は、好奇心旺盛で想像力たくましい感性を身に付けた。社会的にも性的にも目覚めていくのは、この青年期だ。青山学院大学に入学してからは、キャンパスを拠点に学生運動にのめりこむと同時に、演劇活動に没頭していった。政治の季節は、演劇の季節でもあったのだ。

　学生劇団の経験を経て、唐十郎や鈴木忠志らに師事し、やがて独立して「演劇団」を結成する。彼が志向したのは「アングラ演劇」と呼ばれる前衛的で大衆性を持った「新しい演劇」である。「アングラ」とは六〇年代から七〇年代にかけての未曽有の芸術現象であり、演劇にとどまらず、音楽や美術、映像などにも及ぶ運動でもあった。

　当時、流山児氏の背中を押し、アングラ演劇に導いてくれた先達に寺山修司と佐藤信がいた。唐、鈴木を合わせて演劇修行時代における「アングラ四天王」との出会いである。その後、同世代の山崎哲や北村想、高取英らと同走し、生涯の〝同志〟となった。これがアングラ・小劇場第二世代の誕生である。

アングラ・小劇場運動の渦中で頭角を現した彼はリーダー的存在となり、その後プロデュース集団・流山児★事務所を率いて、演劇界に積極的に関わっていった。プロデューサーとしての流山児氏は、俳優や劇作家、演出家ら多様な才能と交流しながら、演劇界のオルガナイザーとして抜群の力を発揮していく。単なる仕掛け人にとどまらず、ある時は教唆し、ある時は関係の渦に巻き込んでいく煽動家でもあった。「団塊」や「全共闘」と呼ばれた世代特有の生き方を、彼ほど実践し、体現した者はいないだろう。

彼の広範かつ多彩な人脈を背景にした活動は、さらにアジアにも及ぶ。北京やソウル、台北など彼は舞台をもって駆け巡った。「旅する」演出家としての野望とともに、日本人として、国家が起こした戦争への反省と悔悟もそこに込められている。

こうした行動の根底には、いつでも反骨精神があった。これは彼が生まれ育った九州という土地と切っても切れぬ関係がある。近代日本の歴史を繙いてみると、九州はいつも苦難を強いられてきた。明治国家をめぐる政治闘争に敗れ、元武士たちの叛乱は鎮圧され、炭鉱の労働運動は弾圧されてきた。中央政府への反発や怒りは、九州の志士たちの胸の奥に深々としまわれた。だからこそ、東京に出て一旗揚げようという心構えは他の地域以上に強かった。こうした血脈は流山児氏にも滔々と流れ込んでいる。

歴史を見る眼もまた独自性があった。例えば、一九六〇年と言えば、普通「反安保闘争」をイメージする。だが彼らは「三井三池闘争」の方がはるかに重要なのだ。自分たちのローカルな地点から世界を見返し、闘いを挑んでいく。九州に数多くの劇作家が生まれたのも、この意識と無縁ではあるまい。土地と歴史を背負う九州人独自の視点は、流山児祥の反骨と叛乱の想像力と結びつく。それは「アングラ」という看板を生涯にわたって愚直に実践してきた彼の中に流れこんでいる。彼の周辺に、いつでも仲間たちがいた。その仲間たちと徒党を組み、連帯しながらも孤立を恐れずといった集団原理を守り通した。弱者は一人では戦えない。必ず集団を組んで、強者や権力に対抗する。これは「アングラ」の思想の根底にあるものだろう。

彼らは必ずしも勝ち切った者たちばかりではないが、さりとて負けたわけでもない。つまり彼らは「敗れざる者たち」なのだ。その思いや志《こころざし》こそが彼と仲間たちをつなぐ矜持でもあった。

「何の為にこいつも生まれて来たのだらう？　この娑婆苦に充ち満ちた世界へ。」

（芥川龍之介『或阿呆の一生』より）

流山児祥は演劇やカウンターカルチャーを武器にこの世に生きてきた。この面白き時代を駆け抜け、目撃するために。

本書は、この稀代な漢（おとこ）を産み出した時代の生き証人としての貴重な発言に彩られている。「裂ける」まで疾駆した集団＝世代の生き方、そして時代と刺し違えるほどの熱情を持った「ある阿呆の一生」の集大成である。喧嘩ぱやいが心優しい男の美学、時代と果敢に闘った歴史の痕跡が刻まれている。

本書を読みながら、時に相槌を打ち、時に呵々大笑して、まるで会場で立ち会ってその声を聞いているかのように感じてくれたら、編者として最高にうれしい。読後、希望と絶望の入り交じった底知れぬ勇気とエネルギーが沸き起こってくれることを期待してやまない。

なお、記録したテープから文章化し、脚注まで作成してくれた、演劇研究者で評論家の石倉和真氏に感謝する。

二〇二三年三月

（にしどう・こうじん）

年譜

＊項目「作・演出」の☆は作・演出：流山児祥／★は演出：流山児祥

年	作品名	作・演出	公演会場	出来事
1947年11月				熊本県荒尾市に炭鉱夫の次男として生まれる。
1962年				上京して千葉県流山市に移り住む。
1963年				千葉県立東葛飾高校入学。3年の時演劇部入部、演劇活動開始
1966年				青山学院大学経済学部。演劇部に入部。
1968年1～4月				唐十郎主宰劇団状況劇場（紅テント）研究生となる。『由比正雪』で初舞台。
1969年4～12月				鈴木忠志主宰劇団早稲田小劇場に研究生として入団。
1968年9月	門	作：別役実 ★	明治大学学生会館	田中伸彦、及川恒平らと「演劇集団へテロ」旗揚げ。堀浩哉と出会う。青山学院大学全共闘副議長を務める。バリケード内で佐藤信らと現代思想史研究会、後「劇共闘」を結成。70年安保闘争に参加。
1969年6月	あたしのビートルズ	作：佐藤信 ★	渋谷ヘアー	連日満員で3ステージの追加公演を行う大ヒット・ミュージカル
12月	マシンガン・ジョー不知火心中	☆	早稲田小劇場	処女作、早稲田小劇場研究生番外公演　舞台美術家手塚俊一の初美術。10月青山学院大学新聞に「河原覚え書き」「闇の演劇論」掲載。
1970年4月	花びら雫	☆	六本木自由劇場	北村魚、悪源太義平らと「演劇団」旗揚げ《愛の怨歌劇〝マシンガン・ジョー〟》シリーズ。このころの詳細は沢木耕太郎著、『地の漂流者たち』参照。写真家荒木経惟と出会う。
9月	地獄草紙	☆	六本木自由劇場	照明家・ROMI、ヒロイン役で出演。東京キッドブラザーズと共に〝新しい地平から来るもの〟（扇田昭彦：朝日新聞記者）と絶賛される。
10月	闇一族・おおしおへいはちろう	作：田中伸彦、流山児祥 ★	女子美大、東京外大など6大学	寺山修司と出会う。父、藤岡三男心不全で死去。享年57。早稲田小劇場研究生同期の中川ひろ子と結婚。

1971年1月	おおしおへいはちろう・面影橋雪乱	作：田中伸彦 ★	代々木変身スタジオ	路上劇にパトカー出動。外波山文明と出会う。劇中歌「面影橋から」（及川恒平と六文銭）が空前の大ヒット。7月、菅孝行、中村敦夫らの『はんらん狂想曲』上演粉砕共闘を組織し俳優座攻撃闘争。逮捕者1名。山崎哲と出会う。
4月	続・花びら雫	☆	青山学院大学	
6月	紅蓮花艶情	☆	六本木自由劇場	
10月	夢の肉弾三勇士	☆	六本木自由劇場、他4大学	《愛の革命疾走劇》夢の肉弾三勇士 4部作
12月	続・夢の肉弾三勇士〜あめ・あられ・へんげん	☆	六本木自由劇場	
1972年5月	新版・夢の肉弾三勇士	☆	ユニークバレエシアター、早稲田小劇場、浅草木馬館	“辺境からの演劇の革命”を目指し「浅草木馬館」を拠点劇場とする。「映画評論」誌上で内田栄一に絶賛され大感激。
7月	処女飛行	☆	渋谷天井棧敷館	北村想と出会う。京大西部講堂の塗装を手伝い、屋根にオリオンの3ツ星を描く。
9月	夢の肉弾三勇士・流浪篇	☆	浜松、名古屋、京都、神戸、大阪、浅草木馬館	初の旅公演　名古屋「七つ寺共同スタジオ」の柿落とし。第Ⅰ戯曲集『夢の肉弾三勇士』、綾重書房より出版。10月日本読書新聞に「近くて遠い敵へ」掲載
11月	ゆけゆけ、二度目の処女飛行	☆	モキ・スタジオ	各地で乱入・乱闘事件続出。この時代、常に角材、ヘルメットを舞台袖に用意していた。
1973年1月	亜細亜の激情	作：足立渉、流山児祥 ★	高田馬場狼舎スタジオ	
4月	紅の翼	作：堀浩哉 ★	中大代々木寮テント、浜松、名古屋、京都、大阪、神戸、広島	初の全国縦断テント興行　長女・麻央誕生。
7月	地獄の季節	☆	浅草木馬館	《持続せよ、野垂れ死にへの幻視行》地獄の季節 3部作。6〜7月、山崎哲らの「劇団つんぼさじき」と共に対「68／71黒テント」三鷹・紀伊国屋ホール攻撃闘争。逮捕者1名。
9月	処女飛行・3号作戦	☆	六本木自由劇場	
11月	演劇団歌謡ショウ Vol.1	☆	浅草木馬館	
11月	続・地獄の季節	☆	浅草木馬館	
1974年5月	浅草カルメン〜新・地獄の季節	☆	浅草木馬館	

7月	金婚式	作：流山児祥、演出：流山児祥、悪源太義平	六本木自由劇場	
10月	女剣劇！三銃士	作：堀浩哉 ★	浅草木馬館	
11月	女剣劇！三銃士～ニの替り 氷の涯篇	作：流山児祥、堀浩哉 ★	野田、宇都宮、高崎、前橋、郡山、水戸、浅草木馬館	初の関東、東北興行。
1975年2月	叛逆のメロディ	作：流山児祥 演出：流山児祥、悪源太義平	六本木自由劇場	《嗚呼！不滅の演劇団 〝ブーメラン興行〟》シリーズ
6月	嘆きの天使	☆	名古屋、京都、両国公会堂	
9月	如何なる星の下に～演劇団歌謡ショウ Vol.2	☆	浅草木馬館	NHKFMラジオドラマで「マイ・ブルー・エンジェル」を放送。音楽は坂本龍一。主題歌は及川恒平。
11月	愛染かつら	作：掘浩哉 ★	六本木自由劇場	
12月	流山児祥、渋谷に吠える！～歌謡ショウ	☆	渋谷天井棧敷館	
12月	愛の肉弾三勇士	☆	渋谷天井棧敷館、横須賀ドブ板小路	
1976年3月	踊る地平線	作：流山児祥、堀浩哉 ★	浅草木馬館、横須賀、横浜寿町	ドヤ街巡り。
6月	さらば、浅草グレン隊	作：悪源太義平、福井泰司、流山児祥 演出：流山児祥、悪源太義平、福井泰司	浅草木馬館	第Ⅱ戯曲集『浅草カルメン』、阿礼社より出版。
10月	天使の爆走	☆	浅草木馬館	
11月	改訂版・天使の爆走	☆	浅草木馬館、京大西部講堂	ナナハンが爆走する暴走芝居。
1977年4月	夢判断～シェイクスピアより愛をこめて	原作：W・シェイクスピア ★	高田馬場群六舎スタジオ	
10月	夢判断～傷だらけの天使に愛の花束を	☆	虎ノ門自転車会館ホール	米国大使館前の劇場で連日機動隊包囲の中、ボディ・チェックを受けて上演 美術・島次郎（初）。浅草から訣別し、都心中枢へ。この頃のポスター写真は全て荒木経惟。

11月	バイバイ・カルメン	☆	六本木自由劇場	駒場小劇場で野田秀樹の芝居を観て感動、酒2本を差し入れ台本を書いてくれと頼み込む。
1978年3月	夜が明けたら地平線に窓が開く	☆	高田馬場群六舎スタジオ	山崎哲、「劇団つんぼさじき」を解散し、劇作家として「演劇団」に参加。
5月	修羅と薔薇～昭和通りのララバイ～	☆	虎ノ門自転車会館ホール、京都、大阪、金沢、富山（テント興行）、名古屋	各地で上演中止命令、機動隊包囲の中強行上演。塩野谷正幸、初主演。7月日本読書新聞「私らは昭和の新撰組である」を掲載。中川ひろ子と離婚。
10月	犬の町	作：山崎哲 ★	虎ノ門自転車会館ホール	山崎哲　犯罪フィールド・ノートシリーズ第1弾
11月	ぷらねたりよむ・あむうる～惚れっぽいのは御免だぜ～	作：野田秀樹 ★	虎ノ門自転車会館ホール	野田秀樹、他劇団への初の書き下ろし。打ち上げの席で「夢の遊眠社」劇団員ともめる。野田秀樹は『ぷらねたりよむ』を自らの作品履歴から抹消。
1979年4月	勝手にしやがれ	作：山崎哲 ★	高田馬場群六舎スタジオ	初のストリップ演出G・川上プロデュース。梅川事件を扱ったストリップ。某TV局が密着ドキュメンタリーを製作するも、あまりの過激さに放映中止となる。某芸術誌の依頼で長編ルポルタージュ「浅草の芸人たち・序章」を書き上げるも未掲載。このころ井上ひさしのアンカーマンをやる。
4月	濡れた花弁に弾丸を！	☆	新宿モダン・アート	
6月	月に吠える	☆	高田馬場群六舎スタジオ	
11月	カルメン・II	作：山崎哲 ★	高田馬場群六舎スタジオ	高取英と出会う。「第一次演劇団」解散。解散の乾杯の音頭は寺山修司。同時代音楽「錯乱の園」掲載
1980年5月	TOKYO IS BURNING	☆	高田馬場群六舎スタジオ	6～7月、高取英、高橋伴明とN・Y・遊学。ラ・ママにて『奴婢訓』上演中の寺山氏に書き下ろしを依頼。
10月	月蝕歌劇団	作：高取英 ★	下北沢スーパー・マーケット	高取英の東京での劇作家デビュー作。5月名古屋プレイガイドジャーナル誌「流山児祥の肉体通信」連載始まる。
11月	エンジェルス・フォー・エバー～決定版・天使の爆走	☆	代官山ひまわりホール	砂岡事務所公演（村田雄浩、古尾谷雅人らと共に）映画女優・山口美也子と結婚。
1981年2月	新版・月蝕歌劇団～魔都航海篇～	作：高取英 ★	名古屋、静岡、下北沢スーパー・マーケット	
6月	黄金箱～おるごんぼっくす	作：高取英、流山児祥 ★	下北沢スーパー・マーケット	
9月	碧い彗星の一夜	作：北村想 演出：流山児祥、藤村民雄	新宿ACBホール、松本、長野、大阪、名古屋	新白石、龍昇、塩野谷らと「第二次演劇団」旗揚げ。

12月	オペラ・ジャンニ・スキッキ	★作曲：プッチーニ	渋谷LAMAMA	東京オペラ研究会公演　唯一のオペラ演出作品
1982年1月	シャーロック・ホームズ最後の事件・流過伝	★作：小宮紳一郎	下北沢スーパー・マーケット	1月、月刊新松戸で「不思議彩事記」の連載始まる。その後50年間、今なお連載は続いている。ギネス記録に残る長期連載中。
2月	唇からナイフ	作：小宮紳一郎 演出：流山児祥、塩野谷正幸	下北沢スーパー・マーケット	3月長男龍馬誕生
7月	もっと愛してクレージー	作：北村想　★	下北沢スーパー・マーケット	
9月	改訂版・碧い彗星の一夜	作：北村想　★	下北沢ザ・スズナリ	初のスズナリ公演
9月	ザ・レビュウ★月夜とオルガン	作：北村想　★	下北沢ザ・スズナリ	
1983年2月	帝国月光写真館	作：高取英　★	下北沢ザ・スズナリ	
5月	新邪宗門	共同台本：寺山修司、岸田理生、高取英、流山児祥 ★	下北沢本多劇場	5月4日、寺山修司死去。本番前日、寺山さんが亡くなる。黒ヘル、鉄パイプ、革命歌の渦巻く騒然とした黒衣たちによる観客挑発劇。音楽：千野秀一、美術：手塚俊一
7月	もっと愛してクレージーPART2	作：北村想　★	下北沢スーパー・マーケット	
7月	さらば、映画の女よ	作：小宮紳一郎 ★	下北沢スーパー・マーケット	
8月	アダムとイヴ'83私の犯罪学	作：寺山修司　★	渋谷ジァン・ジァン	初のジァン・ジァン公演
10月	天狼騎士団	作：高取英　★	下北沢ザ・スズナリ	映画『MISHIMA』（製作：F・コッポラ、監督：P・シュレーダー）に塩野谷が出演。
10月	改訂版・帝国月光写真館	作：高取英　★	下北沢ザ・スズナリ	
11月	さらば映画の女よ、改訂版	作：小宮紳一郎	渋谷ジァン・ジァン、京橋アルバトロス（柿落とし公演）	
1984年1月	ザ・レビュウ虎★ハリマオ	作：北村想　★	下北沢本多劇場	
1月	肉体の門'84	作：伊藤裕作　★	新宿モダン・アート	ストリップ第2弾。風営法に反対した〝見せない〟ストリップ。雑誌「話の特集」で永六輔、絶賛。天野天街、坂手洋二・伊藤裕作と出会う。その後長い付き合いとなる。
3月	アダムとイヴ'84私の犯罪学	作：寺山修司　★	渋谷ジァン・ジァン、沖縄ジァン・ジァン	第一回オキナワ世界演劇フェスティバル招待作品

5月	青の皇帝	作：桑名名子 ★	新宿タイニイ・アリス	評論集『流山児が征く』3部作（演劇編・歌謡曲編・プロレス編）を而立書房より連続出版。出版記念コンサートを渋谷ラ・ママで行う。
5月	愛の嵐	☆	日劇ミュージックホール	日劇ミュージックホール公演
6月	コスモ・クライシス	作・振付：小島久美子 ★	山梨県民文化ホール	小島久美子舞踊研究所公演
8月	さらば映画よ、ファン篇	作：寺山修司 ★	渋谷ジァン・ジァン	“新しい出会い”と“小劇場運動の横断的な結合”を求めて「流山児★事務所」を塩野谷正幸、小松克彦、ますだいっこうらと設立。
8月	改訂版・天狼騎士団	作：高取英 ★	下北沢ザ・スズナリ	韓日演劇フェスティバル'84参加。孫振策と出会う。韓国の演劇界との交流が始まる。
9月	冥王星の使者	作：高取英 ★	下北沢ザ・スズナリ	「第二次演劇団」解散公演　美術：安西水丸
10月	じゃがいもピストルの午後	作：桑名名子 ★	渋谷ジァン・ジァン	
12月	悪魔のいるクリスマス	作：北村想 ★	下北沢駅前劇場	11年続く大ヒット作となる。
1985年3月	碧い彗星の一夜◎Ⅱ	作：北村想　演出：竹内銃一郎	下北沢本多劇場	
4月	緑青色の風邪薬	作：桑名名子　演出：流山児祥、新白石	下北沢ザ・スズナリ	
7月	危険な関係	作：岸田理生 ★	渋谷ジァン・ジァン、札幌教育文化会館	岸田理生、岸田國士戯曲賞受賞後の第一作。和田喜夫と出会う。
10月	線型宇宙	作：高取英 ★	下北沢ザ・スズナリ	美術・日比野克彦。初映画監督作品『血風ロック』（脚本・内田栄一）ヨコハマ映画祭自主製作映画賞受賞。
12月	悪魔のいるクリスマス'85	作：北村想 ★	下北沢駅前劇場、大阪、名古屋	初の扇町ミュージアムスクエア公演。ビデオ化され大映ビデオから発売。
1986年2月	フェアリー・テール	作：北村想 ★	下北沢本多劇場	宇崎竜童が初めて音楽を担当。伊藤弘子デビュー。桐朋学園の高校生であった。
6月	3・14SOULハード・ボイルドは二度死ぬ！	作：桑名名子 ★	新宿シアタートップス	唯一のトップス公演。壁を壊し水浸しにし、出入り禁止となる。にっかつロマンポルノ『不倫』（曽根中生監督）に児島みゆきと主演。
9月	流山児版・最後の淋しい猫	作：北村想　演出：流山児祥、上村和彦	百人町アトリエ	初の稽古場、新宿区百人町のアトリエでの柿落とし公演

10月	ラスト・アジア	作：川村毅 演出：佐藤信	用賀駅前特設ステージ	川村毅の岸田國士戯曲賞受賞後第一作。2千坪の応代なスケールで繰り広げられた6劇団競演の伝説の野外劇。
11月	ザ・孫悟空	作：桑田名々子、流山児祥 演出：流山児祥、新白石	百人町アトリエ、横浜、熊本、大阪、名古屋、渋谷ジァン・ジァン	前田こうしん、南雲京子、ラビオリ土屋らと「第三次演劇団」旗揚げ。
12月	さよなら、悪魔のいるクリスマス	作：北村想 ★	江戸川区総合文化センター、札幌本多劇場（柿落とし公演）	
1987年2・3月	やさしい犬	作：生田萬 演出：加藤直	下北沢本多劇場 新宿シアターアプル	三上博史、峰岸徹、塩野谷正幸競演で話題を呼び7001人近い観客を動員。
4月	寿歌	作：北村想 ★	渋谷ジァン・ジァン	
6月	ルジラ	作・振付：小島久美子 ★	山梨県民文化ホール	小島久美子舞踊研究所公演
7月	寿歌・II	作：北村想 ★	渋谷ジァン・ジァン	
10月	銀河★ザ・ロンリー・キラー	作：北村想 ★	下北沢ザ・スズナリ	
10月	男たちの後の祭り	作：加藤直 ★	新宿紀伊那國屋ホール	九條今日子プロデュース。唯一の紀伊國屋ホール公演
12月	悪魔のいるクリスマス★アゲイン	作：北村想 ★	新宿シアターアプル	
12月	悪魔のいるクリスマス	作：北村想 ★	銀座みゆき館、沖縄3島	劇団空華公演 エイサーも参加し沖縄4島を巡る。
1988年2月	寿歌II	作：北村想 ★	下北沢本多劇場	北村想3本連続企画
2月	寿歌	作：北村想 ★	下北沢本多劇場	映画『SO WHAT』（山川直人監督）に出演。
2月	最後の淋しい猫	作：北村想 ★	下北沢本多劇場	
4月	プラズマ畑のソイビーンズ	作：桑田名々子 ★	百人町アトリエ	
6月	嘘・夢・花の物語	作：岸田理生 ★	渋谷シードホール	
8月	グッドバイ或いは夏と石炭	作：北村想 ★	渋谷ジァン・ジァン	
10月	魅惑の体温～肌色の月の下の嬉遊曲	作：桑田名々子、流山児祥 ★	下北沢ザ・スズナリ	
12月	マクベス	作：W・シェイクスピア ★	下北沢本多劇場	100本記念公演！「アジアのシェイクスピア・アクションの傑作」と国内外で絶賛を受ける。
12月	悪魔のいるクリスマス'88	作：北村想 ★	横浜相鉄本多劇場（柿落とし）	
1989年2月	霜月の星の下に	作：篠原明夫 ★	築地ブディストホール	西田村笑防団公演

3月	寿歌　寿歌Ⅱ	作：北村想 ★	大田区民プラザ	下丸子演劇ふぇすた'90参加。
4月	Springs of Action	構成・演出：流山児祥	百人町アトリエ	
5月	青ひげ公の城	作：寺山修司 演出：佐藤信	下北沢本多劇場	寺山修司8回忌メモリアル。初日通信大賞演出家賞（佐藤信）、助演女優賞（深浦加奈子）受賞。
7月	天狼騎士団	作：高取英 ★	百人町アトリエ	
8月	HIMO	作：ホープ ★	渋谷ジァンジァン	西田和昭プロデュース。初のコント芝居。
9月	流山児マクベス	作：W・シェイクスピア ★	新宿シアターアプル、広島みろくの里	みろくの里世界演劇祭'90招待作品
11月	馨しき血	作：上村和彦 ★	浅草六区天幕劇場	浅草天幕劇場フェスティバル'90参加。
1989年12月	悪魔のいるクリスマス'89	作：北村想 ★	横浜相鉄本多劇場、浦佐さわらびホール	塩野谷正幸、故郷に錦を飾る。この頃、映画『さわこの恋』（広木隆一監督）に出演。
1990年2月	星月夜にグットバイ	作：北村想 ★	大田区民プラザ	商業演劇『かくれんぼ』（作・岸田理生　演出・和田喜夫）出演。みなと座『罠』（作・ロベルト・トマ　演出・外波山文明）に主演。
2月	芸人たちの挽歌	作：ホープ＋石倉三郎 ★	渋谷ジァン・ジァン	西田和昭プロデュース。水谷龍二に出会う。
5月	流山児ハムレット	作：W・シェイクスピア ★	下北沢本多劇場	この頃TVドラマに多数出演。
7月	うさぎ	原作：上村和彦 ★	浅草六区天幕劇場	「第三次演劇団」解散　浅草天幕劇場フェスティバル'90参加。1970年から継続してきた「演劇団」の活動の終焉。流山児★事務所に統一。
9月	真夏の夜の三人姉妹・夢	原作：A・チェーホフ ★	百人町アトリエ	青木砂織デビュー。
10月	ラセン状のピクニック	原作：F・アラバール ★	百人町アトリエ	12月日本演出者協会に入会。千田是也理事長に出会い「アンタが新劇のシーラカンスか？」と暴言を吐き、愛される（英国留学推薦人）。
11月	百年の悦楽	作：岸田理生 演出：佐藤信	新宿シアターサンモール、東京芸術劇場小ホール	東京国際演劇祭'90国内招待
1991年3月	プロメテウスの蛍―桜姫東文章	原作：鶴屋南北 脚本：高取英 ★	大田区民プラザ大ホール、横浜相鉄本多劇場	
5月	メランコリアの烙印	原作：A・チェーホフ ★	高円寺明石スタジオ	6月、日本演出者協会理事に最年少で選出される。

8月	流山児マクベス	作：W・シェイクスピア　★	大田区民プラザ大ホール、大阪、名古屋／韓国ソウル公演	初の海外公演。韓国、ソウルで3500人を動員する大ヒット、韓国演劇界の伝説となる。名古屋公演で佃典彦と出会う。韓国で呉泰錫・李潤澤らと出会う。
12月	奇妙な好奇心	原作：A・チェーホフ　★	高円寺明石スタジオ	映画『ミンボーの女』（伊丹十三監督）に出演。
1992年2月	恐山のおんな	★　原作：伊藤裕作	鶴見新世界劇場	ストリップ第4弾、G・川上プロデュース
2月	おんなごろしあぶらの地獄	原作：佐藤信 脚本：前川麻子 ★	大田区民プラザ大ホール	湾岸戦争に反対し「反戦演劇人の会」を組織し佐藤信らと渋谷でデモ。
5月	ピカレスク・イアーゴ～オセローより～	脚本：中島丈博 ★	下北沢本多劇場	3月、バリ島に行きガムランとケチャの日々を過ごす。
7月	アトミック★ストーム～原子力戦争～	作：佃典彦　★	高円寺明石スタジオ、横浜相鉄本多劇場	6月、演出者協会で日韓演劇人会議を企画、その後長年に渉り交流を続ける。
8月	tatsuya～最愛なる者の側へ～	作：鐘下辰男　★	新宿タイニイ・アリス、横浜相鉄本多劇場	若手劇作家の鐘下辰男と出会う。
10月	錯乱の園～スクリューボールチェーホフ	原作：A・チェーホフ 脚本・共同演出：中澤誠　★	高円寺明石スタジオ、横浜相鉄本多劇場	映画「おこげ」（監督・中島丈博）に出演。
12月	メルヘン・ミュージカル　悪魔のいるクリスマス	作：北村想　★	下北沢本多劇場	11月、北京の小劇場フェスティバルの国際シンポジウムに参加。中国の演劇人との交流を始める。
1993年5月	ザ・寺山	作：鄭義信 演出：佐藤信	下北沢本多劇場	岸田國士戯曲賞、受賞（作：鄭義信）。1～4月文化庁芸術家在外研修でロンドンに留学。オペラ三昧の日々を送る。
7月	tatsuya～最愛なる者の側へ～	作：鐘下辰男　★	下北沢ザ・スズナリ	
9月	煙の向こうのもう一つのエントツ	作：佃典彦　★	高円寺明石スタジオ、名古屋、大阪、京都巡演	
11月	女たちの桜の園	原作：A・チェーホフ 演出：流山児祥、悪源太義平	高円寺明石スタジオ、横浜相鉄本多劇場	
12月	メルヘン・ミュージカル　悪魔のいるクリスマス	作：北村想　★	大田区民プラザ	

1994年2月	カルメン狂詩曲	作：上村和彦 演出：塩野谷正幸	大田区民プラザ	流山児★事務所10周年記念公演　第2弾
5・6月	悪漢リチャード	原作：W・シェイクスピア 脚本：山元清多 ★	下北沢本多劇場	流山児★事務所10周年記念公演。ピカレスク・シリーズ第2弾 音楽：J・A・シーザー。1月～3月、蝉の会『がめつい奴』（作：菊田一夫　演出：渡辺浩子）に出演。2年間200ステージを務め、全国巡演。
7月	戦場のピクニック'94	作：F・アラバール ★	黒テント2F稽古場	
7月	おんな・三匹！	作：佃典彦 演出：ラサール石井	下北沢OFF・OFFシアター	
7・8月	tatsuya～最愛なる者の側へ～	作：鐘下辰男 ★	下北沢駅前劇場、名古屋、大阪、横浜	映画『きらいじゃないよ・2』（内田栄一監督）に出演。
10月	ホシのヒト	作：佐藤信 ★	下北沢ザ・スズナリ、伊丹、横浜、大田区民プラザ	
11月	リタ・ジョーの幻想	作：ジョージ・リガ 翻訳：吉原豊司 ★	シアター代官山	カナダ演劇界との交流を始める。
12月	悪魔のいるクリスマス　ラスト公演	作：北村想 ★	下北沢本多劇場、名古屋、浜松、大阪	流山児★事務所10周年記念公演 11年間続いた北村想のヒット作のファイナル公演
1995年2月	'95音楽劇アトミック★ストーム	作：佃典彦 ★	高円寺明石スタジオ	6月、日本演出者協会副理事長に就任。以降20余年務める。
6月	青ひげ公の城	作：寺山修司 演出：生田萬	下北沢本多劇場	
7月	暗黒少女歌劇星の王子さま	作：寺山修司 ★	渋谷ジァン・ジァン、横浜相鉄本多劇場	
8月	架空の情熱～'95夏のエチュード	構成・演出：流山児祥	劇団展望アトリエ	杉並展望アトリエで東京実践演劇塾を開校。東京実践演劇塾公演。
9月	イエロー・フィーバー～黄熱病～	作：リック・シオミ 翻訳：吉原豊司	下北沢ザ・スズナリ、扇町ミュージアムスクエア	
10月	秘密探偵	作：内藤裕敬 ★	阿佐ケ谷スタジオはるか	

12月	ピカレスク南北〜盟三五大切より〜	原作：鶴屋南北 脚本：山元清多 ★	下北沢本多劇場	
1996年1月	ライフ・バーゲン	作：坂手洋二 ★	下北沢駅前劇場	
2月	曽根崎心中	作：鐘下辰男 ★	百人町スタジオ	
3月	アトミック★ストーム〜最終章	作：佃典彦 ★	高円寺明石スタジオ、いわき、原町	「演出家の集い'96夏」で三木のり平とトーク。その後交流を深める。
6月	ダフネの嵐	作・演出：ラサール石井	下北沢本多劇場、パルテノン多摩、名古屋、伊丹	
7月	架空の情熱〜'96真夏のエチュード〜	構成・演出：流山児祥	Space 早稲田	演劇塾を発展させ流山児組結成。新宿区早稲田町に稽古場兼、拠点劇場 Space 早稲田開場。
8月	楽屋	作：清水邦夫 ★	新宿タイニイ・アリス	映画『嵐の季節』（高橋玄監督）に出演。
8月	曽根崎心中	作：鐘下辰男 ★	渋谷ジァン・ジァン	
9月	SPARKS	作：佃典彦 ★	下北沢ザ・スズナリ、横浜、名古屋、大阪	「演劇人会議」の設立を巡って鈴木忠志、菅孝行らと論争。
11月	焼跡のマクベス	原作：福田善之 脚本：山元清多 ★	下北沢本多劇場	
12月	血は立ったまま眠っている	作：寺山修司 ★	高円寺明石スタジオ	
1997年2月	OUT	作：ラサール石井 ★	下北沢駅前劇場	
4月	おんな・三匹！	作：佃典彦 ★	渋谷ジァン・ジァン	
4月	寿歌II	作：北村想 ★	Space 早稲田	
5月	ザ・寺山	作・演出：鄭義信	下北沢本多劇場 パルテノン多摩	
7月	花札伝綺	作：寺山修司 ★	Space 早稲田	
8月	ダフネの嵐	作・演出：ラサール石井	世田谷パブリックシアター	
9月	ツイン・ベッド	作・演出：水谷龍二	下北沢ザ・スズナリ	
10月	血は立ったまま眠っている	作：寺山修司 ★	渋谷ジァン・ジァン	

12月	愛の乞食	作：唐十郎 演出：山崎哲	下北沢本多劇場	現代演劇ルネッサンスVol.2 読売演劇大賞優秀男優賞受賞（主演：古田新太）。 唐さんが「赤い靴」上演中、山崎哲と共に渋谷の飲み屋で「愛の乞食」上演を頼み込む。
1998年1月	靴のかかとの月	作：鈴江俊郎 ★	下北沢OFF・OFFシアター	ルナティック・フリンジVol.1
2月	OUT2	作：ラサール石井 ★	下北沢駅前劇場	
3月	水色の雨	構成・演出：流山児祥	Space早稲田	楽塾（45歳以上の演劇集団）結成。集まったメンバーは5人、舞台をまともに歩けない、喋れないフツーのおじさん、おばさんが1年後には見事に役者になっていた。目からうろこで同世代演劇に目覚める。
4月	私の青空	作：北村想 ★	Space早稲田	
6月	ピカレスク黙阿弥	脚本：山元清多 ★	下北沢本多劇場	
7月	狂人教育	作：寺山修司 ★	Space早稲田	
8月	煙の向こうのもう一つのエントツ	作：佃典彦 演出：流山児祥、塩野谷正幸	シアタートラム	
9月	カレー屋の女	作：佃典彦 演出：北村魚	シアタートラム	佃典彦の代表作。岸田戯曲賞との声もあったが流山児祥・主演ということで叶わず？
10月	花札伝綺	作：寺山修司 ★	渋谷ジァン・ジァン	
11月	夜と夜の夜	作：佐藤信 演出：大鷹明良	下北沢本多劇場	
12月	パンドラの匣	作：池谷なぎさ ★	下北沢「劇」小劇場	
1999年1月	7つの旋律	原作：寺山修司 構成・演出：流山児祥	Space早稲田	TVアニメ『るろうに剣心』（盲剣の宇水役）、『ビーストウォーズ・ネオ』（マグマ・トロン役）等の声優を経験。
2月	かもめが翔んだ	原作：清水邦夫 ★	Space早稲田	
3月	秘密探偵	作：内藤裕敬 ★	下北沢「劇」小劇場	
4月	深海魚	作：深津篤史 演出：北村魚	Space早稲田	

5月	20億光年の愉悦	原作：寺山修司＋F・アラバール 構成・演出：流山児祥	Space 早稲田	
6月	みどりの星のおちる先	作：鈴江俊郎 ★	下北沢本多劇場	
7月	赤ずきんちゃんの森のオオカミ達のクリスマス	作：別役実 ★	Space 早稲田	坂手洋二、瓜生正美らと「日の丸、君が代法案」反対闘争。1500人に及ぶ演劇人の賛同を得て国会議員会館で記者会見。
9月	Tokyo Blues	構成・演出：流山児祥	Space 早稲田	
9月	狂人教育韓国バージョン	作：寺山修司 ★	韓国果川市民劇場	韓国・果川国際演劇祭招待『流山児マクベス』以来、9年ぶりの韓国公演。海外公演への志向が一気に高まる。
10月	狂人教育東京バージョン	作：寺山修司 ★	渋谷ジァン・ジァン	流山児★事務所創立15周年記念公演
11月	らくだのコブには水が入ってるんだぞ	作：鈴江俊郎 ★	Space 早稲田	12月TV東京ドラマ『ファミ・レスな夜』出演。
2000年1月	完璧な一日	作：佃典彦 演出・篠井英介	下北沢ザ・スズナリ	
2月	星の王子さま2000	作：寺山修司 ★	キッドアイラックホール	4年間続けた私塾・流山児組を解散。
2月	Happy Days	作：鐘下辰男 演出：ケラリーノ・サンドロヴィッチ	下北沢本多劇場	流山児★事務所創立16周年記念公演スペシャル
3月	さよならの向こう側	原作：A・チェーホフ ★	Space 早稲田	
4月	血は立ったまま眠っている	作：寺山修司 ★	渋谷ジァン・ジァン	渋谷ジァン・ジァンファイナル公演（劇場の解体中に上演）
7月	百舌鳥夕雲町歌声喫茶	作：深津篤史 演出：大鷹明良	Space 早稲田、名古屋、京都、大阪	岸田國士戯曲賞受賞作家：深津篤史の新作書下ろし。この時代関西の劇作家・演出家と積極的に交流する。7月山口美也子と離婚「彼にとっては劇団員が家族で、芝居のことしか頭になかった。それが彼の生き方だった」
8月	狂人教育	作：寺山修司 ★	Space 早稲田／エドモントン、ビクトリア、バンクーバー	カナダ・フリンジ参加。ビクトリア国際演劇祭グランプリ受賞。NHKドラマ『袖振り合うも』にちょこっと出演。
11月	アトミック★ストーム2000	作：佃典彦 ★	Space 早稲田	

2001年1月	白鷺城の花嫁	作・演出：ラサール石井	スペース・ゼロ	
2月	雨に咲く花	原作・金杉忠男『花の寺』★	Space 早稲田	
3月	ハイライフ	作：リー・マクドゥーガル ★翻訳：吉原豊司	両国シアターX	カナダ現代演劇祭2001参加。 「テアトロ」ベスト2、「JOIN」ベスト演出家選出。
7月	書を捨てよ町へ出よう〜花札伝綺〜	作：寺山修司 ★	新宿 花園神社	『ラスト・アジア』以来10年ぶりの市街劇を含む野外劇。観世榮夫、大久保鷹、保村大和ら出演。映像：天野天街
7月	愛して頂戴	構成・演出：流山児祥	Space 早稲田	
8月	人形の家	作：寺山修司『狂人教育』★	かめありリリオホール／エジプト・カイロ オペラハウス	エジプト・カイロ国際実験演劇祭招待。帰路9・11ニューヨーク同時多発テロに遭遇。NHKドラマ『からくり事件帖』に出演。
10月	幕末2001	脚本：山元清多 ★	下北沢本多劇場、近鉄劇場、九州ツアー	
12月	その鉄塔に男たちはいるという	作：土田英生 演出：小林七緒	Space 早稲田	
2002年2月	EVER MORE	作：石井貴久 ★	Space 早稲田	
3月	最後から二番目の邪魔物	作：佃典彦 演出：天野天街	下北沢ザ・スズナリ	天野天街（少年王者舘）初の流山児★事務所演出作品。このあと流山児祥が最も信頼する演出家として親交を深める。
4月	黄昏のビギン	作：高取英 ★	Space 早稲田	
6月	殺人狂時代	作：鐘下辰男 ★	下北沢本多劇場	
8月	人形の家	作：寺山修司『狂人教育』★	大口文化会館、九州、東北10都市ツアー	映画『水の女』（杉森秀則監督）に出演。
9月	楽塾歌劇星の王子さま	作：寺山修司	Space 早稲田	
10月	人形の家	作：寺山修司『狂人教育』★	北京、モスクワ、台湾、マカオ／新宿シアター・サンモール	北京国際小劇場演劇祭に招待される。（ピーター・ブルック、林兆華と共に）
12月	盟三五大切	原作：鶴屋南北 脚本：山元清多 ★	ベニサン・ピット	

2003年2月	青ひげ公の城	作：寺山修司 ★	東京芸術劇場中ホール	第5回東京芸術劇場ミュージカル月間優秀賞受賞。美術：朝倉摂。2月、3月イラク戦争と有事法制に反対し10年ぶりに「反戦演劇人の会」を組織。国内外で数度に渉ってピース・ウォーク、デモを行う。
3月	狂人教育	作：寺山修司 ★	カナダ、韓国／麻布 Die Pratze	3月カナダ・狂気と芸術の世界芸術祭招待。6月韓国・水原国際演劇祭招待。11月東京 Asia Meets Asia 2003特別招待。
4月	Sheep Fucker's Exit	作：スエヒロケイスケ 演出：天野天街	ザ・スズナリ、七ツ寺共同スタジオ	
5月	楽塾歌劇 楽屋●楽塾歌劇 女たちの桜の園	作：清水邦夫 原作：A・チェーホフ ★	Space 早稲田	
7月	書を捨てよ町へ出よう～花札伝綺	原作：寺山修司 脚本・共同演出：青木砂織 ★	下北沢本多劇場、大口文化会館	寺山修司没後20年記念公演
12月	ハイライフ	作：リー・マクドゥーガル 翻訳・吉原豊司 ★	下北沢ザ・スズナリ	演出200本『ハイライフ』は流山児祥の代表作となる。12月母・愛子脳梗塞で死去。享年86。生涯をギャンブル場で送った敬愛する母であった。
2004年2月	ガラスの動物園	作：T・ウィリアムズ 演出：松本祐子	ベニサン・ピット	
2月	鼠小僧次郎吉	作：佐藤信 ★	Space 早稲田	
3月	イエロー・フィーバー	作：リック・シオミ 翻訳：吉原豊司 ★	両国シアターX	カナダ現代演劇祭2004参加、海外戯曲連続上演2003～2005。
4月	碧い彗星の一夜	作：北村想 ★	Space 早稲田	
6月	続・殺人狂時代	作：鐘下辰男 ★	下北沢本多劇場	
7月	盟三五大切	原作：鶴屋南北 脚本：山元清多 ★	ベニサン・ピット、大口、熊本、荒尾	

10月	心中天の網島	原作：近松門左衛門 脚本：山元清多 演出：篠井英介	下北沢本多劇場	
11月	永遠	原作：岸田理生 構成・演出：帆足知子 ★	Space 早稲田	
2005年1月	桜姫表裏大綺譚	原作：鶴屋南北 脚本：佃典彦 ★	ベニサン・ピット	創立20周年記念公演　ベニサン・ピット開場20周年記念事業
1月	盟三五大切海外バージョン	原作：鶴屋南北 脚本：山元清多 ★	ベニサン・ピット／中国、イラン、ロシア、ベラルーシ	
2月	ハムレット	演出：玄志勲	Space 早稲田	日韓演劇交流2005ワークショップ公演 劇団は毎年アジアからの演劇留学生を受け入れていた。
3月	夢の肉弾三勇士	原作：流山児祥 脚本：高取英 演出：天野天街	Space 早稲田	創立20周年記念公演
4月	ハイライフ	作：リー・マクドゥーガル 翻訳：吉原豊司 ★	札幌、名古屋、大阪	
5月	楽塾歌劇☆真夏の夜の夢	原作：w シェイクスピア 翻案：野田秀樹 ★	Space 早稲田	
6月	戦場のピクニックコンダクタ	作：坂手洋二 ★	本多劇場	創立20周年記念公演ファイナル 日本・インドネシアコラボレーション公演 Vol.2
7月	永遠	原作：岸田理生 ★	こまばアゴラ劇場、Space 早稲田	岸田理生作品連続上演2005 Space 早稲田2005夏連続上演 Vol.2
8月	静かなうた	作：北川徹 演出：北村真実	Space 早稲田	演出家：シライケイタとの出会いは俳優としての参加であった。

11月	SMOKE-LONG VERSION	作：ケラリーノサンドロヴィッチ 演出：天野天街	下北沢ザ・スズナリ	
2006年2月	ハイライフ	作：リー・マクドゥーガル 翻訳：吉原豊司 ★	下北沢「劇」小劇場	2月『演出家の仕事～60年代アングラ・演劇革命～』（西堂行人：編、れんが書房新社刊）に「アングラ四天王との出会い」を書き下す。
3月	狂人教育	作：寺山修司 ★	北京解放軍歌劇院	北京 流山児★事務所3演目連続上演
3月	静かなうた	作：北川徹 演出：北村真実	北京解放軍歌劇院	
3月	ハイライフ	作：リー・マクドゥーガル 翻訳：吉原豊司 ★	北京解放軍歌劇院	
4月	楽塾版☆十二夜	原作：W・シェイクスピア 翻案・台本・演出：流山児祥	Space 早稲田	Space 早稲田開場10周年記念公演 Vol.1 楽塾創立10週年記念公演
5月	愛の渦	原作：ごまのはえ 構成・演出：流山児祥	Space 早稲田	新人公演
7月	無頼漢	原作：寺山修司 作：佃典彦 ★	ベニサン・ピット	
10月	狂人教育	作：寺山修司 ★	ベニサン・ピット	
12月	オールド・バンチ 男たちの挽歌	作：山元清多 ★	下北沢ザ・スズナリ	パラダイス一座 旗揚げ公演 音楽・演奏：高橋悠治。平均年齢80歳のシニア演劇との出会い。高齢の演出家たちの競演が話題を呼ぶ。
2007年1月	浮世混浴鼠小僧次郎吉	作：佐藤信 演出：天野天街 （少年王者舘）	Space 早稲田、大阪精華小劇場、名古屋七ツ寺共同スタジオ	次世代を担う演劇人育成公演 主催：文化庁・社団法人日本劇団協議会

3月	リターン	作：レグ・クリッブ 翻訳：佐和田敬司 ★	Space 早稲田	ドラマチック・オーストラリア2006―2008参加 初のオーストラリア演劇との出会い。
5月	楽塾歌劇★真夏の夜の夢	作：W・シェイクスピア 翻案：野田秀樹 構成・演出：流山児祥	下北沢 本多劇場、しが県民芸術創造館	楽塾初の本多劇場公演、初の地方公演。楽塾の認知度が急速に進み、シニア劇団の牽引車的存在に。
5月	金玉娘	作：坂口瑞穂 ★	Space 早稲田	6月観世榮夫死去。享年79。
7月	ヘレンの首飾り	作：キャロルフレシェット 翻訳：吉原豊司 演出：小林七緒	両国シアターX	
9月	オッペケペ	作：福田善之 ★	ベニサン・ピット	企画：観世榮夫　観世榮夫の遺志を継ぐ「新劇」との出会い直し企画。
12月	続オールド・バンチ～復讐のヒットパレード！	作：佃典彦 ★	下北沢ザ・スズナリ	パラダイス一座　第2弾
2008年1月	血は立ったまま眠っている	作：寺山修司 ★	SPACE雑遊	日本劇団協議会公演
4月	綾の鼓／道成寺	作：三島由紀夫 ★	Space 早稲田	MISHIMA WARKSHOP PROJECT Vol.1
4月	ぜ～んぶ書きかえたロール・プレイン・ザ・バグ	作：北村想 ★	Space 早稲田	
6月	双葉のレッスン	作：ごまのはえ 演出：天野天街	下北沢ザ・スズナリ	主催：文化庁・社団法人日本劇団協議会
8月	由比正雪～半面美人の巻～	作：唐十郎 ★	本多劇場	
9月	暗黒★歌劇狂人教育	作：寺山修司 ★	早稲田大学大隈講堂、白鳥ビル7Fホール、コンカリーニョ／香港・前進進牛棚劇場、杭州・紅星大劇院、上海・上海大劇院	寺山修司没後25年。日中の女優たちのコラボ。
11月	ドブネズミたちの眠り	作：坂口瑞穂 ★	Space 早稲田	

12月	楽塾歌劇☆十二夜	作：W・シェイクスピア ★	Space 早稲田	
2009年2月	続々オールド・バンチ〜カルメン戦場に帰る〜	作：山元清多 ★	本多劇場	パラダイス一座最終公演。3年間限定のシニア劇団の集大成。
5月	ユーリンタウン	作・詞：グレッグ・コティス 音楽・詞：マーク・ホルマン 翻訳：吉原豊司 台本：坂手洋二 ★	座・高円寺1	ブロードウエイミュージカル、新劇場開場を祝い、町ぐるみ演劇を目指した伝説の舞台。
8月	めんどなさいばん	作：北村想 ★	下北沢ザ・スズナリ	10月『演出家の仕事〜80年代小劇場演劇の展開〜』（西堂行人・編 れんが書房新社）に80年代小劇場論を書き下す。
8月	ハイライフ	作：リー・マクドゥーガル 翻訳：吉原豊司 ★	ビクトリア、ソルトスプリング、マカオ、台北／シアターイワト	台湾演劇界に衝撃を与え、その後の流山児★事務所と台湾演劇界の交流の原点となるツアーであった。
12月	田園に死す	作：寺山修司 演出：天野天街	下北沢ザ・スズナリ	寺山修司×アマノ×シーザーによるテラヤマ演劇の再構築。『ハイライフ』『ユーリンタウン』『田園に死す』3作の優秀な成果に第44回紀伊國屋演劇賞団体賞を受賞。
2010年1月	標的家族！	作：佃典彦 演出：小林七緒	Space 早稲田	日本劇団協議会公演
3月	葵上／卒塔婆小町	作：三島由紀夫 ★	Space 早稲田	MISHIMA WARKSHOP PROJECT Vol.2
4月	ほろほろと、海賊	作：佃典彦 ★	Space 早稲田	楽塾創立14周年記念公演
6月	お岩幽霊〜ぶゑのすあいれす〜	作：坂口瑞穂 ★	下北沢ザ・スズナリ、松山市民会館中ホール、熊本市健軍文化ホール、西鉄ホール	日本劇団協議会　創作劇奨励公演
9月	櫻の園	作：アントン・チェーホフ 翻訳・台本：木内宏昌 演出：千葉哲也	あうるすぽっと	9月山元清多死去享年71。12月戊井市郎死去享年94。

10月	愛と嘘っぱち	作：鹿目由紀 ★	座・高円寺2、長久手町文化の家 風のホール	
2011年2月	花札伝綺	作：寺山修司 演出：青木砂織	Space 早稲田／インドネシア／甲斐 善光寺、目黒 圓融寺	初の寺まわり芝居。このころ心の避難所＝アジール演劇というコトを積極的に言いだしている。
3月	夢謡話浮世根問	作：北村想 演出：小林七緒	Space 早稲田、ウイングフィールド、G、pit、津あけぼの座、いわてサポートセンター風のスタジオ、白鳥ホール、柏 Studio WUU、相鉄本多劇場	北村想との二人芝居。3・11の真っ只中に上演、その後、北村想と全国を旅する。
3月	卒塔婆小町	作：三島由紀夫 演出：流山児祥、北村真実	Space 早稲田／インドネシア	流山児★事務所レパートリーシアター2011 初のインドネシア公演
4月	宇宙下町大戦争の巻〜もーれつア太郎〜	作：佃典彦 ★	Space 早稲田	楽塾公演 Space 早稲田演劇フェスティバル2011参加作品
10月	ユーリンタウン	作・詞：グレッグ・コティス 音楽・詞：マーク・ホルマン 翻訳：吉原豊司 台本：坂手洋二 ★	座・高円寺1	『ユーリンタウン』の再演は別所哲也・主演、前田清実・振付もあいまった大ヒット！ミュージカル誌でリバイバル部門の第2位に輝く。
12月	オールド・バンチ〜男たちの挽歌・完結篇〜	作：山元清多、佃典彦 ★	下北沢ザ・スズナリ	パラダイス一座特別公演
2012年2月	田園に死す	作：寺山修司 演出：天野天街	下北沢ザ・スズナリ	第23回下北沢演劇祭参加作品
3月	架空の情熱2012〜劇的なるものをめぐって〜	構成・演出：流山児祥	Space 早稲田	
5月	楽塾☆歌舞伎十二夜	原案：W・シェイクスピア 台本・演出：流山児祥	座・高円寺2	
6月	さらば、豚	作：東憲司 ★	下北沢ザ・スズナリ	

7月	イロシマ	作：鹿目由紀 演出：青木砂織	Space早稲田	
8月	花札伝綺	作：寺山修司 演出：青木砂織	Space早稲田／エジンバラ、ニューヨーク、ビクトリア、バンクーバー	初のエジンバラフリンジ、鈴木忠志のSCOTと出会う。ニューヨークフリンジ公演はニューヨークタイムスで絶賛される。4つ星、5つ星を獲得。ビクトリア、バンクーバーでも優秀賞。
11月	地球☆空洞説	作：寺山修司 演出：天野天街・村井雄・流山児祥	豊島公会堂	豊島区テラヤマ・プロジェクト第一弾 音楽：坂本弘道。豊島区とタッグを組んで老朽化した豊島公会堂と目の前の公園を使った寺山修司の演劇をこの年から3年間にわたって上演する。
2013年3月	義賊☆鼠小僧次郎吉	作：河竹黙阿弥 「鼠小紋東君新形」 構成・演出：流山児祥 脚本・演出協力：西沢栄治	Space早稲田	
5月	アトミック★ストーム〜明るい僕らの未来編〜	作：佃典彦 演出：中屋敷法仁	座・高円寺1	
7月	楽塾☆歌舞伎十二夜〜2013海外版〜	作：W・シェイクスピア 台本・演出：流山児祥	Space早稲田／ビクトリア	楽塾公演 ビクトリアフリンジ ベストアンサンブル賞受賞。初の中高年劇団＝楽塾の海外公演。日本のシニア演劇の実力を世界に見せつけた力作。
10月	花札伝綺	作：寺山修司 演出：青木砂織	Space早稲田、津あけぼの座スクエア、常盤座	常盤座：2014演劇CAMP in 中津川オープニング企画
11月	無頼漢（ならずもの）	作：寺山修司 ★	豊島公会堂	豊島区テラヤマ・プロジェクト第二弾 中津留章仁の新作書下ろし。音楽：上妻宏光
2014年1月	花札伝綺	作：寺山修司 演出：青木砂織	モントリオール、ニューヨーク	
2月	田園に死す	作：寺山修司 演出：天野天街	下北沢ザ・スズナリ	寺山修司没後30年記念事業
4月	寺山修司の『女の平和』〜不思議な国のエロス〜	原案：アリストパネス 作：寺山修司 構成・演出：流山児祥	Space早稲田、エル・パーク仙台スタジオホール	楽塾創立17周年記念公演 寺山修司没後30年記念事業

6月	音楽劇◎阿部定の犬	作：佐藤信 演出：西沢栄治	Space 早稲田	西沢栄治：演出による佐藤信の『喜劇昭和の世界・3部作』上演企画。このころからアングラ演劇の再構築を若手演出家とのコラボで始めてゆく。
7月	義賊☆鼠小僧次郎吉	作：河竹默阿弥 「鼠小紋東君新形」 構成・演出：流山児祥 脚本：西沢栄治	Space 早稲田	
9月	どんぶりの底	作：戌井昭人　★	下北沢ザ・スズナリ	小説家戌井昭人とのコラボ第一弾。異ジャンルとの協働作業を始めだす。
11月	青ひげ公の城	作：寺山修司　★	豊島公会堂	江戸糸あやつり人形結城座との出会い。
２０１５年１月	チャンバラ	作：山元清多 演出：鄭義信	下北沢ザ・スズナリ	
2月	義賊☆鼠小僧次郎吉	作：河竹默阿弥 「鼠小紋東君新形」 構成・演出：流山児祥 脚本：西沢栄治	ソウル、台湾	日韓国交正常化50周年。台湾国際芸術祭ＴＩＦＡ２０１５。前売1分以内にソールドアウト！　初の台湾国立劇場公演。蜷川『ハムレット』と共に招聘される。公演後、嘉義のＯＵＲシアターとの共同製作の話が出る。
5月	寺山歌劇☆くるみ割り人形	作：寺山修司　★	座・高円寺2	
5月	架空の情熱２０１５	構成・演出：流山児祥	Space 早稲田	
6月	新・殺人狂時代	作：鐘下辰男 演出：日澤雄介	下北沢ザ・スズナリ	日澤雄介初演出、シライケイタ出演、若手俳優たちとの出会い。
8月	マクベス～PAINT IT BLACK!～	作：W・シェイクスピア（松岡和子訳） 脚本：西沢栄治 脚本・演出：流山児祥	座・高円寺1	創立30周年記念公演スペシャル
10月	西遊記	作・演出：天野天街	四日市市文化会館、津市芸濃総合文化センター、下北沢ザ・スズナリ	旅する劇場２０１５

12月	あれからのラッキー☆アイランド	作：佐藤茂紀　★	郡山中央公民館 勤労青少年ホーム、Space 早稲田	日本劇団協議会公演
2016年1月	キネマと怪人〜喜劇・昭和の世界その2	作：佐藤信 演出：西沢栄治	Space 早稲田	日本劇団協議会公演
3月	西遊記	作・演出：天野天街 音楽：鈴木慶一	サリハラ、ジョグジャカルタ、ボロブドゥール遺跡、バリ、チュラロンコン大学	アマノの新作をインドネシア・タイ5都市で上演。世界遺産：ボルヴドール遺跡での野外劇を上演。超人気劇団となる。
4月	女の平和	作：寺山修司 構成・演出：流山児祥	台湾国家両庁院	新視点芸術祭招待　楽塾《女人的和平》。初のシニア劇団の台湾上陸。
6月	代代孫孫2016	作：パク・グニョン 翻訳：洪明花 脚色・演出：シライケイタ	下北沢ザ・スズナリ	シライケイタ：演出による韓国現代演劇上演を開始。
7月	馬克白ーマクベス	作：W・シェイクスピア　★	台湾嘉義県表演藝術中心	流山児★事務所（日本）×阮劇団（台湾） 2017嘉義小劇場戯劇節
9月	OKINAWA 1972	作・演出：詩森ろば	Space 早稲田	『OKINAWA 1972』上演中、観劇後にSpace 早稲田の階段で長女・麻央との39年ぶりの再会。抱きしめる。
2017年1月	メカニズム作戦	作：宮本研　★	Space 早稲田	日本劇団協議会公演　日本の演劇人を育てるプロジェクト
3月	だいこん	作：戌井昭人　★	下北沢ザ・スズナリ	
5月	すももももももモモのうち	作：佃典彦　★	座・高円寺2	
6月	馬克白ーマクベス	作：W・シェイクスピア　★	台中国家歌劇院シビウFabrica de Cultură	流山児★事務所（日本）×阮劇団（台湾） ルーマニアシビウ演劇祭招待
7月	SCRAP	作：シライケイタ 演出：日澤雄介	Space 早稲田	日本劇団協議会公演　日本の演劇人を育てるプロジェクト
10月	ブランキ殺し上海の春	作：佐藤信 演出：西沢栄治	下北沢ザ・スズナリ	日本劇団協議会公演　日本の演劇人を育てるプロジェクト
11月	西遊記	作・演出：天野天街	長崎県対馬市交流センター 五島市福江文化会館大ホール	日本劇団協議会公演　ステップアッププロジェクト 対馬・五島公演。初の離島公演　大劇場舞台に小劇場を設営。幼稚園児と父母に観てもらうというプレビューを開催、大好評を呼ぶ。

2018年1月	オケハザマ	作：しりあがり寿★	下北沢ザ・スズナリ	漫画家：しりあがり寿との初コラボ。悪源太義平が酒と共に去った。享年61。今もモンゴル高原を愛馬と共に疾駆しているだろう。
4月	RAKU★歌舞伎　十二夜	作：シェイクスピア★	Space早稲田、三重県津市芸濃町総合文化センター	
5月	RAKU★歌舞伎　十二夜	作：シェイクスピア★	台湾 高雄市図書館総館小劇場	高雄春天芸術祭2018正式招聘
6月	嫁妝一牛車	作：王禎和★	台湾・嘉義県表演藝術中心実験劇場	流山児★事務所（日本）×阮劇団（台湾）国際共同製作公演　第2弾　台新藝術賞最終ノミネート作品に選出。
7月	満州戦線	作：パク・グニョン　翻訳：石川樹里　台本・演出：シライケイタ	下北沢ザ・スズナリ	韓国現代傑作戯曲上演
8月	西遊記	作・演出：天野天街	北京隆福劇場、成都理工大学実験劇場、武漢中南劇場	久しぶりの中国3都市公演
10月	わたし、と戦争	作・演出：瀬戸山美咲	下北沢ザ・スズナリ	
12月	台北藝大版☆十二夜	作：シェイクスピア★	台北国立芸術大学戯劇廟	台北国立芸術大学戯劇学院2018冬季公演。高取英死去享年66。最愛の友であり師であった天才の早すぎる死。理不尽の魔。まだ、一緒に旅したかったのに。
12月	腰巻お仙振袖火事の巻	作：唐十郎　演出：小林七緒	Space早稲田	日本劇団協議会公演　日本の演劇人を育てるプロジェクト
2019年2月	雨の夏、三十人のジュリエットが還ってきた	作：清水邦夫　演出：西沢栄治	座・高円寺1	4月舞台美術家・島次郎死去享年73。数多くの美術を手掛けた戦友＝同期の桜が逝く。
5月	女の平和	作：寺山修司　構成・演出：流山児祥	本多劇場、新営文化中心	《女人的和平》新営芸術祭招待公演。楽塾あらためシアターRAKU。3度目の台湾公演。現地でのワークショップで小作品を創り上げジョイント公演。
6月	由比正雪	作：唐十郎★	Space早稲田	
8月	赤玉★GANGAN	作：秋之桜子　演出：高橋正徳	下北沢ザ・スズナリ	
8月	嫁妝一牛車	作：王禎和★	台中国家歌劇院　台北水源劇場	流山児★事務所（日本）×阮劇団（台湾）国際共同製作2019

12月	少女都市からの呼び声	作：唐十郎 演出：小林七緒	Space 早稲田	日本劇団協議会公演　日本の演劇人を育てるプロジェクト
2020年2月	コタン虐殺	作・演出：詩森ろば	下北沢ザ・スズナリ	詩森ろばの第2作はアイヌを題材にした新作。第28回読売演劇大賞優秀演出家賞受賞。
2月	由比正雪	作：唐十郎　★	スタジオ・ガラシ、トゥンビ芸術村、スタジオ・プレサンガン（インドネシア）	突如世界を襲ったコロナ禍。インドネシア3都市を何とか駆け抜けたスリリングな旅となる。予定した場所はすべて上演中止。タイも上演中止となる。
8月	寺山修司―過激なる疾走―	作：高取英 音楽：J・A・シーザー　★	下北沢ザ・スズナリ	高取英メモリアル。それも寺山修司の評伝劇風タイムパラドックス演劇。元気な少女歌劇に血がたぎった。
9月	シェイクスピア☆愛のアンソロジー	作：シェイクスピア　★	Space 早稲田	
10月	ジャパンデミック～13人のイカれる作家たち	監督：コラボニクス		流山児★事務所×コラボニクス共同製作映画。コロナ禍SNSでリーディング発信中。これを映画にしようと思いつき多くの劇作家に脚本依頼、短期間で映像製作に入る。
10月	道　七天―The Road―	作：呉明倫 演出：汪兆謙	オンライン配信	Tokyo Tokyo FESTIVAL 参加 流山児★事務所（日本）×阮劇団（台湾）国際共同制作公演
12月	客たち	作：コ・ヨノク 翻訳：洪明花 演出：シライケイタ	新宿スターフィールド	韓国現代傑作戯曲上演
2021年2月	音楽劇☆鼬2021	作：真船豊 台本：佐藤茂紀 ★	グランシア須賀川	日本劇団協議会公演。3・11から10年。福島演劇人とコラボ。震度5の須賀川地震で劇場被災。結婚式場の宴会場で公演。人の情けを思い知る。
4月	彗星の一夜	原作：岸田國士 構成・演出：北村真実	Space 早稲田	
7月	夏の夜の夢	作：W・シェイクスピア 台本：山元清多 ★	三鷹市公会堂	コロナ禍で劇場は二転三転、2日間限りの大ホール公演となる。
9月	ヒme呼	作：しりあがり寿 演出：天野天街	下北沢ザ・スズナリ	10月照明家・ROMI死去。演劇団初期メンバーであり長年劇団照明を担当。愛あるROMIブルーの発明者。

12月	帝国月光写真館	作：高取英 ★	下北沢ザ・スズナリ	40年ぶりの演劇団＋高取英の代表作上演。塩野谷正幸が初演と同じ役、大久保鷹との競演はアングラの凄みを見せつけてくれた。
2022年2月	不思議の国のアリス	作：別役実 演出：スズキ拓朗	下北沢ザ・スズナリ	日本劇団協議会公演　日本の演劇人を育てるプロジェクト
4月	黒塚～一ツ家の闇	作・演出：わかぎゑふ	下北沢ザ・スズナリ	
6月	RAKU歌舞伎から騒ぎ	原作：W・シェイクスピア ★	恵比寿シアターアルファ東京、パティオ池鯉鮒	知立市民、高校生とのワークショップも行う恒例の地方公演となる。久々にコロナを乗り越え、最後まで上演できた。
8月	宮本研連続上演 夢・桃中軒牛右衛門の	作：宮本研 脚色：詩森ろば ★	下北沢小劇場B1	千穐楽目前の3ステージがコロナで無念の上演中止。わたしもついにコロナ罹患。
9月	結城座公演瞼の母	作：長谷川伸 脚色：ラサール石井 ★	ザムザ阿佐谷	
10月	宮本研連続上演 美しきものの伝説	作：宮本研 演出：西沢栄治	下北沢小劇場B1	10月、桃山邑、田中伸彦、綿貫凜死去相次ぐ。
11月	ベンガルの虎	作：唐十郎 演出：小林七緒	下北沢ザ・スズナリ	
12月	瓦礫のオペラ☆劇的なるものをめぐって	原作：寺山修司 構成・演出：流山児祥	Space 早稲田	
2023年2月	血は立ったまま眠っている	作：寺山修司 演出：三上陽永	Space 早稲田	日本劇団協議会公演　日本の演劇人を育てるプロジェクト

2016年 『西遊記』インドネシア　ジャカルタ　サリハラ劇場／ジョグジャカルタ芸術公園コンサートホール／ボロブドゥール遺跡内特設テント／バリGEOKSアートスペース／タイ　バンコク　チュラロンコン大学 SPCDA Black box theatre

2016年 『女人的和平　女の平和』シニア劇団＝楽塾『女の平和』　台湾 国家戯劇院・新視点演劇祭招待

2016年 『馬克白 マクベス』日本（流山児★事務所）・台湾（阮劇団）共同製作 嘉義公演

2017年 『馬克白 マクベス』日台国際共同製作公演 ルーマニア・シビウ演劇祭招待・臺中國家歌劇院公演

2018年 『十二夜』シニア劇団　楽塾台湾・高雄春天芸術祭招待

『西遊記』日中平和友好条約締結40周年記念事業 中国3都市（北京・武漢・成都）ツアー公演

『嫁妝一牛車』阮劇團X流山兒★事務所　国際共同製作公演 嘉義公演

※台新藝術賞入選

2019年 『女人的和平　女の平和』台湾・新営芸術祭招待

『嫁妝一牛車』阮劇團X流山兒★事務所　国際共同製作公演　臺中國家歌劇院　水源劇場公演

2020年 『由比正雪』インドネシア3都市（ジョグジャカルタ／バントゥール／スラカルタ）ツアー

『道 - 大路 七天　-The Road-』日本（流山児★事務所）・台湾（阮劇団）共同製作公演

『嫁妝一牛車』阮劇團X流山兒★事務所　国際共同製作公演 台東藝術祭招待

2023年 『テラヤマ音楽☆くるみ割り人形』シニア劇団・シアター RAKU 台湾・新営芸術祭招待

流山児★事務所海外公演記録

Ryuzanji company

1991年　『流山児マクベス』韓国　ソウル教育文化会館

1999年　『狂人教育』韓国　果川国際演劇祭招待

2000年　『狂人教育』カナダ3都市（エドモントン、ビクトリア、バンクーバー）ツアー
※ビクトリア国際演劇祭グランプリ

2001年　『人形の家』エジプト・カイロ国際実験演劇祭招待

2002年　『人形の家』北京、台北、澳門、モスクワ

2003年　『人形の家』カナダ4都市ツアー公演　トロント・ブライス・ソルトスプリング・バンクーバー「狂気と芸術の世界芸術祭」招待
Asia Meet Asia 2003 参加

『人形の家』韓国・水原華城国際演劇祭招待

2005年　『盟三五大切』イラン（ファジル国際演劇祭招待）・ベラルーシ・モスクワ・中国ツアー

2006年　『人形の家』『静かなうた』『ハイライフ』中国・北京3本連続上演

2008年　『狂人教育』日中共同製作　上海大劇院、香港、杭州

2009年　『ハイライフ』マカオ・台湾・カナダビクトリア（ビクトリア国際演劇祭招待）・ソルトスプリング・東京

2011年　『卒塔婆小町・花札伝綺』インドネシア バンドゥン・ジョグジャカルタ公演

2012年　『花札伝綺』フリンジ演劇祭ワールド・ツアー
エジンバラ（C venues公演）⇒ニューヨーク（HERE ART CENTER公演）⇒ビクトリア（METRO STUDIO公演）⇒バンクーバー（Performance Works公演）
※ニューヨークフリンジ　ベストデザイン賞受賞「ニューヨーク・タイムス」に劇評掲載

2013年　『楽塾歌舞伎☆十二夜』カナダ・ビクトリア・フリンジ・フェスティバル
※ベストアンサンブル賞

2014年　『花札伝綺』モントリオール・ニューヨーク　ツアー

2015年　『義賊☆鼠小僧次郎吉』　日韓国交正常化50周年記念事業　韓国公演　韓国ソウル　芸術空間SM／台湾　国家表演芸術中心（TIFA Taiwan International Festival of Arts 2015台湾国際芸術節招待）

流山児 祥

（りゅうざんじ・しょう）

演出家・俳優・声優・プロデューサー、
流山児★事務所代表、日本演出者協会理事長。

1947年11月熊本県荒尾市生まれ。青山学院大学で全共闘運動を体験。その後、状況劇場（唐十郎主宰）、早稲田小劇場（鈴木忠志主宰）を経て1970年演劇団結成。1984年小劇場演劇の横断的活動を目指し流山児★事務所設立。第二次小劇場世代のリーダーとして50余年を疾走中。数多くの話題作を国内外で上演。演出作品は前人未到の300本を超える。「演劇の自由」を求め1991年『マクベス』韓国公演から海外公演を常態化、2023年『くるみ割り人形』台湾公演まで中国・カナダ・エジプト・イラン・ロシア・ベラルーシ・イギリス・アメリカ・ルーマニアなど世界14か国39都市で公演活動を続けている。

2015年以降は中国・台湾・韓国・インドネシア・タイといったアジアに重点を置いた活動を行っている。2016年からは台湾の阮劇團との国際コラボレーションも継続中。中国では「戯劇大師」、台湾では「地下演劇の帝王」と呼ばれている。又、シアターRAKU、パラダイス一座といった高齢者（シルバー）演劇革命を実践し注目を集めている。1986年映画『血風ロック』ヨコハマ映画祭自主製作映画賞受賞、2000年ビクトリア国際演劇祭グランプリ、第44回紀伊國屋演劇賞団体賞、第7回倉林誠一郎記念賞、第11回飛田演劇賞最優秀前衛賞、2013年ビクトリアフリンジ演劇祭ベストアンサンブル賞、2018年台湾台新藝術賞入選など受賞多数。

2017年から一般社団法人日本演出者協会理事長に就任。2018 ～ 2019年、国立台北藝術大学客員教授など次世代演劇人の育成に務めている。演出代表作は『ハイライフ』『狂人教育』『盟三五大切』『ユーリンタウン』『十二夜』『オールドバンチ』『マクベス』『由比正雪』『嫁妝一牛車』『夢・桃中軒牛右衛門の』など。著書に『流山児が征く・演劇編』『流山児が征く・歌謡曲編』『燃えよ闘魂・プロレス編』（以上、而立書房）、戯曲集『浅草カルメン』（阿礼社）、共著に『国境を越えて・アジアの舞台芸術』（高橋宏幸・編、彩流社）『寺山修司 母の歌、斧の歌そして父の歌』（伊藤裕作・編著、人間社）などがある。2023年秋には人間社より『新・流山児が征く～世界漂流篇～』（仮題）刊行予定。

西堂行人

（にしどう・こうじん）

演劇評論家。明治学院大学文学部芸術学科教授。2023年3月で退職。

1954年10月、東京生まれ。早稲田大学文学部（演劇専修）卒。同大学院中退。1978年から劇評活動を開始。60年代以降の現代演劇を中心に、アングラ・小劇場ムーブメントを理論化する。80年代末から世界演劇にも視野を広げ、韓国演劇及びドイツの劇作家ハイナー・ミュラーの研究。90年代以降は大学で教育に関わる。「世界演劇講座」を2006年から兵庫県伊丹市で開講。

主な著書に、『演劇思想の冒険』『ハイナー・ミュラーと世界演劇』『劇的クロニクル』『日本演劇思想史講義』（以上、論創社）『［証言］日本のアングラ――演劇革命の旗手たち』『蜷川幸雄×松本雄吉――二人の演出家の死と現代演劇』『ゆっくりの美学　太田省吾の劇宇宙』（以上、作品社）、『唐十郎 特別講義――演劇・芸術・文学クロストーク』（唐十郎との共著、国書刊行会）、『韓国演劇への旅』『現代演劇の条件』『演劇は可能か』（以上、晩成書房）ほか。最近著に『新時代を生きる劇作家たち』（作品社）。

敗れざる者たちの演劇志

2023年4月30日　初版第1刷印刷
2023年5月10日　初版第1刷発行

著者
流山児祥

編者
西堂行人

発行者
森下紀夫

発行所
論創社
東京都千代田区神田神保町2-23　北井ビル
電話03（3264）5254　振替口座　00160-1-155266

ブックデザイン
宗利淳一

組版
フレックスアート

印刷・製本
中央精版印刷

ISBN978-4-8460-2266-2